国际工商管理精选教材

Managerial Economics
Principles and Applications
(5th edition)

翻译版

管理经济学
原理与应用（第5版）

〔新加坡〕方博亮（Ivan Png） 著

北京大学出版社
PEKING UNIVERSITY PRESS

著作权合同登记号　图字：01-2016-7310

图书在版编目(CIP)数据

管理经济学：原理与应用：第5版/(新加坡)方博亮著. —北京：北京大学出版社，2016.8
(国际工商管理精选教材：翻译版)
ISBN 978-7-301-27461-3

Ⅰ.①管… Ⅱ.①方… Ⅲ.①管理经济学—高等学校—教材 Ⅳ.①C93-05

中国版本图书馆CIP数据核字(2016)第199235号

书　　　名	管理经济学：原理与应用(第5版)
	Guanli Jingjixue：Yuanli yu Yingyong
著作责任者	〔新加坡〕方博亮　著
责任编辑	张　燕
标准书号	ISBN 978-7-301-27461-3
出版发行	北京大学出版社
地　　　址	北京市海淀区成府路205号　100871
网　　　址	http：//www.pup.cn
电子信箱	编辑部 em@pup.cn　总编室 zpup@pup.cn
新浪微博	@北京大学出版社　@北京大学出版社经管图书
电　　　话	邮购部 62752015　发行部 62750672　编辑部 62752926
印　刷　者	天津中印联印务有限公司
经　销　者	新华书店
	787毫米×1092毫米　16开本　23.5印张　557千字
	2016年8月第1版　2023年8月第9次印刷
定　　　价	86.00元

未经许可，不得以任何方式复制或抄袭本书之部分或全部内容。
版权所有，侵权必究
举报电话：010-62752024　电子信箱：fd@pup.cn
图书如有印装质量问题，请与出版部联系，电话：010-62756370

出版者序

作为一家致力于出版和传承经典、与国际接轨的大学出版社，北京大学出版社历来重视国际经典教材，尤其是经管类经典教材的引进和出版。自2003年起，我们与圣智、培生、麦格劳-希尔、约翰-威利等国际著名教育出版机构合作，精选并引进了一大批经济管理类的国际优秀教材。其中，很多图书已经改版多次，得到了广大读者的认可和好评，成为国内市面上的经典。例如，我们引进的世界上最流行的经济学教科书——曼昆的《经济学原理》，已经成为国内最受欢迎、使用面最广的经济学经典教材。

呈现在您面前的这套"国际工商管理精选教材"，是主要面向工商管理专业师生，尤其是MBA与EMBA的系列教材。经过多年的沉淀和累积、吐故和纳新，本丛书在延续之前优秀教材版本的基础上，根据工商管理专业与实践结合紧密的特点，增加了能够反映商业前沿知识的更加细化的创新型教材，希望让学生了解最新的商业实践，增强创新意识，改善沟通技能，提高在复杂环境下分析与解决问题的能力，进而使商业更加造福社会、造福人类。

同时，我们在出版形式上也进行了一些探索和创新。例如，为了满足国内双语教学的需要，我们的部分产品改变了影印版图书之前的单纯影印形式，而是在此基础上，由资深授课教师根据该课程的重点，添加重要术语和重要结论的中文注释，使之成为双语注释版。此次，我们更新了丛书的封面和开本，将其以全新的面貌呈现给广大读者。希望这些内容和形式上的改进，能够为教师授课和学生学习提供便利。

在本丛书的出版过程中，我们得到了国际教育出版机构同行们在版权方面的协助和教辅材料方面的支持。国内诸多著名高校的专家学者、一线教师，更是在繁重的教学和科研任务之余，为我们承担了图书的推荐、评审和翻译工作；正是每一位推荐者和评审者的国际化视野和专业眼光，帮助我们书海拾慧，汇集了各学科的前沿和经典；正是每一位译者的全心投入和细致校译，保证了经典内容的准确传达和最佳呈现。此外，来自广大读者的反馈既是对我们莫大的肯定和鼓舞,也总能让我们找到提升的空间。本丛书凝聚了上述各方的心血和智慧,在此,谨对他们的热忱帮助和卓越贡献深表谢意!

"千淘万漉虽辛苦,吹尽狂沙始到金"。在图书市场竞争日趋激烈的今天,北京大学出版社始终秉承"教材优先,学术为本"的宗旨,把精品教材的建设作为一项长期的事业。尽管其中会有探索,有坚持,有舍弃,但我们深信,经典必将长远传承,并历久弥新。我们的事业也需要您的热情参与!在此,诚邀各位专家学者和一线教师为我们推荐优秀的经济管理图书(请发送至 em@pup.cn),并期待来自广大读者的批评和建议。您的需要始终是我们为之努力的目标方向,您的支持是激励我们不断前行的动力源泉!让我们共同引进经典,传播智慧,为提升中国经济管理教育的国际化水平做出贡献!

北京大学出版社

经济与管理图书事业部

谨以此书献给父亲、母亲、妻子与孩子们

序言

管理经济学是研究在企业或其他机构的管理中如何配置稀缺资源的科学。本书讲解了实践中的管理者可以应用的管理经济学概念和工具。

本书为商学院学生及实践管理者而作。全书刻意采用简单易懂的风格来撰写。书中尽量减少专业术语、复杂的图形以及高深的数学推导。本书从最基本的概念讲起，读者不需要有任何经济学基础。尽管数学推导非常少，但本书中对于经济学的运用却非常严谨。将经济学的概念运用到管理实践中，即使是对于有经济学背景的读者来说，也可能存在挑战。

管理经济学将管理学的很多知识独特地结合起来。除了讲述管理经济学的基本要点之外，本书还包含了其他许多与管理有关的知识，例如，会计（转移定价）、金融（资本的机会成本与收购策略）、人力资源管理（激励与组织）、营销（广告与定价）。读者可以将这些知识视为与其他管理学科知识的连接点。

本书除了强调管理方面的应用之外，还有其他两个特点。第一，同样的管理经济学原理放诸四海而皆准。为了突出这一点，本书包含了全球各地的案例。第二，本书使用的例子既有消费品市场的例子，也有工业品市场的例子。原因很简单：买方既可能是企业，也可能是个人；卖方的情形也相同。

对于大多数读者来说，这本书可能会是他们接触到的唯一一本有关经济学的正式书籍，因此，本书省略了复杂的理论和模型，如无差异曲线与生产方程。这些概念在高级经济学课程中更有用处。此外，鉴于管理经济学所包含的很多课题已成为一些其他管理学基本课程的主要内容，本书省略了线性规划和资本预算的部分。

在措辞上，本书多使用"业务"（business）而非"公司"（firm）。实践中，很多公司涉足于广泛的业务。在经济学中，通常使用的分析单位是业务、行业、市场，而非公司。本书强调"买方"和"卖方"而非消费者和公司。这是因为，在真实市场中，供给与需求并不能严格地在"家庭"与"公司"之间做出区分。举两个例子：在电信市场中，需求方既包含企业也包含家庭；在人力资源市场中，供给方既包含企业也包含家庭。外包则更使得供给方多样化。

管理经济学是一门实践性很强的科学。正如一个人不可能只凭观看职业选手的动作就能学会游泳或网球一样，也没有人能仅仅通过阅读此书就学会管理经济学。本书中的每一章都包括进度检测、知识要点、复习题以及讨论案例。进度检测和知识要点可以帮助读者检验及巩固对章节内容的理解。

读者必须将新掌握的知识要点运用到进度检测上。复习题与讨论案例旨在进行挑战、激发思维和知识拓展。这些问题可以用于课堂讨论和小组讨论。

主要特点

本书的主要特点在于：
- 将简单、实用的理念运用于企业决策；
- 强调最新的微观经济研究，包括行为经济学与信息经济学；
- 将管理经济学与金融、会计、人力资源和其他管理学的知识联系起来；
- 来自全球各地的小型案例；
- 每一章均由一个真实案例引出；
- 每一章都设有进度检测、知识要点、复习题以及讨论案例来巩固学习内容；
- 尽可能少地使用术语、图形和数学推导，使得文字通俗易懂；
- 完备的教师辅助材料——课件、讨论案例答案、试题库及案例库。

本书结构

本书共分为三个部分。第 1 篇提出了完全竞争市场的框架。第 1 章是管理经济学简介，第 2 章至第 6 章介绍了管理经济学的基础要点。这些内容循序渐进，即使没有经济学背景的读者也可以逐步掌握其要点。

本书的第 2 篇和第 3 篇的进度加快了。这两个部分相对独立，读者可以跳过第 2 篇，而直接进入第 3 篇的内容。第 2 篇详述了在存在市场力的情况下的一些问题，而第 3 篇集中讨论在不完美市场中的管理问题。第 15 章有关管制的讨论是第 3 篇中唯一依赖于第 2 篇内容的章节。

一门完整的管理经济学课程应当覆盖全书。如果需要缩短课程内容，有以下三种办法。第一，如果课程着重强调管理经济学的策略研究，可选取第 1 章至第 11 章内容。第二，如果课程集中讨论组织管理经济学，可选取第 1 章至第 7 章以及第 12 章至第 14 章内容。第三，如果课程重点讨论现代管理经济学——策略与组织，可选取第 1 章至第 4 章以及第 7 章至第 14 章内容。

教辅资源

如需本书的在线支持，请浏览 https://sites.google.com/site/pngecon/。网站中包括了更多的案例和运用，以及本书的最新更新内容。此网站还包括可下载的教师资源库，其中有教学课件、讨论案例答案、试题库和案例库。任课教师也可填写本书最后的《教师反馈及教辅申请表》向出版社申请。

致谢

我要特别感谢孟昭莉、傅强、贡洁与李子丰在本书第 5 版的撰写过程中的协助,以及张燕编辑和北京大学出版社在出版过程中的协助。

方博亮
新加坡国立大学
2016 年 8 月

目录

第1篇 管理经济学简介

第1章 管理经济学简介 3
　1.1　什么是管理经济学　3
　1.2　附加值与经济利润　5
　1.3　决策　6
　1.4　择时　9
　1.5　组织　10
　1.6　市场　12

第2章 需求 18
　2.1　引言　18
　2.2　个人需求　19
　2.3　需求与收入　22
　2.4　影响需求的其他因素　25
　2.5　企业需求　27
　2.6　买方剩余　28
　2.7　市场需求　32
　附录　通过个人需求曲线的水平加总构建市场需求曲线　37

第3章 弹性 39
　3.1　引言　39
　3.2　自身价格弹性　40
　3.3　弹性/刚性需求　43
　3.4　预测需求量和支出　45
　3.5　其他弹性　48
　3.6　调整时间　50
　3.7　有限理性　53

第4章 供给 58
　4.1　引言　58
　4.2　短期成本　59
　4.3　短期个人供给曲线　65
　4.4　长期个人供给曲线　71
　4.5　卖方剩余　75
　4.6　供给弹性　76
　4.7　市场供给　78
　附录　构建市场供给曲线　84

第5章 市场均衡 86
　5.1　引言　86
　5.2　完全竞争　88
　5.3　市场均衡　90
　5.4　供给变动　92
　5.5　需求变动　96
　5.6　调整时间　97

第6章 经济效率 106
　6.1　引言　106
　6.2　基准　107
　6.3　亚当·斯密："看不见的手"　109
　6.4　分散化管理　112
　6.5　中介　114
　6.6　归宿　116
　6.7　税收　117

第2篇 市场力

第7章 成本 125
- 7.1 引言 125
- 7.2 机会成本 127
- 7.3 转移定价 130
- 7.4 沉没成本 131
- 7.5 规模经济 135
- 7.6 范围经济 141
- 7.7 经验曲线 143
- 7.8 有限理性 145

第8章 垄断 151
- 8.1 引言 151
- 8.2 市场力的来源 153
- 8.3 利润最大化 156
- 8.4 需求和成本的变化 160
- 8.5 广告 162
- 8.6 研发 164
- 8.7 市场结构 166
- 8.8 买方垄断 168

第9章 定价策略 175
- 9.1 引言 175
- 9.2 统一定价 176
- 9.3 完全价格歧视 180
- 9.4 直接细分市场价格歧视 183
- 9.5 地理位置 186
- 9.6 间接细分市场价格歧视 188
- 9.7 选择定价策略 190

第10章 策略性思考 196
- 10.1 引言 196
- 10.2 纳什均衡 198
- 10.3 随机策略 202
- 10.4 竞争或协调 204
- 10.5 序列 205
- 10.6 策略性行动 209
- 10.7 条件策略性行动 211
- 10.8 重复 215
- 附录 求解随机策略中的纳什均衡 221

第11章 寡头市场 223
- 11.1 引言 223
- 11.2 定价 225
- 11.3 限价政策 230
- 11.4 生产规模竞争 232
- 11.5 生产规模领先 236
- 11.6 抑制竞争 238
- 附录 求均衡解 245

第3篇 不完全市场

第12章 外部性 251
- 12.1 引言 251
- 12.2 基准:经济效率 252
- 12.3 解决外部性 258
- 12.4 网络效应与网络外部性 261
- 12.5 公共品 264
- 12.6 排他性 267

第13章 信息不对称 274
- 13.1 引言 274
- 13.2 不完全信息 276
- 13.3 逆向选择 278
- 13.4 鉴定 283
- 13.5 筛选 284
- 13.6 拍卖 286
- 13.7 发信号 288
- 13.8 相机合同 290

第14章 激励与组织 296
- 14.1 引言 296
- 14.2 道德风险 298
- 14.3 激励 301

14.4　风险与多重职责　305
　　14.5　套牢　307
　　14.6　所有权　309
　　14.7　组织架构　311
第 15 章　管　制　320
　　15.1　引言　320
　　15.2　自然垄断　321
　　15.3　潜在竞争市场　325
　　15.4　信息不对称　328
　　15.5　外部性　330

进度检测与复习题答案　339

术语索引　357

第1篇 管理经济学简介

第1章　管理经济学简介
第2章　需求
第3章　弹性
第4章　供给
第5章　市场均衡
第6章　经济效率

第 1 章
管理经济学简介

学习目标

- 了解管理经济学的研究对象；
- 理解附加值与经济利润；
- 运用总收益与总成本做参与决策；
- 运用边际收益与边际成本做程度决策；
- 了解有限理性在决策制定中的影响；
- 运用净现值计算跨时期的收益与成本；
- 理解一个组织的纵向边界与横向边界；
- 区别竞争市场、市场力、不完美市场。

1.1 什么是管理经济学

空中客车公司(以下简称"空客")与波音公司是两家制造大型商用 150 以上座位喷气式飞机的双寡头制造商。① 波音做得最为成功，给波音带来最丰厚利润的机型是波音 737。这是一款双引擎、单通道、中程喷气式飞机。波音 737 在 1967 年首飞成功后，至今已经发展成

---

① 此讨论基于以下资料：Richard Tortoriello, "Aerospace & defense," *Standard Poor's Industry Surveys*, February 10, 2011; "Boeing likely to boost 737, 777 production rates," *ATWOnline*, March 18, 2010; "Airbus and Boeing call end to 'duopoly'," *Financial Times*, June 21, 2011; "Airbus-Boeing duopoly holds narrow-body startups at bay at Paris Air Show," *Bloomberg*, June 23, 2011; "Comac's C919 jet to complete assembly by September 2015", *South China Morning Post*, September 25, 2014; "Bombardier C Series said to be favorite for Austrian fleet revamp," Bloomberg, October 15, 2014。

为九个型号。截至 2010 年 12 月,波音已经交付了 6 687 架波音 737 型号飞机,并且还有 2 186 张飞机订单需要进一步的跟进。波音 737 的竞争对手是空客的 A320 系列飞机。A320 系列包括 A318、A310、A320、A321 与 ACJ 商务喷气机五种型号。据波音的预测,未来 20 年航空公司将购买 23 370 架新型单通道飞机。

然而,在 2011 年 6 月的巴黎航展上,波音民用飞机集团总裁 Jim Albaugh 承认:"波音与空客双寡头垄断的日子将要结束。"来自中国、加拿大、俄罗斯与巴西的飞机制造商已相继推出先进的机型,或正准备推出与波音 737 和空中客车 A320 系列相抗衡的新机型。

2006 年,中国商用飞机有限责任公司(以下简称"中国商飞")的前身推出了一款 C919 型号的飞机。这是一款 150 座的单通道飞机。C919 预定于 2014 年试飞,2016 年开始商业交付。2010 年 11 月,中国商飞宣称 100 张飞机订单中,大部分来自中国三大运营商,即中国航空公司、中国南方航空公司、中国东方航空公司。

另一个准备进入 150 座单通道喷气式飞机市场的飞机制造商是加拿大的庞巴迪公司。庞巴迪早已生产一款能容纳 100 人的小型短程飞机,称为支线飞机。它渴望将其业务扩展到更大型的飞机。但庞巴迪是在 2008 年确保能够获得德国汉莎航空公司的订单之后,才正式启动了这个扩展计划。庞巴迪预计在 2013 年会有新的 100 座至 150 座的 C 系列飞机出现。C 系列飞机通过使用先进的材料与更省油的普惠(Pratt & Whitney)的 PW1000G 发动机,减少油耗 20%。

另外两个进入该市场的公司是俄罗斯的 Irkut 与巴西的巴西航空工业(以下简称"巴航工业")。Irkut 以前是军用飞机制造商,它想通过进入民用喷气飞机市场实现多元化经营。它在 2007 年推出的 MC-21 飞机,在 2014 年已得到来自俄罗斯航空公司的 170 张订单。预计 MC-21 飞机将在 2016 年左右投入使用。

如庞巴迪一样,巴航工业是一个成熟的支线飞机制造商。然而截至 2011 年 6 月,它没有获得任何大型飞机的订单,因而没决定是否进入民用飞机市场。巴航工业的首席执行官 Frederico Curado 表示:"与波音与空客进行针锋相对的竞争是非常艰难的,不仅仅是因为它们的规模,还因为其现有的产品线与工业生产能力……它们反应敏锐,可以迅速席卷市场。"此外,空客的首席执行官 Tom Enders 告诫道,目前的市场可能顶多能容下六家飞机制造商。

2010 年 12 月,空客宣布将开发 A320 的一个新版——A320neo。A320neo 可使用 CFM 国际公司的 LEAP-X 发动机或普惠的 PW1000G 发动机。空客于 2011 年 3 月宣布 A320 系列飞机的生产量将从每月 34 架增至 36 架。

波音的 Jim Albaugh 承认,庞巴迪的 C300 系列飞机的目标客户正是波音 737 的客户。他声称波音将对此做出回应:"我认为我们拥有的 737 业务是波音商用飞机的基石之一。我们将捍卫我们在市场的地位。"就在巴黎航展前不久,波音宣布波音 737 将增产,从每月 31.5 架增至 42 架。

为什么庞巴迪要等到拿到德国汉莎的订单才启动 C 系列飞机的计划?为什么庞巴迪强调其 C 系列飞机的燃料利用率高?在三个新进入民用市场的竞争者中,庞巴迪、中国商飞与 Irkut,谁最有可能在与波音及空客的竞争中脱颖而出?巴航工业应该进入这个市场吗?

那么波音应该怎么办呢?它应该如何应对新的竞争对手?是应该像空客一样推出一个新的机型,还是应该改进原有的机型呢?增加波音 737 的生产量有意义吗?

为什么空客利用一个新版的A320飞机来回应庞巴迪与中国商飞的竞争,而不是开发一个全新的机型呢?

以上所有的问题都属于管理经济学的范畴。**管理经济学**(managerial economics)是研究如何配置稀缺资源,以便使得管理更为有效的科学。只要资源具有稀缺性,管理者就可以应用管理经济学的原理做出更有效的决策。这些决策可能涉及消费者、供应商、竞争者或者企业内部的工作。无论管理的是企业、非营利机构还是家庭,管理者都必须最充分地利用稀缺资源。

> **管理经济学**:研究如何配置稀缺资源,以便使得管理更为有效的科学。

波音拥有有限的财力资源、人力资源与生产资源。波音的管理者希望能从这些有限的资源中获得最大的利益。空客也一样。波音是一个股东多元化的公开上市公司,而空客是由法国、德国、西班牙公司控股的公司。尽管其组织结构不同,但管理经济学的原理在空客与波音中都可适用。两家公司都必须与对方以及庞巴迪、中国商飞、Irkut进行有效的竞争;都必须分配资源进行研发;都必须对需求与成本进行管理;都必须制定价格。

管理经济学包括三个分支:市场竞争、市场力与不完美的市场。因此,这本书是按此三部分来构架的,每个分支为一篇。在介绍这三个分支之前,我们先了解一些背景知识。

1.2 附加值与经济利润

在大多数情况下,这本书从以利润导向的经营观点出发,同时也考虑到非营利组织与家庭的管理。利润导向经营的首要目标是利润最大化。事实上,竞争策略的目的是要提供可持续盈利的竞争力水平。

因此,管理决策的核心理念是经济利润。经济利润与会计所衡量的利润相关,但并不完全等同。在这里,我们先解释经济利润的概念以及它与会计利润的关系。

■ 附加值

为了了解经济利润的概念,在此我们使用管理经济学的基本方程:

$$\text{附加值} = \text{买方收益} - \text{卖方成本}$$
$$= \text{买方剩余} + \text{卖方经济利润} \tag{1.1}$$

在这个方程中,**附加值**(value added)是买方收益与卖方成本之间的差值。它表达的是企业给买家所提供的收益超过产品成本的程度。而这一部分就是企业创造的价值。

> **附加值**:买方收益减卖方成本,由买方剩余与卖方经济利润两部分组成。

这个方程适用于各个组织。为了创造价值,各组织所提供的收益必须超过成本。当收益低于成本时,价值正被破坏。

如图1-1所示,附加值是由买方与卖方共享的。买方获得附加值中的一部分,即买方剩余,这部分是买方收益与其支出之间的差额。卖方获取附加值中的另一部分,即经济利润,这部分是卖方的收入(相当于买方的支出)与生产成本之间的差额。附加值越大,买方与卖方共享的收益总合就越大。对于以利润为导向的企业而言,这意味着获得经济利润的潜力更大!

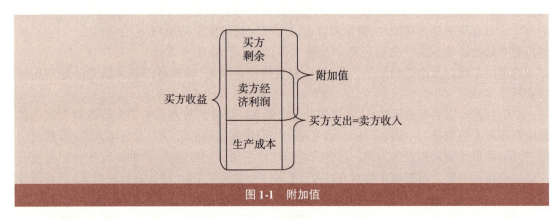

图1-1 附加值

附加值的概念也可以运用在政府及非营利组织上。假设政府提供免费的医疗保健。因为医疗保健是免费的,政府没有收入。尽管医疗保健服务会产生一个财政"损失",但不意味这项服务是错误的。医疗保健提供了一个收益。如图1-1所示,附加值等于买方收益减去供应成本。只要收益大于成本,这项服务就产生附加值。

> **进度检测 1A**
>
> 阐述下面名词之间的关系:买方收益、卖方成本、附加值、买方剩余、卖方经济利润。

1.3 决策

经营过程中的两个基本决策,可以简单地表述为参与("哪样")与程度("多少")。进入哪个市场?生产多少?销售什么产品?设置什么价格?选择哪条研发道路?研发要花多少钱?要做哪些工作?要工作多少小时?

在这里,我们介绍决定参与和程度的基本工具。然后,我们讨论在个人决策心理方面的局限。这些内容适用于所有由个体管理的组织——企业、非营利组织与家庭。

■ 哪样与多少

要做出参与(哪样)与程度(多少)这两类决策,就应该依靠总利益与总成本以及边际利益与边际成本的分析。我们用下面的例子来介绍总体与边际的概念,然后讲解它们与"哪样"和"多少"决策之间的关系。

小华必须决定如何投资10000元。她将钱存在银行,不管存多少,都可以获得2%的利息收入。同时,小华也可以购买银行基金,这种基金的最小购买单位是10000元,可获得3%的利息收入。

如果小华将钱存入储蓄账户,她的利息收入为2%×10000元=200元。如果小华将钱投资于基金,她的利息收入为3%×10000元=300元。因此,为了最大化利息收入,小华应该将钱投资于基金。

为了决定做"哪样"投资,小华应根据全部利息收入决定。她应将钱投资于基金。

与总体有紧密关系的是平均的概念。一般而言,**平均值(average value)** 是一个变量,它取决于总值与总数量的比值。小华也可根据平均利息收入进行选择,她将钱放入储蓄账户的平均利息收入是2%,投资于基金的平均利息收入是3%。

> **平均值**:总值与总数量的比值。

假设现在小华的叔叔给了她1000元。她将用这笔钱进行什么样的投资?对于这种渐增的决策,比如如何投资额外的1000元,或者就总体而言应该怎么投资,决策者应该考虑边际利益与边际成本。

边际值(marginal value) 是一个变量,它取决于每增加一个单位对总值产生的影响。如果小华将她叔叔给的1000元存入储蓄账户,那么她的利息收入将是2%×1000元=20元。因此,她把钱存入储蓄账户的边际利息收益就是20元。

> **边际值**:每增加一个单位对总值产生的影响。

小华不能将这1000元投资于基金,因为小于基金出售的最小单位。因此,小华将钱投资于基金的边际利息收入是零。为了最大化利息收入,小华应该将钱存于储蓄账户。

总的来说,边际值是个变量,它可能小于平均值,也可能等于或大于平均值。边际值与平均值的关系取决于平均值是下降的、不变的,还是增加的。

进度检测1B

如果小华的基金投资额分别是1000元、2000元……9000元、10000元,那么它们的边际利息收入分别是多少?

下面是另一个使用总利益/总成本与边际利益/边际成本来决定参与和程度的例子。千奕在一家管理咨询公司工作,职位是高级分析师。年收入为税后30000元。他是否应该放弃两年的收入并且冒着毕业后不一定能找到更高工资的工作的风险选择攻读MBA?如果决定继续现在的工作,那么他每天应该工作多少小时?

为了对职业路径做出决断——继续现在的工作还是攻读MBA,千奕应该分别考虑两种方案的总收入与总成本。更精确地来说,由于这些收入与成本的时间跨度长,千奕应该考虑两条方案总收入与总成本的净现值(下一节我们将解释净现值的概念)。千奕应该选择总收入与总成本净现值最大的那条职业路径。

若决定继续现在的工作,千奕还需决定工作多少时间。而做这个决策,千奕需要考虑额外工作时间的边际收入与边际成本。

他决定的工作时间,应该是每小时的边际收益等于边际成本。如果边际收益超过边际成本,那么他应增加工作时间,因为额外的收入将超过额外的成本。相反,如果边际收益小于边际成本,那么他应减少工作时间,因为此时减少的收入将小于降低的成本。

总的来说:
- 在做参与决策时——哪个市场、哪种产品、哪种工作——管理者需要比较总利益与总成本。
- 在做程度决策时——生产多少、价格定多少、工作多少小时——管理者需要比较边际利益与边际成本。

有限理性

管理者是人,他们只具有有限的理性。管理经济学的标准假设是人总会做出理性的决策。那意味着,个体总是会选择能给他带来最大净利益的选项。

然而,人的行为并非总是理性的。事实上,人在做决策时,会犯系统性的错误。人的行为具有有限的理性。因为人的认知能力有限,并且人不能完全自我控制。

人在作决策时,会倾向于选择简化的规则,尤其是在不确定性的条件下。而这些简化的规则会导致系统谬误,包括以下几方面:

- 沉没成本谬误。心理学家 Hal Arkes 与 Catherine Blumer 随机地选择正在购买戏院季票的观众,向其提供折扣。后续数据显示,以正价购买季票的消费者去戏院观戏的次数高于得到随机折扣的消费者。事实上,季票的购买成本是沉没成本,应该对后续的观戏次数带来的利益没有影响。然而,实验结果显示,承受了较大沉没成本的消费者会消费更多。管理者会受沉没成本谬误的影响,继续花冤枉钱投资到失败的项目上以平衡其付出的沉没成本。
- 维持现状偏见。经济学家 Jack Knetsch 与 Jack Sinden 随机分配给学生 3 美元或者一张彩票。拿到 3 美元的学生会有机会用这钱买彩票;同时,拿到彩票的同学有机会以 3 美元的价格将彩票卖掉。实验结果显示,拿到现金的学生更乐意保留现金,而拿到彩票的学生更乐意保留彩票。如果维持现状偏见这一因素不起作用,愿意买彩票与卖彩票的学生比例应当相同。人们通常更乐意维持现状(可能出于纯粹的惯性)。退休计划与器官捐献的政策都利用维持现状理论设计了偏向更好选择的违约条例。
- 锚定效应。行为经济学家 Amos Tversky 与 Daniel Kahneman 向一组学生展示了乘法问题:

$$8 \times 7 \times 6 \times 5 \times 4 \times 3 \times 2 \times 1 = ?$$

向另一组学生展示了问题:

$$1 \times 2 \times 3 \times 4 \times 5 \times 6 \times 7 \times 8 = ?$$

学生们没有充足的时间完成计算。正确答案是 40 320,但前一组学生的估算中位数是 2 250,而后一组是 512。学生们的估算会停留在对他们可以计算的前几个数字的认知上。在网络零售中,商家会利用消费者锚定效应。一些消费者会专注于产品的价格牌而忽视运输成本。所以网络零售商会制定低的产品价格,然后从运输当中获利。

在个体是完全理性的情况下,管理经济学的作用显而易见。在当个体只具有有限理性的情况下,管理经济学将起到更关键的作用。管理经济学的工具有助于在做个人决策时更正系统谬误,并有利于说明如何做出更优的总体决策。

1.4 择时

管理经济学的分析包括两种模型。静态模型表述了在某一时间点上的行为。或者说,静态模型忽略了各方采取行动与得到收益的顺序。例如,在竞争市场中的模型(第 2 章至第 5 章)与组织构架的分析(第 14 章)。

相反,动态模型关注各方采取行动与得到收益的顺序。例如,博弈扩展式模型(第 10 章);一位卖方承诺将要增加产量,因此说服其竞争者减少产量(第 11 章);以及在网络效应非常明显的市场中,临界值的影响(第 12 章)。

在动态模型中,收益与支出通常在不同的时间段产生。在实践中,当前的 1 元钱与未来的 1 元钱价值不同。如果想要将它们放在同一维度比较,未来的 1 元钱需要转化为其当前值。由于净现值是金融领域的概念,不在本书讨论的范畴之内,我们在此只给出简单介绍。

▋ 贴现

投资必然涉及在某一时间消耗资源,以期在另一时间得到收益。为了在管理决策中正确认识到时间的重要性,将未来的价值**贴现**(discount)为当前值是非常重要的。这样,它们才可以与当前值进行比较。

> **贴现**:将未来的 1 元钱转化为与当前等价的 1 元钱的过程。

如果我们今天将 1 元存入银行,它将赚得 10% 的利息。这样,明年它就成为 1.1 元。这就好像今年的钱与明年的钱使用的不是同一单位(就像是它们之间的汇率不同)。

具体来说,将明年的钱除以 1.10 则等于今年的钱,也就是说,明年的 1 元相当于今年的 1 元除以 1.10,约等于 0.91 元。

为什么明年的 1 元在今年只值 0.91 元?这是因为,今年的 0.91 元在得到每年 10% 的利息之后,就会在明年成为 1 元。同样,两年后的 1 元在今年只值 0.83 元(因为今天的 0.83 元,在得到两年的 10% 的利息之后,就会成为 1 元)。

净现值可以在任何周期内计算,此周期可以是年、月,甚至几个星期。无论周期是什么,最重要的是要给此周期一个恰当的贴现率。

净现值

> **净现值**:一系列的收入与支出的贴现值的总和。

要度量一段时间内的一系列的流量,就需要重复运用贴现的原则。每 1 元钱都要根据它与当前时间的距离来核算出它的当前值。**净现值**(net present value,NPV)是指一系列的收入与支出的贴现值的总和。直观上来说,净现值代表着一段时间内的现金流的当前价值。

我们以前面的千奕是否应该读 MBA 作为例子来说明净现值的问题。假设他在未来五年的贴现率是每年 8%。假设收入一直没有增加,那么继续当前工作的净现值是:

$$30\,000 + \frac{30\,000}{1.08} + \frac{30\,000}{1.08^2} + \frac{30\,000}{1.08^3} + \frac{30\,000}{1.08^4} = 129\,364 \text{ 元}$$

假设千奕攻读 MBA 的学费与其他费用为每年 50 000 元,且需要两年才能获得 MBA 学位。预计千奕在毕业后能获得 95 000 元的税后收入。那么,千奕获得 MBA 学位的净现值为:

$$-50\,000 - \frac{50\,000}{1.08} + \frac{95\,000}{1.08^2} + \frac{95\,000}{1.08^3} + \frac{95\,000}{1.08^4} = 130\,393 \text{ 元}$$

因此,千奕攻读 MBA 会获得更高的净现值。

通过计算净现值,管理者可将不同时间内的收入与支出换算到同一时间点上。如果净现值为正,那么,在考虑了收入与支出的时间因素之后,总收入超过总支出。相反,如果净现值为负,那么,总支出超过总收入。在千奕的例子中,攻读 MBA 的净现值比保持现状的净现值高,因此他应该选择攻读 MBA。

计算净现值的一个关键因素是贴现率。当你用贷款来购买汽车时,贴现率应该等于贷款利率。当你动用银行账户的存款去投资房地产时,贴现率应该等于银行利率(因为你放弃了获得存款利息的机会)。

> **进度检测 1C**
>
> 如果千奕的贴现率是 10%,那么他仍然应该攻读 MBA 吗?

1.5 组织

本书通篇都以组织的角度来考虑问题。组织可以是一个企业、非营利机构或者家庭。所有这些组织的管理者都面临同样的问题:如何有效地管理有限的资源。由于我们的讨论集中在组织,那么我们首先需要确认什么是组织的边界。在此,我们先简单介绍这个概念,详细的分析论述将留到第 7 章与第 14 章。

■ 组织边界

组织的行为受限于组织的纵向边界与横向边界。组织的**纵向边界**(**vertical boundaries**)刻画了接近或者远离最终使用者的一系列的活动。而组织的**横向边界**(**horizontal boundaries**)由它的运营规模与范围所界定。在这里,规模指的是生产或者服务率,而范围指的是生产或配送的不同产品的范围。

> **组织的纵向边界**:刻画了接近或者远离最终使用者的一系列的活动。
>
> **组织的横向边界**:由它的运营规模与范围所界定。

以飞机制造业为例,垂直的产业链指的是从铝及其他原料的生产,到机翼、机尾、起落装置、引擎与其他零件,再到最后的组装。喷气式飞机的最终用户是乘客与飞行运营商。

如果有两个飞机制造商。假设一个制造商生产机翼与起落装置,而另一个制造商不生产。那么对于纵向边界,能生产机翼与起落装置的飞机制造商比不生产机翼与起落装置的飞机制造商的垂直产业链整合能力强。

对于横向边界,月产量为 40 架飞机的飞机制造商比月产量为 30 架飞机的飞机制造商的生产规模更大;能同时生产商用飞机与军用飞机的飞机生产商比专业商用飞机制造商的生产范围更广。

再看有线电视行业,垂直产业链包括了从节目内容(电影、体育与财务信息等),到节目规划,再到最后的播放。最终用户包括家庭客户与商业客户(如酒店与酒吧)。

对于纵向边界,可以自己制作电影的有线电视供应商比仅能播放从他处购买的电影的供应商的垂直产业链整合能力更强。对于横向边界,能够同时提供宽带服务与有线电视服务的有线电视供应商比仅能提供有线电视服务的供应商的经营范围更广。

■ 外包

外包(**outsourcing**)意味着从外部资源中得到供给或服务。它与纵向整合相反,并且会影响组织的纵向边界。如果一个飞机制造商将机翼与起落装置的生产外包,那么它在压缩纵向边界。相似地,如果一个有线电视供应商将制作电影外包,那么它在压缩纵向边界。

> **外包**:从外部资源中得到供给或服务。

国际通信费用与贸易壁垒的大大降低,引发了国际外包的快速增长。美国金融服务商将客户服务外包给菲律宾与印度的承包商,欧洲制造商将生产外包给东欧的承包商。我们将在第 14 章讨论激励与组织时详细讨论外包。

进度检测 1D

请解释一个组织的纵向边界与横向边界的区别。

新的商务模式：对等网络

一些快速成长的业务向传统的商务策略与组织提出了挑战。Janus Friis 与 Niklas Zennstrom 运用对等网络技术开发出一种能够通过互联网实现语音通话的软件，称为 Skype。两位创办者表示："我们认为电话市场有两大特点，一是高定价，二是对于高度集权基础设施的依赖。这对于我们而言是一个无法抗拒的机会，我们希望能够稍微改变一下这种情况。"

与传统业务不同，Skype 无踪可循又无处不在。它运行在全世界互联网上的超过 1.2 亿电脑用户之间。就组织结构而言，由于只有一个产品，它的纵向产业链很短，而横向边界的规模很大、产品范围很窄。在 2011 年 5 月，软件生产商微软花费 85 亿美元巨资收购了 Skype。

资料来源："Kazaa founders tout PTP VoIP"，CNET，2004 年 10 月 19 日。

1.6 市场

> **市场**：买方与卖方通过相互交流进行自愿交换。

市场是管理经济学的一个十分重要的基本概念。它出现在本学科的每一个分支研究中。**市场**（market）由为了进行自愿交换而相互交流的买方与卖方构成。在这个意义上，市场并不局限于任何实体结构或特定地域。市场可以延至任何能使买方与卖方以低成本进行交流与贸易的地方。

例如，以棉花市场为例。该市场超出了纽约国际交易所，而延伸到得克萨斯州的种植者与东亚的纺织品生产者那里。如果纽约国际交易所的棉花价格上涨，就会影响到得克萨斯州的种植者与亚洲的纺织品生产者。同样，如果亚洲的棉花需求增加，也会在纽约国际交易所的价格中有所反映。

在消费品市场上，买方是家庭，卖方是企业。在工业品市场上，买方与卖方都是企业。最后，在人力资源市场上，买方是企业，卖方是家庭。

> **行业**：由从事生产或配送同样或类似产品的企业构成。

与市场不同，**行业**（industry）是由从事生产或配送同样或类似产品的企业构成。例如，服装行业包括了所有的服装生产者，而纺织行业包括了所有的纺织品生产者。一个行业的成员可以是一个市场的买方，而同时是另一个市场的卖方。例如，服装生产者在纺织品市场中是买方，而在服装市场中是卖方。

■ 竞争市场

全球棉花市场包含许多相互竞争的生产者与买方。一个生产者应当如何应对水价的上涨、棉花价格的下跌或是劳动法的变更？这些变化会怎样影响买方？

管理经济学起始于竞争性市场模型。它适用于有很多买方与卖方的市场。棉花市场是竞争性市场的一个例子。在竞争性市场中，买方提供需求，卖方提供供给。因此，这个模型也叫做供给与需求模型。

这个模型描述了价格与其他经济变量的变化对买方与卖方的系统影响。它还进一步描述了这些变化的相互作用。在棉花市场的例子中，这个模型描述了当水价上涨、棉花价格下跌、劳动法变更时，棉花生产者应该如何调整其价格。这些变化影响所有的棉花生产者。这个模型也描述了棉花生产者之间价格调整的相互作用，以及对买方的影响。

本书的第1篇讲述了竞争市场模型。从需求方开始，讨论买方如何应对价格与收入的变化(第2章)。接下来，我们建立了定量研究方法，以期对经济行为的变化进行精确的估算(第3章)。然后，我们讨论市场的供给方，研究卖方如何应对产品价格与投入的变化(第4章)。我们在第5章中把需求与供给结合起来，分析它们的相互作用。接下来，我们讨论了市场竞争的结果是有效的(第6章)。

小案例

电子商务市场的范围

一个实体书店为某一区域服务，此区域受限于合适的交通时间。相较之下，一个网上书店为大得多的市场服务，此市场受限于通信所及的范围与运输成本。

网上书店亚马逊于1994年成立并开始零售书籍。20年后，截止到2014年11月，它的市值为1412.7亿美元，比最大的实体书店Barnes and Noble高出了100倍还多。这一巨大的差异显示出股市对于两家公司的长期盈利能力的不同估计。

除了可以将服务扩展到更广阔的市场之外，电子商务企业可以更容易地延伸产品线。由于可以节省库存成本与店面租赁成本，电子商务企业可将成本控制得更低。

■ 市场力

在竞争市场中，单个的管理者的行动自由很小。一些关键的变量，例如价格、运营规模、投入量，是由市场决定的。管理者的作用就是跟随市场以求生存。然而，并非所有的市场都有足够多的买方与卖方，以形成竞争性市场。

> **市场力**：买方或卖方所具有的影响市场条件的能力。

市场力（market power）是指买方或卖方所具有的影响市场条件的能力。一个具有市场力的卖方会有相对更多的自由来选择供应者、确定价格以及运用广告影响需求。一个具有市场力的买方有能力影响他所购买产品的供应。

一个具有市场力的企业必须确定它的横向边界。这些取决于它的成本将如何随运营的规模与范围的变化而变化。因此，具有市场力的企业，无论是买方还是卖方，都需要理解并管理它们的成本。

除了成本管理之外，具有市场力的卖方需要管理它们的需求。管理需求的三个重要工具是定价、广告与对竞争者的政策。什么样的定价能获得最大利润？

较低的定价可以促进销售，而较高的价格可以带来较高的利润率。同样的问题发生在广告费用的决策中。在与其他企业的关系方面，采取合作而不是竞争的好处是什么？

本书第2篇阐述了上述所有的问题。我们从分析成本开始（第7章），接下来，我们讨论了在市场力的极端案例下（只有一个卖方或买方）将如何管理（第8章）。之后，我们研究定价策略（第9章）与一般性的策略思考（第10章），以及在几个卖方或买方竞争时的策略思考（第11章）。

■ 不完美市场

具有市场力的企业比在完全竞争市场中的企业有更多的行动自由。管理者在不完美市场中也有相对较多的自由。

> **不完美市场**：一方直接向其他方转让利润或成本；或者，一方比其他方拥有更多的信息。

不完美市场有两种方式：一方直接向其他方转让利润或成本；或者，一方比其他方拥有更多的信息。在**不完美市场**（imperfect market）中的管理者所面对的挑战是：解决不完美性，从而能够低成本、高收益地供应他们的产品。

以住房按揭市场为例。申请按揭的人比贷款者更了解他们还款的能力与愿望。在这种情况下，由于信息不对称，市场是不完美的。贷款者面临的挑战是，如何解决信息的不对称以便使其贷款达到低成本、高收益。

在不完美市场中的管理者需要进行策略性的思考。例如，住房按揭贷款者可以要求所有的贷款申请人付费进行信用审查，如果信用审查结果良好，贷款者将退还申请人信用审查的费用。贷款者是基于如下考虑：不良借款者不愿意为信用审查付费，因为他们很可能不会通过信用审查；而良好借款者会愿意为信用审查付费，因为贷款者会退还其审查费。因此，信用审查可以将不良借款者筛选出来。这是在不完美市场中运用策略性思考的一个例子。

信息上的不对称与利益的冲突会使得市场变成不完美市场。组织内部也有可能存在同样的不完美性。一些成员要比另一些成员掌握更多信息，而他们之间的利益会有冲突。因而，另一个问题是如何建立激励机制与组织结构。

本书第3篇将阐述这些问题。我们首先讨论了市场不完美的原因：一方直接向其他方转让利润或成本（第12章）；一方比其他方拥有更多的信息（第13章）。接下来，我们讨论激励机制与组织结构（第14章）。最后，我们研究了政府规范将如何解决市场不完美性（第15章）。

> **进度检测 1E**
>
> 区别管理经济学的三大分支。

知识要点

- 管理经济学是研究如何配置稀缺资源,以便使得管理更为有效的科学。
- 附加值是买方收益与卖方成本的差值,由买方剩余与经济利润两部分组成。
- 做参与决策时,比较的是总收益与总成本。
- 做程度决策时,比较的是边际收益与边际成本。
- 做决策时,要注意避免系统谬误(沉没成本谬误、维持现状偏见、锚定效应)。
- 当计算跨期收益与成本时,应使用合理的贴现率换算净现值。
- 组织的纵向边界刻画了接近或者远离最终使用者的一系列的活动。
- 组织的横向边界由它的运营规模与范围所界定。
- 具有市场力的企业必须管理他们的成本、定价、广告、与竞争对手的关系。企业在不完美市场中应策略性地采取行动以解决市场不完美的问题。

复习题

1. 解释附加值与经济利润的区别。
2. 考虑这样一个问题:一个慈善机构向穷人提供免费的蚊帐。由于慈善机构没有收入来源,而且蚊帐很贵,那么慈善机构免费分发蚊帐的做法是在摧毁价值吗?
3. 试举一个边际值大于平均值的例子。
4. 试举一个边际值小于平均值的例子。
5. 为什么说个体行为是有限理性的?
6. 一个预期未来的养老金成本为 100 万元的雇主,他不必为实现这一未来的义务而在当前立即支付 100 万元。请解释原因。
7. 在第 4 节所提到的净现值的例子中,试找出在什么情况下,该例子中的净现值是正的。
8. 描述你家乡的有线电视供应商的纵向边界。它可以通过什么方式扩张与压缩纵向边界?
9. 描述你所在大学的横向边界。它可以通过什么方式扩张与压缩横向边界?
10. 对于苹果手机的生产,解释外包与纵向整合的区别。
11. 阐述以下概念的不同之处:(a) 电力市场;(b) 电力行业。
12. 判断下列表述正误:
    (a) 在每个市场上,所有的买方都是消费者。
    (b) 在每个市场上,所有的卖方都是企业。
13. 竞争市场模型的另一个名称是什么?

14. 拥有市场力的制造商与没有市场力的制造商有什么区别？
15. 不完美市场的管理者应该怎么做（在选项 a 与 b 中选择）：
    (a) 设定高的价格以弥补市场不完美性带来的损失。
    (b) 采取策略性的行为来解决市场不完美性的问题。

讨论案例

1. 善心医院以补贴价格提供的医疗保健服务十分受欢迎。它的年收入为 7 500 万元，年医疗服务支出为 1 亿元。政府的补贴会覆盖两者之差。一些人评论道，因为善心医院正在赔钱，它应该停止营业。而医院管理层反而指出，候诊时间过长表明政府应当提供更高的补贴，以便扩大医院的人员及设备。
    (a) 善心医院的经济利润是多少？
    (b) 善心医院为了附加值所必须提供的最小收益是多少？
    (c) 你是否赞成善心医院应当停止营业？
    (d) 你需要什么信息来决定善心医院是应该扩张还是压缩服务？

2. 大明与小华是在百货公司的店员。百货公司对店员的工资标准是：基本 8 小时工作时间的工资为每小时 10 元。超过 8 小时算加班：每天加班 4 小时之内的加班工资为每小时 15 元；每天加班时间超过 4 小时，加班工资为每小时 20 元。
    (a) 大明每天工作 10 小时，求：(i) 他的边际工资；(ii) 平均工资。
    (b) 小华每天工作 14 小时，求：(i) 他的边际工资；(ii) 平均工资。
    (c) 在什么样的薪酬结构下，边际工资比平均工资低？

3. 福特公司对其越野车提供一个为期 3 年或者 36 万英里的质保。过了质保期或质保里程后，消费者需要付费来延长质保。美国汽车会对 New Hampshire 州居民购买福特越野车的消费者提供一款延期质保。这款保险可将质保期延后两年，售价为 1 259 美元。
    (a) 阐述贴现在消费者决定是否购买延期质保时的作用。
    (b) 假设预计第 4 年与第 5 年的修理费为 800 美元。如果你每年的贴现率为 6%，你应该购买延期质保吗？
    (c) 如果贴现率为 1%，你还会做同样的决定吗？

4. 在下面的例子中，讨论横向边界或者纵向边界是否改变了，它们是延伸了还是压缩了。
    (a) 加拿大支线喷气飞机制造商庞巴迪推出了 C 系列飞机。这一系列的飞机是拥有 100—149 座的远程客机。
    (b) 软件出版商微软收购了互联网电话服务提供商 Skype。
    (c) 通用电气集团剥离了旗下子公司 NBC Universal，将其与有线电视提供商 Comcast 合并。
    (d) 荷兰金融服务集团 ING 撤销了它在 NN 集团的保险与投资管理业务。

5. 参照市场的定义，回答下列问题：
    (a) 伊拉克政府的反对者不时破坏伊拉克的输油管道，以阻止其向其他国家运送石油。伊拉克是世界石油市场的一部分吗？
    (b) 囚犯不能自由地到监狱外工作。囚犯工资的改变将怎样影响全国的劳务市场？
(c) 澳大利亚的国家电网将东部各州连接起来，包括新南威尔士、南澳大利亚、维多利亚，但是没有将西澳大利亚连接起来。西澳大利亚电价的变动将如何影响其他州的电价？
(d) 通过行政命令，美国总统奥巴马将允许非法移民在美国合法工作。那会如何影响美国的工资？

第 2 章
需　求

学习目标

- 了解为什么价格越低,消费者购买产品的数量越多;
- 区分消费者对正常产品和低档产品需求的不同;
- 了解一种产品的替代品和互补品价格的变化对该产品需求的影响;
- 了解消费者需求和企业需求之间的不同;
- 理解买方剩余的概念;
- 运用套餐和两段定价法获取买方剩余。

2.1　引言

中国移动是世界上最大的移动电话服务供应商。截至 2014 年 9 月,中国移动的注册用户达到 7.99 亿人,其中 4 095 万用户签署 4G 服务,2.445 亿用户签署 3G 服务。截至 2013 年年底,该公司有员工 170 030 人。

在 2010 年中国移动致股东信中,董事长王建宙宣称中国移动当年新增用户 6 200 万,其中有很大一部分来自农村和流动人口市场。中国移动的业务数据分析显示,尽管公司注册用户数量仍然在不断扩大,但年增长率却在逐年下降。中国移动注册用户数量的年增长率从 2008 年的 24%,下降到 2009 年的 14%,并在 2010 年进一步下滑至 12%。

王董事长在报告中还表示,中国移动的每月用户平均收入(ARPU)为 73 元人民币并且其下降趋势正在减缓。中国移动的 ARPU 在 2008 年和 2009 年下降 7%,而 2010 年下降 5%。

谈到公司前景时,王董事长强调中国移动具有可持续发展的巨大潜力。此外,他还重申了中国移动始终坚定不移的承诺——努力为股东创造价值。

面对城市地区移动服务的需求已趋近饱和的现状,中国移动转而开始寻求农村和流动人口消费者的增长。然而,在用户数量保持增长的情况下,中国移动面临着 ARPU 下降这一令人困惑的挑战。ARPU 的下降与农村用户、流动人口用户增长有关吗?

同世界其他移动服务供应商一样,中国移动在每个市场向其用户提供多种套餐计划。每月固定套餐费用较高的计划将包含更长的免费通话时间。消费者如何选择这些套餐计划?中国移动又应该如何给这些套餐计划定价?

本章将介绍需求曲线的概念。需求曲线描述的是一个产品的需求量与产品价格及其他因素的函数。企业可以使用这个需求模型来影响它们的销售。中国移动可以使用该模型来了解 ARPU 的下降与农村用户、流动人口用户增长是否相关。

通过个人买方的需求曲线,卖方可以判断买方对一定数量的产品愿意支付的最高价,从而卖出最高价。我们将用这个方法来讲解中国移动应该如何为其套餐计划制定价格。

最后,我们从个人需求扩展到整个市场的需求曲线。并且通过适当的调整,这种最终产品和服务的消费需求原则也可适用于企业的投入需求。

2.2 个人需求

为了理解一次降价将如何影响销售,我们需要知道降价将会如何影响个人买者的购买行为,即产品的价格将会怎样影响个人的购买量。个人需求曲线(individual demand curve)提供了这样的信息:它描述了一个买方在所有可能价位上将要购买某种产品的数量。

■ 构建

现在我们来构建这样一个例子:志和对电影的需求。我们必须问志和一系列问题,从而推测出她对电影价格的变化将如何反应。我们首先问:"如果每场电影20元的话,你一个月会看几场电影?"假设此时志和的回答是:"一场不看。"(严格来说,我们提这些问题的前提条件是其他条件不变。因为志和的决定还可能取决于其他因素,比如说她的工资水平。)

接下来,我们向志和提出一系列类似问题:当电影票售价分别为19元、18元……1元、0元时,志和每个月会看多少场电影?志和会将她的答案逐一告诉我们。表2-1 显示了志和对电影的需求。[①]

表 2-1 个人需求	
每场电影的价格(元)	看电影场数(场/月)
20	0
19	1
18	2
…	…
0	20

下一步我们把表 2-1 中的信息制成图 2-1。纵轴代表电影的价格,横轴代表每月看电影的数量。(请注意:在需求曲线和供给曲线的图示中,自变量在纵轴而因变量在横轴,这与数学上的表示习惯相反。)

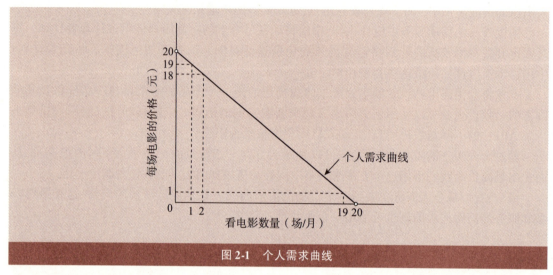

图 2-1 个人需求曲线

注:个人需求曲线显示出在每一个可能价格下,志和每月看电影的数量,以及志和愿意为不同电影数量所支付的价格。

在 20 元的价位上,志和说她不会去看电影,所以我们在价格为 20 元而电影数量是 0 的地方标上点。我们继续用表 2-1 中的信息标示出志和回答的每对价格和电影数量点。连接这些点,我们便得到了志和的电影需求曲线。

知道了志和的需求曲线,电影院可以预测志和对价格的变化将如何做出反应。例如,如果当前每场电影为 12 元,志和每个月看 8 场电影;如果电影院将价格降为每场 11 元,志和每个月看电影的次数将会增至 9 次。相反,如果电影院提价为每场 13 元,志和每个月看电影的次数将会减至 7 次。

■ 边际收益

个人需求曲线显示了买方在每个可能的价位上将会购买的产品数量。现在我们从另一个角度考虑个人需求曲线。通过图 2-1 中志和的需求曲线,我们可以确定志和愿意为不同数量的电影付多少钱。具体来说,该需求曲线表明:每月看一次电影时,她愿意为每场电影付 19 元;每月看两次电影时,她愿意为每场电影付 18 元。

一般来说,看电影的次数越多,志和愿意为每场电影付的价格便越低。同样地,当电影票价格很低时,志和愿意看更多场的电影。需求曲线的这两个相互关联的特性反映了边际收益递减的原理。下面我们来解释这个原理。

边际收益:每增加一个单位的产品所带来的收益。

每一件产品必须提供一定收益,消费者才会愿意购买。这种收益可以是精神上的满足,也可以是物质上的满足。由于我们研究的是买卖中的产品或服务,我们用价值来衡量收益。**边际收益**(marginal benefit)

是指每增加一个单位的产品所带来的收益。第一场电影带来的收益是第一场电影的边际收益。类似地,第二场电影所增加的收益是第二场电影的边际收益。

根据**边际收益递减**(diminishing marginal benefit)原理,每增加一个单位的产品所带来的收益要比前一单位产品所带来的收益少。在志和的例子中,这意味着第二场电影的边际收益小于第一场电影的边际收益,第三场电影的边际收益小于第二场电影的边际收益,依次类推。

> **边际收益递减**:每增加一个单位的产品所带来的收益要比前一单位产品所带来的收益少。

相应地,随着购买数量的增加,一个人愿意为此产品支付的价格会降低。在需求曲线图上,这意味着需求曲线会向下倾斜。这是所有需求曲线的共性:价格越低,需求量越大。因此,需求曲线向下倾斜。曲线向下倾斜的根本原因是边际收益递减。

进度检测 2A

假设一个电影院每场电影收费 11 元。为了使志和每个月多看三场电影,电影院应将价格降低到多少?

■ 偏好

构造需求曲线的过程完全依赖于消费者的个人偏好。每个人各自决定他在每一个可能价位上的购买量。需求曲线用图形的方式展示了这一信息。

不同消费者的偏好不同,因此需求曲线也不同。一个消费者可能喜欢肉,而另一个则是素食者。此外,需求曲线会随着消费者偏好的变化而变化。当一个人变得年长时,他对摇滚乐和垃圾食品的需求会降低,而对医疗保健的需求则会上升。

小案例

油价与开车

Brittany 和 Danny Schulz 住在田纳西州的莫菲斯堡。在 2014 年 11 月上旬,Schulz 女士很惊喜地发现将她的 Nissan Altima 车加满油仅花了 45 美元,远远低于通常的 55 美元。

随着平均油价降至低于每加仑 3 美元,美国家庭将更多的钱花费在电子产品、节日礼品以及其他可自由支配项目上,并且买更多的汽油。Chris Christopher,作为 HIS 的消费者市场研究主任,预测道,"本季度人们更可能驾车,并且驾驶更长的距离"。事实上,Schulz 先生和太太正在计划一个 300 英里的公路旅行,去拜访在佐治亚州哥伦布市的朋友。

资料来源:"Why Americans don't trust lower gas prices", *Washington Post*, 2014 年 11 月 4 日。

2.3 需求与收入

除了电影价格,志和对电影的需求还与她的收入有关。如果她涨工资了,这将如何影响她对电影的需求呢?

■ 收入变化

假设志和当前的年收入是 50 000 元。表 2-1 和图 2-1 显示了当志和年收入为 50 000 元时,她对电影的需求曲线。

我们接下来问志和一系列问题。这些问题将考察收入变化以及价格的影响:"假设你的年收入是 40 000 元。如果每场电影 20 元,你每个月会看几场?"之后我们对其他可能的价格提出同样的问题,并且用这些信息做成表格。

假设表 2-2 代表了志和的回答。我们也在图 2-2 中展示了这一信息,纵轴表示电影价格,横轴表示每个月消费的电影数量。给每对价格和数量描点,并把这些点连接起来,我们便得出了志和年收入为 40 000 元时的需求曲线。

表 2-2 低收入时的个人需求

每场电影的价格(元)	看电影场数(场/月)
20	0
19	0
…	0
10	0
9	2
8	4
…	…
0	20

如图 2-2 所示,志和年收入在 40 000 元时对电影的需求曲线位于她年收入 50 000 元时的需求曲线的左边。在每个价位上,志和年收入为 40 000 元时的需求数量都比她年收入为 50 000 元时的需求数量少。

参考图 2-1,如果一场电影的价格从 8 元下降到 7 元,而志和的年收入保持在 50 000 元不变,沿着需求曲线从 8 元向 7 元移动,我们可以找出志和电影需求量的变化。相反,对于图 2-2,假设志和的年收入从 50 000 元降到了 40 000 元,电影价格仍然是 8 元。我们可以将原来的需求曲线整体向左移动来表示志和年收入变化后的需求曲线。这样调整的一个重要原因是因为图 2-2 只有两个轴,从而不能直观地显示出消费者收入。

接下来让我们从另一个角度理解产品价格变化与消费者收入变化对需求曲线的不同影响。在图 2-2 中,当电影价格为 8 元时,对应两个电影需求数量:当志和年收入为 50 000 元时,

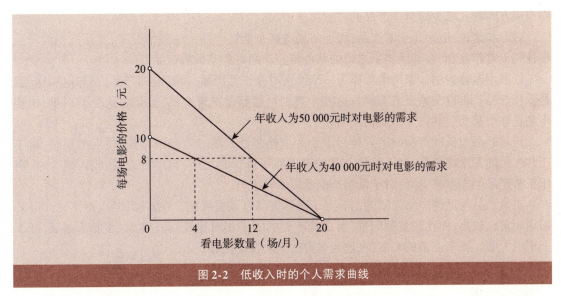

图 2-2　低收入时的个人需求曲线

注：当志和的年收入从 50 000 元下降到 40 000 元时，她的需求曲线整体向左移动。

每月看 12 场电影；当志和年收入为 40 000 元时，每月看 4 场电影。

我们可以把这些点连起来形成需求曲线吗？回答是绝对"不行"。因为每个点代表着不同的收入。需求曲线体现了当收入和所有其他因素不变时，消费者对某种产品的购买量将怎样依赖于产品价格的变化。因此，我们已经标记的这两个点，它们分别位于不同的需求曲线上。

一般而言，一个产品价格的变化将引起需求沿着需求曲线的变动。而收入或除了价格外的任何因素的变化将会导致整个需求曲线的移动。

■ 正常产品与低档产品

当志和的年收入从 50 000 元下降到 40 000 元时，她对电影的需求曲线整体向左移动。当志和的收入降低时，她对电影的需求也降低。相反，如果她的收入升高，她对电影的需求也会提高。

我们来比较志和对晚场的电影的需求和对下午场的电影的需求。很多电影院的下午场电影比晚场电影定价低。如果志和的收入下降，她很可能会用比较便宜的娱乐方式来代替较昂贵的娱乐方式。具体来说，收入的下降可能会导致她对下午场电影需求的增长。

相比较而言，当志和的收入增加时，我们可以预计她会从便宜的娱乐方式转换到较昂贵的娱乐方式。因此，当她的收入提高时，志和对下午场电影的需求会降低。

产品和服务可以根据收入变化对需求的影响来分类。如果买方的收入增加导致对某产品的需求增加，而买方的收入减少导致对该产品的需求减少，那么该产品便被称为正常产品。也就是说，**正常产品**（**normal product**）的需求与买方的收入是正相关的。

相比较而言，**低档产品**（**inferior product**）的需求与买方的收入是负相关的。这意味着当买方的收入增加时对该产品的需求将会减少，

正常产品：其需求与买方的收入呈正相关的产品。

低档产品：其需求与买方的收入呈负相关的产品。

而当买方的收入减少时对该产品的需求将会增加。

对志和来说,电影是正常产品,而下午场电影是低档产品。一般情况下,宽泛类别的产品往往是正常产品,而在宽泛类别之内的某种特定产品可能是低档产品。

以家用电器为例。家用电器作为一个类别时是正常产品,而特定的产品,比如电风扇,就是低档产品。再以交通服务为例。这整个类别可能都是正常产品,但是在这个类别里,出租车是正常产品而公共汽车是低档产品。

正常产品与低档产品间的差异对于企业战略是重要的。当经济增长、收入增加时,对于正常产品的需求将上升,对于低档产品的需求将下降。相反地,当经济衰退、收入减少时,对于正常产品的需求将下降,对于低档产品的需求将上升。

正常产品与低档产品之间的差异对于国际贸易也是重要的。在富裕国家,对正常产品的需求相对比较高;而在较贫穷国家,对低档产品的需求相对比较高。例如,在发达国家,开车上班的人要比骑车上班的人多;在较为贫穷的国家情况则相反。

> **进度检测 2B**
>
> 画出对电风扇的个人需求曲线。(a)说明为什么它会向下倾斜。(b)消费者收入的下降将会如何影响需求曲线?

 小案例

中国移动:不断增加的用户,不断萎缩的 ARPU

通过预付费服务,手机使用者可以预先购买一定量的通话时间。与之对应的是合同制服务(亦称后付费服务),手机使用者通常会签署一个最低使用 12 个月或 24 个月的协议,即可先通话,之后每月月底结账。

预付费服务与合同制服务针对的用户群不同。预付费的用户通常被电信运营商认为是合同制服务的风险用户,这些用户通常是低收入人群,如农村人口、流动工作者和学生。

相关分析估计,在 2011 年中国移动用户超过 90% 使用的是预付费服务。相比之下,10 年前,预付费的比例为 48%。预付费用户数量的增长与中国移动扩展农村和流动人口市场的活动是一致的。

收入较低者通常话费支出也较少。中国移动在农村和流动人口消费者身上获得的 ARPU 较低。因此,中国移动通过大力拓展农村和流动人口市场以寻求增长的做法,将不可避免地降低 ARPU 值。

资料来源:Business Monitor International, *China Telecommunications Report*, Q2 2011;中国移动有限公司。

2.4 影响需求的其他因素

个人对某一产品的需求除了取决于产品价格和买方收入之外,还与其他因素有关。这些因素包括相关产品的价格、耐用程度、广告支出、季节和位置。在这一节中,我们着重考虑相关产品的价格和广告这两个因素。其他因素的原理是相似的,因此我们不再一一赘述。

■ 互补品和替代品

假设志和看电影时总要吃爆米花。爆米花价格的上涨将会怎样影响志和对电影的需求?爆米花价格的变化将影响志和在所有价位上购买的电影数量。因此,这将引起整个需求曲线的移动。

假定爆米花的价格是 1 元。图 2-3 显示了当爆米花价格为 1 元时志和对电影的需求曲线。接下来,我们构建当爆米花价格为 2 元时志和对电影的需求曲线。我们可以问志和,在爆米花的价格为 2 元时,她面对不同的电影价格会看多少场电影。图 2-3 显示了其需求曲线:当爆米花的价格上升时,对电影的需求曲线会向左移动。

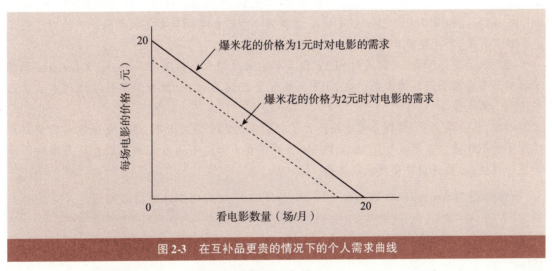

图 2-3　在互补品更贵的情况下的个人需求曲线

注:由于爆米花价格的上升,志和的需求曲线整体向左移动。

一般来说,根据一个产品的价格上升对另一个产品需求的影响,相关产品可以被分为互补品或替代品。如果一个产品的价格上升导致另一个产品的需求下降,这两个产品便是**互补品**(complements)。相反,如果一个产品的价格上升导致另一个产品的需求上升,这两个产品便是**替代品**(substitutes)。

在志和的例子中,爆米花和电影是互补品。她看的电影越多,需

> **互补品**:一个产品的价格上升导致另一个产品的需求下降。

> **替代品**:一个产品的价格上升导致另一个产品的需求上升。

要的爆米花就越多。因此,如果爆米花的价格上涨,总体看电影的花费会增加,从而她将减少对电影的需求。

若有线电视月费上涨,志和对电影的需求将受到什么影响？志和可以选择看有线电视而不是看电影。因而,这两个产品是替代品。如果有线电视的月费上涨,志和对电影的需求将会提高。

一般而言,如果互补品的价格升高,或者替代品的价格降低,需求曲线会向左移动。相反,如果互补品的价格降低,或者替代品的价格升高,需求曲线会向右移动。

进度检测 2C

参见图 2-1,网络电影价格的下降将怎样影响需求曲线？

油价对运动型多功能车和小型轿车需求的影响

例如 Cadillac Escalade、Chevrolet Tahoe 和 Lincoln Navigator 这样的运动型多功能车(sport utility vehicles, SUVs)比像 Chevrolet Aveo 这样的小型轿车要消耗更多的燃料。汽油对于汽车是一种互补品,而小型轿车是 SUVs 的替代品。

由于汽油价格下降,美国人对 SUVs 和卡车的需求增加。J. D. Power and Associates 调查了影响消费者购买汽车的因素。在 2013 年 6 月至 2014 年之间,燃油经济性在序列中从第三位降到了第七位。

然而,从长期来看,福特公司重新设计了它受欢迎的 F 系列卡车,通过更换钢与铝使车重减少了约 700 磅。首席执行官 Mark Fields 提到消费者知道石油价格的上涨速度可能和下降速度一样快,因而希望提高燃油经济性。

资料来源:"Cheap gas won't let us off the hook: Ford CEO", *CNBC*, 2014 年 11 月 12 日。

■ 广告

广告是影响需求的另一重要因素。例如,志和对电影的需求可能取决于电影的广告。一般来说,随着广告支出的增加,产品需求量会增加。我们通过向右平移消费者的需求曲线来显示广告的效果。

广告可以是告知型,也可以是劝说型的。告知型的广告在潜在的买方与卖方之间传递信息。例如,电影院把它们正在放映的电影和放映的时间登在日报上。这样便给潜在的观众提供了信息。劝说型的广告是为了影响顾客的选择。例如,香烟和化妆品的生产商使用广告来维持现有买方的忠诚度并吸引潜在买方转换到该品牌。

2.5 企业需求

电影和移动电话服务是普通的消费品。相比之下，电视广告和挖掘机是工业产品。它们的购买者通常是企业而不是消费者。在任何经济体中，大部分的经济交易是B2B（business-to-business，企业对企业）的销售。因此，管理者必须了解企业需求的原理。

■ 投入品

消费者购买产品和服务是为了最终消费或使用。相反，企业不是为它们自己购买产品和服务，而是把这些产品和服务作为投入品来生产其他的产品和服务。我们将在第4章里对企业运营做详细分析。这里，我们只需理解企业对投入品的需求的一些要点。

企业为生产所购买的投入品可分为原材料、能源、劳动力和设备。企业利用这些投入品来生产产品和服务，卖给消费者或其他企业。例如，快递服务企业投入人力资源、设备以及能源，将文件或包裹递送给消费者和企业。

投入品可以是互补品或者替代品。例如，在快递服务中，卡车和卡车司机是互补品。如果没有司机，卡车就是废物。其他的投入品可能是替代品。例如，可以选用机器或者工人来分拣包裹或装载货物。

■ 需求

企业生产产品和服务是为了销售给消费者或者其他企业。企业从销售中获得利润。通过增加投入量，企业的产量增加，从而利润增加。因而，企业可以用每增加一单位的投入量所能带来的利润的增长来度量投入品的边际收益。

通过投入品的边际收益，我们可以构建企业的需求曲线。此需求曲线表明企业在每个可能的价位上将购买的投入量。当最后一个单位的投入量所产生的边际收益等于购买价格时，企业就应该停止购入。

我们假设投入量已经到达较大值，此时，每增加一单位的投入量所能带来的收益要小于前一单位的投入量所带来的收益。也就是说，投入品给企业带来的收益遵循边际收益递减的规律。

当价位较低时，企业的购入量会较大。相反，当价位较高时，企业的购入量会较小。也就是说，企业的需求曲线向下倾斜。

■ 影响需求的因素

当某种投入品的价格变化时，需求量将沿着需求曲线移动。而其他因素的变化将导致整个需求曲线的移动。影响消费者需求的主要因素是收入。企业需求不依赖于收入，而是依赖于产出的数量。如果产量比较大，企业便会增加对投入品的需求。这将会引起整个需求曲线的移动，因为在每个价位上的产量都会增加。然而，当产量比较低时，企业对投入品的需求便会比较低。

一个企业对投入品的需求还取决于其产品的互补品和替代品的价格。例如，卡车和卡车司机是互补品。因而，司机工资的提高会减少企业对卡车的需求。

2.6　买方剩余

个人需求曲线表示买方在每个可能的价位上购买的数量。需求曲线同时也表示买方愿意为每单位产品所支付的最高价格。

从"支付意愿"这个角度来看待需求曲线对于定价策略意义重大，因为它向卖方展现出了买方愿意支付的最高价格。接下来我们将介绍两套可以使买方支付最高价格，从而使卖方利润最大化的定价方案。

■ 收益

> **总收益**：消费者购买的所有单位产品所产生的收益。

需求曲线显示了消费者每购买一个单位的产品所带来的边际收益。利用这些信息，我们可以计算买方的**总收益**（total benefit）。总收益是由消费者购买的所有单位产品所带来的收益。具体来说，总收益是第一个单位产品的边际收益，加上第二个单位产品的边际收益，等等，一直加到最后一个单位产品的边际收益的总和。

消费者所获得的总收益是消费者愿意为这些产品所支付的最高价。若用图形表示，总收益可以用需求曲线以下、最后购买的单位产品之内（包含最后一单位产品）的区域来表示。

让我们来计算志和从每个月看 8 场电影中得到的总收益。总收益等于她的需求曲线以下、8 场电影以内的区域面积。在图 2-4 中，区域 $0bcd$ 的面积为 $(8 \times 8)/2 + 12 \times 8 = 128$ 元。因此，志和愿意为每个月 8 场电影支付的最高价格为 128 元。

■ 收益与支出

假设一场电影的价格为 12 元，志和每个月则会看 8 场电影。正如我们刚才所计算的那样，她从中获得的总收益为 128 元。但志和只需要支付 $12 \times 8 = 96$ 元，这要少于她的总收益。

> **买方剩余**：买方的总收益与买方实际支付的价格之差值。

我们将买方的总收益与买方实际支付的价格之间的差值称为**买方剩余**（buyer surplus）。当每场电影为 12 元时，志和的买方剩余为 $128 - 96 = 32$ 元。

如图 2-4 所示，志和从 8 场电影中得到的总收益是她的需求曲线之下、8 场电影之内的区域，即 $0bcd$ 的面积。在 12 元的价位上，志和看 8 场电影的花费为 12 元价格线之下、8 场电影

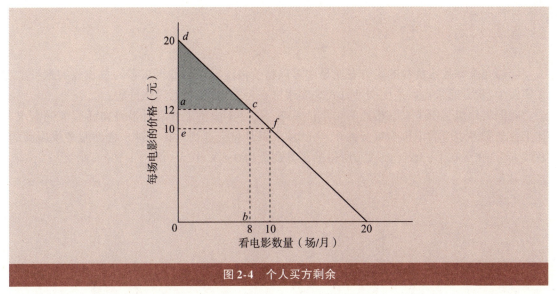

图 2-4 个人买方剩余

注:个人买方剩余等于消费者购买某数量产品的总收益减去消费者的实际支出。在电影价格为 12 元时,志和的买方剩余是需求曲线与价格为 12 元的那条线之间的阴影区域 acd。

之内的区域,即 0bca 的面积。志和的买方剩余是这两个面积之差,也就是需求曲线之下、12 元价格线之上的区域,即 acd 的面积。

在购买行为是自愿的假设下,通常消费者必须从交易中获得一些买方剩余;否则,他就不会购买。因此,在交易中,买方愿意支付的最高价是买方的总收益。如果一个卖家要价更高,买方则会放弃购买该种产品。

进度检测 2D

假设一场电影的价格为 8 元。在图 2-4 中,标出志和在此价格下的买方剩余。

■ 价格变化

参照图 2-4 中志和对电影的需求曲线,假设电影的价格为 12 元,志和每个月看 8 场电影,她的买方剩余是区域 acd。现在假设价格跌到 10 元,于是志和将看电影的次数从每月 8 场增加到每月 10 场。她的买方剩余增加了面积 efca。买方剩余的增加可以归因于两个方面:她以较低的价位得到了原来的 8 场电影,而且她还多看了 2 场电影。

一般来说,买方以两种方式从降价中获益。首先,买方以低价得到在原来较高价位上才能买到的产品。其次,由于降价,买方的购买量会增加,并在每个增购的产品中获得买方剩余。第二种方式的效果取决于买方对降价的反应。由于降价引起的增购越多,买方从降价中的获益也越多。

类似地,买方以两种方式从涨价中受损:买方必须支付较高的价格,而且购买量会下降。

套餐和两段定价法

能够完全掌控定价权的卖方在交易中可以将价格设定在略低于买者的总收益的水平上。在实践中,卖方通常可以采用两种方式来实现这一目标:套餐和两段定价法。

我们将用以下例子来解析这两个定价策略。图2-5描述了秋泓对手机通话服务的需求。如果移动服务供应商定价为每分钟0.1元,秋泓每月将会通话100分钟。移动服务供应商的总收入为 $100 \times 0.1 = 10$ 元。秋泓所得的买方剩余为 $0.5 \times (0.5 - 0.1) \times 100 = 20$ 元。

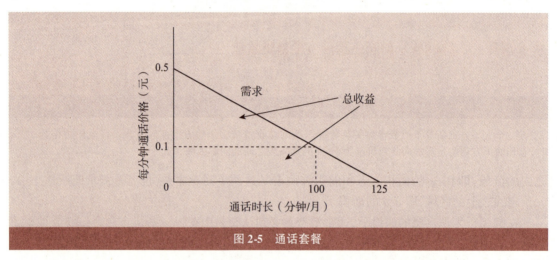

图2-5　通话套餐

注:秋泓将以不超过她的30元总收益的价格购买一个100分钟时长的通话套餐。

秋泓从一个月100分钟通话时间中得到的总收益是在她的需求曲线以下、0至100分钟以内的这块区域,即 $100 \times 0.5 \times (50 + 10) = 30$ 元。假设移动服务供应商给秋泓提供一个收费为29元的100分钟通话的套餐,而且没有其他套餐可供选择。**套餐(package deal)** 这个定价方案就是为一个固定数量的消费支付一个固定的价格。这个套餐会给秋泓带来 $30 - 29 = 1$ 元的买方剩余。由于没有其他选择,秋泓会购买这个套餐。

> **套餐:** 为一个固定数量的消费支付一个固定的价格。

移动服务供应商将会得到29元的收入,将近三倍于每分钟0.1元的定价策略的收入。这种套餐使得移动服务供应商基本能够获取秋泓所有的买方剩余。不管是在每分钟0.1元的定价策略还是在套餐定价策略下,由于秋泓的通话时间都是相同的,那么移动服务供应商的成本也是相同的。因此,在套餐定价策略下,其利润肯定会更高。

移动服务供应商也可以通过两段定价法吸纳秋泓的买方剩余。**两段定价法(two-part pricing)** 是一种包含一部分固定收费和一部分由用量决定的变动费用的定价方案。

> **两段定价法:** 包含一部分固定收费和一部分由用量决定的变动费用的定价方案。

假设移动服务供应商提供一种两段定价制,固定月租费为19元,每分钟通话时间另收0.1元。如图2-5所示,在这个计划下,秋泓会选择每月通话100分钟。她的总收益将是在她的需求曲线以下、0至100分钟之内的区域,我们前面算过,这部分收益是30元。她每月将付19元的固定月租费和 $100 \times 0.1 = 10$ 元的通话费用。因此,她的买方剩余将是 $30 - 19 - 10 = 1$ 元。

和套餐定价策略一样,两段定价法也能使移动服务供应商获取消费者的大部分买方剩余。套餐和两段定价法在银行、汽车租赁、电信、互联网接入等服务中被广泛应用。有时供应商还会将两种定价策略结合使用,使月收费包括限量的"免费"使用量,而使用量超过免费量之后,消费者必须支付额外使用费。

中国移动:"全球连接"服务

中国移动向南京市民提供了9个"全球连接"服务的价格方案。其中最便宜的计划的基本费用为每月68元,其中包括了350分钟的免费通话时间。计划外的通话费用为每分钟0.29元。

假设图2-6描述了林君对手机服务的需求曲线。每月68元的计划包括了两段定价法。计划提供了350分钟的免费通话时间。在通话时间到第351分钟时,她的边际收益超过了0.29元。从而,她每月的通话时间会超过350分钟。具体来说,她将会继续打更多的电话,直到她的边际收益恰好等于0.29元那个通话时间,即每月400分钟。

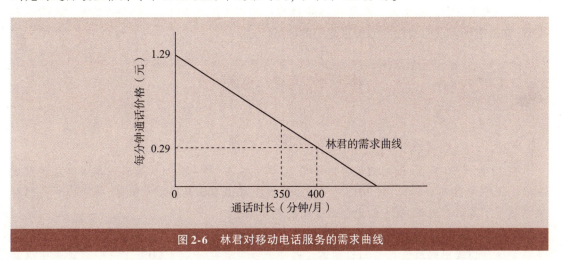

图 2-6　林君对移动电话服务的需求曲线

在此消费水平下,林君每月的总收益为 $0.29 \times 400 + 0.5 \times (1.29 - 0.29) \times 400 = 116 + 200 = 316$ 元。她每月的买方剩余为她的总收益减去每月基本费用,再减去计划外的通话时间费用,即 $316 - 68 - 0.29 \times 50 = 233.50$ 元。

实际上,林君可以选择中国移动和其他服务供应商所提供的各种其他计划。然而,在本案例中我们假设中国移动是唯一的供应商,并且只提供每月350分钟免费通话时间的计划。中国移动则可以将该计划的基本费用提高至每月233元。林君仍然会购买此计划并获得每月0.50元的买方剩余。

2.7 市场需求

为实现战略目标、营销目标和其他目标,企业做决策时需考虑的是整个市场而不是单个的买方,因此它们必须了解整个市场的需求。

市场需求曲线:显示了所有买方在每个可能价位上将要购买的产品总量的曲线图。

市场需求曲线(market demand curve)是显示了所有买方在每个可能价位上将要购买的产品总量的曲线图。市场需求曲线的构成同个人需求曲线类似。为了构建某个产品的市场需求,我们必须与所有的潜在买方面谈,并且问他们每个人在每个可能价位上可能会买的产品量。然后,我们把每个价位上的个人购买量加总,从而得出市场总体的需求量。①

市场需求曲线的性质与个人需求曲线类似。由于每个买方的边际收益会随着消费量的增加而减少,市场需求曲线向下倾斜。也就是说,在一个较低的价位上,市场作为一个整体的购买量会较大。

影响市场需求的因素与影响个人需求的因素相同。对某种产品的市场需求取决于消费者的收入、相关产品的价格和广告。对某种企业投入要素的市场需求则取决于企业的产量及相关产品的价格。

市场的买方剩余是买方从产品获得的总收益与买方的实际支出之间的差值。从图形上来看,它是市场需求曲线和产品价格之间的区域。

小案例

庞巴迪的 C 系列

在 20 世纪 90 年代,石油的价格为每桶 20 美元左右,航空公司的燃料成本占其总运营成本的比例不到 20%。然而,到 2012 年,石油价格在每桶 100 美元左右徘徊,航空公司的燃料成本超过了劳动力成本,所占的比例迅速增长到 40%。

为缓解石油价格进一步上涨所带来的成本压力,航空公司愿意购买更高效、更省油的新飞机。庞巴迪推出的新的 C 系列机型通过两项创新使油耗降低了 20%。一个创新是在机身的构建中使用了新型材料,其中包括 46% 的轻质复合材料和 24% 的铝锂。另一个创新是使用了一个更省油的发动机——普惠的 PW1000G 发动机。

资料来源:Zubin Jelveh, "Flying on empty", Portfolio.com, 2008 年 6 月 4 日;庞巴迪公司。

---

① 本章附录介绍了如何通过将个人需求曲线的水平加总来构建市场需求曲线。

知识要点

- 由于边际收益递减,价格越低,消费者和企业的购买量越大。
- 买方对于正常产品的需求随着收入的增加而增加,而对低档产品的需求则随着收入的增加而减少。
- 对某种产品的需求会随着其替代品价格的上升而上升,随着其互补品价格的上升而下降。
- 企业的需求会随着某一产品产出的增加而增加。
- 买方剩余为买方的总收益与买方实际支付的价格之差值。
- 卖方可以通过套餐和两段定价法获取买方剩余并提高利润。

复习题

1. 列举一个你最近购买的产品或服务。如果该产品或服务降价,你购买的数量会减少吗?请解释原因。
2. 请为下列术语下定义并举例说明:(a) 正常产品;(b) 低档产品。
3. 列举一个你最近购买的产品或服务。如果你的收入降低了,你会购买得更多还是更少?请解释原因。
4. 请为下列术语下定义并举例说明:(a) 替代品;(b) 互补品;(c) 正常产品;(d) 低档产品。
5. 一种新的避孕产品可以防止妇女受孕,但不能防止性疾病的传播。这新产品的投放怎样影响下列产品的需求?(a) 男用安全套的需求;(b) 避孕药丸的需求。
6. 百事可乐的广告会怎样影响下列产品的需求?(a) 百事可乐;(b) 可口可乐。
7. 手机的一个关键部件是微处理器。试说明消费者收入的变化如何影响苹果公司对微处理器的需求。
8. 为什么自动取款机在劳动力成本高的国家相对更常见?
9. 解释买方剩余的含义。
10. 判断正误:买方剩余适用于消费者需求,但不适用于企业需求。
11. 在一架从伦敦飞往悉尼的飞机上的乘客比较机票价格后发现,他们为乘坐的同一航班支付了不同的价格。解释这如何说明市场需求曲线是向下倾斜的。
12. 手机通话费用为每分钟 0.1 元,秋泓每个月的通过时间为 200 分钟。画出她的需求曲线并标出她的买方剩余。
13. 请评论以下论述:"夏季促销:买得越多,省得越多。"
14. 什么是套餐?宽带服务供应商如何利用套餐提高利润?
15. 什么是两段定价法?宽带服务供应商如何利用两段定价法提高利润?

讨论案例

1. 经济发展中的一个重要问题是生育数量与妇女教育之间的关系。我们用来自 110 个国家的数据估计妇女识字率和每名妇女生育数（生育率）之间的线性关系。当识字率为 0 时，生育率为 7.63；而当识字率为 100%，生育率为 2.42。
   (a) 用图形表示识字率和生育率之间的线性关系。纵轴为识字率，横轴为生育率。在此线性关系中，如果识字率是 60%，那么生育率大约为多少？
   (b) 也许拥有一个孩子的最大成本是，母亲必须投入的养育孩子的时间。对于受教育程度较高的妇女来说，该时间的价值是较高还是较低？
   (c) 在图中的纵轴上标示出"孩子的成本"。请解释这一趋势线与需求曲线有何关系。
   (d) 从另一个角度诠释该图：用生育率解释女性识字率。

2. Sprint 是美国最大的移动服务供应商之一。在 2011 年 3 月，Sprint 拥有 1 310 万预付费用户和 3 300 万后付费用户。Sprint 的预付费品牌包括 Virgin Mobile USA、Boost Mobile 与 Assurance Wireless。Sprint 预付费用户的每月户平均收入（ARPU）为每月 28 美元，而后付费用户的 ARPU 为每月 56 美元。
   (a) 解释正常产品和低档产品的含义。
   (b) 将正常产品和低档产品的概念运用于预付费移动电话服务和后付费移动电话服务中。
   (c) Sprint 预付费和后付费用户的 ARPU 与你在 (b) 中的答案一致吗？

3. 2005 年秋季，ABC 新闻台的调查显示：美国相对低收入人群（年收入低于 10 万美元）中有 46% 的人对油价上涨表示愤慨，而高收入人群中仅有 32% 的人表示了愤慨。尽管油价不断上涨，只有 22% 的被调查对象表示他们会减少开车次数。然而，63% 的人表示，如果油价超过每加仑 3 美元，他们就会减少开车次数。
   (a) 用需求曲线说明，为什么油价越高，减少开车人群的比例就会越高？
   (b) 解释人们如何通过更换车辆类型而不是减少开车次数来应对油价的上涨。
   (c) 为什么高收入人群中对油价上涨表示愤慨的人数比率较低？

4. 可口可乐公司生产浓缩汁卖给区域瓶装生产商。可口可乐瓶装生产商将浓缩汁、甜味剂及水混合制成饮料，配送到超市、餐馆和其他零售点。甜味剂可以用玉米浆或糖制成。由于联邦政府限制进口糖，糖在美国比在世界其他地区更贵。
   (a) 为什么美国瓶装生产商比世界其他地方的瓶装生产商使用相对更多的玉米浆？
   (b) 画出可口可乐瓶装生产商的玉米浆需求曲线。（提示：你可以假设任何必要的数据来画出需求曲线。）
   (c) 请说明下列变化将如何影响一个可口可乐瓶装生产商对玉米浆的需求：
   (i) 联邦政府取消对糖的进口限制；
   (ii) 玉米浆的价格下降；(iii) 百事可乐的销量增加。

5. 一开始，庞巴迪公司专注于生产支线飞机。该支线飞机是能够容纳 100 人的小型短程飞机。2008 年，庞巴迪确保获得订单之后，启动了生产新 C 系列机型的计划。C 系列飞机拥有 100—149 个座位,预计在 2015 年年底投入使用。C 系列飞机通过使用先进的材料和更省油的发动机(普惠的 PW1000G),实现减少油耗 20%。

(a) 画出喷气式飞机的市场需求曲线。(提示:你可以假设任何必要的数据来画出需求曲线。)

(b) 根据你的图形解释消费者对航空旅行的需求的改变将如何影响航线对喷气式飞机的需求。

(c) 如果乘客对机票价格的上升没有那么敏感,这将对低油耗飞机的需求产生怎样的影响?

(d) 石油的价格如何影响先进材料的需求?

6. 超过一半的英国住宅没有安装水表。居民无论使用多少都只支付一个固定的费用。苏格兰的供水商 Scottish Water 声称没有证据显示"安装计量表会鼓励人们使用比正常情况下少的水量"。(资料来源:"Will switching to a water meter save money?" *Guardian*, 2014 年 7 月 8 日。)

(a) 假设 Salmond 家里没有安装水表,该家庭的一个月用水量是 10 000 加仑。请说明该家庭每月的用水量需求曲线(假设需求曲线是直线);如果价格是每 1 000 加仑 50 英镑,那么 Salmond 一家将不再用水。

(b) 计算当 Salmond 家一月用掉 10 000 加仑水的总收益和边际收益。该家庭的买方剩余是多少?

(c) 假设 Scottish Water 在 Salmond 家中安装水表并且收取每 1 000 加仑 5 英镑的价格,那么该家庭每月的用水量会是多少? 他们每月将会花费多少钱?

(d) 按照(c)中的方法,Scottish Water 最多能收取 Salmond 一家多少水费?

(e) 假设安装了水表后,Salmond 家的邻居比 Salmond 一家的每月用水量多,这是否说明邻居获得了更多的收益?

7. 加州大学洛杉矶分校的学生可以享受一些特权。其一是可以以较低的成本获得良好的教育,其二是加州无与伦比的天气,其三是可以获得打折电影票。假设,英成一年内以每张 7 美元的票价购买了 12 张电影票(电影票原价为 10 美元)。他从打折计划里获得了多少优惠?

(a) 其中一个答案是:英成每张票节约了 10 − 7 = 3 美元,总优惠为 3 × 12 = 36 元。解释为什么这种说法高估了英成获得的优惠。

(b) 用一个适当的图形和买方剩余的概念,解释英成从这个打折计划里获得了多少优惠。

(c) 将电影打折计划考虑进去,加州大学洛杉矶分校可以从英成那里多收取多少学费?

8. 假设一个典型的包装机买家对于包装材料有一个个人需求曲线。当包装材料价格为每公斤 5 元时,她将不购买。当价格为每公斤 1 元时,她将每年购买 100 000 公斤材料。该买方打算使用包装机一年。生产包装机花费 150 000 元,生产材料每公斤花费 1 元。

(a) 用纵轴代表每公斤材料的价格,横轴代表每年的购买数量,画出需求曲线。

(b) 假设生产商将包装机和 100 000 公斤材料捆绑销售。生产商这种捆绑销售的最高价格是多少? 每个买方给生产商带来的利润是多少?

(c) 假设生产商采用两段定价法,包括机器的价格和每公斤 2 元的材料价格。生产商可以销售机器的最高价格 F 是多少? 每个买方给生产商带来的利润是多少？

(d) 假设生产商采用两段定价法，机器价格为 F，材料价格为每公斤 2 元。买家在购买机器后，受到沉没成本的影响，她的需求曲线在每个需求层面上都向上移动了 1 元。在(a)中的图上，画出新的需求曲线。生产商的利润是多少？

9. 中国移动向南京的市民提供了 9 个"全球连接"服务的价格计划。其中最便宜的计划的基本费用为每月 68 元，其中包括了 350 分钟的免费通话时间。第二便宜的计划的基本费用为 88 元，其中包括了 450 分钟的免费通话时间。这两个计划，计划外的通话费用都为每分钟 0.29 元。
(a) 林君对移动通话的需求曲线是一条直线。其需求曲线上有两个点：(i) 如果通话费为每分钟 1.29 元，每月通话需求为 0 分钟；(ii) 如果通话费为每分钟 0.29 元，每月通话需求为 400 分钟。画出林君的需求曲线。
(b) 假设林君购买了每月 88 元的计划。(i) 她会买多少通话时间？(ii) 她的总收益是多少？(iii) 她的买方剩余是多少？
(c) 假设林君购买了每月 68 元的计划，则(b)问题的答案分别是什么？请注意她可能会购买计划外的通话时间。
(d) 为获取最大的买方剩余，林君应选择哪个计划？

附录

通过个人需求曲线的水平加总构建市场需求曲线

本章介绍了市场需求的概念。它显示了所有买方在每个可能价位上将要购买的产品总量。一种构建市场需求的方式是:询问每一位潜在买方他们在每个价位上可能购买的产品量;然后,我们把每个价位上的个人购买量加总,从而得出市场总体的需求量。表2-3列出了市场需求。

表 2-3 市场需求				
每场电影的价格 (元)	志和看电影场数 (场/月)	千奕看电影场数 (场/月)	千弘看电影场数 (场/月)	市场需求 (场/月)
20	0	0	0	0
19	1	0	0	1
18	2	0	0	2
…	…	0	0	…
10	10	10	0	20
8	12	14	2	28
…	…	…	…	…
0	20	30	10	60

另一个构建市场需求的方式是通过个人需求曲线的水平加总来构建市场需求曲线。在图2-7中,我们画出了三个潜在消费者——志和、千奕和千弘——的需求曲线。水平加总也就是说,将需求曲线做水平方向的加总。

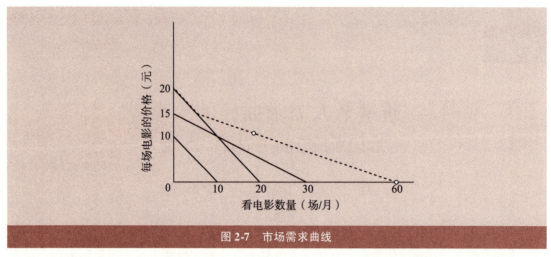

图 2-7 市场需求曲线

注：市场需求曲线是个人需求曲线的水平加总。在每一个价格下，市场需求量是个人需求量的总和。

每条个人需求曲线显示了在每个可能的价位上三个消费者各自购买的电影数量。所以，在每个价位上，我们把三个消费者购买的数量加起来，从而得到市场的购买量。图 2-7 用虚线画出了市场需求。

第 3 章

弹 性

学习目标

- 了解需求的自身价格弹性、收入弹性、交叉价格弹性和广告弹性；
- 判断产品需求在哪些情况下是有价格弹性的,在哪些情况下是有价格刚性的；
- 了解基本需求弹性的直观因素；
- 了解这样一个事实：当需求是刚性的时,卖方可通过提升产品价格来提高利润；
- 理解时间调整对非耐用品和耐用品的需求弹性的影响；
- 了解行为偏差如何影响需求弹性。

3.1 引言

在 2005 年,网络零售商亚马逊开始了它的"至尊"服务。这项服务提供免费的两日运送(且不设最低购买限制),无限的照片存储以及支付 79 美元年费便可欣赏独家电影、音乐及电子书。2014 年 1 月,亚马逊在第四季度的财务报表中披露,他们正在考虑将"至尊"服务的价格提高 20 美元至 40 美元。①

瑞银集团投资银行(UBS)对亚马逊的用户进行了调查,结果显示：如果亚马逊将价格提高 20 美元,58% 的用户愿意续约；如果提高 40 美元,24% 的用户愿意续约。在 2 月 12 日,

---

① 以下讨论部分基于："Will Amazon Prime customers accept price hike? Maybe not", *Forbes*, 2014 年 2 月 12 日; "Piper Jaffray reduces churn estimates for potential Amazon Prime price hike", *Tech Trader Daily*, 2014 年 3 月 5 日; Wedbush Securities, "Quick note: Amazon.com(AMZN-NEUTRAL)", 2014 年 3 月 14 日。

UBS将亚马逊的股票评级从"买入"降至"观望",亚马逊股价随即下降。

股票经纪公司Piper Jaffray调查了500个亚马逊"至尊"服务的用户,针对如果亚马逊将价格升高至109美金,他们续约的可能性是多大。尽管66%的回应者的态度是"不太可能"或者"极不可能",但分析师Gene Munster认为,最多只有那些选择"极不可能"的用户也就是近四分之一的用户将真的不续约。Munster先生根据此前奈飞(Netflix)和红箱(Redbox)价格上涨的经历推断,"如果亚马逊提高价格,'至尊'服务的用户将减少最多5%至6%"。

2014年3月,亚马逊声明将"至尊"服务的价格提高20美元。在声明当日,亚马逊股票价格上涨了87美分也就是0.2%。韦德布希证券公司(Wedbush Securities)的分析师Michael Pachter认为,"很多人声称他们将不续约,但事实上大多数人已经习惯了亚马逊的便捷……这就像信用卡的相关费用上涨一样。虽然人们苦苦抱怨着价格上涨,但大多数人都没有真正更换服务"。韦德布希证券公司估算出亚马逊有"至尊"用户2 500万,价格的上涨每年将会额外带来5亿美元的收入和经营利润。

价格上升会怎样影响亚马逊"至尊"服务的需求?价格上升会怎样影响亚马逊的收入?亚马逊应该将"至尊"服务的价格调整多少?

为解答这些问题,我们引入了弹性的概念。需求弹性(elasticity of demand)是需求相对于影响需求的因素的变动而变化的程度。影响需求的因素包括产品价格、收入、互补品或替补品的价格以及广告支出等。对于每一种影响需求的因素,都有一种弹性与之相对应。

需求的自身价格弹性测量产品的需求量相对于价格变动而变化的程度。运用自身价格弹性,卖方可以估计价格的升高或降低将会给需求量带来的影响,从而预计出此项价格调整对买方的支出与卖方的收入的影响。

运用需求的自身价格弹性,亚马逊可以预计出2014年3月的提价对于收入的影响。价格上升总会导致需求量的降低。我们将证明,如果需求是价格刚性的,价格的上升会提高买方的支出和卖方的收入;但如果需求是价格弹性的,那么价格上升会减少买方的支出和卖方的收入。

接下来我们介绍需求的收入弹性、交叉价格弹性以及广告弹性。之后我们讨论弹性随着时间的变化会做出怎样的调整。最后我们介绍行为偏见会怎样影响弹性。

弹性的概念对于衡量价格、收入或其他因素对需求、买方支出以及卖方收入的影响是至关重要的。无论是营利性的组织还是非营利性的组织,这都是组织管理的根本问题。举例来说,就像亚马逊和阿里巴巴一样,医院和城市交通系统需要用自身价格弹性来衡量价格上涨对需求、收入以及利润的影响。

3.2 自身价格弹性

为衡量价格变化对需求量的影响,我们需要测量买方对产品价格变动的敏感程度,也就是需求的自身价格弹性。需求的自身价格弹性的概念非常基础,故它常常被简称为价格弹性或是需求弹性。

需求的自身价格弹性(own-price elasticity of demand)指的是,当产品价格上升1%时,产品需求量将会变化的百分比。同样地,需求的自身价格弹性可以表示为下面的比率:

$$\frac{需求量变化的比例}{价格变化的比例} \tag{3.1}$$

或者

$$\frac{需求量变化的百分比}{价格变化的百分比} \tag{3.2}$$

> **需求的自身价格弹性**:当产品价格上升1%时,产品需求量将会变化的百分比。

■ 估计

为了估计需求的自身价格弹性,我们先收集价格变化及其相应的需求量变化的记录。然后用需求量变化的比例(或百分比)与价格变化的比例(或百分比)之比来计算自身价格弹性。

图 3-1 表示的是香烟的需求。如图所示,当前香烟的价格是每包 1 元,对应的需求量是一个月 15 亿包。根据图 3-1,如果香烟的价格上升为每包 1.1 元,则其需求量将下降为一个月 14.4 亿包。

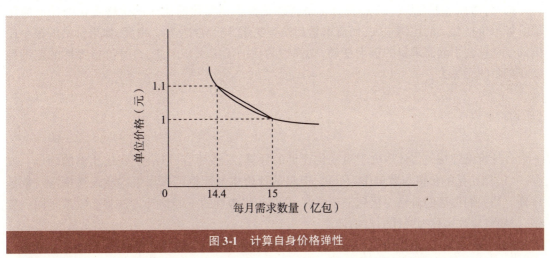

图 3-1 计算自身价格弹性

注:香烟需求的自身价格弹性是香烟需求量变化百分比与价格变化百分比的比值,即 -0.04/0.1 = -0.4。

需求量的变动比例等于需求量的变化量除以初始的需求量。由于需求量的变动是 14.4 - 15 = -0.6 亿包,而初始的需求量为 15 亿包,因此,需求量的变动比例是 -0.6/15 = -0.04。

类似地,价格的变动比例等于价格的变化量除以初始价格。由于每包香烟价格的变动是 1.1 - 1 = 0.1 元,而初始价格是每包 1 元。因此,价格的变动比例是 0.1/1 = 0.1。

因此,根据方程(3.1),香烟需求的自身价格弹性等于香烟需求量的变动比例除以其价格变动的比例,也就是 -0.04/0.1 = -0.4。同样地,在这个例子中,需求量变动的百分比是 -4%,而价格变动的百分比是 10%,因此自身价格弹性是 -4/10 = -0.4。

性质

香烟的例子阐明了需求自身价格弹性的几个性质。

第一,如第 2 章中所述,需求曲线通常是向下倾斜的。如果某种产品的价格上涨,该产品的需求量将下降。因此,自身价格弹性将是一个负数。为了方便起见,一些分析家将自身价格弹性记为一个绝对值,也就是说,去掉负号。因此,在运用这一概念时,应牢记自身价格弹性是一个负值。

第二,自身价格弹性是一个纯数值,与计量单位无关。香烟需求量的基本单位为亿包。然而,需求量变动的百分比是需求量的变化量除以初始需求量。因此,这是一个纯数值,与任何计量单位无关。也就是说,不论我们是以亿包、百万包或是千包为单位来计算香烟数量,变动的百分比都是相同的。同样地,价格变动的百分比也是一个纯数值。

由于自身价格弹性等于需求量变动的百分比除以价格变动的百分比,所以它也是一个纯数值。因此,自身价格弹性提供了一种简便的、并不依赖于计量单位的刻画价格敏感度的方法。因此,它可以用来比较不同产品和服务的需求对价格的弹性。

第三,回顾一下方程(3.1),自身价格弹性是需求量变化的比例同价格变化的比例的比值。如果价格变动的比例很大,而需求量却没有变化,则弹性为零。相反,如果价格的很小比例的变动就会引起需求量的很大变动,则弹性为负的无穷大。因此,自身价格弹性的范围是从 0 到负的无穷大。

精确性

自身价格弹性的估计取决于对变化比例的计算,具体而言,取决于变化比例的分母。方程(3.1)用初始的价格与数量作为分母,但是估计价格弹性也可以用平均或最终价格与数量计算。当我们考虑的价格变化越来越小时,自身价格弹性的不同估计方法将会收敛至同一数字,我们将此数字称为弹性的点估计。

显然,从方程(3.1)来看,当初始价格或初始数量为零时,该公式将初始价格与数量作为价格与数量变化比例的分母是不可行的。在这种情况下,我们应该使用平均或最终价格与数量作为分母。

另外,还要注意自身价格弹性的计算取决于所有影响需求的因素,包括价格、收入、互补品和替代品的价格以及卖家的广告。因此,任一因素的变化都可能导致自身价格弹性的变化。

尤其是,自身价格弹性可能会沿着需求曲线发生变化,并且会随着价格自身的变化而变化。因此,严格来说,只有当价格的变化很小的时候,自身价格弹性的计算才是准确的。

> **进度检测 3A**
>
> 参照图 3-1,假设最初香烟的价格是每包 1.1 元,需求量是每月 14.4 亿包。随后,价格降至每包 1 元,需求量上升至每月 15 亿包,计算香烟需求的自身价格弹性。

 小案例

亚马逊的"至尊"服务:价格上涨的效果

韦德布希(Wedbush)证券公司估测,在初始的每年 79 美元的价格上,亚马逊拥有 2 500 万用户。根据瑞银集团的调查,如果价格上涨 20 美元,用户将减少 42% 至 1 450 万。价格上涨 20 美元,相当于上涨了 20/79 = 25.3%。所以,预测的用户减少量表明自身的价格弹性为 -42/25.3 = -1.66。

根据瑞银集团的调查,如果价格上涨 40 美元,用户将减少 76% 至 600 万。因此,在 99 美元和 119 美元之间,价格上涨 20/99 = 20.2%,用户将从 1 450 万减少至 600 万,也就是减少 58.6%。因此,在这个区间上,预测的用户减少量表明自身的价格弹性为 -58.6/20.2 = -2.90。

资料来源:"Will Amazon Prime customers accept price hike? Maybe not", *Forbes*, 2014 年 2 月 12 日; Wedbush Securities, "Quick note: Amazon.com(AMZN-NEUTRAL)", 2014 年 3 月 14 日。

3.3 弹性/刚性需求

如果某种产品价格上涨 1% 而导致其需求量的下降超过 1%,我们就说该产品的需求是有**价格弹性的**(price elastic)或相对于价格有弹性。同样地,如果某种产品价格一定比例的上涨导致其需求量更大比例的下降,则我们也称该产品需求相对于价格有弹性。如果需求是有弹性的,那么弹性将小于 -1。这意味着弹性的绝对值(即去掉负号的值)大于 1。

> **价格弹性**:某种产品价格上涨 1% 导致其需求量的下降超过 1%。

相反,当某种产品价格上涨 1% 而导致其需求量的下降小于 1%,我们就说该产品的需求是有**价格刚性的**(price inelastic)或相对于价格是刚性的。同样地,如果某种产品价格一定比例的上涨导致其需求量下降的比例更小,则我们也称该产品需求相对于价格是刚性的。如果需求是刚性的,那么弹性将大于 -1。这意味着弹性的绝对值(即去掉负号的值)小于 1。

> **价格刚性**:某种产品价格上涨 1% 导致其需求量的下降小于 1%。

直观因素

要估计自身价格弹性,需要知道价格变化和需求量相应变化的信息。然而,通过改变价格来估计弹性可能太昂贵或不实际。不过,管理者可以通过几种直观因素来判断需求的自身价格弹性。

- 直接或间接替代品的可获得性。可获得的替代品越少,则产品的需求越显刚性。那些对酒或香烟的依赖性比较强的人会觉得没有其他方式可以满足他们的需求。因此这些产品的需求相对来说是刚性的。

- 产品类别比特定产品的替代品更少。比如说,通过比较啤酒的需求与某一特定品牌啤酒的需求,我们会发现特定品牌的啤酒比啤酒这一类产品具有更多的替代品。因此,特定品牌啤酒的需求将比啤酒类产品的需求更有弹性。这意味着,如果所有啤酒生产者把啤酒的总体价格提高10%,则它们的销售额下降的比例将比单独一个啤酒生产者提价10%而引起的销售额下降的比例小。

- 买方的预承诺。购买了某种汽车的人会成为此种汽车零部件的一个必然消费者。汽车制造商非常明白这一点,因此,它们在销售零件时的定价要比此件用于整车时的价格相对更高。软件产业也有相同的情况,一旦用户投入了时间和精力学习使用一种软件,他们就会成为将来升级版软件的必然消费者。只要存在这种预承诺,需求都是刚性的。

通常情况下,随着时间的推移,承诺可以解除。例如,签下24个月移动服务合同的用户在两年之后可自由更换其他供应商。因此,买方对需求自身价格弹性的承诺效果会随着时间的推移而减弱。

- 寻求更经济产品所获得的好处与付出的成本。买方花在寻求更优价格上的时间有限,因此,他们比较关注价格相对更高的产品。比如说,有婴儿的家庭花费更多的时间寻求更经济的尿布而非棉签。类似地,后勤管理者关注更多的是复印纸而非回形针。市场营销人员将较少引起买方关注的产品称为低参与产品。

在考虑寻求更经济产品所获得的好处与付出的成本间的平衡时,有时需要考虑付出成本的人是否与获得好处的人是同一个人。如果你将一辆损坏的车送到修理店,修理店的经理肯定会问:"你买保险了吗?"经验丰富的修理店经理知道,买了汽车保险的车主不会太关注修车价格。在这个例子中,车主得到了修理工作带来的好处,而保险公司要支付大部分或所有的修车费用。就修理费用讨价还价的车主必然要花费他自己的时间,而保险公司将得到讨价还价带来的大部分好处。

> **进度检测 3B**
>
> 能影响需求的自身价格弹性的直观因素是什么?

共同承担的费用:会员优惠计划

只要付款的人和选择产品的人不是同一个人,产品的需求都将呈现刚性。在1981年,美洲航空公司为经常旅行的客户建立了AA优惠计划。这项计划记录每个会员乘坐美洲航空公司航班旅行的行程,并根据会员累积乘坐的里程数奖励免费航程。

AA优惠计划尤其会吸引那些并非亲自掏钱买票的乘客,比如行政人员。这类乘客与那些自己付钱买票的人相比,对价格较不敏感。AA优惠计划激励他们选择美洲航空,尽管其机票价格会比较昂贵。对于别人为其掏钱买机票的乘客,该计划使得需求更显刚性。

AA计划是一个高明的市场营销策略,其他航空公司很快就效仿并建立了各自的会员优惠计划。

3.4 预测需求量和支出

需求的自身价格弹性可用来预测价格变化对需求量和买方支出的影响。由于买方支出等于需求量乘以价格,所以它与需求量有密切关系。(在第9章讨论定价时,我们将考虑价格歧视的可能性。价格歧视是指让不同的买方支付不同的价格,所以支出不是简单地用需求量乘以价格。)

自身价格弹性不但可用于单个卖方的情况,也可用于整个市场。从单个卖方的角度来看,需求量是销售量,而买方支出则是其收入。因此,运用需求的自身价格弹性,销售者可以预测价格变化对销售量和收入的影响。

■ 需求量

让我们首先考虑如何运用需求自身价格弹性来预测价格变动对需求量产生的影响。让我们参考图3-1中的香烟需求。假设香烟价格为每包1元,需求量为每月15亿包。如果价格上涨5%,消费者的需求量将会受到怎样的影响?

我们已经计算出价格为1元时,需求的自身价格弹性为 -0.4。根据定义,自身价格弹性是价格上涨1%时,需求量变化的百分比。因此,如果香烟的价格上涨5%,则需求量的变化为 $-0.4 \times 5\% = -2\%$,也就是说,需求量将下降2%。

要预测香烟需求量的变化,我们应当用需求量变动的百分比(-2%)乘以价格变化之前的需求量。从而,香烟涨价5%,每月需求量将变化 $-2\% \times 15$ 亿 $= -3\,000$ 万包。

正如香烟的例子所阐述,估计价格变化对买方需求量影响的公式为:

$$需求量变化的百分比 = 价格变化的百分比 \times 需求的自身价格弹性 \quad (3.3)$$

我们还可运用需求弹性来估算价格下降对需求量产生的影响。假设每包香烟最初的价格是1元,当价格下降5%时,需求量的变化为 $-0.4 \times (-5\%) = 2\%$,也就是说,需求量将增加2%。这个例子说明,自身价格弹性的符号和价格变动的符号是很重要的。

■ 支出

接下来,让我们来分析如何运用需求的自身价格弹性来估算价格变动对买方支出产生的影响。买方支出等于需求量乘以价格。因此,价格的变动将从两方面影响消费者支出:其一为价格自身的变动,其二为价格变动对需求量的影响。

总的来说,估计价格的变化对买方支出影响的公式为:

$$支出变化的百分比 = 价格变化的百分比 + 需求量变化的百分比 \quad (3.4)$$

我们来分析当价格上涨较小幅度时的情况。价格的上涨会增加买方支出。但同时,价格的上涨又会减少买方的需求量,因而减少买方支出。因此,价格变动对买方支出产生的最终影响取决于以上两种影响之间哪一项相对更大。

自身价格弹性的概念有助于决定价格效应和数量效应之间哪一项相对较大。回顾一下,如果价格一定比例的上涨导致需求量以更大比例下降,则需求相对于价格是有弹性的。反之,如果价格一定比例的上涨导致需求量以较小比例下降,则需求相对于价格是刚性的。自身价格弹性使我们能够比较价格变动幅度与需求量变动幅度的相对大小。

如果需求是有弹性的,则需求量的下降比例将比价格的上涨比例大,此时,价格上涨会减少买方支出。通常情况下,如果需求是有弹性的,则价格上涨将会减少买方支出,而价格下降将会增加买方支出。

相反,如果需求是价格刚性的,则需求量的下降比例将比价格的上涨比例小,从而价格上涨会增加买方支出。通常情况下,如果需求是刚性的,则价格上涨将会增加买方支出,而价格下降将会减少买方支出。

精确地说,如果用支出变化的百分比替代方程(3.3)中需求量变化的百分比,那么,估计价格的变化对买方支出影响的公式可简化为:

$$支出变化的百分比 = 价格变化的百分比 \times (1 + 需求的自身价格弹性) \quad (3.5)$$

■ 定价策略

每当销售经理们被要求提价时,他们都会回答:"但那样做会使销售量下降!"由于需求曲线是向下倾斜的,因此提高价格毫无疑问会减少销售量。但关键在于价格上涨将会导致销售量之下降程度。销售经理应该了解一下自身价格弹性。

为了了解这一点,我们假定在当前定价之下,一个制造商的产品需求是刚性的。这时,如果制造商提高售价,会发生什么情况呢?由于需求是价格刚性的,因此一定比例的价格上涨会导致较小比例的需求量的下降。结果,买方支出会上涨,也就是说,制造商的收入会增加。

同时,由于需求量的下降,制造商会减少生产,成本则会降低。既然销售收入增加、成本降低,则制造商的利润无疑会增大。因此,如果需求是价格刚性的,制造商可以通过提高售价来增加利润。

上述讨论说明,在适当的条件(刚性需求)下,提高售价即使会降低销售量,但仍可以增加利润。因此,在定价时,管理层应当考虑需求的价格弹性。一般而言,应当不断提高售价,直至需求相对于价格呈现弹性为止。我们会在第9章讨论定价时,更加深入地探讨此问题。

小案例

《纽约时报》:2009 年 5 月的价格上升

《纽约时报》媒体集团在 2008 年从《纽约时报》获得了读者收入 6.68 亿美元、广告收入 10.77 亿美元以及其他收入 1.81 亿美元。面对来自新媒体和免费报纸的竞争,《纽约时报》的管理层制定了提高发行价格而削减低利润读者的政策。《纽约时报》在 2009 年 5 月将其平时版的标价从 1.5 美元提高至 2 美元,将周日版的标价从 5 美元提高到 6 美元。一位业内人士估计,此次提价将为《纽约时报》带来 4 000 万美元的额外收入。

上述对收入增幅的估计合理吗?我们可以利用方程(3.5)计算出价格上涨对消费者支出的影响,从而回答这个问题。在价格为 1.5 美元时,当前的发行量是 104 万份。假设一年的工作日为 300 天,《纽约时报》出售平时版刊物的年收入为 1.04 × 1.5 × 300 = 46 800 万美元。因此,价格上涨预期会带来 4 000 ÷ 46 800 = 8.5% 的收入增长。

我们将特别关注于平时版刊物的价格上涨,价格变化的比例为 (2.00 − 1.50) ÷ 1.50 = 0.50 ÷ 1.50 = 33%。将这些数据代入方程(3.5),即 0.085 = 0.33 × (1 + 需求的自身价格弹性)。由此可知,需求的自身价格弹性 = 0.085 ÷ 0.33 − 1 = 0.26 − 1 = −0.74。预计《纽约时报》价格的上涨会使收入增加 4 000 万美元,需求的自身价格弹性为 −0.74。这一弹性值的假设是非常合理的。

然而,评论者没有提到价格上涨对广告收入的影响。广告的需求取决于报纸的发行量。假设自身价格弹性为 −0.74,价格上涨 33% 会导致发行量变动 33% × (−0.74) = −24%。发行量下降 24% 会在很大程度上减少广告收入。

资料来源:"New York Times set to increase price", *Financial Times*, May 2, 2009; New York Times Company, 2008 年和 2009 年年度报告。

进度检测 3C

假设一个特定移动手机服务供应商的需求自身价格弹性为 −2.5。如果该服务供应商提价 7%,那么需求量和消费者支出的变动百分比为多少?

3.5 其他弹性

除了价格之外,一种产品的需求还取决于消费者收入、互补品和替代品的价格、卖家的广告等其他因素。以上任何因素的变动都将导致需求曲线的移动。

每一种因素的变动引起的需求的变动都对应着一种弹性。管理者可以利用这些弹性来预测以上因素的变化所产生的影响。尤其是,这些弹性可以用来预测多种因素同时变动时所产生的影响。

利用收入弹性、互补品和替代品的价格弹性、卖家的广告弹性来分析需求的过程与利用自身价格弹性来分析需求的过程是类似的。因此,我们将集中讨论怎样利用收入弹性来分析需求。

■ 收入弹性

> **收入弹性**:消费者收入增加1%时需求量变动的百分比。

需求的**收入弹性**(income elasticity)衡量的是需求的变化相对于消费者收入变化的敏感度。根据定义,需求的收入弹性是消费者收入增加1%时需求量变动的百分比。同样,收入弹性是如下比率:

$$需求的收入弹性 = \frac{需求变化的百分比}{收入变化的百分比} \qquad (3.6)$$

对于一个正常产品,如果消费者收入增加,需求也将随之增加。因此,此时需求的收入弹性是一个正值。相反,对于低档产品,如果消费者收入增加,需求将会下降,这时收入弹性是一个负值。因此,收入弹性可以为负值也可以为正值,这取决于产品是一般消费品还是低档品。收入弹性的符号是很重要的。收入弹性的取值范围可以从负的无穷大到正的无穷大。

如果收入增长1%导致需求变化超过1%,则需求被称为收入有弹性的或相对于收入有弹性的。如果收入增长1%导致需求变化小于1%,则需求被称为收入刚性的或相对于收入无弹性的。

必需品的需求收入弹性往往比非必需品的需求收入弹性更小。比如说,让我们比较对食材的需求与对餐厅大餐的需求。与在家做饭相比,餐厅大餐更趋近于一个非必需品。因此,我们预测,对食材需求的收入弹性要比对餐厅大餐需求的收入弹性小。

■ 交叉价格弹性

> **交叉价格弹性**:某种产品的需求量在相关产品的价格上涨1%时变动的百分比。

正如需求的收入弹性衡量的是需求对消费者收入变动的敏感程度一样,需求的**交叉价格弹性**(cross-price elasticity)衡量的是需求对相关产品的价格变动的敏感程度。根据定义,一种产品的需求相对于另一种产品的交叉价格弹性是指某种产品的需求量在另一种产品的价格上涨1%时变动的百分比。同样,交叉价格弹性是如下比率:

$$需求的交叉价格弹性 = \frac{需求变化的百分比}{相关产品价格变化的百分比} \quad (3.7)$$

如果两种产品是替代品,一种产品价格的提高将会增加对另一种产品的需求,此时,交叉价格弹性将是正值。两种产品的可替代性越强,则它们的交叉价格弹性也将越大。相反,如果两种产品是互补品,则一种产品价格的提高将减少对另一种产品的需求,此时,交叉价格弹性将是负值。交叉价格弹性的取值范围可以从负的无穷大到正的无穷大。

■ 广告弹性

广告弹性(advertising elasticity)衡量需求对卖方广告支出变化的敏感度。根据定义,需求的广告弹性是卖方的广告支出增加1%时,需求量变化的百分比。同样,广告弹性是如下比率:

> **广告弹性:** 卖方的广告支出增加1%时,需求变化的百分比。

$$需求的广告弹性 = \frac{需求变化的百分比}{卖方广告支出变化的百分比} \quad (3.8)$$

一般来说,广告支出的增加会导致产品需求的增加。因此,广告弹性应该是正的。大多数广告是由单个的卖方推出,用以增加它们自己产品的销量。通过把买方从竞争对手那里吸引过来,广告对单个卖方的销量产生的影响远大于其对整个市场需求所产生的影响。因此,单个卖方所面临的需求广告弹性往往比整个市场面临的需求广告弹性大得多。

■ 多因素预测

商业环境经常会以互相矛盾的方式发生变化。比如,收入可能会增加,但同时互补品的价格可能也会上升。对于一个正常产品来说,收入增加将提高对产品的需求,但互补品的价格提高将减少对其需求。

那么在多种因素的影响下,产品需求会发生什么变化?这个问题可以通过计算需求对每个影响需求的因素的弹性来解决。一般来说,多因素变化所导致的需求变化的百分比等于单个因素变化导致需求变化的百分比的加总。

为了阐明这一点,我们假设香烟的价格是每包1元,月销售量是15亿包。消费者收入增加3%,同时,香烟的价格上涨5%。这时香烟的需求量将会受到怎样的影响呢?

假设香烟需求的自身价格弹性是 -0.4,需求对收入的弹性是0.1。那么价格上涨5%将会使需求量变化(-0.4)×5% = -2%。另外,我们已计算出消费者收入增加3%将使需求增加(0.1)×3% = 0.3%。因此,价格上涨和消费者收入增加产生的总的影响是使需求量变化 -2% + 0.3% = -1.7%。

由于最初香烟的月需求量是15亿包,于是,经过香烟价格上涨和消费者收入增加之后,香烟的月需求量将变为(1 − 1.7%) × 15 = 14.75亿包。我们可运用类似的方法来预测其他因素的变化对需求的影响,这些因素包括相关产品的价格变化和广告支出的变化。

> **进度检测 3D**
>
> 参考第 2 节自身价格弹性的性质。相应地,收入弹性的性质是什么?

油价和汽车的选择

随着油价降至低于每加仑 3 美元,美国人购买更多的 SUVs(运动型多功能汽车)和轻型货车。汽车零售商 AutoNation 执行总裁 Mike Jackson 认为,"美国人就是喜欢大的车"。油价的下跌增强了购买大型汽车的趋势。从 2014 年 10 月份到 2015 年,SUVs 和货车在福特的销售额中所占比例从 68.5% 上升到 72%。

资料来源:Li, Shanjun, Christopher Timmins, and Roger H. von Haefen,"How do gasoline prices affect fleet fuel economy?" *American Economic Journal: Economic Policy*, Vol.1 No.2, 2009 年 8 月, 113—137。

3.6 调整时间

我们已分析了需求相对于价格、消费者收入、相关产品价格和广告支出等因素变动的弹性。除此之外,还有一个因素会对所有的弹性产生影响,那就是买方可以获得的调整时间。

有关时间调整,区分为**短期**(short run)与**长期**(long run)是很重要的。短期是指这样的一个时间跨度,在此时间跨度内,买方至少来不及调整一种产品的需求数量。相反,长期是指这样的一个时间跨度,在此时间跨度内,买方有足够时间调整所有产品的需求数量。

> **短期**:在此时间跨度内买方至少来不及调整对一种产品的需求数量。
>
> **长期**:在此时间跨度内买方有足够时间调整所有产品的需求数量。

为了阐明两者的区别,让我们来讨论小泓是怎样上班。由于小泓没有汽车,所以她乘地铁上班。为了从乘地铁改为开车,她需要时间来购买或租用汽车。因此,关于小泓对交通方式的选择,任何短于她买一辆车所需时间的时间跨度都是短期。任何长于她买一辆车所需时间的时间跨度都是长期。

现在让我们来讨论消费者的调整时间对需求的各种弹性的影响,以及这种影响是如何与产品的耐用程度相关的。

非耐用品

我们来考虑一种日常消费品,比如通勤地铁的服务。假设从某个周一开始,地铁运营商将地铁票价永久提升10%。许多经常乘地铁的人可能已经为那天做好了准备,因此他们在当天对提高票价的反应可能会很微弱。然而,经过一段时间后,对提价的反应会变强。随着越来越多的人选择汽车,对地铁服务的需求将会下降。

一般来说,对于**非耐用品**(non-durable good),消费者所需调整时间越长,他们对价格变动的反应就会越大。因此,这类产品的需求从长期来看要比从短期来看更有弹性。这一点适用于所有的非耐用品,既包括物品,也包括服务。

> **非耐用品**的需求从长期来看要比从短期来看更有弹性。

图3-2显示了一种非耐用品的短期和长期需求曲线。假设产品现在的价格为5元,需求量为150万单位。如果价格下降至4.5元,需求量短期内将会升至160万单位,而长期内会上升至175万单位。

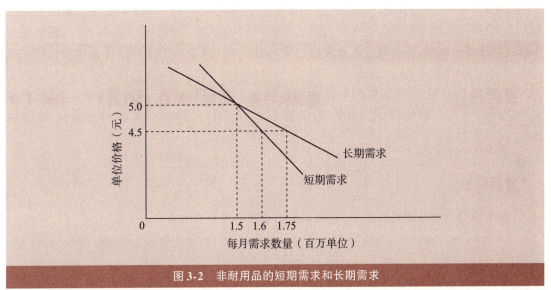

图3-2 非耐用品的短期需求和长期需求

注:如果非耐用品的价格从5元下降到4.5元,短期需求数量会上升至160万单位,长期需求数量会进一步上升到175万单位。

当产品现在的价格为5元、需求量为150万单位时,价格变化百分比为$(4.50-5)\div 5 = -0.5\div 5 = -0.1$。在短期内,需求量的变化比例为$(1.6-1.5)\div 1.5 = 0.1\div 1.5 = 0.067$。故此短期的自身价格弹性为$0.067\div(-0.1) = -0.67$。

从长期来看,需求量的变化比例为$(1.75-1.5)\div 1.5 = 0.25\div 1.5 = 0.17$。因此,长期的自身价格弹性为$0.17\div(-0.1) = -1.7$。这验证了需求在长期内比短期内更有弹性。

■ 耐用品

> **耐用品**的需求的长期弹性和短期弹性的大小比较取决于调整时间和替换频率的平衡。

调整时间对**耐用品**（durables）如汽车等的需求有不同的影响。无论是耐用品还是非耐用品，买方都需要时间进行调整，这使得需求在长期内的弹性相对更大。然而，就耐用品而言，替换频率形成了一种抵消效果——它使需求在短期内的弹性增加。而且，这种抵消效果对于收入变化来说尤为强烈。

比如，让我们来考虑汽车的需求。大多数车主每隔几年才会换一次新车。假定车主们的收入有所下降，那么他们就会考虑把现有的车用更长的时间。一些本来打算换车的车主会延长旧车的使用时间。因此，收入的下降将导致购买停滞，在足够长的时间过去之后，这些车主才会在新的较低的收入之下更换旧车。

然而，收入的下降对销售的影响的长期效果较弱。最终，所有车主将更换汽车，只不过更换的频率下降了。因此，收入的下降在短期内对需求的影响将比在长期内更大。

类似地，如果车主们的收入增加，他们将更频繁地更换汽车。一些车主会立刻更换自己的汽车，从而导致汽车购买量的急剧增多。然而，当车主调整了他们的更换频率后，销售量就不再急剧增多。因此，车主收入的增加在短期内导致的汽车需求的增加往往会比在长期内更剧烈。

因此，对于耐用品，需求的短期弹性和长期弹性的不同取决于需要调整的时间与更换频率之间的平衡。调整时间对耐用品的需求的自身价格弹性及其他弹性有着相似的影响。

> **进度检测 3E**
>
> 解释为什么对非耐用品来说，长期需求比短期需求更有弹性。

 小案例

汽油和汽车的需求：时间的影响

人们开车需要购买汽油。因此汽油的需求量取决于汽车的持有量和汽车自身的耗油量。由于家庭每隔一段时间会更换汽车，他们对汽油的需求也会变化。

一个加拿大的调查通过测量每单位距离的耗油量来估计汽油的需求。汽车的自身需求弹性短期内为 -0.029，长期内为 -0.089。显然，如果将汽油对持有汽车的长期影响列入考虑范围，需求的长期弹性则是短期弹性的三倍多。

该调查同样估计了对汽车持有量的需求。汽车的需求对收入的弹性在短期内为 0.285，长期内为 0.391。在加拿大,汽车需求在长期内的弹性比短期内大 37%。该估计表明,时间调整的影响超过了更换频率的影响。

资料来源:Philippe Barla, Bernard Lamonde, Luis F. Miranda-Moreno, and Nathalie Boucher, "Traveled distance, stock and fuel efficiency of private vehicles in Canada: Price elasticities and rebound effect", *Transportation*, Vol. 36, No. 4, 2009, 389—402。

3.7 有限理性

由于认知有限和自我控制的困难,人们的行为是有限理性的。有限理性会导致决策中的系统偏见,这将会影响需求弹性。

- 沉没成本谬误。一旦一个人付出了沉没成本,她心理上将会觉得有责任去弥补沉没成本,这种心理上的责任感会影响她以后的选择。例如,支付过免邮服务的年费后,消费者会觉得应当购买更多的产品来弥补年费。如果年费价格升高,消费者会觉得应当消费得更多。她对于购物的需求的价格弹性将会变得较低。
- 锚定效应。面对不确定性,人们需要信息并且利用线索,甚至无关的线索来协助他们做出选择。消费者可能不能确定产品带给他们的收益。零售商了解这一情况,通过设定标价来锚定消费者对于收益的认知。基于这种锚定效应,消费者认为高于标价的价格将令他们受损,低于标价的价格会产生买方剩余。相应地,在高于标价的价格上消费者的需求是价格弹性的,在低于标价的价格上消费者的需求是价格刚性的。

知识要点

- 需求的自身价格弹性指的是当产品价格上升 1% 时,产品需求量的变化百分比。
- 如果某种产品价格上涨 1% 导致其需求量下降超过 1%,则该产品需求是有价格弹性的。如果某种产品价格上涨 1% 导致其需求量下降小于 1%,则该产品需求是有价格刚性的。
- 一个产品的需求在以下的情况更有弹性:(i) 产品有更多直接或间接的替代品;(ii) 买方对产品的预承诺更少;(iii) 从节约获得的收益比为节约而须付出的成本更大。
- 如果产品的需求是刚性的,卖方可以通过提高价格增加利润。
- 需求的收入弹性是消费者收入增加 1% 时需求量变动的百分比。
- 需求的交叉价格弹性是指某产品的需求量在相关产品的价格上涨 1% 时变动的百分比。
- 需求的广告弹性是卖方的广告支出增加 1% 时,需求量变动的百分比。
- 对非耐用品来说,需求在长期比短期更有弹性。对耐用品来说,需求的长期弹性和短期弹性的大小比较取决于调整时间和替换频率的平衡。

- 产生沉没成本会导致更低的需求价格弹性。
- 需求在高于锚定的价格上是价格弹性的,在低于锚定的价格上是价格刚性的。

复习题

1. 讨论你经常购买的一种服务。(a) 假设价格下降5%,你每年会多购买多少此种产品呢?(b) 计算需求的自身价格弹性。
2. 请解释为什么自身价格弹性是一个纯数值,与计量单位无关,并且是负值。
3. 在什么情况下需求是价格弹性的?在什么情况下又是价格刚性的?
4. 考虑需求自身价格弹性的直观因素。运用这些因素来度量行政人员在可以报销航空旅行费用的情况下,他们对航空旅行的需求自身价格弹性。
5. 假定食品需求的自身价格弹性为 -0.7。由于全国性的干旱,食品的价格上升了10%,这会导致食品的支出增加还是减少呢?
6. 某品牌冷冻蔬菜的需求自身价格弹性为 -1.5。假设蔬菜制造商降价5%。蔬菜销售量会变化多少百分比?
7. 讨论你经常购买的一种产品。(a) 假设你的收入增加了10%,你每年会多购买多少此种产品呢?(b) 计算需求的自身价格弹性。
8. 判断正误:一种产品价格的变动将会影响需求的收入弹性。
9. 轮胎制造商既使用天然橡胶也使用合成橡胶来制造轮胎。如果天然橡胶的需求相对于合成橡胶价格变动的交叉价格弹性是负值,那么这两种橡胶是替代品还是互补品?
10. 请解释为什么啤酒的市场需求的广告弹性要比某种特定品牌啤酒的需求的广告弹性小。
11. 假设某种品牌香烟需求的广告弹性是1.3。如果香烟生产商将广告支出增加5%,则其需求将会变化多少?
12. 请考虑出租车费用的变化对其需求量的影响。你预计出租车服务的需求对价格的弹性在短期内更大还是在长期内更大?
13. 假设汽车需求对收入的弹性短期为0.285,长期为0.391。当收入上升10%时,比较收入上升对汽车短期需求和长期需求的影响。
14. 沉没成本谬误如何影响需求的弹性?
15. 比较某特定品牌打印机墨盒的需求自身价格弹性:(a) 用户购买打印机之前;(b) 用户购买打印机之后。

讨论案例

1. 法国一家著名的食品零售商旗下各个品牌的面食需求的自身价格弹性分别为:全国品牌为 -1.36,自有品牌为 -2.16,低价品牌为 -1.85。它旗下各个品牌的饼干需求的自身价格弹性为:全国品牌为 -1.00,自有品牌为 -1.14,低价品牌为

−0.50。(资料来源:Fabian Berges, Daniel Hassan, and Sylvette Monier-Dilhan, "Are consumers more loyal to national brands than to private labels?" *Bulletin of Economic Research*, Vol. 65, 2013, s1—s16。)

(a) 比较面食全国品牌和自有品牌需求的自身价格弹性。它们之间的不同说明了什么?

(b) 全国品牌、自有品牌、低价品牌中,哪一种品牌的品牌忠诚度较高?(提示:用自身价格弹性来分析品牌忠诚度。)

(c) 面食和饼干的需求,哪一个更有弹性?

(d) 基于自身价格弹性,你能否提供一些定价建议?

2. 某城市居住用户对水需求量的自身价格弹性是在10月份的高点−0.20和12月份的低点−0.06之间。商业用户对水需求量的自身价格弹性是在12月份的高点−0.17和1月份的低点−0.08之间。(资料来源:David R. Bell and Ronald C. Griffin, "Urban water demand with periodic error correction", *Land Economics*, Vol. 87, No. 3, 2011, 528—544。)

(a) 居住用户和商业用户对水的需求量具有价格弹性还是价格刚性?

(b) 你觉得居住用户和商业用户对水的需求量的弹性是相似的还是不同的?

(c) 解释为什么水需求量的自身价格弹性随着季节变化而变化。

(d) 如果城市供水商将价格提高10%,那么对于居住用户和商业用户的用水需求会有怎样的影响?

3. 2008年,《纽约时报》从发行中获得了读者收入6.68亿美元、广告收入10.77亿美元以及其他收入1.81亿美元。《纽约时报》的管理层决定提高发行价格,削减低利润读者。《纽约时报》在2009年5月将其平时版的标价从1.5美元提升至2美元。在2008年《纽约时报》已经经历了一次从1.25美元提高至1.50美元的涨价。上一次涨价导致《纽约时报》的发行量下降了3.6%,下降至104万份。

(a) 利用2008年的价格和发行量信息,计算《纽约时报》平时版的需求自身价格弹性。

(b) 假设现在的价格为1.5美元,一年有300个工作日,那么平时版的年发行收入是多少?

(c) 假设2009年的价格从1.5美元升至2美元,价格变化比例为多少?

(d) 假设2009年的价格从1.5美元升至2美元带来了4 000万美元的额外收入,收入变化比例为多少?

(e) 利用方程(3.5)计算能够带来4 000万美元额外收入的需求自身价格弹性。

(f) 比较(a)题和(e)题中的弹性。这些不同的弹性有直观的解释吗?

4. 在美国市场上对于四种处方药(止痛剂/镇痛剂、抗血脂药物、胃肠酸还原剂、失眠药),消费者需求的广告弹性是0.13到0.19之间,医师需求的广告弹性为0.51。向消费者做广告的药物的自身价格弹性是−0.67,没有向消费者做广告的药物的自身价格弹性是−0.73。(资料来源:Dhaval Dave and Henry Saffer, "Impact of direct-to-consumer advertising on pharmaceutical prices and demand", *Southern Economic Journal*, Vol. 79, No. 1, 2012, 97—126。)

(a) 如果增加5%的消费者广告投入,那么四种处方药的需求量会有怎样的变化?

(b) 如果增加5%的医师广告投入呢？

(c) 你觉得对于非处方药物来说，向消费者和医师做广告带来的区别会否相同？

(d) 假设一个药物制造商增加了广告投入。为什么它还应当提高药物的价格？

5. 一个亚洲的移动服务供应商，其通话服务需求的自身价格弹性为 -0.085，对短信服务的交叉价格弹性为 -0.078。其短信服务需求的自身价格弹性为 -0.03，对通话服务的交叉价格弹性为 -0.003。（资料来源：Youngsoo Kim, Rahul Telang, William B. Vogt, and Ramayya Krishnan, "An empirical analysis of mobile voice service and SMS: A structural model", *Management Science*, Vol. 56, No. 2, 2010, 234—252。）

(a) 通话服务和短信服务哪一项的需求对价格更有刚性？

(b) 请解释通话服务与短信服务是互补品还是替代品。

(c) 下列哪一个的互补性或替代性更强？(i) 短信对通话；(ii) 通话对短信。

(d) 如果供应商将通话服务的价格提高5%，这将对供应商的通话服务收入和短信服务收入分别带来什么影响？

6. 电力供应商可以选择好几种燃料来发电，包括石油、天然气、煤和铀，还可以用太阳能和风力。然而，一旦发电厂建成，转换燃料的余地便非常有限。由于发电厂使用年限通常为30年以上，因此发电厂商在选择发电厂类型时，必须从长远角度考虑各种燃料的相对价格。

(a) 你认为风力发电厂的需求相对于煤价的交叉价格弹性是正值还是负值？

(b) 对以石油为燃料的发电厂的需求相对于煤价的交叉价格弹性是正值还是负值？

(c) 对以石油为燃料的发电厂的需求在短期更富有弹性还是在长期更富有弹性？

7. 汽车使用的需求（以驾驶里程数为单位）取决于汽油的价格和旅行的时间。汽车使用的需求对汽油价格的交叉价格弹性在短期和长期分别为 -0.10 和 -0.29。汽车使用的需求对形成时间的交叉价格弹性在短期和长期分别为 -0.27 和 -0.570（资料来源：Victoria Transport Policy Institute, www.vtpi.org/elasticities.pdf。）

(a) 解释为什么汽车使用的长期需求要比短期需求更有弹性？消费者对车辆类型的选择将如何影响这一区别？

(b) 假设油价上涨了20%并且新的公路将行程时间减少了10%。计算一下下列值的百分比变化：(i) 短期需求的总驾驶里程数；(ii) 长期需求的总驾驶里程数。

8. 一项对美国香烟销售量的调查显示，如果香烟价格上涨1%，则香烟消费在短期内会减少 0.4%，而在长期内会减少 0.75%。（资料来源：Gary Becker, Michael Grossman, and Kevin Murphy, "An empirical analysis of cigarette addiction", *American Economic Review*, Vol. 84, No. 3, 1994, 396—418。）

(a) 请计算香烟需求的短期自身价格弹性和长期自身价格弹性。

(b) 请解释为什么香烟需求在长期内比在短期内更有弹性。

(c) 如果政府对香烟征税，使其价格提高了5%，则在短期内消费者花费在香烟上的总支出会增加还是减少？在长期内又如何呢？

9. 下列情形可能会有助于理解偏好在个人决策中的作用（也可能没有帮助）。

(a) 某个移动服务供应商要求每个用户在其账户里存入 100 元的现金。另一个移动服务供应商对账户的金额没有任何限制。两个供应商都对其通话业务提价 10%。请问哪一个供应商的销售额将会受到更大的影响?

(b) 一家健身俱乐部有两种收费方式。一个是每次收费 5 元（限时两小时）。另一个是提供一个包含 80 次的会员年卡,价格为 240 元。(i) 年卡会员和次卡会员在什么情况下的收费是一样的?(ii) 为什么有很多去俱乐部健身的次数少于 48 次的会员会选择购买会员年卡?

(c) 一家超市里六瓶装的可口可乐标价为 5 欧元,打折价为 3 欧元。另一家超市里同样包装的可口可乐标价为 4 欧元,打折价同样为 3 欧元。哪一家超市会卖出更多的可口可乐?

第4章

供 给

> **学习目标**
>
> - 了解为什么生产商在更高的价格下供应更多的产品。
> - 了解企业如何决定在短期内是否继续经营;如果继续经营,如何决定生产规模。
> - 区别短期固定成本与可变成本。
> - 了解边际成本与边际收入。
> - 了解企业如何决定在长期内是否继续经营;如果继续经营,如何决定生产规模。
> - 了解企业如何在长期内通过进入或退出行业进行调整。
> - 了解卖方剩余的概念并将其运用于采购中。
> - 学会供给价格弹性概念的运用。

4.1 引言

达勒姆家具(Durham Furniture)1899年成立于安大略省达勒姆市,主要生产卧室家具。2003年,它在安大略省切斯利市建立了一座新厂来生产餐厅家具。总成本为3 800万加元,包括了价值800万加元的147 500平方英尺的工厂和3 000万加元的装置。新厂拥有8个现代窑炉,它们能在每11天中烘干70 000板英尺的硬木。[①]

然而,紧随着切斯利新厂的开设,不但来自亚洲的竞争加剧,加币对美元也在升值。之后

[①] 以下分析部分基于:"Durham Furniture plant may be sold", *Sun Media*, 2009年1月30日;"Chesley wood plant to reopen", *Homegoodsonline*, 2012年1月30日。

的经济大萧条更严重影响了美国的需求。2008 年，达勒姆决定退出餐厅家具市场并且关闭了切斯利新厂。

同年，达勒姆家具索性根据《公司债权人安排法》申请破产保护。达勒姆资产净值为 350 万至 630 万加元（切斯利厂房和装置之价值除外），并欠加拿大皇家银行 3 700 万加元的借款。然而，如果达勒姆找到了新的投资者，加拿大皇家银行则同意重组贷款。

2012 年 1 月，中国公司 GRS Wood Products 购买了切斯利的厂房。它在中国有两个生产厂。市长 Paul Eagleson 得知 GRS 将利用这个厂房生产实木地板并会雇用 50 名员工。

拥有获得木材产品的便捷渠道为加拿大家具制造业提供了很大的优势。然而，家具制造也仍属于劳动密集型产业。亚洲的家具制造商则从低廉的劳动力中获益。随着贸易壁垒的消失和运输成本的下降，亚洲家具制造商可以增大向美国的出口。

木材价格的变化将会怎样影响家具制造业？来自亚洲的竞争将会怎样影响加拿大的家具制造商，如达勒姆家具等公司的发展前景？新的投资者是否应该在达勒姆家具注资？

要回答这些问题，我们需要了解两个企业的关键决策：第一，是否应该继续经营；第二，在什么规模上经营。第一个是一项参与决策，它取决于公司经营是否能达到收支平衡，即总收入与总（相关）成本。第二个是一项程度决策，它取决于边际收入与边际成本。

本章，我们将分别学习在短期和长期如何拟订这两个关键决策。在短期内，企业对投入的调整力度有限，而在长期内，企业可以自由调整投入，甚至进入或退出行业。由此，我们可以分析新的投资者是否应该在达勒姆家具注资。

分析企业是否应该继续经营，以及若应该继续经营，企业的经营规模应为多大，是了解供给曲线概念的基础。与需求曲线相比，供给曲线是从生产商角度出发的。运用市场供给曲线，我们可以解释亚洲制造商对美国家具市场的影响，以及对加拿大家具制造商（如达勒姆家具）前景的影响。此外，我们还可以解释木材和木材价格对家具行业的影响。

本章还将介绍卖方剩余和供给弹性。与卖方剩余对应的是买方剩余。通过获得卖方剩余，管理层可以降低采购成本、提高利润。供给的自身需求弹性衡量的是供应量对产品价格变化的反应。这将告诉管理层价格必须上升多少才能满足购买的增加。

在此提到的决策工具和概念适用于任何具有以下特点的行业：存在许多彼此竞争的小供应商、每一个供应商都可以以市场价格卖出无限量的产品。这些行业包括采矿业、农业和渔业。也适用于制造业（比如塑料制造、印刷电路板组装、木制品）以及服务业（如个人服务等）。

4.2 短期成本

一个企业的两个关键决策是：是否继续经营以及在什么规模上经营。这两个决策都离不开时间。在第 3 章中我们介绍了和买方相关的短期与长期的概念，同样的概念也适用于卖方。

短期（short run）是指卖方来不及调整至少一项投入的时段。在短期内，企业受限制于一些过往的决策，例如，劳动合同、对厂房和设备

> **短期**：卖方来不及调整至少一项投入的时段。

长期：卖方能调整所有投入（包括进入或退出行业）的一段足够长的时间。

进行的投资等。随着时间的流逝，这些限制将不再起作用。**长期（long run）** 是指一段足够长的时间，在此期间卖方能调整所有的投入。

短期与长期的区别取决于经营环境。例如，一个工厂与 50 个工人签订了为期 12 个月的雇佣合同。在劳动合同到期之前，这种雇佣关系是无法进行调整的。因此，对于这个工厂来说，短期至少是 12 个月。相反，另一个工厂按日来雇用工人，对它来说，短期可以为一天。类似地，自置厂房与按年租用工厂和设备相比，前者的短期会更长。

■ 固定成本和可变成本

一个企业为了确定它的经营规模，需要知道每多生产一样产品所增加的成本。为了确定是否继续进行经营，企业需要了解停止生产会对其成本造成的影响（为方便起见，规模和生产率可互换）。

固定成本：不随生产率变化而变化的投入成本。

可变成本：随着生产率变化而变化的投入成本。

这两个决策都涉及固定成本和可变成本之间的区别。**固定成本（fixed cost）** 是不随生产率的变化而变化的投入成本。相应地，**可变成本（variable cost）** 是随着生产率的变化而变化的投入成本。

下面我们以生产夹板的星星木材为例来讨论固定成本与可变成本之间的区别。像其他大多数企业一样，星星木材的财会记录并没有将费用划分为固定费用和可变费用，而是根据投入的种类来分类，如租金、设备租用费、工资、原材料费用等。通过对星星木材的访谈，我们可以了解到短期生产率变化时所需的成本。表 4-1 列出了这些信息。

表 4-1 短期费用（每周）

周生产率	租金	设备租用费	管理者薪水	工资	原材料费用	总成本
0	2 000	10 000	8 000	2 000	0	22 000
1 000	2 000	10 000	8 000	5 290	1 000	26 290
2 000	2 000	10 000	8 000	8 360	2 000	30 360
3 000	2 000	10 000	8 000	12 160	3 000	35 160
4 000	2 000	10 000	8 000	16 970	4 000	40 970
5 000	2 000	10 000	8 000	22 930	5 000	47 930
6 000	2 000	10 000	8 000	30 150	6 000	56 150
7 000	2 000	10 000	8 000	38 700	7 000	65 700
8 000	2 000	10 000	8 000	48 620	8 000	76 620
9 000	2 000	10 000	8 000	59 960	9 000	88 960

注：除了周生产率以外，其他变量的单位均为元。

为了区分固定成本与可变成本，一个企业必须分析每一类费用随产量的变化将会怎样变化。参见表 4-1，我们可以对星星木材进行如下分析：短期内，星星木材无法对其设备的大小和管理者的薪水进行调整。不论每周的生产量为 0 还是 9 000 块夹板，工厂的场地租金都是 2 000 元，设备租用费为 10 000 元，管理者薪水为 8 000 元。因此，这些都是固定成本。工资随着生产率的变化而变化,但即使星星木材连一块夹板都不生产,它还是要支付2 000元的工资。因此,工资里面有2 000元是固定费用,其他的部分是可变的。最后,原材料费用则是完全可变的。

在表4-2中,我们把星星木材的费用——包括租金、管理者薪水、工资和原材料费用——分成固定成本和可变成本两大类。当夹板的产量从每周0块增加到每周9 000块时,固定成本一直维持在22 000元。相反地,可变成本则从产量为每周0块时的0元增加到产量为每周9 000块时的66 960元。

表4-2 短期成本分析

周生产率	固定成本	可变成本	总成本	边际成本	平均固定成本	平均可变成本	平均成本
0	22 000	0	22 000				
1 000	22 000	4 290	26 290	4.29	22.00	4.29	26.29
2 000	22 000	8 360	30 360	4.07	11.00	4.18	15.18
3 000	22 000	13 160	35 160	4.80	7.33	4.39	11.72
4 000	22 000	18 970	40 970	5.81	5.50	4.74	10.24
5 000	22 000	25 930	47 930	6.96	4.40	5.19	9.59
6 000	22 000	34 150	56 150	8.22	3.67	5.69	9.36
7 000	22 000	43 700	65 700	9.55	3.14	6.24	9.39
8 000	22 000	54 620	76 620	10.92	2.75	6.83	9.58
9 000	22 000	66 960	88 960	12.34	2.44	7.44	9.88

注:除了周生产率以外,其他变量的单位均为元。

总成本(total cost)是固定成本与可变成本之和。用代数式表示如下——C代表总成本,F代表固定成本,V代表可变成本,则:

$$C = F + V \quad (4.1)$$

总成本:固定成本和可变成本之和。

当可变成本存在时,那么总成本将会随产量增加而增加。在星星木材的这个例子里(参见表4-2),在每周产量为0时的总成本是22 000元,而当产量增加到每周9 000块夹板时的总成本为88 960元。

以下我们将具体解释总成本、固定成本、可变成本的概念。在图4-1中,纵轴代表成本,横轴代表产量。我们可以画出一条代表可变成本的曲线。总成本曲线则是由可变成本曲线沿垂直方向上移动固定成本的距离而形成。需要说明的是,固定成本是总成本曲线在每周产量为0时的截距。

通过对固定成本和可变成本进行分析,企业管理者可以了解当生产规模扩大时,哪些成本要素会受到影响。无论企业是在发展还是正在衰退,固定成本与可变成本之间的区别都很重要。例如,假设管理者打算通过缩减生产规模来削减成本,缩减生产规模对固定成本没有影响,只会减少可变成本。因此,在一个企业中,如果其成本大部分是固定的,那么缩减生产规模并不会对总成本造成很大影响。

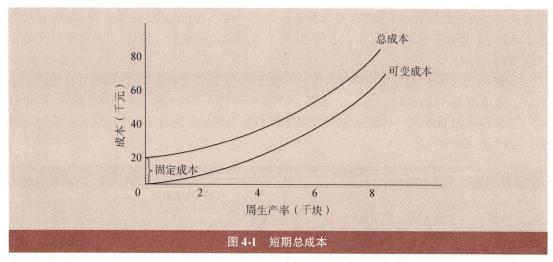

图 4-1　短期总成本

注:总成本曲线是由可变成本曲线向上移动固定成本的距离而形成的曲线。

> **进度检测 4A**
>
> 在图 4-1 中,如果固定成本增加,那么总成本曲线和可变成本曲线将会受到怎样的影响?

■ 边际成本

为了确定生产规模,一个企业需要知道每多生产一个单位的产品时所需的成本。这样,企业便会知道每多卖一个产品时会增加还是减少它所获得的利润。由每多生产一个单位的产品而引起的成本变化称为**边际成本**(marginal cost)。边际成本可以通过对固定成本和可变成本的分析推导出来。

> **边际成本:** 每多生产一个单位的产品而引起的成本变化。

星星木材的边际成本究竟是多少?参见表 4-2,当每周产量由 0 增至 1 000 块夹板时,总成本由 22 000 元增至 26 290 元,两者之间的差额 26 290 – 22 000 = 4 290 元是在生产 1 000 块夹板时所增加的成本。因此,边际成本是每块 4 290 ÷ 1 000 = 4.29 元。

需要注意的是,当每周产量由 0 增至 1 000 块时,固定成本保持不变,只有可变成本会增加。因此,我们也可以从增加了的可变成本中计算边际成本。运用这种方法,当每周产量由 0 增至 1 000 块夹板时,可变成本由 0 增至 4 290 元。因此,边际成本为每块 4.29 元。

类似地,当每周产量由 1 000 块增至 2 000 块时,可变成本将从 4 290 元增至 8 360 元。多生产 1 000 块夹板所需的边际成本为 4 070 元,也就是每块 4.07 元。随着产量的增加,边际成本也会增加。当产量为每周 9 000 块时,边际成本达到每块 12.34 元。

在星星木材的案例中,每多生产一块夹板需要的可变成本都比生产前一块夹板的可变成本要高。我们把这些信息列在表 4-2 中。

平均成本

边际成本是每多生产一个单位产品所需要的成本。与此相关联的一个概念是**平均成本**（average cost），即总成本除以总产量。平均成本也被称为单位成本。

> **平均成本（单位成本）**：总成本除以总产量。

星星木材的平均成本究竟是多少？参见表4-2，我们可以由总成本除以总产量得到平均成本。当每周生产1 000块夹板时，平均成本是每块26290/1000 = 26.29元；当每周生产2 000块夹板时，平均成本是每块30360÷2000 = 15.18元。平均成本随着产量的增加而降低，当产量为6 000块时，平均成本最低，为9.36元。在此以后，平均成本随着产量的增加而增加。当产量为每周9 000块时，平均成本为每块9.88元。

为了理解为何平均成本随着产量的增加先降后升，我们从总成本的构成着手。回顾一下，总成本是固定成本与可变成本之和。假设 q 代表生产率，那么将方程(4.1)除以 q，我们可以得到以下方程：

$$\frac{C}{q} = \frac{F}{q} + \frac{V}{q} \tag{4.2}$$

也就是说，平均成本等于平均固定成本加上平均可变成本。平均固定成本等于固定成本除以产量。因此，当产量增加时，固定成本会被分摊到更多的单位中去，因而平均固定成本将会减少。这个因素导致平均成本随着产量的增加而降低。

平均成本中的另一个组成要素是平均可变成本，它等于可变成本除以产量。从短期来说，至少有一种生产要素的投入是固定的。因此，企业如果要提高产量，必须将变动的投入要素与固定的投入要素很好地匹配起来。

由增加一个单位的投入而获得的产出增加被称为由那种投入产生的**边际产量**（marginal product）。当产量较低时，可变要素投入与固定要素投入之间没有进行合理的匹配，因此边际产量较低而平均可变成本较高。当产量较高时，可变要素的投入与固定要素的投入较为匹配，因此平均可变成本较低。

> **边际产量**：增加一个单位的投入而获得的产出增加。

当太多的可变要素投入与固定要素投入相结合时，又会产生不合理的匹配。最终，可变要素投入的增加会导致边际产量递减。也就是说，边际产量随着可变要素投入量的增加而减少。当可变要素投入的边际产量开始递减时，平均可变成本将随产量的增加而上升。

在星星木材这个例子中，表4-2表明，当产量由每周1 000块增至2 000块时，平均可变成本由每块4.29元降至每块4.18元。当产量由每周2 000块增至9 000块时，平均可变成本由每块4.18元增至每块7.44元。

如前所述，平均成本是平均固定成本与平均可变成本之和。当平均固定成本随产量增加而减少时，平均可变成本先减后增。相应地，当平均可变成本增加时，平均成本与产量之间的关系取决于减少的平均固定成本与增加的平均可变成本之间的平衡。

如果固定成本并不高而平均可变成本充分增加，平均成本会随产量增加先减少后增加。如表4-2所示的星星木材就是这样的例子。

图 4-2 中画出了边际成本、平均成本、平均可变成本将怎样随产量的变化而变化。纵轴表示单位产量的成本,而横轴表示生产量。边际成本曲线由每周 1 000 块时的每块 4.29 元降至每周 2 000 块时的每块 4.07 元,这是边际成本的最低点。之后,边际成本不断上升。平均可变成本曲线由每周 1 000 块时的每块 4.29 元降至最低的每周 2 000 块时的每块 4.18 元,然后上升。

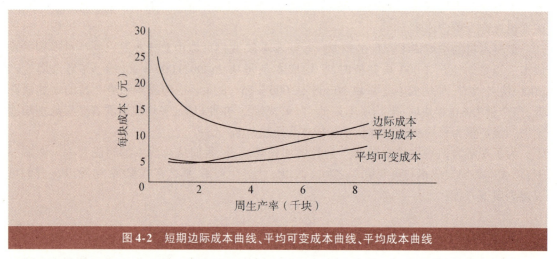

图 4-2 短期边际成本曲线、平均可变成本曲线、平均成本曲线

注:边际成本曲线、平均可变成本曲线、平均成本曲线均是 U 形曲线。这三条曲线在产量较低时呈下降趋势,到达一个最低点后,则随着生产率的提高而上升。

类似地,平均成本曲线由每周 1 000 块时的每块 26.29 元降至每周 6 000 块时的每块 9.36 元,然后上升。边际成本曲线、平均可变成本曲线和平均成本曲线都呈 U 形曲线。

进度检测 4B

在图 4-2 中,如果固定成本较高,那将对边际成本曲线、平均可变成本曲线与平均成本曲线有什么影响?

生产技术

在以上的分析中,我们通过访问生产商而得到不同产量时的成本信息。在产量固定在某一水平时,总成本、平均成本与边际成本取决于生产商所使用的生产技术。

此方式有两层含义。首先,这些曲线会随着生产商使用不同的技术而变化。例如,生产商利用一种降低固定成本的生产技术会使其平均成本曲线降低。生产商使用一种可降低可变成本的生产技术则会降低其平均成本、平均可变成本和边际成本。

其次,不同的生产商可能会采取不同的生产技术。因此,不同的生产商会有不同的成本曲线。它们的固定成本与可变成本的搭配结构可能有所差异。一些生产商会采取更为先进的技术从而获得比别人更低的生产成本。

小案例

FAME：从废品到能源

化石燃料库存被消耗、废气排放加剧了全球变暖。故此，全球对可再生、低排放能源的需求越来越大。脂肪酸甲酯（fatty acid methyl ester，FAME）是一种无芳烃、高降解、低排放的生物柴油燃料。

FAME 是一种非常吸引人的能源形式，因为它可以从废弃的食用油提炼而成。生产 FAME 的挑战是在其生产过程中需要使用大量的水来去除杂质。

最近有研究比较了四种用不同催化剂、不同程序从废弃的食用油批量生产 FAME 的方法。在年产量为 7 269 吨时，可变成本最低的方法为每吨 391 美元，此方法需要 830 万美元用于购买设备的固定投资。可变成本最高的方法为每吨 416 美元，此方法需要的固定投入较低，为 799 万美元。

资料来源：Tsutomu Sakai, Ayato Kawashima, and Tetsuya Koshikawa, "Economic assessment of batch biodiesel production processes using homogeneous and heterogeneous alkali catalysts", *Bioresource Technology*, Vol. 100, No. 13, July 2009, 3268—3276。

4.3　短期个人供给曲线

成本是在短期经营决策中是否继续生产与生产多少的决定因素之一。这个决策的另一个因素便是收入。我们现在讨论企业的收入。

在分析收入的时候，我们假设企业的目标是利润最大化，并且一个企业的产量相对于整个市场来说足够小，从而它能在市场的均衡价位上卖出任何数量的产品。我们需要这个小规模的假设来建立个人与市场供给曲线，这两个概念与个人及市场需求相对应。

■ 生产率

假设夹板的价格是每块 7 元，星星木材应该生产多少夹板？通常，一个企业的利润等于它的总收入减去它的总成本。<u>总收入（total revenue）</u>等于价格乘以销量。[2]

在表 4-3 中，我们假定价格为每块 7 元，并展示星星木材在不同产量下的成本与收入。例如，如果销量为每周 1 000 块，那么星星木材的总收入为 $7 \times 1\,000 = 7\,000$ 元。如果销量为每周

---

[2]　在此章，我们假设每个单位产品在统一的价格出售。在第 9 章介绍定价的时候，我们将讨论价格歧视的可能性，此时产品将以不同的价格出售。在价格歧视的情况下，总收入不是简单地由价格乘以销量得出。

2 000 块,那么星星木材的总收入为 7×2 000 = 14 000 元。类似地,我们可以计算出不同产量下的总收入。

表 4-3 短期利润

周生产率	可变成本	总成本	总收入	会计利润	经济利润	边际成本	边际收入
0	0	22 000	0	(22 000)	0		
1 000	4 290	26 290	7 000	(19 290)	2 710	4.29	7.00
2 000	8 360	30 360	14 000	(16 360)	5 640	4.07	7.00
3 000	13 160	35 160	21 000	(14 160)	7 840	4.80	7.00
4 000	18 970	40 970	28 000	(12 970)	9 030	5.81	7.00
5 000	25 930	47 930	35 000	(12 930)	9 070	6.96	7.00
6 000	34 150	56 150	42 000	(14 150)	7 850	8.22	7.00
7 000	43 700	65 700	49 000	(16 700)	5 300	9.55	7.00
8 000	54 620	76 620	56 000	(20 620)	1 380	10.92	7.00
9 000	66 960	88 960	63 000	(25 960)	(3 960)	12.34	7.00

注:除了周生产率以外,其他变量的单位均为元。

从表 4-3 中我们可以看出,最高的利润为每周生产 5 000 块时的 -12 930 元。(稍后我们会解释为什么星星木材利润为负值也是有意义的。)

我们可以通过一个图形来阐释成本与收入,从而推断出利润最大化产量的一个基本规则。在图 4-3 中,我们展示了图 4-1 的成本曲线,并加入了一条在价格为 7 元时星星木材的总收入曲线。每多生产 1 000 块夹板,星星木材的收入增加 7 000 元。因此,收入曲线的斜率是 7。例如,在此曲线上,当产量为 4 000 块时,收入为 7×4 000 = 28 000 元。

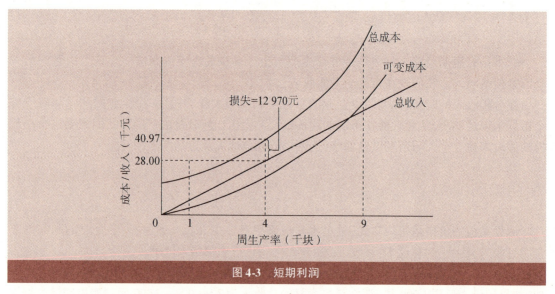

图 4-3 短期利润

注:在生产率为每周 4 000 块时,总收入为 28 000 元,总成本为 40 970 元。因此,收入和成本之间的垂直差额就是 12 970 元的损失,边际收入由总收入的斜率表示,而边际成本则由总成本的斜率表示。

通过图 4-3,我们可以得到在每一个生产率上的总收入和总成本之差额。在图中,总收入和总成本线之间的垂直差额代表会计利润。例如,在生产率为每周 4 000 块时,总收入为 28 000 元,总成本为 40 970 元。因此垂直差额代表 12 970 元的损失。

一般来说,为了达到利润最大化的目的,一个企业应该在其边际收入等于边际成本时的规模上进行生产。**边际收入**(marginal revenue)是每多销售一个单位的产品而引起的收入的变化。

> **边际收入**:每多销售一个单位的产品而引起的收入的变化。

为了解释利润最大化的原理,我们来看图 4-3。在图中,边际收入由总收入曲线的斜率来表示。类似地,由于边际成本是每多生产一个单位产品而引起的成本的变化,因此边际成本由总成本曲线的斜率来表示。

当产量为每周 1 000 块时,总收入曲线要比总成本曲线上升得快,或者说,边际收入超过边际成本。这样,产量的增加会引起利润的增加。只要边际收入超过边际成本,星星木材就可以通过提高产量来增加利润。

相反,当产量为每周 9 000 块时,总收入曲线要比总成本曲线上升得慢,也就是说,边际收入小于边际成本。这样,降低产量可以增加利润。只要边际收入小于边际成本,星星木材就可以通过降低产量来增加利润。

因此,星星木材可以在边际收入等于边际成本时的生产规模上达到利润最大化。在这一点上,总收入曲线与总成本曲线的斜率一致。此时,产量的细微变化(无论是增加还是减少)对总收入和总成本的影响相同。故此,产量的变化不会再增加任何利润。

> **利润最大化的生产规模**:边际收入等于边际成本时的生产规模。

对于能以市场价格卖出任何数量产品的小生产商而言,利润最大化的生产原则可以用另一种方式来表述。根据定义,边际收入是每多销售一个单位的产品所引起的收入的变化。对于一个能以市场价格卖出任何数量产品的企业来说,多销售一个单位的产品而引起的收入的变化等于产品价格。也就是说,边际收入等于产品的市场价格。

在图 4-4 中,我们展示了图 4-2 中的边际成本曲线和平均成本曲线,并加入了边际收入曲线。边际收入曲线也代表了价格。当价格超过边际成本时,星星木材可以通过提高产量来增加利润。与此相反,当价格小于边际成本时,星星木材可以通过降低产量来增加利润。因此,当每周生产为 5 000 块夹板时,星星木材能够实现利润最大化。此时,边际成本与价格相等。

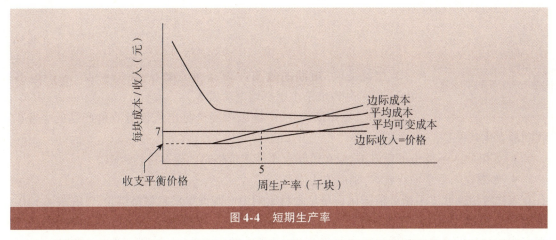

图 4-4 短期生产率

注:假设夹板价格为每块 7 元,生产商在生产率为每周 5 000 块时可达到利润最大化。此时边际成本等

于价格。

■ 收支平衡

企业应该继续经营吗？为了得出结论，企业需要对继续经营所带来的利润与停止生产所带来的利润进行比较。这个比较的关键因素是固定成本和可变成本的结构。

假定一个企业继续进行生产。设其利润最大化时的收入为 R，固定成本为 F，可变成本为 V，那么，该企业的最大利润为 $R - F - V$。

另外，假设企业停止生产。很明显，其总收入为零。那么，停止生产将会怎样影响成本呢？我们假设企业的固定成本为 F，在短期来说，固定成本属于**沉没成本**（sunk cost）。沉没成本表示该成本已经发生，而且不可避免。

> **沉没成本**：已经发生而且不可避免的成本。

根据假设，固定成本 F 为沉没成本。这意味着，即使企业停止生产，它也必须要支付固定成本。与固定成本相比，可变成本则是可以规避的。如果企业停止生产，它则不需要支付任何可变成本。因此，当企业停止生产时，利润为零收入减去固定成本，即等于 $-F$。

如果企业继续生产的最大利润不小于停止生产的利润，企业就应该继续生产。以代数式表示这种收支平衡条件为

$$R - V - F \geq -F \tag{4.3}$$

简化上式得

$$R \geq V \tag{4.4}$$

由于固定成本是不可逆转的，因此它与是否继续生产的决定没有关系。就像在第 1 章概述中提到的那样，短期内是否继续生产的决策就是比较总收入与总（相关）成本。由于沉没成本不影响短期的生产决策，因此总相关成本就是可变成本。

回忆一下，收入等于价格乘以销量，$R = p \times q$，将收支平衡式（4.4）两边同时除以销量（或生产量）q，我们可以得到：

$$p \geq \frac{V}{q} \tag{4.5}$$

> **短期的收支平衡条件**：产品售价不小于平均变动成本。

也就是说，**短期的收支平衡条件**（short-run break-even condition）是产品售价不小于平均变动成本。

总之，在短期内，一个能以市场价格出售任意数量产品的企业的利润最大化条件是：

- 如果收入不低于可变成本，应在边际成本等于价格时的规模进行生产。
- 如果收入小于可变成本，则应停止生产。

怎样将短期收支平衡分析运用在星星木材案例中？假设星星木材持续生产，在表 4-3 中，每周生产 5 000 块夹板，星星木材会承担 12 930 元的损失。根据假设，星星木材的 22 000 元的固定成本为沉没成本。如果星星木材停止生产，则它的收入为 0 元，利润为收入减去固定成

本,为 -22 000 元,即发生 22 000 元的损失。显然,星星木材最好继续经营。

另一种决策的办法是忽略固定成本。因为在短期内,固定成本是沉没成本,因此不影响短期决策。表 4-3 列出了可变成本与总收入。如果星星木材每周生产 5 000 块夹板,它得到的总收入为 35 000 元,而可变成本为 25 930 元。因为收入超过了可变成本,所以星星木材应该继续生产。因此,这样就能解释为什么星星木材在承担损失的情况下还继续生产。原因在于此损失包含了应该被忽略的沉没成本。

利用经济利润的概念,正确的收支平衡分析是显而易见的。在计算经济利润时,沉没成本应该被忽略。因此,每周生产 5 000 块夹板的经济利润为总收入 35 000 元减去可变成本 25 930 元。因此,经济利润为 9 070 元,是个正值。因此星星木材应该继续生产。

阿拉斯加水上公路局:2 200 万美元的紧急援助

在阿拉斯加,州际海运服务(官方称为阿拉斯加水上公路局)为乘客和车辆提供美国国内及加拿大的海上运输。由于财务损失,国家海运服务向政府申请了 2 200 万美元的紧急援助。

阿拉斯加州长 Frank Murkowski 将海运的部分损失归因于预定航线的增加,尤其是在冬季。阿拉斯加水上公路局的主管 Robin Taylor 不同意这一观点,他认为:"即使是船不出行,由于船长和船员必须在船上,也必须要提供航线管理,这些费用仍然不可避免。当把这些费用和收入损失结合在一块考虑时,更经济的选择是让船出海而不是将它拴起来。"

资料来源:阿拉斯加州参议院财务委员会,2006 年 3 月 2 日;阿拉斯加州公共广播电台,2005 年 10 月 17 日。

个人供给曲线

运用利润最大化原理,我们可以确定企业(以市场价格能卖出任何数量产品的企业)在不同价格下的生产量。这也是建立个人供给曲线所必需的信息。该规则是,假设价格不低于平均可变成本,那么企业应该在边际成本等于价格时的规模上进行生产。

参见图 4-4,如果价格为每块 8 元而不是 7 元,星星木材应该扩大生产直至新的价格等于边际成本。实际上,根据价格的变化,我们可以确定在不同价格下星星木材的供给量。这些是构成星星木材个人供给曲线所需要的信息。**个人供给曲线**(individual supply curve)表示了单个生产商在不同价格下的供给量。

> **个人供给曲线**:能显示出单个生产商在不同价格下供给量的图形。

实际上,在平均可变成本曲线上方的边际成本曲线与个人供给曲线是重合的。生产者要扩大生产,则会产生更大的边际成本。因此,生产者只应在能获取更高价格的时候扩大生产。因此,个人供给曲线是向上倾斜的。

个人供给曲线表明了单个生产商在面对其产品价格变化时应如何调整产量。因此,产品价格变化的影响会由供给量在供给曲线上的移动来表示。

> **进度检测 4C**
>
> 图 4-4 中,在价格为每块 7.5 元时,星星木材的产量应为多少?

■ 对投入要素的需求

我们现在来解释单个生产商对投入要素的需求。我们可以从总成本中得出边际成本。而总成本则可以从对不同产量下,租金、工资和其他投入要素支出的预测而获得。预测值取决于各种投入要素的价格。

例如,在表 4-1 中,假设工资是每小时 10 元。表 4-2 和表 4-3 及图 4-3 和图 4-4 是基于每小时 10 元的工资得到的。如果工资变成了每小时 9 元,情况会怎样?我们必须把新的工资代入表 4-1 至表 4-3 以及图 4-3 至图 4-4 中重新计算。

直观来看,正如图 4-5 所示,边际成本曲线会向下平移。追求利润最大化的企业会把周产量从 5 000 块提高到 5 600 块。由 5 600 块的产量,我们可以求得应该投入的劳动力的数量。产量越大,所需劳动力的数量就越大。

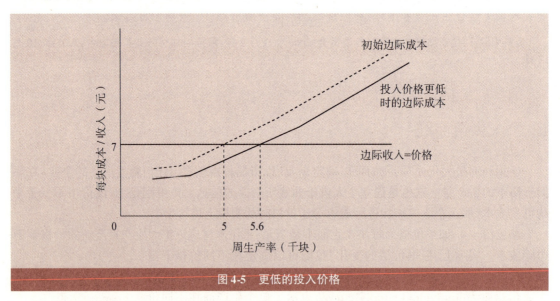

图 4-5 更低的投入价格

注:投入价格降低,边际成本曲线会向下平移;因此,生产商会将周产量从 5 000 块提高到 5 600 块。

通过改变工资,我们可以得到在不同工资下所需的劳动力的需求量。这样,我们就可以得出单个生产商对劳动力的需求曲线。正如我们前面所述,在较低的工资下,劳动力的需求量要更大一些。因此,劳动力的需求曲线将向下倾斜。根据同样的方法,我们可以得到单个生产商对其他投入要素的需求曲线。

石油：生产还是停产？

在石油行业中，生产就是从地下钻取原油。由于石油在国际市场上的价格波动较大，石油生产商必须考虑是应该继续生产还是停止生产。

在经济大萧条后，西得克萨斯州中质原油的价格从2008年的每桶100美元下降到2009年的每桶62美元。随着经济的复苏，石油的价格开始稳步上升，到2013年已经回升到每桶98美元。

高油价以及生产技术改良推动了美国的石油产量，尤其是页岩气。在2008年和2013年之间，美国的产量上升了近一半，从30 230万吨上升到44 620万吨。同时，美国活跃钻采生产平台数量从2008年年末的高点1 700下降到2009年年中的低点，低于1 200。之后活跃钻采平台数量稳步增长到2011年的2 000。从这以后，其数量一直在1 800到2 000之间波动。

资料来源：*BP Statistical Review of World Energy*，63版，2014年6月；Baker Hughes，North America Rotary Rig Count，2014年11月7日。

4.4 长期个人供给曲线

短期内，企业必须在一些约束条件下运营。比如说，雇佣合同、对厂房设备的投资。然而，经过一段时间后，合同期满，固定资产全部折旧，这些因素不再构成约束条件。在足够长的时间范围内，所有的投入要素都成为可以规避的。长期规划是指，在一段足够长的时间范围内，所有的投入要素量都可以自由调整。这样，企业就可以完全自由地决定投入量和产出量。

企业应该如何做出两项长期的关键决策——是否继续运营以及生产多少？为了解决这两个问题，我们首先来分析长期成本然后再分析总收入。

■ 长期成本

让我们以星星木材为例来分析长期成本。我们请管理者在全部投入要素都是可以规避的条件下估计不同产量下的成本。表4-4将成本分类成租金、管理者薪水、工资和原材料费用。

表 4-4 长期费用(每周)

周生产率	租金	设备租用费	管理者薪水	工资	原材料费用	总成本
0	1 000	1 000	2 500	0	0	4 500
1 000	1 000	1 000	5 000	790	1 000	8 790
2 000	1 000	1 000	7 500	2 610	2 000	14 110
3 000	1 000	1 000	10 000	5 570	3 000	20 570
4 000	1 000	1 000	12 500	9 760	4 000	28 260
5 000	1 000	1 000	15 000	15 220	5 000	37 220
6 000	1 000	1 000	17 500	22 030	6 000	47 530
7 000	1 000	1 000	20 000	30 210	7 000	59 210
8 000	1 000	1 000	22 500	39 820	8 000	72 320
9 000	1 000	1 000	25 000	50 890	9 000	86 890

注:除了周生产率以外,其他变量的单位均为元。

在长期,星星木材可以改变其设施的规模。在夹板产量为每周 0 块时,薪水为 2 500 元,而工资为 0 元。当夹板产量达到每周 9 000 块时,薪水上升为 25 000 元而工资为 50 890 元。则原材料费用由每周 0 块时的 0 元上涨到产量为 9 000 块时的 9 000 元。

运用表 4-4 内的相关信息,我们计算出长期边际成本以及长期平均成本并列于表 4-5 中。在图 4-6 中,我们则显示出长期边际成本和平均成本曲线。此案例显示,即使是在长期内,也可能有固定成本,但此非沉没成本。

表 4-5 长期成本分析

周生产率	总成本	边际成本	平均成本
0	4 500		
1 000	8 790	4.29	8.79
2 000	14 110	5.32	7.06
3 000	20 570	6.46	6.86
4 000	28 260	7.69	7.07
5 000	37 220	8.96	7.44
6 000	47 530	10.31	7.92
7 000	59 210	11.68	8.46
8 000	72 320	13.11	9.04
9 000	86 890	14.57	9.65

注:除了周生产率以外,其他变量的单位均为元。

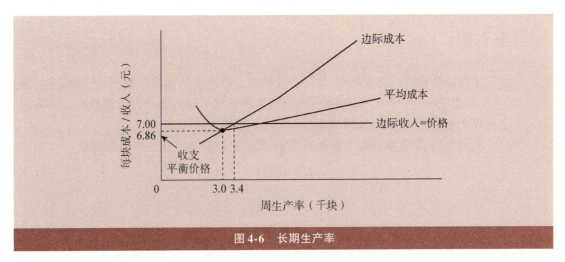

图 4-6 长期生产率

注:假设夹板价格为每块 7 元,生产商在周生产率为 3 400 块时可达到利润最大化。此时长期边际成本等于价格。

生产率

长期内企业将生产多少产品?我们可以应用从短期生产中得到的一个通用原则。为达到利润最大化,企业应该在边际成本等于边际收入时的生产规模上进行生产。但是在长期内,我们使用长期边际成本。对一个在市场价格下可以出售任何数量产品的企业,边际收入等于产品的价格。因此,获得利润最大化的条件是,在长期边际成本等于价格的规模下进行生产。

表 4-6 列出了星星木材的长期成本、总收入和利润。利润列显示,产量在每周 3 000 块左右时,可达到最大利润。参照图 4-6,利润最大化时的具体产量为每周 3 400 块。此时,边际成本为每块 7 元。由于价格也是每块 7 元,这就确证了在生产率为 3 400 块时利润达到最大值。

表 4-6 长期利润					
周生产率	总成本	总收入	经济利润	边际成本	边际收入
0	4 500	0	(4 500)		
1 000	8 790	7 000	(1 790)	4.29	7.00
2 000	15 110	14 000	(110)	5.32	7.00
3 000	20 570	21 000	430	6.46	7.00
4 000	28 260	28 000	(260)	7.69	7.00
5 000	37 220	35 000	(2 220)	8.96	7.00
6 000	47 530	42 000	(5 530)	10.31	7.00
7 000	59 210	49 000	(10 210)	11.68	7.00
8 000	72 320	56 000	(16 320)	13.11	7.00
9 000	86 890	63 000	(23 890)	14.57	7.00

注:除了周生产率以外,其他变量的单位均为元。

收支平衡

企业应该继续经营吗？在长期内，如果企业继续生产所得的最高利润不低于停止运营时的利润，企业就应该继续生产。在长期内，所有的生产要素的投入都是可以规避的。因此，如果一个企业停止运营，将不会有任何成本投入并且利润将为零。

用$(R-C)$来表示企业继续生产的最高利润，那么企业应该继续生产的条件是

$$R - C \geqslant 0 \tag{4.6}$$

简化得

$$R \geqslant C \tag{4.7}$$

这一收支平衡条件表示，只要总收入不小于总成本，企业就应该继续生产。

因为总收入是用价格乘以销售量而得，$R = p \times q$，我们可以在收支平衡公式两边同时除以销售量（或生产量），得到

$$p \geqslant \frac{C}{q} \tag{4.8}$$

长期收支平衡条件（long-run break even condition）的另外一种叙述是，价格必须不低于平均成本。

> **长期收支平衡条件**：价格不低于平均成本。

总结来说，在长期内，一个能以市场价格出售任何数量产品的企业的利润最大化条件为：

- 如果收入不低于总成本，在边际成本等于价格的规模下生产；
- 如果收入小于总成本，停止生产。

个人供给曲线

企业通过在长期边际成本等于价格时的生产规模上生产，实现利润最大化。通过改变价格，我们可以确定企业在不同价格时的产量。进一步来说，只要价格不低于平均成本，企业就应该继续运营。因此，生产商的长期个人供给曲线就是其长期边际成本曲线高于长期平均成本曲线的那部分曲线。

长期和短期

参照表4-2和表4-5，短期平均成本比长期平均成本高。原因是，在长期内生产商可以更灵活地优化投入、调整生产率。由于短期内一种或者多种投入不能随意调整，因此，长期内比短期内能以更低的成本生产。

然而，有一点需要注意，短期的平均成本包括了平均固定成本。这一部分成本是沉没成本，与生产决策不相关。因此，比较短期和长期收支平衡条件时，其实是比较短期的平均可变

成本和长期的平均成本。

> **进度检测 4D**
>
> 参见表 4-5,如果夹板的市场价格是每块 10.31 元,星星木材的产量应为多少?

达勒姆家具:继续运营?

达勒姆(Durham)家具在安大略省达勒姆市生产卧室家具。2003 年,它在切斯利市投资 380 万加元建立了一个新厂来生产餐厅家具。然而,这个计划刚好遭遇了来自亚洲竞争的加剧以及加币对美元的升值,以及随后的经济萧条等形势。

在 2008 年,达勒姆关闭了切斯利的厂房并且根据《公司债权人安排法》申请了破产保护。达勒姆资产净值为 350 万至 630 万加元(切斯利厂房和装置的价值除外),并欠加拿大皇家银行 3 700 万加元的借款。然而,如果达勒姆找到了新的投资者,加拿大皇家银行则同意重组贷款。

在什么条件下新的投资者才会投资于达勒姆家具呢?长期收支平衡条件是(长期)价格不低于平均成本。新的投资者必须预算如下:需求量将会恢复,且来自亚洲和其他地区的供应增长不会超过需求量的增长。所以,长期价格将会增长且不低于平均成本。

资料来源:"Durham Furniture plant may be sold", *Sun Media*, 2009 年 1 月 30 日。

4.5 卖方剩余

我们通过询问生产者在各价格之下的供给量而获得个人供给曲线。供给曲线的另外一种解释是,生产者对其产品所愿意接受的最低价格。

通过这种方法,我们可以解释在产品价格变动的情况下,生产者将如何获利或者受损。它同时也认定了以下这样一个理念:高效率的采购管理是至关重要的。

在星星木材的例子中,参见图 4-7,当周生产量为 1 000 块时,边际成本为每块 4.29 元。这是星星木材对前 1 000 块夹板所愿意接受的最低价格。然而,当市场价格为 7 元时,星星木材卖出每单位产品可获得每块 7 元。所以,(7 - 4.29)×1 000 = 2 710 元的差额就是卖方剩余。事实上,生产者每卖出一个单位的产品都将获得卖方剩余,直到生产量达到的边际成本等于价格的水平。

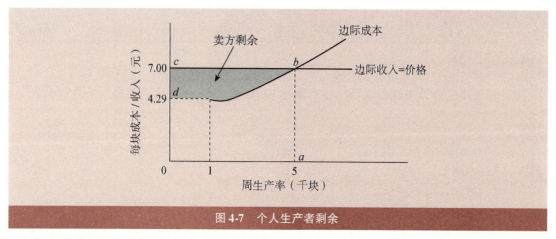

图 4-7 个人生产者剩余

注：生产前1 000块夹板的边际成本是每块4.29元。在夹板价格为每块7元时，生产者会获得(7 − 4.29)×1 000 = 2 710元的卖方剩余。当夹板价格为每块7元时，生产者每周会生产5 000块夹板。个人卖方剩余是价格线和边际成本线之间的阴影面积 dbc。

> **卖方剩余**：生产者销售一定量产品所得收入与生产这些产品的可避免成本之间的差额。

一般来说，**卖方剩余**(seller surplus)是生产者销售一定量产品所得收入与生产这些产品的可避免成本之间的差额。为说明这个概念，考虑星星木材在价格为每块7元时的短期卖方剩余。

参见图4-7，总收入由长方形 0abc，即价格线之下、生产量在5 000块之内的区域来表示。变动成本为 0abd 区域，即边际成本线之下、生产量在5 000块之内的区域来表示。阴影区域 dbc，也就是价格线及边际成本线之间的部分代表卖方剩余。

短期内，卖方剩余等于总收入减去可变成本（假设固定成本是沉没成本）。而长期来说，卖方剩余等于总收入减去总成本（假设固定成本是可避免的）。

卖方剩余的概念是采购管理的核心。需要注意的是，为生产一定量的产品，生产者愿意接受的最小化的收入即为可避免成本。任何额外的支付都将会产生卖方剩余。因此，采购经理的理想方案是仅支付供应商可避免的成本，使供应商剩余为零。基本而言，理想的方案是买入产品，直至达到生产者的边际成本曲线为止。

> **进度检测 4E**
>
> 在图4-7中，如果夹板价格上升到每块9元，对星星木材的卖方剩余会有怎样的影响？

4.6 供给弹性

设想一个行业分析师所面临的典型案例：夹板的价格和工资分别增长了5%和10%，这将如何影响夹板生产厂的供给？分析师可以用供给曲线来回答这个问题。然而实际上，分析师很少能够有充足的信息来建构整个供给曲线。

供给弹性(elasticity of supply)是回答这个问题的另一方法。供给弹性衡量的是，供给相对于影响供给的因素(如产品价格和原料价格)变化的反应程度。供给弹性与我们在第3章介绍过的需求弹性是相对应的概念。

价格弹性是比较不同产品的生产商对价格变化敏感度的一个简便方法。举例来说，一个为水果和蔬菜加工的食品生产商想要知道水果和蔬菜供应商对价格变化有多敏感。生产商可以通过比较供给价格弹性来解答这个问题。

■ 价格弹性

供给的价格弹性(price elasticity of supply)衡量的是供给数量对产品价格变化的反应程度。根据定义，供给的价格弹性是指当产品价格每上涨1%时，产品供给量将会变化的百分比。也就是说，价格弹性可用如下公式表示：

> **供给的价格弹性**：产品价格每上涨1%时，产品供给量变化的百分比。

$$供给的价格弹性 = \frac{产品供给量变化的百分比}{产品价格变化的百分比} \tag{4.9}$$

让我们来计算一下星星木材供应夹板的价格弹性。参照图4-8，在价格为7元时，星星木材生产5 000块夹板。如果价格上涨到每块8元，星星木材的产量将会上涨到5 800块。供给量变化的百分比是供给量的变化除以初始供给量。供给量的变化为5 800 – 5 000 = 800块。因此供给量变化的百分比为800÷5 000 = 16%。

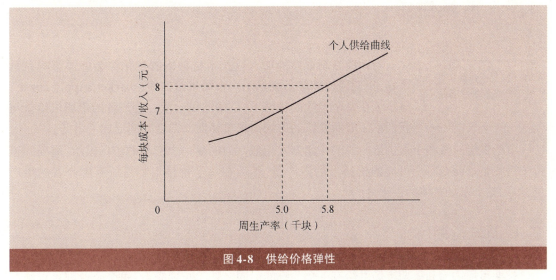

图4-8 供给价格弹性

注：供给量的百分比变化为16%，而价格的百分比变化为14.3%，因此供给价格弹性为16÷14.3 = 1.12。

类似地，价格变化的百分比是价格的变化除以初始价格。价格的变化为8 – 7 = 1元，因此价格变化的百分比为1÷7 = 14.3%。因此，星星木材短期供给的价格弹性为16÷14.3 = 1.12。

■ 直观因素

估计价格弹性需要知道价格的变化和与之对应的供给的变化信息。然而,通过改变价格来估计弹性的做法成本太高,而且实践中可行性不大。管理者可以选择另一种方式来预测供给的价格弹性——考虑两个直观因素。

- 可用的生产能力。如果一个企业已经具有大规模生产能力,那么即使是对于价格的小幅度上涨,产量也会增大。因此,供给相对而言是有弹性的。另一方面,如果生产能力有限,即使价格上涨幅度较大,企业也不会大幅度地提高产量。因此,供给将会相对缺乏弹性。
- 调整时间。在短期,某些投入可能须以很高成本才能改变或甚至不可能变化。因此,产品的边际成本会很高。比如说,一家希望快速提高产量的工厂必须向工人支付加班费。由于加班费比平时的工资高,因此扩大产量的边际成本相对较高。然而,如果有足够多的时间,工厂可以以正常工资雇用更多的工人。这样一来,在长期内,边际成本会更平稳地上升。所以,一般来说,长期供给比短期供给更有弹性。

> **进度检测 4F**
>
> 在什么直观条件下供给会缺乏弹性?

4.7 市场供给

市场供给曲线:显示在每个可能的价格下市场的供给量的图形。

为回应新制造商的加入以及木材价格的变化将会怎样影响家具市场,我们需要理解市场供给。**市场供给曲线**(market supply curve)显示了在每个可能的价格下,市场的供给量。生产者的市场供给量与我们第 2 章所介绍的市场需求量相对。二者共同形成了市场。

市场供给曲线和个人供给曲线的构建方式相似。为构建一个产品的市场供给,需要知道每个潜在生产商在每个可能的价格上的生产量,然后在每个价格上加总所有生产者的生产量,得到整个市场整体的供给量。③

■ 短期与长期

长期市场供给和短期市场供给有一个关键的不同之处。长期来看,每个企业都可以绝对自由地决定投入和生产量。这种弹性意味着现有企业可以随时退出所在行业,而新的企业也

---

③ 本章的附录将详细讨论利用不同生产者的个人供给曲线构建市场供给曲线的方法。

可以进入该行业中。企业可以自由进入或退出市场是短期和长期市场的关键不同点。

对于一个追求长期收支平衡的企业来说，企业的总收入不能小于总成本。如果不能实现这一点，企业便应退出所在行业。因此，单个企业的供给量就会下降至零。这样，市场供给将会减少，从而，市场价格将会上升，其他企业的利润将会增大。收入不能补偿成本的企业将不断地退出该行业，直至所有留下来的企业都能实现收支平衡。

相反，在企业能够盈利（也就是企业的总收入超过总成本）的产业中，新的企业将会被吸引进入。每一个新进入的企业的供给量都会增大市场供给量。市场供给量的增大将会降低市场价格，从而降低所有留在行业中企业的利润。

因此，在长期内，当市场价格发生变化时，供给数量会发生两方面的变化。第一，所有企业将会沿着它们各自的供给曲线调整产量。第二，一些企业将可能进入或退出所在行业。所以，对于价格的任意变化，长期市场供给都比短期市场供给更有弹性。

■ 性质

市场供给曲线的性质和个人供给曲线的性质相似。由于每个生产者的边际成本随着产量的增加而增加，因此市场供给曲线是向上倾斜的。同样，在一个较高的价格下，整个市场会提供较多的产量。

市场供给也取决于影响个人供给的其他因素，尤其是投入品的价格。举例来说，家具的市场供给取决于木材的价格。如果木材的价格上涨，生产家具的边际成本就会增加，因此生产者会降低生产量。这暗示着市场供给曲线会向左移动。

市场供给还取决于生产商的数量。如果亚洲家具生产商进入美国家具市场，那么在每个可能的价格下会有更大的供给量。这意味着市场的供给曲线会向右移动。

市场的卖方剩余是生产者的总收入与生产者可避免成本之间的差额。用图形表示，就是价格与市场供给曲线之间的区域。

总而言之，产品的价格变化的影响会反映为沿着市场供给曲线的变动。相反，任何投入的价格变化会导致整条市场供给曲线本身的移动。

小案例

美国家具供应

美国家具的供应来自国内、加拿大以及亚洲的家具制造商。家具制造业是资源以及劳动力密集型产业。加拿大是国际木材市场中的生产大国，这是加拿大在家具制造业中处于领先地位的原因之一。

由于劳动力价格极为低廉，亚洲家具制造商给加拿大家具制造业带来了直接和间接的挑战。直接挑战在于，亚洲家具制造商可以向美国市场提供价格低廉的组装家具以及成品家具，因此成为加拿大较廉价的组装家具及成品家具的直接竞争者。

此外，亚洲家具制造商还对美国本土以及加拿大的组装家具制造商带来了间接的竞争。亚洲成品家具的低廉价格使之足以与加拿大和美国的组装家具相抗衡。

知识要点

- 由于边际成本会随着产量的增加而增加，因此，唯有能获得更高的价格，生产商才会增加产量。
- 在短期内，一个企业（能以市场价格卖出任何数量产品的企业）利润最大化的条件为：如果总收入不低于可变成本，应在边际成本等于价格时的规模上进行生产；如果总收入小于可变成本，则应停止生产。
- 固定成本是指不会随着产量的变化而变化的投入成本。而可变成本是指随着产量的变化而变化的投入成本。
- 边际成本是每多生产一个单位的产品而引起的总成本的变化。而边际收入是每多出售一个单位的产品而引起的总收入变化。
- 在长期内，企业（能以市场价格出售任何数量产品的企业）利润最大化条件为：如果总收入不低于总成本，应在边际成本等于价格时的规模上生产；如果总收入小于总成本，则应停止生产。
- 企业在长期内可以通过进入或退出行业来调整。
- 市场的卖方剩余是生产者的总收入与生产者可避免成本之间的差额。
- 管理者可以通过采购时汲取卖方剩余来提高利润。
- 供给的价格弹性是指当产品价格每上涨1%时，产品供给量将会变化的百分比。

复习题

1. 解释短期与长期的区别。这种区别与固定成本和可变成本的区别之间有什么关系？
2. 对以下说法做出评论："我们工厂生产一件衬衫的平均成本是5元。我不能接受价格低于每件5元的订单。"
3. 农民老方种玉米的固定成本比小陈高。这意味着他们两人种玉米的边际成本有何区别（如果有区别的话）？
4. 广告是洗发水营销中的一项重要投入，解释对于一个洗发水生产商来说，广告边际产量的意义。
5. 在什么情况下生产者的边际收入等于产品的市场价格？
6. 目前火星石油每天生产2 000桶原油。原油的市场价格为每桶100元。它的边际成本是每桶200元。解释公司如何能提高利润。
7. 以下的分析是高估了还是低估了利润的变化？当前鸡蛋价格是每打6元，假设红星农场每月生产10 000打鸡蛋并且获利2 000元。如果鸡蛋价格上升到每打7元，红星农场的利润将会增加10 000元。
8. 解释为什么以下两个条件都可以使得短期收支达到平衡：(i) 总收入不低于可变成本；(ii) 价格不低于平均成本。

9. 有些企业即使在有亏损时也仍然继续经营。它们的决定是错的吗?
10. 解释为什么以下两个条件都可以使得长期收支达到平衡:(i) 总收入不低于总成本;(ii) 价格不低于平均成本。
11. 解释决定企业是否继续经营的短期决策和长期决策的不同。
12. 以下情况如何影响家具供给?(a) 木材的价格上升;(b) 工资降低。
13. 假设产品的价格上升,如果供给更有弹性,卖方剩余的增加会更大还是更小?(提示:画两条弹性不同的供给曲线。)
14. 判断正误:如果供给曲线向上倾斜,供给的价格弹性将会是正的。
15. 讨论出租车服务市场供给的价格弹性。你认为供给量相对于车费变动来说,在长期更加富有弹性,还是在短期更加富有弹性?

讨论案例

1. 一家零售银行的资金来源包括活期存款、定期存款以及支票账户。在 2011 年 6 月,在中国香港地区数一数二的恒生银行的报价为:储蓄账户利率为 0.01%,12 月的定期存款利率为 0.15%,支票账户不付利息。
   (a) 假设银行将额外承受 0.2% 的管理支票账户的成本,0.1% 的管理活期和定期存款的成本。按从小到大的顺序列出三种资金来源下,每 1 元资金每年的成本。
   (b) 假设银行这三种资金来源共吸收资金 100 亿元。其中储蓄存款 20 亿元,定期存款 50 亿元,支票账户 30 亿元。以资金数量为横轴(0 至 100 亿元)、百万资金的成本为纵轴,在图形中画出:(i) 资金的平均可变成本;(ii) 资金的边际成本。
2. 表 4-1 显示了星星木材每周的支出。假设工资上升 5%,从而劳动力成本提升 5%。
   (a) 重新计算表 4-1,解释工资上涨将如何影响以下成本:(i) 平均可变成本;(ii) 平均成本。
   (b) 星星木材的管理者称工资上涨 5% 令公司的收支平衡点的价格提升了 5%,你同意吗?
   (c) 如果市场价格保持在每块 7 元,星星木材应如何调整产量?
3. Ole Kirk Kristiansen 在 1932 年开创了乐高集团,总部设在丹麦的 Billund。他在 1958 年发明了由丙烯腈丁二炔苯乙烯(ABS)做成的乐高砖。2005 年,乐高集团将 Duplo 砖的生产外包给一家匈牙利生产商 Flextronics。随后在 2006 年,乐高集团将其在捷克 Kladno 生产乐高砖的工厂卖给了 Flextronics 公司。乐高集团在 Billund 只保留了技术和工艺最复杂的产品生产线。
   (a) 丹麦的工资水平比匈牙利高。比较在丹麦和匈牙利生产 Duplo 砖的设备和人力成本。
   (b) 将捷克工厂卖给 Flextronics,这将如何影响乐高集团生产乐高砖的固定成本与可变成本的比例?
   (c) 出售 Kladno 工厂将如何影响乐高集团短期收支平衡点和长期收支平衡点?(提示:你可以随意假设 Flextronics 生产的乐高砖的价格。)
4. 巴利克(Barrick)黄金公司两个产量最高

的矿在美国内华达州的 Cortez 和 Goldstrike。表 4-7 列出了两个矿的销售价格和成本信息。"平均现金成本"包括运营成本、矿山使用费和税收。而"平均成本"则包括现金成本和设备折旧。

(a) 假设巴利克公司在每个矿上一直都在边际成本(向上倾斜)等于黄金售价的产量水平上进行生产。然而,它的边际成本曲线会随着生产技术及电价、工资和其他因素的变动而平移。用表 4-7 中的数据说明,在 2010 年至 2012 年间,Goldstrike 的边际成本曲线、销售价格和利润最大化的产量水平的变化。(提示:巴利克公司在每个边际成本线上仅给出一个点,你可以假设绘图所需的任何其他数据。)

(b) 利用巴利克公司 2012 年的数据对比:(i) Cortez 和 Goldstrike 的短期收支平衡条件;(ii) 两个矿的长期收支平衡条件。

(c) 如果黄金价格降至每盎司 600 美元,巴利克公司应该如何调整两个矿的产量?

表 4-7 巴利克黄金公司

	Cortez			Goldstrike		
	2010	2011	2012	2010	2011	2012
产量(千盎司)	1 141	1 421	1 370	1 239	1 088	1 174
销售价格(美元/盎司)	1 228	1 578	1 669	1 228	1 578	1 669
平均现金成本(美元/盎司)	244	245	282	475	511	541
平均成本(美元/盎司)	452	426	503	569	593	629

资料来源:巴利克黄金公司。

5. 在阿拉斯加,水上公路局为乘客和车辆提供国内及国际的海上运输。由于海运系统承受了财务损失,政府官员州长 Murkowski 将海运的部分损失归因于冬季航运的增加。水上公路局的管理层认为:"即使是船不出行,由于船长和船员必须在船上,也必须要提供航线管理,这些费用仍然不可避免。"2005 年,水上公路局提价 17%,而收入随之下降。然而,在 2006 年,水上公路局降低了价格,其冬季收入上升了 18%。(资料来源:阿拉斯加州参议院财务委员会,2006 年 3 月 2 日;阿拉斯加州公共广播电台,2005 年 10 月 17 日。)

(a) 下列成本在短期为固定成本还是可变成本?(i) 船只的折旧;(ii) 薪水及工资;(iii) 燃料费用。

(b) 你是怎么推断出海运服务的需求是有弹性的?

(c) 假设水上公路局的目标是将损失降到最低水平,在什么条件下系统应该增加冬季航运?

6. 日本研究员比较了在年产量均为 7 269 吨时,四种用不同催化剂及不同程序利用废弃的食用油批量生产 FAME(脂肪酸甲酯)的方案。用 CaO-D 方案,平均固定成本为每吨 232 美元,平均可变成本为每吨 391 美元(包括了 3 226 千克甲醇的成本)。用 KOH-D 方案,平均固定成本为每吨 225 美元,平均可变成本为每吨 416 美元(包括了 3 970 千克甲醇的成本)。

(a) 未来 FAME 的价格会根据需求和供给而变动。哪一种方案在收支平衡点的价格更低？（i）在短期；（ii）在长期。

(b) 你正计划建立一个工厂生产 FAME。解释如何运用净现值这个工具来在 CaO-D 方案和 KOH-D 方案之间做出选择。

(c) 最初的估算假设甲醇的价格为每千克 0.455 美元。甲醇价格上涨将会怎么影响 CaO-D 方案和 KOH-D 方案的选择？

7. 美国家具供给量包括了来自国内、加拿大以及亚洲制造商的供给。历史上，家具是用木材制造的，但最近也出现了用塑料的趋势。家具的制造相对而言是劳动力密集型的。大部分北美和欧洲的家具制造商生产的是组装家具。

(a) 工资水平如何影响成品家具和组装家具的相对成本？

(b) 亚洲的制造商受益于亚洲的低工资水平。用适合的图形阐述亚洲制造商进入美国家具商场将如何影响美国家具的供给：（i）成品家具；（ii）组装家具。

(c) 用(b)中的图形(i)或(ii)说明运输成本的下降将如何影响家具的供给。

(d) 下面哪一个产品的出口受运输成本下降的影响会更多？亚洲成品家具还是组装家具？

8. 2012 年 7 月，英国公司 Johnson Service Group 决定关闭其 460 家干洗店中的 100 家。在要关闭的店中，销售量在前半年减少了 2.7%。然而，Johnson 不知道干洗需求的减少是由于宏观经济的持续低迷，还是由于顾客转为穿洗衣机可以清洗的西装。（资料来源："Johnson closing 100 shops as dry cleaning feels the pinch", *The Independent*，2012 年 7 月 5 日。）

(a) 干洗店的长期收支平衡条件是什么？

(b) 下面哪一个因素对干洗服务的长期价格的影响更大？（i）宏观经济低迷；（ii）消费者偏好转向洗衣机可以清洗的西装。

(c) 运用一个合适的图形，解释说明 Johnson Service Group 的决定将会怎样影响干洗服务的供给。（提示：你可以假设任何绘制图形所需数据。）

(d) 对于一个干洗服务竞争对手，Johnson Service Group 的决定是好消息还是坏消息？

9. 环境管理中一个有争议的问题是税收对汽油市场的影响。高税收会降低汽油生产商的税后价格。据估算，汽油供给的价格弹性为 2.0。（资料来源：David Austin and Terry Dinan, "Clearing the air: The costs and consequences of higher CAFE standards and increased gasoline taxes", *Journal of Environmental Economics and Management*, Vol. 50, No. 3, November 2005, 562—582。）

(a) 解释为什么供给对价格的弹性是正的。

(b) 假设对汽油征税会使汽油的税后价格减少 5%。供应商会减少多少汽油生产量？

(c) 你预计征税对汽油生产量的影响在短期的效果更明显，还是在长期的效果更明显？解释你的答案。

附录

构建市场供给曲线

本章介绍了市场供给的概念。市场供给显示了在每种可能的价格下,市场的供给量。在此,我们详细讨论根据不同生产者的个人供给曲线构建市场供给曲线的方法。

一般来说,市场供给曲线是个人供给曲线的水平加总。在某一特定的价格下,每个企业的个人供给曲线显示了企业的供给量。这些数量的总和就是整个市场的供给量。通过改变价格,我们就能够得到构建市场供给曲线所需的信息。

■ 短期

单个生产商的短期供给曲线是它的边际成本曲线高于平均可变成本曲线的那部分。因此,市场供给曲线从拥有最低的平均可变成本的企业开始。随后,随着企业平均可变成本的增加,市场供给曲线将纳入具有更高平均可变成本的企业的供给量。

在图 4-9 中,我们假设有两个生产夹板的企业:星星木材和亮亮木材。我们画出两个企业各自的供给曲线,然后横向加总这些供应量来获得市场供给曲线。这表明,价格为每块 7 元时,市场每周供应量为 5 000 + 8 000 = 13 000 块。价格为每块 8 元时,市场每周供应量为 5 800 + 9 200 = 15 000 块。

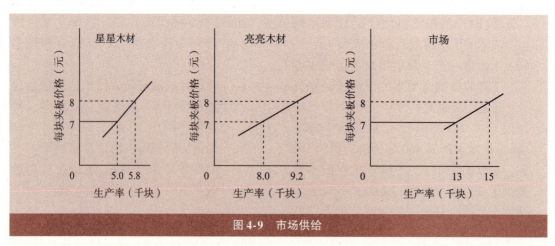

图 4-9　市场供给

注:市场供给曲线是个人供给曲线的水平加总。在夹板价格为每块 7 元时,市场供给数量为 5 000 + 8 000 = 13 000 块。当夹板价格上升到每块 8 元时,市场供给数量为 5 800 + 9 200 = 15 000 块。

■ 长期

　　单个生产商的长期供给曲线是它的边际成本曲线高于平均成本曲线的那部分。因此,市场供给曲线从拥有最低的平均成本的企业开始。随后,随着企业平均成本的增加,市场供给曲线将纳入具有更高平均成本的企业的供给量。

第 5 章
市场均衡

> **学习目标**
>
> - 了解超额供给对市场价格的影响；
> - 了解超额需求对市场价格的影响；
> - 运用供给与需求的价格弹性来预测供给变动对市场价格与产量的影响；
> - 运用供给与需求的价格弹性来预测需求变动对市场价格与产量的影响；
> - 了解需求变动在短期内和长期内对市场价格的影响；
> - 了解需求变动在短期内和长期内对产量的影响。

5.1 引言

作为世界头号能源,石油对全世界的经济增长起着举足轻重的作用。从石油主产区诸如中东、西非和墨西哥湾地区出产的石油通过大型油轮被运送至其在西方国家和亚洲的消费者手中。

在经济大萧条下,对石油以及油轮运输服务的需求均急剧下滑。仅仅在 2008—2009 年短短 12 个月中,载重约 30 万吨的巨型油轮运费从每天 88 400 美元骤降至每天 28 000 美元。载重约 16 万吨的 Suezmax 油轮运费从每天 67 200 美元降至每天 25 900 美元。随之而来的,包括巨型油轮、Suezmax 油轮和小型油轮在内的整个油轮船队的利用率也从 91% 降至 84%。行业分析师 Platou 认为,"这象征着自 20 世纪 80 年代以来从未见到的产能过剩"。[①]

---

① 以下讨论基于 Frontline Ltd., 2010 年年度报告以及 *Platou Report*, 2011。

2010 年，在中国和其他亚洲国家经济恢复增长的带动下，油轮运输服务的需求也恢复增长。巨型油轮运费涨至每天 34 800 美元，Suezmax 油轮运费涨至每天 28 000 美元；油轮船队的利用率也升至 86%。

油轮运输服务是一个全球性产业但具有较高的分散性。它包括大型石油产出公司例如英国石油公司、埃克森美孚公司和沙特阿拉伯石油公司的油轮船队以及其他个体运营商的油轮船队。在 2010 年 12 月，全球油轮船队的总吨位达到了 4.51 亿吨。

出生于挪威、现为塞浦路斯公民的运输大亨 John Fredriksen，掌握着大型个体油轮公司 Frontline。这家公司运营着 44 艘巨型油轮和 21 艘 Suezmax 油轮，船队总吨位达到了 1 760 万吨，公司自有 12 艘巨型油轮和 12 艘 Suezmax 油轮，其余油轮通过包租等协议租赁方式运营。公司油轮船队平均服役年龄为 11 年，略高于行业平均的 9 年。

Frontline 公司在其 2010 年报中强调："油轮运输服务具有高度周期性，在盈利、油轮价值和运费方面均具有波动性。而油轮运费则在很大程度上受到油轮供给和原油运输需求的影响。"

尽管如此，这家公司必须为了未来进行精心规划。在运费及利用率下降的情况下，它必须决定是否搁置或者报废部分油轮。在运费及利用率上升的情况下，它必须决定是否租赁新的油轮或者下订单购买新的油轮。Frontline 同时也必须对于工资、利率和其他投入做出迅速反应。

展望未来，Frontline 公司的管理层必须做出短期和长期的决策：是否继续留在此行业，以及运营规模的衡量（运营多少油轮）。要做出这些决策，企业管理层必须理解需求、供给，以及这两者在市场上的互动模式。

乍看起来，要对需求和供给都要有所了解看起来有些奇怪。全球性经济萧条和复苏影响着石油的需求以及油轮运输服务的需求，但它们并不影响油轮运输服务的供给。关键的是，企业管理层必须考虑市场的两方面才能做出正确的决策。对于很多其他管理事务来说也是如此。虽然最初的变动仅仅影响市场的一个方面，但若要做出最佳决策，则仍有必要考虑与市场另一方面的互动关系。

本章将结合我们在前面章节中对需求和供给的分析，来理解它们在竞争市场中的相互作用。其核心概念是价格在实现买方与卖方的沟通，以及实现市场需求与供给均衡中所扮演的角色。

运用这一概念，我们可以解释全球经济萧条和复苏对于油轮运输服务市场的影响。当需求下降时，市场将会产生超额供给，价格将会下降。当需求增加时，市场将会产生超额需求，价格将会上升。对于 Frontline 来说，在全球经济恢复增长的情况下，做出投资决策的关键在于需求的增加以及在短期内和长期内的供给弹性。

管理经济学的核心在于供需模型。它可用于解决各种市场的商业问题，包括产品市场、服务市场、消费者市场、工业品市场、本国市场以及国际市场。

5.2 完全竞争

通常情况下，供需分析适用于竞争异常激烈的完全竞争市场。一个完全竞争市场必须具备以下所有条件：
- 产品是同质的；
- 市场上的买方众多，每一个买方的购买量相对于整个市场来说非常小；
- 市场上的卖方众多，每一个卖方的供给量相对于整个市场来说非常小；
- 买方和卖方可以自由进入或退出这个市场；
- 关于市场条件，买方和卖方的信息是对称的。

现实生活中，极少的市场能够满足完全竞争市场的条件。这意味着供需分析不再精确地适用。即便如此，这种分析模式仍然是有用的：即使在不完全竞争市场环境下，许多管理性结论仍然是相似的。

■ 同质产品

不同质产品的市场竞争不如同质产品的市场竞争激烈。黄金是一个同质产品。北美产出的黄金可以完全代替澳大利亚、巴西、南非或者世界任何地方的黄金。如果一个北美黄金生产商试图将它的金价抬高到比世界黄金市场的价位高出1%，那么，绝对没有人会买。同样地，如果它按低于市场价1%的价格供应黄金，那么它将会被订单淹没。任何产地的黄金价格都一样。

相反，矿泉水是不同质产品。不同来源的水有不同的化学成分，因此味道和作用也会不同。一个矿泉水生产商可以将它的价格抬高1%，而不用担心它所有的消费者都会更换品牌。同样地，如果它将价格削减1%，它的销售量可能会增长，但仅仅是在有限范围内增长。因此，矿泉水没有一个统一的价格，不同的生产商可以制定不同的价格。一般来说，矿泉水生产商之间的竞争比黄金生产商之间的竞争相对要弱。

■ 大量的小买方

完全竞争的第二个条件就是要有众多的买方，每一个买方的购买量相对于整个市场供给来说非常小。在这样的一个市场中，没有买方可以得到比其他人低的价格。因此，所有买方面对的价格都相同，在相同水平下竞争。

在一个有些买方具有市场力的市场中，不同买方支付的价格会不相同，同一个买方甚至愿意为不同单位的同一产品支付不同的价格。所以，当某些买方拥有市场力时，我们不能构建出市场需求曲线（因为需求曲线的构建需要假定每个买方在市场价格下可以实现无限量按需购买）。

在棉花市场中，从印度的农民到巴黎的设计师，棉花有无数买方。相对于全球供应总量，单个买方的购买量非常小。所有的买方都支付全球统一价。

相反，中国八角茴香草药的需求主要由制药公司 Roche 主导控制，Roche 用此种草药生产抗流感疫苗达菲。Roche 对于此种草药的需求具有市场力，因此，它可以用相对于小买方更优惠的价格购买此产品。

■ 大量的小卖方

完全竞争的第三个条件就是要有众多的卖方，每一个卖方的销售量相对于整个市场需求来说非常小。在这样的一个市场中，没有卖方可以以比其他人高的价格卖出东西。因此，所有卖方面对的价格都相同，在相同水平下竞争。

相反，当一些卖方具有市场力时，他们往往会接受不同的价格。在这种情况下，我们不能构建出市场供给曲线（因为供给曲线的构建需要假定每个卖方在市场价格下可以实现无限量供给）。

让我们将干洗行业和有线电视行业做个比较。在任何一个城市，都会有很多干洗店，没有一个拥有市场力。相反，只会有一两个有线电视提供商，他们都有一定的市场力。因此，相对于有线电视的市场来说，干洗行业的竞争要激烈得多。

■ 自由进出

完全竞争的第四个条件是新的买方和卖方可以自由进入市场，而现有的买方和卖方可以自由退出市场。这意味着没有技术上、法律上或者是规则上的障碍限制进出。为了解释这个条件，我们来集中讨论新的卖方进入和已有卖方退出市场的情况。买方自由出入的原理与之非常相似。

在一个自由进出的市场中，正如我们在第 4 章的市场供给相关内容中所述，如果市场价格高于卖方的平均成本，那么新的卖方将会被吸引进入。这将增加市场供给，降低价格。因此，在自由出入的条件下，市场价格不会长久高于卖方的平均成本。市场的竞争会非常激烈。

为了说明这一点，我们来比较一下电信市场和电话营销市场。电信市场的服务提供商需要巨大的投资用于建立电信网络。相反，一个电话营销公司的设立仅仅需要几根电话线和几名工作人员。因此，电话营销市场的竞争要激烈得多。

竞争的激烈程度也依赖于退出的障碍。假设一个电信服务提供商必须支付给政府赔偿费以终止服务，那么，当它决定是否进入市场时，就必须考虑退出成本。因此，退出成本越高，新竞争者进入市场的可能性就越小，市场的竞争就越不激烈。

■ 信息对称

完全竞争的第五个条件是所有的买方和卖方掌握对称的市场信息，如价格、可用的替代品、技术等。在信息对称的条件下，每一个买方或卖方都面临激烈的竞争。例如，如果一个新的供应商以较低的价格提供一种原材料,那么,很快,每一个生产者都会得到同样的低价。没有生产者可以秘密地享受低价的特权。

影印服务是一个成熟的行业。买方和卖方都清晰地了解所有的市场情况。因此,市场的竞争非常激烈。然而,在医疗服务市场上,信息是不对称的。病人依赖医生提出治疗建议。在这个市场中,卖方(医生)比买方(病人)拥有更多的信息。卖方市场存在信息差异,而买方和卖方之间也存在着信息不对称。那些继续深造、积极阅读最新期刊的医生会比其他医生拥有更多的信息,能够提供更为有效的治疗方案和建议。

在买方信息不对称、卖方信息不对称或者买卖双方之间信息不对称的市场中,竞争没有信息对称的市场中那么激烈。

> **进度检测 5A**
>
> 一个市场处于完全竞争状态的条件是什么?

5.3 市场均衡

对于符合完全竞争条件的市场,我们可以应用供需模型。在此模型中,市场均衡概念统一了需求和供给。**市场均衡**(market equilibrium)是当需求等于供给时的价格。市场均衡是分析需求和供给变化如何影响市场的基础。

> **市场均衡**:当需求等于供给时的价格。

■ 需求与供给

为了解释市场均衡的概念,我们以油轮运输服务市场为例来说明。托运人有运送货物的需求,油轮船队能够满足这种需求。在一个图表中,我们用纵轴表示油轮将一吨货物运送一英里的价格,横轴表示的是船队每年运送的量,这样就可以画出油轮运输服务的需求与供给曲线。("吨英里"表示将一吨货物运送一英里的运载量。)

假设在油轮运输市场上,供求均衡点的价格为每吨英里 200 元,而数量为每年 100 亿吨英里。图 5-1 的供给曲线显示,当售价为每吨英里 200 元时,卖方的供给量为 100 亿吨英里。买方的购买量恰好与卖方的供给量相平衡。

在市场均衡点上,价格、购买量、销售量都没有变动的趋势。价格没有变动的趋势是由于供给量刚好能平衡需求量,都是 100 亿吨英里。购买量没有变动的趋势,是因为在价格为每吨英里 200 元时,买方(托运人)购买 100 亿吨英里的服务量能达到最大的收益减支出。同样地,销售量没有变动的趋势,是因为卖方(油轮公司)在每吨英里 200 元的价位上销售 100 亿吨英里的服务能获得最大的利润。

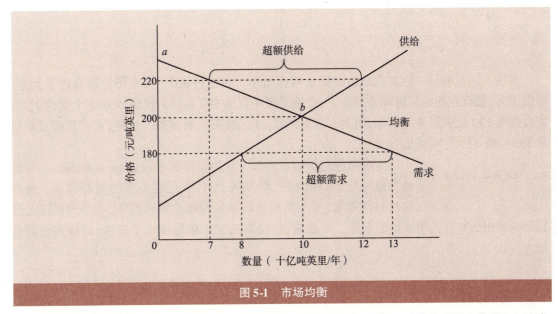

图 5-1 市场均衡

注:当价格为每吨英里 200 元时,需求量和供给量均为每年 100 亿吨英里;当价格为每吨英里 220 元时,供给量大于需求量,超出数量为每年 50 亿吨英里;当价格为每吨英里 180 元时,需求量大于供给量,超出数量为每年 50 亿吨英里。

对于一个处于均衡状态的市场,需求的数量和供给的数量必须是买方与卖方各自自愿选择的结果。买方和卖方均不受到配额限制或其他限制条件的影响。

如果市场处于不均衡状态将会出现什么情况?一般情况下,市场价格将会发生变动以重新达到均衡。价格传递着市场信息,并刺激买方与卖方向均衡点集中。

■ 超额供给

市场不均衡的一种方式是价格超出了均衡水平。想象市场价格为每吨英里 220 元。参照图 5-1 的需求曲线,购买方的需求量就会减至每年 70 亿吨英里。而根据供给曲线,卖方的供给会增加至每年 120 亿吨英里。

因此,在每吨英里 220 元的条件下,供给量超过需求量 120 - 70 = 50 亿吨英里。更形象地,有很多船可以提供运输服务,但是顾客的需求量却远远低于这个数量。我们将供给量超过需求量的部分称为**超额供给**(excess supply)。在价格为每吨英里 220 元时,就会出现 50 亿吨英里的超额供给。

> **超额供给**:供给量超出需求量的部分。

当出现超额供给时,市场价格会趋于下降。油轮运输公司会彼此相互竞争以售出超额的供给,市场价格就会回落至每吨英里 200 元的市场均衡水平。

从图 5-1 中我们可以很清楚地看到,当价格升到更高的水平,如每吨英里 250 元时,超额供给会大大超过价格为 220 元时的超额供给。一般来说,价格高出市场均衡水平越多,超额供给就会越大。

■ 超额需求

市场不均衡的另一种方式是价格低于均衡水平。在这种情况下,市场价格会趋于上升。举例说明,假设在油轮运输服务市场上,价格是每吨英里 180 元,另外,假设在这个价位下,买方会购买 130 亿吨英里的服务,而卖方只会销售 80 亿吨英里的服务。这样,需求量超过供给量 130 − 80 = 50 亿吨英里。

> **超额需求**:需求量超出供给量的部分。

需求量超过供给量的部分称为**超额需求**(excess demand)。当价格为每吨英里 180 元时,每年将会有 50 亿吨英里的超额需求。面对这些超额需求,买方将对有限的供给能力展开竞争,市场价格将上升到每吨英里 200 元的市场均衡水平。一般来说,价格低于市场均衡水平越多,超额需求就会越大。

> **进度检测 5B**
>
> 在图 5-1 中,指出当价格为每吨英里 160 元的超额需求,并标记出需求量与供给量。

5.4 供给变动

一般来说,工资、利率、其他成本投入和政策的变化,将会导致需求、供给或者二者的变动。即使这一变化仅仅在表面上对市场的一方产生影响,分析对另一方的影响也是必需的。忽视对市场任何一方的分析都将会是严重不全面的。

在这一节中,我们考虑使供给曲线移动的因素。就一个具体问题来说,工资的降低将如何影响油轮运输服务的价格?

让我们应用需求供给模型来解决这个问题。我们从工资变动之前的均衡状态开始进行阐述。假设在工资水平变动之前,油轮运输服务的价格是每吨英里 200 元,购买量是每年 100 亿吨英里。

■ 均衡变化

油轮运输服务的供给曲线并没有明确显示工资的价格。但工资水平的变动将会导致整条供给曲线的移动。假设工资水平的降低将会引起油轮服务的整条供给曲线下移每吨英里 6 元。具体移动如图 5-2 所示。

整条供给曲线向下移动是因为无论卖方的供给量是多少,工资成本的下降都会影响其边际成本。观察工资成本变动的影响的另一种方法是成本的下降将使供给曲线向右移动,即在

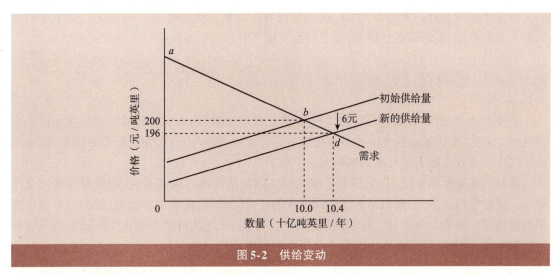

图 5-2 供给变动

注：当工资降低时，整体供给曲线向下移动每吨英里 6 元。在新的均衡点，价格为每吨英里 196 元，数量为每年 104 亿吨英里。

每一个可能的价位上，卖方都会提供更多服务。

工资水平的变化并没有影响到对油轮运输服务的需求。参见图 5-2，新的供给曲线和原来的需求曲线相交在新的均衡点 d，对应的价格是每吨英里 196 元。价格从每吨英里 200 元降到 196 元，使得年需求总量从每年 100 亿吨英里增加到 104 亿吨英里。在新的供给曲线上，当价格为每吨英里 196 元时，相应的供给量为每年 104 亿吨英里。每吨英里 196 元的价格是新的市场均衡价格。

当供给曲线向下移动每吨英里 6 元时，均衡价格的下降只是每吨英里 4 元。通常来说，供给曲线的变动对均衡价格的影响将不会大于供给本身变动的幅度。是什么因素决定了价格变动的幅度呢？它取决于需求与供给的价格弹性。

■ 需求价格弹性

直观地看，在需求方面，如果买方对价格非常不敏感，它们就不会购买更多。因此，价格的下降幅度为每吨英里 6 元。然而，如果买方对价格非常敏感，那么在供给曲线下移时，均衡价格完全不发生变化。

图 5-3(a) 描绘的是需求极端刚性（缺乏弹性）的情况。也就是说，买方对价格完全不敏感：无论价格怎样变化，他们都会购买相同数量的产品。于是，当供给曲线移动时，买方的行为并不受到影响，他们仍然购买同样数量的产品。在图 5-3(a) 中，当供给曲线下移每吨英里 6 元时，均衡价格正好下降每吨英里 6 元，变为每吨英里 194 元。

图 5-3(b) 则展示了另一个极端，即需求极端弹性的情况。这意味着买方对价格极其敏感。当供给曲线变化时，购买方会吸纳所有额外供给的产品。因此，均衡价格完全没有变化。在图 5-3(b) 中，当供给曲线下移每吨英里 6 元时，均衡价格仍然是每吨英里 200 元，新的均衡数量是 106 亿吨英里。

通过比较图 5-3(a)和图 5-3(b)，我们可以看出需求价格弹性和供给变化的结果之间的关系。通常来说，需求越富有弹性，由于供给变化而引起的均衡价格的变化量就会越小。

■ 供给价格弹性

直观来看，在供给方面，如果卖方对于价格非常不敏感，那么成本的减少不会促使他们出售更多。因此，油轮运输服务的价格不会改变。相反地，如果卖方对于价格非常敏感，那么供给变动将会导致价格下降每吨英里 6 元。

让我们来看看图 5-3(c)，它描绘了极端刚性供给的情况。也就是说，卖方对价格完全不敏感。无论价格是多少，他们都提供相同数量的产品。而且，就算成本变动，他们也不会改变供给的数量。在图 5-3(c)中，无论市场价格是多少，油轮船队每年都提供 100 亿吨英里的油轮运输服务。因此，工资成本的变化不会影响均衡价格。

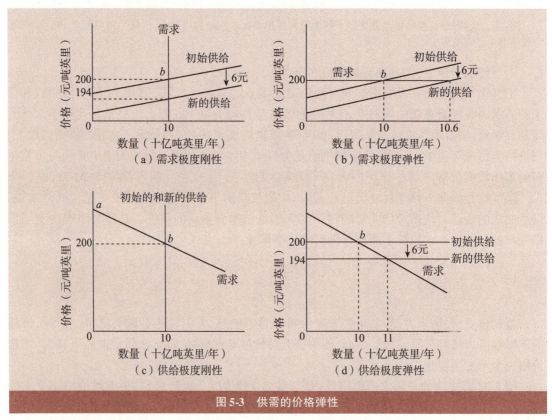

图 5-3 供需的价格弹性

注：(a) 当需求极度刚性时，供给曲线的移动使价格降低了 6 元但并未影响数量。
(b) 当需求极度弹性时，供给曲线的移动不影响价格，但将数量提高至 106 亿吨英里。
(c) 当供给极度刚性时，供给曲线不会移动。
(d) 当供给极度弹性时，供给曲线的移动使价格降低了 6 元，同时使数量提高至 110 亿吨英里。

图 5-3(d)展示了另一个极端——供给极端弹性的情况。这意味着，边际生产成本是常量。因此，如果生产成本变化，在所有生产规模下边际成本的变化量都相同。于是，均衡价格

的变化量也相同。参看图 5-3(d)中的油轮服务市场,当供给曲线下移 6 元时,均衡价格同等下降每吨英里 6 元,供给量增加到每年 110 亿吨英里。

通过比较图 5-3(c)和(d),我们可以看出供给价格弹性和供给变化的结果之间的关系。通常来说,供给越富有弹性,由于供给变化而引起的均衡价格的变化量就会越大。

> **进度检测 5C**
>
> 当市场供给曲线向下移动时,均衡价格在哪种情况下下降更多?(a) 需求更具价格弹性;(b) 供给更具价格弹性。

对法国产品的需求:鹅肝酱与黄油

法国的出口农产品包括鹅肝酱和黄油。法国产品的供给取决于欧元相对于其他国际货币的汇率,比如相对于美元的汇率。如果欧元升值,那么法国产品的供给曲线将上移。但是,如果欧元贬值,那么法国产品的供给曲线将会下移。

假设欧元增值 10%,导致法国鹅肝酱和黄油的供给曲线上移 10%。这样的变化将如何影响世界市场上鹅肝酱和黄油的价格?

法国鹅肝酱的替代品很少,因此,其需求相对缺乏弹性,供给曲线的上移将导致其世界市场价格相对较大的升幅。和鹅肝酱相比,黄油属于相对同质的产品,法国黄油有很多可替代品,所以需求比较富有弹性,因此,供给曲线的上移将导致其世界市场价格相对较小的升幅。

油轮与利率

因为油轮的购置成本超过 1 亿美元,同时一艘油轮可以运营 20 年或更长时间,所以油轮的需求取决于融资情况。因此,油轮的需求以及油轮运输服务的供给对利率敏感。

在经济大萧条之后,各国中央银行增大货币供给,从而降低了利率。长期内它们也降低了长期利率,所以油轮服务的供给曲线将会向下移动。这种状况又将进一步压低油轮运输服务的价格。

5.5 需求变动

我们刚才展示了,要理解供给变动的影响,考虑供给与需求之间的互动关系是必要的。我们下一个讨论将从需求的变化开始。为了充分理解最终结果,我们仍然有必要考虑供给方面的变化。

石油运输需求的上涨将如何影响油轮运输服务的价格和数量?图 5-4 显示,原均衡点为 b 点,当市场均衡价格为每吨英里 200 元时,对应的年供给量为 100 亿吨英里。

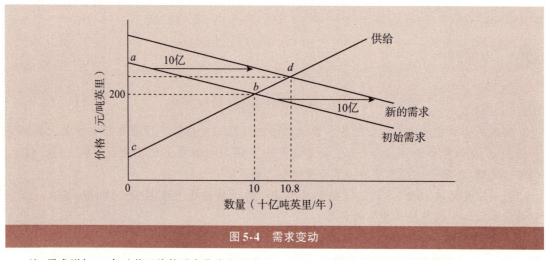

图 5-4　需求变动

注:需求增加 10 亿吨英里将使需求曲线向右移动,从而产生更高的价格和更多的数量。

假设在所有的价格水平下,需求上涨 10 亿吨英里。相应地,在图 5-4 中,整条需求曲线将右移 10 亿吨英里。然而,石油运输需求的上升并没有直接影响油轮服务的供给。所以,供给曲线不会发生变化。

根据图 5-4,新的需求曲线和原来的供给曲线相交于 d 点,形成新的市场均衡点。新的均衡点代表的油轮运输服务价格更高,数量更多。而新的均衡价格将上涨多少?新的供给量将增加多少呢?它们都取决于需求和供给双方的价格弹性。

> **进度检测 5D**
>
> 在图 5-4 中,指出需求减少 20 亿吨英里将会如何影响供给曲线以及均衡价格?

小案例

情人节时玫瑰的需求与供给

人们整年都会购买贺卡和玫瑰花。但当情人节临近的时候,贺卡和玫瑰花将变成紧俏产品。这两种产品的需求将会大幅攀升。应用供求模型来分析,我们可以预测到:两种产品的价格将会上升。但是,玫瑰花价格的上涨幅度总是会比贺卡价格的上涨幅度大,这是为什么呢?

我们可以用这两种产品供给的价格弹性来解释这个问题。在情人节那天的贺卡供给要比玫瑰花的供给更加富有弹性。贺卡是一种可以被储存的物品,所以,制造商可以轻易地扩大生产,在情人节来临之前增加存货。这就意味着贺卡的供给是相对富有弹性的。因此,需求增加对价格的影响不是那么明显。

相反,玫瑰花更为娇贵。只有在情人节那天花期成熟的玫瑰花才适合销售。增加在情人节那天的供给量相对来说是比较困难的。这就意味着,玫瑰花的供给量是相对缺乏弹性的,因此,需求的增加将引起价格的大幅上升。

资料来源:B. Peter Pashigian, "Demand and Supply On Valentine's Day", in *Price Theory and Applications*, New York: McGraw-Hill, 1995, p. 19。

5.6 调整时间

需求与供给的变化对于市场均衡的影响取决于需求与供给的价格弹性。然而,价格弹性会随着时间的变化而变化。相应地,需求与供给的变化将会在短期及长期内产生不同的影响。

为了阐明这些区别,我们假设,最初油轮运输服务市场在短期和长期都处于均衡点,均衡价格为每吨英里 200 元,市场均衡数量为 100 亿吨英里。那么,如果需求增加 10 亿吨英里,那么在短期内和长期内将会造成什么影响呢?

■ 短期均衡

图 5-5 描绘了当价格为每吨英里 200 元时的短期市场均衡。图 5-5(a)描绘了单个卖方的成本和需求曲线。任何一个卖方的短期供给曲线是其短期边际成本曲线位于其短期平均可变成本曲线之上的部分。

在完全竞争的假定条件下,每个卖方的供给量相对于市场而言都非常小。同样,它所占市场份额也很小。因此,在每吨英里 200 元的市场均衡价格下,卖方面对的需求是极度富有弹性的。在短期中,卖方通过在短期边际成本等于市场价格的点上经营,来使利润最大化。在图 5-5(a)中,短期经营的利润最大化规模是每年 1 亿吨英里。

图 5-5(b)展示了短期市场在点 *a* 处达到均衡。在每吨英里 200 元的市场均衡价格下,短期市场需求曲线与短期市场供给曲线相交。

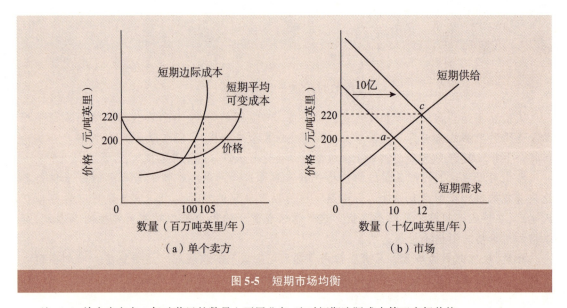

图 5-5 短期市场均衡

注：(a) 单个卖方在 1 亿吨英里的数量上开展业务，这时短期边际成本等于市场价格。
(b) 在每吨英里 200 元的价格上实现了市场均衡，短期需求曲线和短期供给曲线相交于此点。

■ 长期均衡

图 5-6 描绘了价格为每吨英里 200 元的长期市场均衡。图 5-6(a) 展示了单个卖方的成本和需求曲线。任何一个卖方的长期供给曲线是其长期边际成本曲线位于其长期平均成本曲线之上的部分。

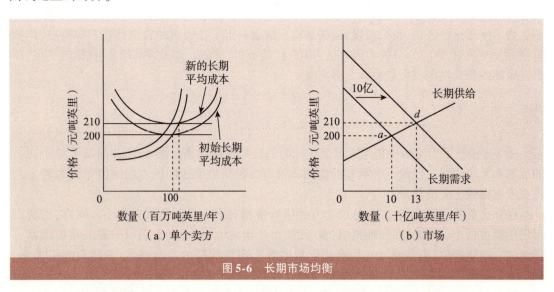

图 5-6 长期市场均衡

注：(a) 单个卖方在 1 亿吨英里的数量上开展业务，这时长期边际成本等于市场价格。
(b) 在每吨英里 200 元的价格上实现了市场均衡，长期需求曲线和长期供给曲线相交于此点。

由于每个卖方占有的市场份额极小,因此,在每吨英里200元的市场均衡价格下,卖方面对的需求是极度富有弹性的。在长期中,卖方通过在长期边际成本等于市场均衡价格的点上经营来使利润最大化。在图5-6(a)中,长期经营的利润最大化规模是每年1亿吨英里。

图5-6(b)展示了在长期中市场在 a 点达到均衡。在每吨英里200元的均衡价格下,长期市场需求曲线与长期市场供给曲线相交。

■ 需求增加

假设初始状态是短期和长期的市场均衡点。我们假设需求曲线右移10亿吨英里。为简便起见,我们假设短期和长期需求曲线是一样的。

让我们首先思考新的短期均衡。参见图5-5(b),需求曲线移动将短期市场均衡点移至 c 点,达到一个更高的价格——每吨英里220元。同时,参见图5-5(a),每个卖方将扩大经营规模至每年1.05亿吨英里,这时其短期边际成本等于每吨英里220元的新市场价格。这意味着卖方需要提高其营运效率,比如,需要延迟船只的定期维修,或将船员的年假推后。

一般来说,一个卖方提高其供给量的程度取决于其短期边际成本曲线的斜率。如果短期边际成本曲线的斜率大(曲线陡峭),那么市场价格的上升就不能使卖方大幅扩大供给。相反,如果短期边际成本曲线的斜率小(曲线缓和),那么市场价格的上升将引起供给量的大幅提升。而短期边际成本曲线的斜率依赖于超额生产能力和加班费相对于标准工资的比率。

让我们接下来考虑新的长期均衡。在长期内,卖方有足够的时间规避不必要的成本,也有足够的时间让新的卖方进入市场,以及让现有的卖方退出市场。相应地,根据第4章的相关内容,相对于短期,市场供给在长期内将更具弹性。

在油轮运输服务市场中,需求的增长将会抬高市场价格并增加卖方的利润。从长期来看,这将会诱使现有的卖方扩张经营规模,取得新的船只并且雇用更多的船员,同时也会吸引新的卖方进入市场。整个行业将会沿着长期市场供给曲线扩张。如图5-6(b)所示,需求的增加将会使长期市场均衡点移动到点 d,此时市场均衡价格为每吨英里210元。

图5-6(a)展示了单个卖方的新的长期均衡。虽然价格比原均衡价格高,但更高的生产投入的价格导致了更高的边际成本和平均成本曲线。相应地,在新的长期均衡中,卖方也达到了均衡。没有其他的卖方愿意进入这个行业,也没有卖方愿意离开。

图5-7同时描绘了短期和长期的市场均衡。原来的均衡点是点 a,新的短期均衡点是点 c,新的长期均衡点是点 d。新的长期均衡点的价格低于新的短期均衡点的价格,但高于初始的均衡价格。新的长期均衡点的销量比新的短期均衡点的销量要多,后者又高于原均衡点的销量。造成这种差异的基本原因是长期供给比短期供给更有弹性。

在新的长期均衡中,将会有比新的短期均衡和原均衡状态下更多的卖方。更高的价格吸引了新的卖方进入,整个市场容纳了更多的卖方,整个行业的规模扩大了。

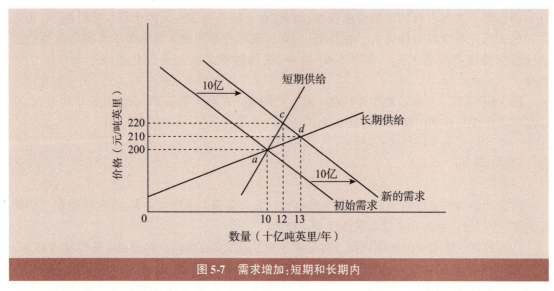

图 5-7　需求增加：短期和长期内

注：需求增加后，新的短期均衡点为点 c，新的长期均衡点为点 d。短期内价格上涨的幅度比长期内要大，而短期内数量上升的幅度比长期内要小。

■ 需求减少

我们已经讨论了需求增加在短期和长期内的影响。我们也可以用相同的方法来分析需求减少的影响。图 5-8 描绘了油轮运输服务需求减少 10 亿吨英里的情况。初始均衡点在 a 点。

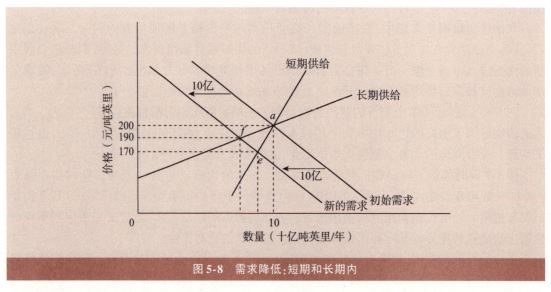

图 5-8　需求降低：短期和长期内

注：需求减少后，新的短期均衡点为点 e，新的长期均衡点为点 f。短期内价格下跌的幅度比长期要大，而短期内数量下降的幅度比长期内要小。

需求减少将短期市场均衡点移至点 e，价格降至每吨英里 170 元。那些平均可变成本超过此价格的卖方将停止营业。在油轮运输市场中，这意味着油轮船队将被搁置。那些平均可变成本仍然低于均衡价格的卖方，则会在行业中继续经营。而这些卖方都会削减经营规模直至其短期边际成本等于 170 元的新的市场均衡价格。

削减的程度基于两个因素。第一个因素是沉没成本的幅度。如果一个卖方在先前已投入了巨大的设施，那么大多数的成本是沉没成本。只要市场价格高于平均可变成本，它就会继续生产。在这种情况下，市场价格的降低只会带来销售规模的较小幅度的减少。一般来说，在一个涉及大量沉没成本的行业中，需求的减少将使均衡价格相对大幅度地降低及销量相对小幅度地减少。

第二个因素是卖方的短期边际成本曲线的斜率。如果短期边际成本曲线较为陡峭，那么价格的降低将不会引起卖方大幅削减供给数量。相反，如果短期边际成本曲线较为缓和，那么价格的降低将会对供给量有相对较大的影响。

在长期中，卖方有足够的时间规避不必要的成本，也有足够的时间使得新的卖方进入市场，现有的卖方退出市场。参照图 5-8，需求的移动将使长期市场均衡点移至点 f，价格为每吨英里 190 元。对一部分卖方来说，长期价格低于它们的平均总成本。这些卖方将会退出这个行业。这就意味着它们要废弃船只，解雇所有的工人。整个行业的供给量将沿着长期市场供给曲线收缩。在新的长期均衡中，将会有较少的卖方，每个卖方都会精确平衡收支，使得平均总成本等于市场价格。

参照图 5-8，新的长期均衡价格将会高于新的短期均衡价格，但将比初始均衡价格要低。此外，新的长期均衡下的产量将会低于新的短期均衡下的产量，且两者均低于原始均衡下的产量。产生这些区别的基本原因是市场供给在长期中往往更具弹性。

■ 短期与长期

在短期内，一些成本是沉没成本，同时，因为调整时间更短，供给更不具价格弹性。相反，在长期内，所有的成本都是可以避免的，同时，因为调整时间更长，供给也更具价格弹性。

通常情况下，在需求变动时：

- 市场价格在短期内将会比在长期内产生更大的变动。例如，在需求增加的情况下，市场价格在短期内将比在长期内提高更多。相反，如果需求减少，则市场价格在短期内将比在长期内下降更多。通常来说，市场价格在短期内将会产生更大的同向调整，然后将在长期内向初始均衡价格进行反向移动。
- 产量在长期内将会比在短期内产生更大的调整。如果需求增加，产量在某种程度上将会实现短期增长和更显著的长期增长。同样，如果需求减少，则产量将会实现短期下降和更显著的长期下降。通常来说，长期产量调整会将短期产量调整扩大。

我们可以用相同的方法来分析供给变化在短期内和长期内产生的影响。请谨记需求在短期内比在长期内更不具有价格弹性（少数耐用品除外）。

> **进度检测 5E**
>
> 在图 5-8 中,假设短期供给更不具弹性,而长期供给更具弹性。那么它将会如何影响短期和长期价格之间的差异?

小案例

Frontline 公司

Frontline 公司是一家大型的个体油轮公司。在经济大萧条的影响下,对于油轮运输服务的需求急剧下降。2008—2009 年,巨型油轮的运费从每天 88 200 美元骤降至 28 000 美元。Suezmax 油轮的运费从每天 67 200 美元降至 25 900 美元。整个油轮船队的利用率也从 91% 降至 84%。

Frontline 公司应该怎么调整它的船队以适应不断下降的运费呢?假设需求的下降是永久性的(实际上不是),那么短期内油轮运费将会暴跌。在一段时间内,油轮公司将会闲置部分船只甚至报废部分船只。所以,在这个价格下,载重量下降了。根据图 5-8,供给在长期内比在短期内更具弹性。因此,在长期内,油轮运费将会实现恢复性增长。事实上,在 2010 年,巨型油轮的运费涨至每天 34 800 美元,Suezmax 油轮的运费涨至每天 28 000 美元。

对于诸如是否废弃船只抑或取得新的船只此类长期决策,企业管理层应当清晰区分短期与长期运费。在这种情况下,长期运费起着决定性的作用。

知识要点

- 如果市场价格超出均衡价格,将会产生超额供给,价格将会趋于下降。
- 如果市场价格跌至均衡价格以下,将会产生超额需求,价格将会趋于上涨。
- 供给的变动对市场价格和产量的影响取决于供给和需求的弹性。
- 需求的变动对市场价格和产量的影响取决于供给和需求的弹性。
- 需求变动对价格的影响在短期内比在长期内要大。
- 需求变动对产量的影响在短期内比在长期内要小。

复习题

1. 干洗市场在哪些方面符合完全竞争市场的要求?

2. 夹板市场在哪些方面符合完全竞争市场的要求?

3. 政府牌照的需求将会如何影响行业竞争性?
4. 如果一个市场处于超额供给状态,价格将如何变化?
5. 如果一个市场处于超额需求状态,价格将如何变化?
6. 解释为何消费者收入增加对服装价格的影响取决于供给的价格弹性?
7. 在需求与供给的价格弹性具备何种条件的情况下,需求向上移动将对价格产生更大的影响?
8. 在需求与供给的价格弹性具备何种条件的情况下,需求向上移动将对产量产生更大的影响?
9. 请考虑消费者收入的增加使得需求向右移动(在每一价格下,消费者想要购买更多)。解释为何消费者收入增加对小汽车产量的影响取决于需求的价格弹性。
10. 在需求与供给的价格弹性具备何种条件的情况下,供给减少(供给曲线向左移动)将对价格产生更大的影响?
11. 在需求与供给的价格弹性具备何种条件的情况下,供给减少(供给曲线向左移动)将对产量产生更大的影响?
12. 解释为何工资增长对于餐饮业价格的影响取决于需求的价格弹性。
13. 假设需求增加。为何在短期内比在长期内价格增长的幅度更大?
14. 假设需求增加。为何在长期内比在短期内产量增长的幅度更大?
15. 需求增加在短期和长期内效果的差异是如何取决于短期和长期内价格弹性的差异的?

讨论案例

1. 2008—2009 年,巨型油轮的运费从每天 88 400 美元降至 28 000 美元。油轮船队的利用率从 91% 降至 84%。随着 2009—2010 年世界经济的复苏,巨型油轮的运费增长至每天 34 800 美元,而油轮船队的利用率也上升至 86%。
   (a) 运用相关需求及供给曲线,描述 2008—2009 年油轮运输服务业的短期均衡的变动。
   (b) 运用相关需求及供给曲线,描述 2009—2010 年油轮运输服务业的短期均衡的变动。
   (c) 讨论一下油轮运输服务业短期供给的价格弹性。
2. 电视机生产商将制造外包给中国和其他地方的制造商。2014 年 11 月,人民币对美元的汇率是 1 元兑 0.16 美元。
   (a) 解释人民币从 1 元兑 0.16 美元升值为 1 元兑 0.18 美元将如何影响美国电视机的供给成本。
   (b) 假设人民币相对于美元升值 10%。下面哪一项可以解释为何在中国制造的电视机在美国的零售价的上升不到 10%?(i) 批发成本只是零售成本的一部分;(ii) 美国对中国制造的电视机的零售需求缺乏弹性;(iii) 美国的中国制造的电视机的零售供给缺乏弹性。
3. 季节的变换会影响需求和供给。在新鲜水果或蔬菜的市场中,供给随着季节的变换而变化。而在取暖燃料市场中,需求随着季节的变换而变化。
   (a) 使用合适的供求曲线,说明蔬菜和水果的价格在一年四季的改变。

(b) 使用合适的供求曲线,说明取暖燃料的价格在一年四季的改变。
4. 以图 5-3 为基础,构建四个图形,表示在下列四种情况下市场对油轮运输的需求上升将会怎样影响市场价格:
   (a) 需求极度缺乏弹性;
   (b) 需求极度富有弹性;
   (c) 供给极度缺乏弹性;
   (d) 供给极度富有弹性。
5. 纸箱和其他包装纸是由木纸浆和废纸的混合物来生产的。在瑞典,废纸需求的长期价格弹性估计为 -1.7,而供给的短期价格弹性为 0.6,长期价格弹性为 0.4。(资料来源:Anna Mansikkasalo, Robert Lundmark, and Patrik Soderholm, "Market behavior and policy in the recycled paper industry: A critical survey of price elasticity research", *Forest Policy and Economics*, Vol. 38, January 2014, 17—29。)
   (a) 讨论一下,如果政府将制造商所用废纸的价格降低 5%,这一政策将如何影响需求量?
   (b) 讨论一下,如果政府将制造商所用废纸的价格提高 5%,这一政策将如何影响供给量?
   (c) 价格激励是否是增加废纸再循环的一个有效的途径?
6. 日本消费者比其他发达国家消费更多的鱼类和较少的肉类。在 1995 年,世界观察研究所主席 Lester Brown 声称:"如果中国消费者像日本消费者一样消费海产品,那么中国将会消费掉全世界一年捕捞的所有的鱼。"(资料来源:Lester R. Brown, *Who will feed China*? New York: Norton, 1995, p. 30。)
   (a) 在一幅图中,画出世界对鱼的需求和供给曲线(提示:你可以假设任何画图所需的数据)。
   (b) 运用你所画的图解释中国对鱼的需求增长将会怎样影响世界市场。
   (c) 中国对鱼的需求增长将会怎样影响日本的鱼类消费?
   (d) 中国是否有可能将消费掉全世界捕捞的所有的鱼?
7. 伊拉克的库尔德斯坦地区估计拥有 450 亿桶原油储存。原油本是通过卡车经土耳其出口的。在 2013 年年底,地区政府完成了一个直径为 20 英尺的连接伊拉克和土耳其主管道的通道。这个连接通道每日可以输送 12.5 万桶原油至土耳其港口 Ceyhan。(资料来源:"Iraqi Kurds, Turkey to Double Oil Export Pipeline Capacity," *Bloomberg*, 2014 年 8 月 20 日。)
   (a) 比较石油通过卡车运输和管道运输的固定成本以及边际成本。
   (b) 通过卡车运输与管道运输供给,哪种方式的沉没成本更大?
   (c) 画出从库尔德斯坦输送至土耳其的原油的短期供给曲线。在供给曲线上标出通过卡车和管道的供给。(提示:思考管道供给原油和卡车供给原油哪个对价格更缺乏弹性。)
   (d) 假设库尔德斯坦政府对于管道输油征收税收,以用于安全设施,税收将会怎样影响供给曲线?
   (e) 对库尔德斯坦地区原油的需求随着世界市场状况而波动,石油管道运输市场与卡车运输市场中,哪个市场的价格更不稳定?
8. 许多人预测 2000 年 1 月 1 日,千禧年的庆祝将会使得全球香槟酒、龙虾和其他传统新年美食的供给短缺。新英格兰和加拿大批发商在 1999 年上半年就开始囤积龙虾。波士顿商人 James Hook 订购了 675 000 千克,比上一年增加了一半。但是,预期的短缺并没有出现。在 12 月初,距离新年仅仅几周,龙虾的批发价格下降了12%,降至每千克11.7美元。(资料来源:"Lobster Dealers Net Meager Sales on New Year Celebration Stockpile", *Asian Wall Street Journal*, 1999年12月29日。)

(a) 绘图说明千禧年龙虾供应的长期供给曲线。在确定供给价格弹性时,请注意龙虾可以存放6个月以上。

(b) 阐述自1998年到1999年的需求增长的影响。需求增长将如何影响价格?对价格的影响是如何取决于供给的价格弹性的?

(c) 制造商开发的一种在塑料套管的海水里冷冻整龙虾的方法使得冷冻龙虾的质量几乎可与新鲜龙虾相媲美。这种新技术将如何影响长期供给弹性?

9. 2009年1月,卧室家具制造商沃恩巴塞特关闭了坐落于北卡罗来纳州Elkin的工厂,裁退了400名工人。8个月后,随着销售提高10%,它重新开放了部分Elkin的工厂来完成来自弗吉尼亚州Galax的主要工厂生产的家具的制造。沃恩巴塞特很容易地为重开的Elkin工厂招到了工人。(资料来源:"Vaughan-Bassett reopens part of Elkin factory", *Time Warner Cable News*, 2014年11月16日。)

(a) 现有和新建房屋销售对家具的需求的增加有什么影响?

(b) 人民币对美元升值将如何影响北卡罗来纳州的家具行业?

(c) 面对来自中国的竞争,Lexington公司在暂时停止工厂运作和永久关闭工厂间应当如何做出选择?

(d) 运用合适的短期需求和供给曲线,说明2009年1—9月市场均衡的变动。

第6章

经济效率

学习目标

- 了解经济效率是附加值最大化的基准;
- 学会实现经济效率所需条件的运用;
- 了解价格这个"看不见的手"在竞争市场中扮演的角色;
- 学会机构分散化中转移定价及外包策略的应用;
- 了解需求与供给的变化在买方和卖方身上的归宿效应;
- 了解中介成本在买方和卖方身上的归宿效应。

6.1 引言

纽约与新泽西港口事务管理局管理着约翰·肯尼迪国际机场、纽华克自由国际机场以及拉瓜地亚机场。2008年,纽华克机场接待了3 540万名游客,肯尼迪国际机场与拉瓜地亚机场的游客接待量则分别是4 780万名与2 310万名。①

作为纽华克机场的主导航空公司,美国大陆航空占据了此机场72%的起降机位,剩余28%则由其他国内及国际航空公司分享。与之相比,拉瓜地亚机场(主导的美国航空占据32%机位)以及肯尼迪机场(主导的达美航空占据31%机位)的集聚性要弱得多。

---

① 以下讨论部分内容基于:"Congestion Management Rule for John F. Kennedy International Airport and Newark Liberty International Airport: Final Regulatory Evaluation", U. S. Federal Aviation Administration, Office of Aviation Policy and Plans, Aircraft Regulatory Analysis Branch, 2008年10月10日。

港口事务管理局根据飞机的重量来收取降落费。对于同一个机位,大型飞机往往需要支付更高的降落费。降落费平均为每位游客 6 美元,并且在一天的任何时候都是一样的。

在高峰时段,纽华克机场的起降需求超出了其容量。由于仅有两条间距较短的平行跑道,当天气条件使能见度降低时,纽华克机场更容易受到影响,以至于更多的航班产生延误。

在 2000—2007 年这几年中,纽华克机场的日均起降量自 1 252 架次降至 1 219 架次,减少了 3%。但其进港航班准点率则由 71% 下降到 62%,其中延误一小时以上的进港航班从每天 54 架次上升到 93 架次。2007 年,纽华克机场的进港航班准点率在美国 35 个最大的机场中位列倒数第二。

2008 年 10 月,美国联邦航空管理局(FAA)提出了一个包括将每小时起降量限制在 81 架次以下以及对机场起降机位进行拍卖的十年计划。日均占用 20 个机位及以下的航空公司将在 10 年内被分配相同的机位。而日均占用 20 个机位及以上的航空公司将在 10 年内分配 20 个机位加上超出 20 个机位部分 90% 的机位,剩余的 10% 则将收归 FAA 管理。FAA 预计此举能够收回 1 219 个机位中的 96 个,并在将来 5 年内对其进行拍卖。

FAA 预计此计划能够减少 23% 的日均航班延误,同时在未来 10 年内增加买方及卖方剩余共计 8.39 亿美元。但是,港口事务管理局、航空协会、大陆航空和美国航空坚决反对此计划。最后,美国上诉法院于 2009 年 5 月裁令 FAA 放弃此计划,并寻求另外的方法缓解纽华克机场的拥挤。

本章将介绍经济效率的概念并讲解辨认经济无效率的方法。对于所有管理者来言,理解经济无效率是极为重要的,因为其意味着增长附加值及利润的机遇。在资源分配没有达到经济效率时,解决无效率状态是增加附加值和利润的重要方法。这是一个简单但非常强而有力的规律。

接着,我们会理解到,竞争市场能够在分配稀缺资源的过程中实现经济效率。市场价格传递着市场信息,为使用者与供应者提供了将稀缺资源附加值最大化的原动力。

对起降跑道数量有限制的机场而言,起降机位是一种稀缺资源。但是,如果机位由行政命令来分配,资源的分配则可能不会达到经济效率。事实上,FAA 预计重新分配机位将可以在未来 10 年内产生 8.38 亿美元的买方及卖方剩余。

另外,本章介绍了两种经济效率的重要应用。一个是机构内部的分散化管理以及转移定价的实施。另一个是竞争市场中的中介机构化,对中介机构的分析将会展示运输成本、中介费以及征税对于买方和卖方的影响。

经济效率是设定不完全竞争市场与完全竞争市场中市场力要素的一个重要基准。第 9、12、13 和 14 章将会把经济效率用于分析定价、外部性、信息不对称以及内部组织。在这些方面,经济效率的概念将会帮助管理者辨别和挖掘提高附加值和利润的机会。

6.2 基准

在不使另一个人处境变坏的大前提下,如果重新配置资源不能使一个人的处境变得更好,那么我们就说资源配置达到了经济效率。要理解经济效率的基准作用,我们来考虑一个经济无效率的情况。于是，通过重新配置资源，我们可以增加附加值，尤其是可以在不使另一个人处境变坏的情况下使一个人的处境变得更好。毫无疑问，我们应当避免初始的无效率情况。

从管理者的角度来看，如果一个情况是经济无效率的，那么必定会有某种方法可以增加附加值，即实现收益比成本更高的增长；同时，也必定会有某种方法提高利润。所以，经济效率对于营利企业和非营利机构的管理都是有效的基准要素。

实现经济效率的条件

> **经济效率**：所有的使用者达到相同的边际收益；所有的供应者达到相同的边际成本；边际收益等于边际成本。

经济效率（economic efficiency）是一个非常有用的基准要素。然而，将这一概念付诸实践却不容易。在实践中，在基于使用者利益和供应者成本的三个条件下考虑这个概念会比较容易。资源分配在达到以下三个条件时就实现了经济效率：所有使用者达到相同的边际收益；所有供应者以同样的边际成本运作；边际收益等于边际成本。

让我们以香港与北京之间的航线为例来回顾这三个条件。假设从香港起飞的航线是由几家航空公司运营的。

- 等边际收益。实现经济效率的第一个条件是所有的使用者取得同样的边际收益。让我们来比较香港至北京航线中的两个乘客：小陈，一位飞行员的儿子，可以享受无限制的免费飞行服务；而志和则必须为其旅行支付费用。小陈将会持续飞行直到其边际收益变为零，而志和的边际收益则等于她为飞行支付的费用。如果将小陈的一个座位重新分配给志和，则小陈的损失会小于志和的收益，所以整个社会的收益会更高。这说明了为达到资源配置的经济效率，所有使用者的边际收益必须相同。

- 等边际成本。实现经济效率的第二个条件是所有的供应者以同样的边际成本运作。假设由于更好的企业管理、更低的人工成本或者更高的能源效率，一家航空公司能够以低于其他航空公司10%的边际成本提供服务。在此情况下，整个社会可以让高效的航空公司航班数增多而减少其他航空公司的航班数，在保持总航班数不变的情况下，社会总体的航行成本会降低。这说明了为达到资源配置的经济效率，所有供应者的边际成本必须相同。

- 边际收益等于边际成本。实现经济效率的最后一个条件是将使用者与供应者联系在一起。为了使得一种资源的配置达到经济效率，使用者的边际收益必须等于供应者的边际成本。假设边际收益低于边际成本，社会将通过减少航班数量来增加总体附加值。同样地，如果边际收益超出边际成本，社会将通过增加航班数量来增加总体附加值。所以，要达到资源配置的经济效率，使用者的边际收益必须等于供应者的边际成本。

消费者主权

经济效率的概念也从个人使用者对于其收益的评价这方面来确定资源的分配。例如，如果某些人喜欢重金属摇滚乐（而其他人则喜欢歌剧），那么经济效率的概念在评估资源配置的效率时将这些偏好作为既定的。这种将个人使用者的评价作为既定的潜在规则，便是消费者主权。

■ 技术效率

技术效率（technical efficiency）则意味着在可能达到的最低成本上提供一个产品。但是，技术效率本身并不意味稀缺的资源得到良好的使用。

技术效率：最低成本下的供应。

例如，一家航空公司以可能的最低成本提供服务，但是这并不是消费者需要的服务。经济效率的概念是技术效率概念更高层面的延伸。对于经济效率来说，一个产品的生产必须在边际收益等于边际成本的时候进行。

> **进度检测 6A**
>
> 阐述经济效率与技术效率的区别。

小案例

免费存储空间，无限制服务——还能持续多久？

许多 B2C 服务提供商提供了一定的免费服务来吸引顾客。最初，谷歌邮箱 Gmail 提供 1GB 的免费存储空间。在与微软公司 Hotmail 以及雅虎邮箱的竞争过程中，谷歌邮箱的免费存储空间增加到了超过 7.5 GB。更有甚者，微软的 Windows Live SkyDrive 提供 25 GB 的免费存储空间。

但是，提供这些免费服务均需要成本。根据估计，为计算机服务及存储空间提供支持的数据中心消耗了整个美国电力的 1.5%。

所以，服务商要如何控制这些免费服务的成本呢？一个办法是关闭睡眠账户。谷歌在服务条款里明确表示："谷歌在您超过 9 个月未登录账户的情况下可以终止您的账户。"

资料来源："America's data centers consuming and wasting growing amounts of energy," National Resources Defense Council, December 4, 2014。

6.3 亚当·斯密："看不见的手"

"他只关心他自己的利益，并且他是……被一只'看不见的手'指引，促成了一个与他自己本来意图毫不相干的结果"。[②]

---

② Adam Smith, *The Wealth of Nations*, 2nd edition, London：W. Strahan and T. Cadell, 1778, Vol. II, Book IV, p. 35.

> **"看不见的手"**：市场价格，它指引多个独立运作且自私的买方和卖方达到稀缺资源利用的经济效率。

亚当·斯密在 200 年以前就已经提出的观点，在今天丝毫未被动摇。在竞争市场中，所有的买方和卖方都在独立和自私地运作，而稀缺资源的利用却达到了经济效率。指引买卖大众的**"看不见的手"**（invisible hand）就是市场价格。"看不见的手"为达到经济效率提供了简单且实用的途径。

■ 竞争市场

考虑一下"看不见的手"如何影响香港与北京之间的航空服务。乘客为市场提供需求，航空公司为市场提供供给。图 6-1 表示了一个市场均衡，在此均衡点上价格为 2 000 元，供给数量为每年 110 万客位。

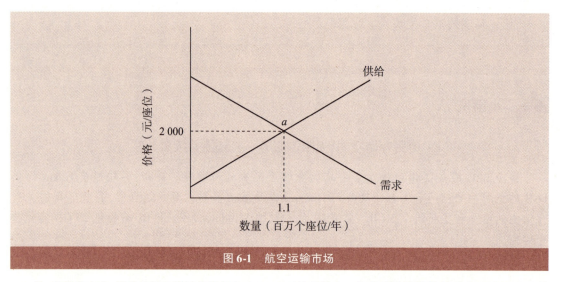

图 6-1 航空运输市场

注：在均衡点上，需求曲线和供给曲线相交于 2 000 元的价格上。每位消费者将持续消费至边际收益等于 2 000 元的数量。每位供给者将提供边际成本等于 2 000 元的数量。

从需求方面来看，正如第 2 章所述，每个人都会购买足够的量使得他的边际收益等于旅行的花费 2 000 元；对于每个买方都是如此。在一个完全竞争市场中，所有的买方都面对着同样的 2 000 元的价格，因此，他们各自的边际收益是相等的。这就满足了经济效率的第一个条件。

航空公司这一方又如何呢？从供给方来看，就像我们在第 4 章解释过的那样，每个航空公司都会扩张规模直至经营的边际成本等于价格，即 2 000 元。此时公司的利润最大。同样地，在完全竞争市场中，所有的航空公司都面对着同样的 2 000 元的价格。因此，当每一个航空公司都自私地实现自身利益最大化时，所有航空公司都会以同样的边际成本进行经营。这是实现经济效率的第二个条件。

所以，所有买方的边际收益等于价格，并且所有的航空公司的边际成本也等于价格。而且，在市场实现均衡时，所有买方和航空公司面临相同的 2 000 元的市场价格。因此，边际收益等于边际成本。这就实现了经济效率的第三个条件。所以,完全竞争市场满足经济效率所有的三个条件。

这个例子展示了亚当·斯密的"看不见的手"的力量。市场价格指导多个独立运作且自私的买方和卖方达到经济效率。

■ 市场体制

市场价格在实现经济效率的过程中起着两个作用。
- 价格传播了所有的必要信息。它告诉买方要购买多少,告诉卖方供给多少。
- 价格促使每一个买方将其购买量调整至边际收益等于市场价格。在此购买量之下,买方剩余达到最大化。类似地,价格也促使卖方将供给量调整至边际成本等于市场价格。在此供给量之下,卖方的利润达到最大化。

市场体制(market system)或**价格体制**(price system)描述了一种经济体制,在此种经济体制中,自由变动的价格指引着资源的配置。"价格体制"这个术语,明确了价格在市场体制中扮演的关键角色。"看不见的手"在实现经济效率的过程中扮演的角色是市场体制的理论基础。

> **市场(价格)体制**:自由变动的价格指引着资源配置的经济体制。

进度检测 6B

解释价格在市场体制中所起的两个作用。

 小案例

纽华克自由国际机场:"看不见的手"未能发挥作用

美国联邦航空管理局(FAA)对美国境内的航空服务进行规范,其面对的一个主要问题就是航班的延误。2007年,纽华克自由国际机场的进港航班准点率在美国35家最大机场中位列倒数第二。

2008年10月,FAA提出一个包括将每小时起降量限制在81架次以下以及对机场起降机位进行拍卖的十年计划。因为起降机位是有限的,所以将有限的机位提供给边际收益最高的使用者是具有经济效率的。事实上,FAA预计此计划能够减少23%的日均航班延误,同时在未来10年内增加买方及卖方剩余共计8.39亿美元。

相对于行政命令(或历史惯例),拍卖方式能够更好地将起降机位分配给为具有最高的边际收益的乘客服务的航空公司。拥有愿意为航班付出最高价格的乘客的航空公司能够投出最高的价格,赢得竞标,并得到这些起降机位。

但是，管理这个机场的纽约与新泽西港口事务管理局、纽华克自由国际机场的主导航空公司——大陆航空，以及其他的航空公司都反对FAA的计划。根据法院的裁决，FAA被迫放弃这个计划。在这个案例中，"看不见的手"甚至在其发挥作用之前就被废弃了。

6.4 分散化管理

经济效率的概念不仅适用于不同经济体之间，也适用于公司内部管理。考虑一家具有两个经营领域的银行，一个为工商业金融服务，另一个为个人理财服务。两个经营领域都吸收存款并对外贷款，所以这家银行必须决定如何在两个经营领域间分配资金。

经济效率概念指导着银行如何使用其有限的资金。根据这一概念，如果所有的使用者都达到了相同的边际收益，所有的供应者在相同的边际成本下运作，同时每个使用者的边际收益等于供应者的边际成本，则资金的分配实现了经济效率。

对于这家银行及其有限的资金来说，使用者即贷款单位，而供应者则是存款单位。实现经济效率的第一个条件是所有的使用者得到相同的边际收益。这意味着这家银行的每个贷款单位能够从额外一元资金中得到相同的利润。如果其中一个贷款单位能够得到更高的利润，则这家银行应该转移部分资金至获得更高利润的贷款单位，从而提高银行的整体利润。

实现经济效率的第二个条件是所有的供应者在相同的边际成本下进行运作。如果一个存款单位能够在更低的边际成本上提供资金，则银行应该直接引导低成本存款单位吸收更多的资金，而削减高成本存款单位吸收的资金数量。这将会提高银行的整体利润。

实现经济效率的最后一个条件是边际收益等于边际成本。如果贷款单位资金的边际收益低于提供资金的边际成本，那么这家银行将应该缩减存款规模。在这种情况下，成本的减少将大于利润的减少，从而整体利润得到提高。与之相反，如果资金的边际收益大于边际成本，那么这家银行将应该吸收更多存款。在边际收益等于边际成本时，银行将实现利润最大化。

■ 内部市场

正如"看不见的手"有助于实现整个经济体的经济效率一样，在单个组织内部它仍然发挥着作用。银行应该怎样计划组织资金的获取和使用呢？

一种方式是采取中央计划方式管理。银行总部可以从各个营业单位收集存贷款信息、贷款成本及贷款收益。根据这些信息，银行决定个别存款与贷款单位的存款量和贷款量。

假设存在一个竞争性的资金市场。则银行的另一个选择是实行分散化管理。银行授意各个存款单位的管理者寻求自身利润最大化，按市场价出售资金，不管出售的对象是本银行的贷款单位还是外部买方。同样，银行也授意每一个贷款单位的管理者都寻求自己的利润最大化，每个贷款单位都可以从任何地方筹集资金，不管这些资金来自本银行的存款单位还是来自其他银行。

在机构内部进行的交易中，其价格被称为**转移定价**（transfer price）。银行应当将转移定价设定为等同于市场价格。在分散化管理政策的指导下，每个贷款单位都会一直买入资金直至它的边际收益等于市场价格。

> **转移定价**：一个物品在组织内部的售价。

由于所有的贷款单位面临相同的市场价格，它们的边际收益应该相等。同样地，每个存款单位将会增加吸收的存款直到其边际成本等于市场价格。在这种情况下，所有的存款单位面临着相同的市场价格，它们的边际成本相同。

由于存款和贷款单位面临同样的市场价格，因此边际收益等于边际成本。这样，分散化管理政策使得在同一个组织内部满足了经济效率的三个条件。从本质上来说，通过分散化管理的方式，银行建立了一个与外部市场相融合的内部市场。

■ 外包

一个组织在分散化管理内部资源时应遵循两条原则。第一条原则是，如果所售物品处于竞争市场，则转移定价应当和市场价格相同。如果不存在竞争市场，则设定恰当的转移定价会比较复杂，我们将会在第 7 章对转移定价进行详细讨论。

第二条原则是，产品的供应部门应当被允许将其产品卖给外部购买者，而采购部门也应当被允许从外部市场上进行采购。从外部资源中得到服务或产品供给被称为**外包**（outsourcing）。

> **外包**：从外部市场购买服务或产品供给。

为了解释外包的权利的重要性，我们假设银行要求所有的贷款单位必须从银行内部筹集资金。那么，银行的存款单位就会拥有市场力，我们将会在第 8 章讲述，它们的定价将会高于竞争市场的价格水平。因此，贷款单位所筹集的资金量将低于达到经济效率所需数量。同样，这也可以说明为什么应当允许供应部门向外部购买者出售产品。

当一个组织能够使用到竞争市场中的资源和产品时，就可以采用分散化管理的方式来达到内部的经济效率。例如，能源供应商可以用分散化管理来调控石油及天然气的生产与使用；而汽车制造商可以用它来管理各种零件的生产和使用。

> **进度检测 6C**
>
> 天王星电子公司生产半导体和家用电器。其生产的半导体可以用于家用电器的生产。解释一下公司可以如何运用分散化管理的方式来保证其家用电器部门最有效地利用半导体生产部门的产品。

中国石化：转移定价

中国石油化工集团公司(简称中国石化)是一家垂直一体化的石油和化学品生产商。其业务范围包括石油勘探、生产和冶炼、营销和分配以及化工产品的生产。公司的策略是根据"市场价格和成本加上一个适当的利润"来设定部门间转移定价。

拥有着超过 30 000 个站点，中国石化的营销及分配部门是中国最大、世界第二大的。在 2013 年，该部门在 14 860 亿元的收入和 2 740 亿元的资产额的基础上，获得 350 亿元的营业收入。

在 2014 年年初，中国石化声明将重组营销及分配部门并且向私人投资开放。对于投资者来说，一个关键问题是精炼石油供应的转移定价。如果中国石化的精炼厂设定高的转移定价，营销及分配部门可能在零售市场将不具竞争力。然而，如果投资者极力想要降低转移定价，那么中国石化的精炼厂可能会产生亏损。

资料来源：中国石油化工集团公司，2014 年年度报告。

6.5 中介

供求模型的一个重要应用就是理解销售、分配、运输、经纪业务以及其他的形式的成本在最终产品和服务市场所产生的影响。例如，工业品制造商需要决定是否要将运输成本加到销售价格中去。一种解决方案是，设定一个出厂价或者"离岸价"让买方自己付运费；另外一种解决方案是设定包含运费的价格。通过供求模型分析，我们会说明两种定价方式对于生产者和消费者的影响是一样的。

■ 包含运费的价格

> **成本加运费价(CF)**：给买方的包含运费的报价。

我们首先考虑水泥市场的包含运费的价格。包含运费的价格叫做**成本加运费价(cost including freight，CF)**。在水泥市场中，买方是建筑公司而卖方是水泥生产商。

假设所有的生产商选择 CF 价，将运输成本每袋 0.25 元包含在售价中。此时，市场价为每袋水泥 4.5 元，买方每年购买 10 亿袋水泥。图 6-2 显示了市场均衡点为点 a。在这个均衡点上，水泥的边际收益和边际成本(包含运费)均为每袋 4.5 元。

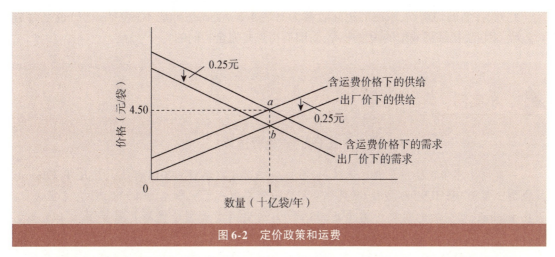

图 6-2　定价政策和运费

注：如果所有生产商都采用离岸价，则供给曲线将向下移动 0.25 元，同时需求曲线也将向下移动 0.25 元。均衡数量不变，仍为 10 亿袋。

■ 离岸价

下面，假设所有的水泥生产商都转为采用**离岸价**（free on board，FOB）。离岸价并不包含运费，它的字面解释为"出工厂门之价钱"。

离岸价：给买方的不包含运费的报价。

由于生产商不再支付 0.25 元的运费，这将使水泥的供给曲线下移 0.25 元。在图 6-2 中，由于每个生产商供应水泥的边际成本都会下降，所以整条供给曲线下移。

生产商选择离岸价同样也会影响市场需求。当选择离岸价时，每个买方都要多支付 0.25 元运费来获得一袋水泥。在图 6-2 中，这表示为整个需求曲线下移 0.25 元。由于每个买方必须要为每袋水泥支付 0.25 元的运费，买方在所有购买量下愿意支付的价格都要减少 0.25 元。这就意味着整个需求曲线都要下移 0.25 元。

另外一种方法也能证明转换为离岸价会使需求曲线下移。我们来考虑买第 10 亿袋水泥的买方。在初始需求曲线上，这个买方愿意为此袋水泥付 4.5 元。然而，如果买方需要支付 0.25 元的运输费用，他现在愿意为这第 10 亿袋水泥所付的价格就为 4.5 - 0.25 = 4.25 元。同样，在需求曲线上的每一点上，买方愿意支付的价格都会减少 0.25 元。因此，整个需求曲线会下移 0.25 元。

在图 6-2 中，新的供求曲线相交在点 b。与初始均衡点 a 相比，新的均衡点价格较低。新的需求曲线是初始需求曲线向下移动 0.25 元而得到。同样地，新的供给曲线是将初始供给曲线下移 0.25 元而得到。因此，新的均衡点 b 在初始均衡点 a 的正下方，并且 a 和 b 之间的直线距离是 0.25 元。

在新的均衡点，每一个买方都支付给卖方 4.25 元，并支付 0.25 元的运费。这样，总价格就是 4.25 + 0.25 = 4.5 元，与包含运费的价格完全相同。此外，新旧均衡点上销售货物的数量完全相同。一般来说，无论卖方的售价是否包含运费，最终的价格和销售量都是相同的。

此外，在新的均衡点，水泥的边际收益为每袋 4.5 元，而边际成本（包括运费）也是每袋 4.5 元。因此，从经济效率的角度来看，新旧均衡点是完全相同的。

电子商务：免费送货？

一些网络零售商提供免费送货服务，而另一些则收取运费。2014 年 11 月，R. T. Edwards 提供的三星 UA65HU9000 型号 65 英寸高清背投液晶电视机的价格为 4 238 澳元，免费送货；而在 Exeltek，相同的电视机价格为 4 095 澳元，送至西澳大利亚佩斯市需要另加 145 澳元运费。

供求分析预计到，不管网络零售商选择收取运费还是免费送货，对于消费者而言产品的净价格是相同的。事实上，Exeltek 加上运费的总价为 4 240 澳元，几乎和 R. T. Edwards 的价格一致。

资料来源：getprice.com.au, 2014 年 11 月 17 日。

6.6 归宿

> **归宿**：由供求变化所引起的买卖双方价格的变化。

由供求变化所引起的买卖双方价格的变化叫做**归宿**（incidence）。在水泥的例子中，当生产商将价格从含运费的价格调整到离岸价时，市场价格就会下降 0.25 元，变为 4.25 元。因此，对于买方的净影响为 0。

这说明了，尽管定价方式的变动要求买方来"支付"运费，但当我们考虑到供给和需求的调整之后，就会发现对于净值没有影响。同样地，无论生产商在定价时是否将运费包含进去，归宿是相同的。这个归宿并不取决于最初交易的哪一方来支付运费。

事实上，运费变化的归宿只取决于供给和需求的价格弹性。这个分析也是基于常识的：如果卖方支付运费，那么买方将会同意支付更高的价格。相反，如果买方支付运费，那么他们将会坚持支付给卖方较少的价格。

收支费用行为与此行为产生的归宿之间的区别是经济学的一个基本概念。我们已经运用这个区别说明了产品定价中是否应包含运费。同时，这个区别在理解零售分销费用、中介费用和政府税收等概念时有着重要的作用。

考虑一下，以电子商务中免费送货的影响为例。商家提供免费送货以及顾客支付运费之间真的存在区别吗？运用与运费相似的供求分析可以看到，无论是由买方还是卖方支付送货费用，市场的价格和供给量都是相同的。（当然，这可能产生心理差别：在运费与产品价格绑定的情况下，消费者可能会不那么明确地感受到运费的存在。）

> **进度检测 6D**
>
> 在图 6-2 中,描绘一条弹性更大的供给曲线并使之穿过均衡点 a。这将如何影响含运费价及离岸价之间的差别?

6.7 税收

政府依靠税收来支持公用服务,比如国防、司法及公共卫生。一些税种向消费方征收,另一些是向企业方征收,还有一些是由双方共同承担。例如,美国政府向航空公司征收乘机税;而很多亚洲政府向乘客方征收此税。两种不同的征税方法将会产生什么区别呢?

为了说明这个问题,首先我们必须明确税收对市场所造成的影响。让我们运用供求模型来研究一下税收对市场价格和销售量所造成的影响。具体来说,假设美国政府对往返于芝加哥与巴黎的航班每张机票征税 10 美元。

■ 买方与卖方的价格比较

假设航空运输市场是一个完全竞争市场。需求来自商务人员和乘客,供给来自美国本土及国外的航空公司。由于市场受到税收的影响,有必要对通常的供求分析进行一下修改。我们必须把买方所支付的价格(买方价格)和航空公司实际得到的价格(卖方价格)区分开来。卖方价格等于买方价格减去税收。

我们在图 6-3 中绘出了供求曲线。假设最初航空机票没有征税,均衡点为点 b,价格为 800 美元。由于没有税收,买卖双方价格都是 800 美元。同时,在价格为 800 美元时,航空公司一年售出的机票为 92 万张。

现在联邦政府要对每张机票征收 10 美元的税。参见图 6-3,我们可以用以下三种方式中的任何一种来表述这个图形:(a) 我们可以将供给曲线垂直上移 10 美元,这是从买方角度来看;(b) 我们可以将需求曲线垂直向下移动 10 美元,这是从航空公司的角度来考虑;(c) 我们也可以既不移动供给曲线也不移动需求曲线,而是在供给和需求曲线之间加入 10 美元的税收。

由于税收,在每个图形中都会出现新的均衡点 e,在该点票价为 804 美元,销售量为每年 90 万张。在新的均衡点上,销售价格上升了而销售量下降了。

当有了税收之后,买方支付的价钱与卖方所得到的价钱是不同的。买方支付的价钱为 804 美元,而卖方收入为买方价格减去 10 美元,也就是 794 美元。在新的均衡点上,794 美元的卖方价格比不征税时的卖方价格(800 美元)要少。

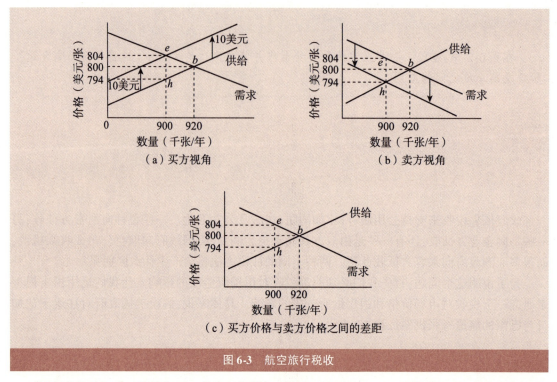

图 6-3 航空旅行税收

注：每张机票 10 美元的税收：(a) 提高了提供航空服务的边际成本；(b) 降低了 10 美元的支付意愿；(c) 在买方的支付意愿和航空服务的边际成本之间制造了 10 美元的差距。在所有情况下，买方最后支付的价格都为 804 美元，卖方获得其中的 794 美元，数量降低到每年 90 万张机票。

■ 税收归宿

所以，对航空公司征税和对乘客征税会有什么区别呢？显而易见，可能会在管理和心理上产生区别。因为航空公司的数量比乘客要少得多，对航空公司征税所需的成本会更低。假设对乘客征税，民众的反响将会强烈得多，甚至可能对选举中的投票结果产生很大影响。

然而，除了管理和心理方面的区别，我们需要强调的是，无论是向买方还是向卖方征税，其结果都是相同的。税收的归宿只是由供需双方的价格弹性决定的。市场中对价格变化相对不敏感的一方往往会承担税收的大部分；税收的归宿是相同的，区别仅仅在于买方和卖方各自承担多少。

> **进度检测 6E**
>
> 在图 6-3 中，绘出一条弹性较小的需求曲线。分析它将如何影响乘客与航空公司的最终税收归宿？

外籍务工人员：收入越多，中介费越多

新加坡政府在外籍务工人员就业上征收税收。一些人曾经呼吁政府将税收转为储蓄基金的缴纳。这些储蓄基金将使外籍务工人员结束在新加坡的劳务回国时获得收益。

让我们运用供求分析来看一看所提出的储蓄基金方案可能产生的效果。新加坡的工资水平要大幅高于外籍务工人员本国的工资水平，这导致了巨大的超额供给。在市场均衡下，外籍务工人员向中介机构支付费用来确保在新加坡的工作。例如，对于孟加拉国的建筑工人来说，平均费用为7 256新元。

由于成千上万的人愿意在新加坡工作，我们有理由认为外籍务工人员的供给是极具价格弹性的。因此，将税收转为储蓄基金将会增加外籍务工人员的超额供给。市场将怎样实现均衡？这还是要通过支付更多的费用给中介机构。外籍务工人员可能根本没有获益。

资料来源：Transient Workers Count Too, "Worse off for working?", 2012年8月12日。

知识要点

- 资源分配在达成以下条件时是具有经济效率的：(a) 所有使用者达到相同的边际收益；(b) 所有供应者以相同的边际成本运作；(c) 边际收益等于边际成本。
- 在竞争市场环境下，"看不见的手"（价格）通过传递信息与提供激励来实现经济效率。
- 要达到一个组织内部的经济效率，则应使转移定价等于市场价格，并允许外包。
- 供求变化对于买卖双方的归宿仅仅取决于需求与供给的价格弹性。
- 买卖双方谁来支付中介费用并不影响成本的归宿。

复习题

1. 苏联政府向民众配给面包。1987年，苏联领导人Mikhail Gorbachev抱怨孩子们在足球比赛中踢的是面包。请对面包生产和消费的经济效率做出评论。
2. 本地学校系统的外部审计师发现一些学校要比其他学校多出20%的清洁费用。这违背了经济效率的哪一个条件？
3. 在第二次世界大战军营中每一个战俘将会收到一个完全相同的包裹，里面包含香烟、巧克力、钢笔与纸。请结合经济效率的有关知识做出评论。
4. 在一些国家，自主创业者可以逃避所得税,而那些受雇于政府及大型企业的人则需全额缴纳所得税。请对此劳动市场的经济效率做出评论。

5. 讨论一个竞争中的金融市场。请解释"看不见的手"是如何确保资金的配置是有经济效率的。

6. 为抑制通货膨胀,一些国家的政府对于大米和一些其他基本食品实施最高限价。请解释此政策对于大米市场的经济效率的影响。

7. 解释外包的含义。外包的反义词是什么?

8. 有这样一家大型石油生产商,它不仅生产原油,同时也提炼汽油、柴油等成品油用于零售。借此例子解释转移定价的概念。

9. 一个房地产集团用自身的物业经营一家连锁百货商店。为什么该集团应该向百货商店收取租金?

10. 解释包含运费的价格与离岸价的区别。

11. 居民住宅的买方往往需要支付房价的一部分给代理商作为佣金。在此案例中,解释此笔款项与中介费的归宿存在的区别。

12. 假设存在两个同样的电子商务零售市场。其中一个提供免费送货服务,另一个则收取运费。买方支付的价格(包含运费)有什么区别?

13. 根据图6-3(a),在需求价格弹性具备什么条件的情况下,税收对于消费者的归宿是最低的?

14. 在订机票时,乘客通过在线渠道订票往往会比通过旅行社订票获取更低的价格。你认为是消费者还是航空公司从低价中获利了?

15. 香港国际机场的"免税"店提供不被征税的酒类和香烟。你怎么看待酒类和香烟在机场的免税价与市内零售店税前价格之间的差异?

讨论案例

1. 热门体育赛事的门票经常一售而空,比如世界杯和一些有超级巨星的赛事。忠实的体育迷要么花很长时间排队来买有限的票,要么付更多的钱从票贩手中买票。票贩买票之后再次倒手出售。
   (a) 当门票卖完之后,达到经济效率的哪些条件没有被满足?
   (b) 票贩提高了经济效率吗?
   (c) 假设票务代理商决定采取拍卖方式而不是固定售价方式出售门票,这将对票贩产生什么影响?

2. 城市的家庭收入和生活成本都要高于乡下。一个非营利的医院集团同时在城市和乡下运营。这个集团在所有医院都设定统一的医疗服务价格标准,并且给所有医院的医生和其他专业人员设定的薪水标准都相同。
   (a) 管理层发现其市区医院的候诊人员非常多,请解释这一现象。
   (b) 公司很难为其市区医院补充专业医生,请解释这一现象。
   (c) 你对管理层有什么建议吗?

3. 拉瓜地亚机场是纽约市三大机场之一。由于交通量繁重,机场航班经常会有延误。已有航空公司业务的拓展和新航空公司的进入加剧了这一问题。2000年,机场管理层决定用抽签的方式来决定新增的起降机位的配给。而已有机位的配给则不变。
   (a) 通过抽签将有限的机位分配给不同

的航空公司,这可能违背经济效率的哪个条件?

(b) 对下面的策略将对经济效率产生的影响做出评论:(i) 赋予航空公司现有机位的所有权,并允许其租出或转售机位;(ii) 拍卖新机位的使用权。

4. 天王星采矿公司开采银矿。一直以来,公司总部根据平均生产成本为每个银矿设定生产目标。最近,公司管理顾问提出了一项新的政策建议:在现有银价的基础上,每个银矿必须将利润最大化作为目标。

(a) 在天王星公司原有政策下,没有满足经济效率的哪个条件?

(b) 新的生产政策是否提高了经济效率?

(c) 请解释新政策下价格所扮演的角色。

5. 中国石化是一个涉及能源和化工业务的大型公司,业务包括能源开发、生产及冶炼。它的精炼厂向营销和分配部门出售绝大多数的产品。公司的策略是根据市场价格和成本加上一个适当的利润来设定部门间转移定价。在 2014 年年初,中国石化声明将使营销及分配部门部分私有化。

(a) 精炼产品的转移定价会如何影响营销和分配部门的利润?

(b) 中国是一个幅员辽阔的国家,它的炼油厂原油来自不同来源,包括外国采购。原油的市场价格在所有地方是否是一样的?

(c) 假设中石化允许营销和分配部门将精炼产品的供给外包。这会如何影响精炼厂向营销和分配部门的销售?

6. 一些营销顾问声称,在降低批发价方面,优惠券要比降低零售价更有效。他们认为零售商将会获得批发价格降低的利益而并不是将价格降低的利益传给消费者。相反,他们认为消费者可以从优惠券中完全获益。

(a) 考虑一个洗发水的零售市场。运用供求曲线的相关知识,描绘市场均衡在点 s 时,每瓶洗发水的价格为 4 元,数量为每年 5 亿瓶。(提示:你可以假设用来画曲线的任何数据。)

(b) 假设生产商降低批发价格 0.25 元。画一个新的零售供给曲线,向下移动 0.25 元。找出新均衡下的价格和数量。

(c) 假设生产商分发 0.25 元的优惠券并且所有消费者都使用优惠券。画一个新的零售需求曲线,向下移动 0.25 元。找出新均衡下的价格和数量。

(d) 对比(b)和(c)下的均衡。你是否同意营销顾问的观点?

7. 一些电子商务网站在收取运费上有不同的策略。2014 年 11 月,R. T. Edwards 提供的三星 UA65HU9000 型号 65 英寸高清背投液晶电视机价格为 4 238 澳元,免费送货;而在 Exeltek,相同的电视机价格为 4 095 澳元,送至西澳大利亚佩斯市需要另加 145 澳元运费。

(a) 运用供求曲线的相关知识,解释经销商是否提供免费送货对于消费者来说是否有区别。

(b) 假设消费者认为 R. T. Edwards 与 Exeltek 具有相同的服务质量,那么他们将如何比较两家经销商在这台电视机上的价格?这与你在(a)中得出的结论是否相符?

(c) 假设消费者由于锚定效应在决策中存在偏见。这会如何影响你在(a)中的结论?

8. 互联网大幅度降低了诸如旅行社、房产中介和投资顾问等中介服务的成本。现在我们考虑航空运输市场。假设,通过旅行社订票,市场均衡价格为500元,其中包含25元的中介费用。此时销售量为每年200万张票。如果通过互联网订票,则中介费用将会下降至每张票2元。

(a) 运用合适的供求曲线,描绘出通过旅行社订票的初始均衡。通过调整供给曲线来表示中介费用。

(b) 描绘通过在线订票方式产生的新的均衡。

(c) 在供给需求达到何种条件的情况下,消费者将能从在线订票方式中获取最大的收益?

9. 中国内地游客往往在香港的奢侈品商店(例如爱马仕、路易威登、普拉达等)中大量消费。中国政府对于在中国境内销售的进口产品征收17%的增值税。而深圳这个紧挨香港的边境城市,是中国内地收入最高的城市。

(a) 假设中国游客在将奢侈品带回中国时可以避免被征收增值税。这将如何影响中国游客(i) 在香港和(ii) 内地对于奢侈品的需求?

(b) 如果中国内地对于奢侈品的需求极具弹性(因为去香港奢侈品商店非常容易),那么奢侈品在深圳和在香港的价格将会具有什么关系?

(c) 你在(a)和(b)中的分析在多大程度上适用于一般消费品(如洗发水和婴儿尿布)?

第2篇

市场力

第7章　成本

第8章　垄断

第9章　定价策略

第10章　策略性思考

第11章　寡头市场

第 7 章
成　本

学习目标

- 了解机会成本的概念并将其运用于商业决策；
- 运用机会成本的概念来分析资本成本及转移定价；
- 理解在商业决策中应当忽略沉没成本；
- 了解规模经济概念并将其运用于商业决策中；
- 了解范围经济概念并将其运用于商业决策中；
- 了解经验曲线并将其运用于商业决策中；
- 学会避免成本决策中的行为偏差。

7.1　引言

　　加拿大航空制造商庞巴迪擅长制造区域性小型飞机。一直以来它致力于将业务扩展至大型飞机领域，并最终于 2004 年宣布开发 C 系列飞机。然而，这项工作在 2008 年德国汉莎航空的订单到来之时才有了初步进展。新型 C 系列飞机预计于 2015 年开始提供服务；通过使用先进的材料和公司的高性能 PW1000G 发动机，此型号飞机可以减少 20% 的燃油消耗量。[①]

[①] 该讨论部分基于：Richard Tortoriello, Aero-space & defense, *Standard & Poor's Industry Surveys*，2011 年 2 月 10 日；"Boeing likely to boost 737,777 production rates", *ATW Online*，2010 年 3 月 18 日；"Bombardier jet strains to take off", *Wall Street Journal Online*，2011 年 6 月 16 日；"Airbus and Boeing call end to duopoly", *Financial Times*，2011 年 6 月 21 日；"Airbus-Boeing duopoly holds narrow-body startups at bay at Paris Air Show", *Bloomberg*，2011 年 6 月 23 日。

除了庞巴迪,中国商飞集团、俄罗斯 Irkut 公司均考虑或已开始发展大型飞机业务。受到威胁的空中客车公司和波音公司明白是时候反击了。2010 年 12 月,空中客车发布了一款"配备新型引擎"的具有更高能源效率的改进型 A320 飞机。随后在 2011 年 3 月,它又宣布将 A320 系列的产量由每月 34 架提高到 36 架。

2011 年 6 月,在巴黎航展上,波音公司仍然没有决定它的应对策略。是推出一个全新的机型来取代 737,还是像空中客车那样改进现有的客机?而在稍早时候,波音已宣布其 737 系列的产量由每月 31.5 架提高到 42 架。

为什么庞巴迪如此在意其 C 系列飞机的工作进展呢?对于空中客车公司来说,推出改进型 A320 飞机相对推出一个全新的机型有什么优势?空中客车公司增加 A320 飞机的生产量对于其单位成本又有何影响?

要解决这些问题,我们引入一个框架来理解成本因素。在生产过程的单个时间段中,成本要么是沉没的(已付诸实施的且不可避免的),要么是可避免的(详见图 7-1)。在现实中,最容易获得的利润信息是会计指标。经济利润的概念和会计利润的概念相关但不同。具体来说,经济利润和会计利润的区别在于经济利润除去了机会成本,但包括了沉没成本。

$$\text{经济利润} = \text{会计利润} - \text{机会成本} + \text{沉没成本} \tag{7.1}$$

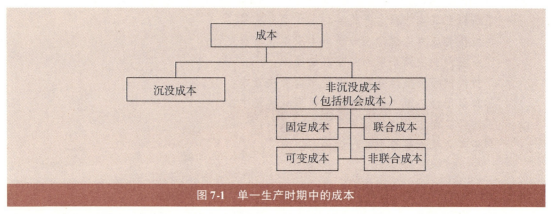

图 7-1 单一生产时期中的成本

注:成本将成为沉没成本还是非沉没成本,取决于过去的承诺和当前的计划。非沉没成本将成为固定成本还是可变成本以及联合成本还是非联合成本,取决于生产技术。

在决策上,进行商业活动时对沉没成本的产生应三思而后行。对于庞巴迪来说,开发 C 系列飞机的成本预计为 25 亿美元,占其公司市值的四分之一,所以公司做出产生如此巨大沉没成本的决策时显得异常谨慎。

在非沉没成本中,一些成本并不出现在会计报表中,然而其会影响管理决策。它们被称为机会成本,是我们在执行当前决策时必须考虑的成本。

我们可以用两个方法来分析非沉没成本。第一个方法是从固定成本与可变成本两个方面入手;固定成本并不随着产量规模的变动而变动,而可变成本则相反。成本为固定还是可变取决于生产技术。固定成本是规模经济的实质因素。如果在制造空中客车客机的过程中包括大量的固定成本,则空客公司就可以通过提高生产率来降低单位成本。

联合成本并不随产品数量变化而变动,使之成为范围经济的实质因素。人们将空中客车公司推出改进型 A320 客机而不是一款全新客机的原因部分归结于其中存在的联合成本。这样做可以从关联现有客机领域和新客机领域的范围经济中获利。

根据经验曲线，在一段时间以后生产成本可能会随着累计产量的增加而趋于下降。事实上，在飞机制造行业，累计产量的增加大幅降低了飞机制造的成本。考虑到经验对于成本降低的影响，生产较少数量的飞机并不是经济的。这同样解释了为何庞巴迪在确保汉莎航空的订单之后才开始着手 C 系统飞机的开发工作。

对于任何组织的管理者(不论其来自营利性机构、非营利性机构还是来自政府机构)，他们都需要加深对成本这个概念的理解，而不是仅仅将其看作一个会计指标。他们将可以运用本章提供的框架和分析工具来做出更有效的决策，以便更好地开展诸如投资、绩效评估、外包和定价等方面的工作。

7.2 机会成本

对于成本的分析往往是从会计报表开始。然而这往往不能为商业决策提供合适的信息。我们往往有必要从超越传统的会计报表的角度来分析成本要素。

我们举个例子。月亮生物技术公司募集了 1 000 万元的资金。公司考虑将这 1 000 万元投入到研发一种对抗稀有疾病的新药上,这种新药预计将可以产生 2 000 万元的利润贡献(利润贡献是指营业收入减去可变成本的净值,研发成本未包含)。当前月亮生物技术尚未着手开始此研发项目。

与此同时,一位独立科学家已经研发出一种治疗同一疾病的类似药物,并有意将此发明以 200 万元的价格转让给月亮生物技术公司(以下简称"月亮生物")。这位科学家发明的新药与公司自行研发的新药疗效相同,并预计同样可以产生 2 000 万元的利润贡献。月亮生物必须从自行研发或者购买科学家的发明中间选择一种,它应当如何决策呢?

■ 备选方案

表 7-1 展示了研发项目的一个预计损益表。利润贡献为 2 000 万元,而研发成本为 1 000 万元。对于 1 000 万元的投资,项目的预计利润为 1 000 万元。所以投资的回报率是 1 000/1 000 = 100% ,这是一个相当高的回报率。

表 7-1 传统损益表	（百万元）
利润贡献	20
研发费用	10
利润	10

然而,此损益表忽略了一项持续研发项目的重要成本。一个恰当的绩效评估应当考虑到月亮生物的资金的备选使用方案。而此时,那位科学家愿意以仅仅 200 万元转让新药的发

明,这个发明将可以带来相同的利润贡献。

通常呈现的损益表并没有展示出备选方案的收益和成本。表7-2 显示了一个包含备选方案的损益表。从此表我们可以清晰地看到,月亮生物应当取消自己的研发项目并购买科学家的新药发明。

表 7-2　体现备选项的损益表		（百万元）
	施行研发	取消研发项目并购买新药
利润贡献	20	20
研发费用	10	0
外部购买	0	2
利润	10	18

■ 辨别机会成本

机会成本：放弃最佳备选方案所产生的影响。

如果施行其自有的研发方案,月亮生物就放弃了购买科学家新药的机会,而这个机会将为其带来1 800万元的利润。执行当前方案的**机会成本**（opportunity cost）就是放弃最佳备选方案所产生的影响。在月亮生物这个案例中,取得研发成果的备选方案只有一个,而机会成本是1 800万元。

我们可以用另一种方式来表述,通过运用机会成本的概念解释继续研发项目这一行为的成本和收益。在这里,商业成本包含机会成本。表7-3 展示了简化的损益表,包含了研发费用和机会成本。施行研发计划的(经济)利润仅为 -800万元,这就产生了损失。这种分析方法得出了与表7-2相同的结果,而该表清楚地展示了两种可选执行方案。

表 7-3　体现机会成本的损益表	（百万元）
	施行研发
利润贡献	20
研发费用	10
机会成本	18
利润	-8

如上所述,我们有两种方法可以揭示相关成本:直接分析各种备选方案的收益或是运用机会成本的概念进行分析。在分析正确的情况下,两种方法得出的结论将是一致的。

在月亮生物的例子中,只存在一种备选方案。当存在多种备选方案时,直接分析的方法依然适用。然而,机会成本的方法就会变得较为复杂:我们首先要确定哪一种方案是最优方案,然后计算出该方案的净收益。此净收益为现行决策的机会成本。

传统的会计成本核算仅仅专注于管理层所做决策的会计成本,而备选方案的成本和收入并没有被纳入考虑范围。因此,这种方法忽略了不包含在现金流中的相关成本。相关成本经常被忽略的原因之一是:备选方案及其机会成本会随着外界条件的变化而变化,因而,它们很难被度量和检验。传统的成本核算方法只关注可以很容易被检验的成本,而忽略了机会成本。

进度检测7A

假设科学家为其新药开出了1 200万元的价码,那么月亮生物进行研发工作的机会成本是多少?正确的决策是什么?

小案例

免费的午餐:霍克尼与巴菲特

拥有亿万资产的投资家沃伦·巴菲特(Warren Buffet)和著名艺术家大卫·霍克尼(David Hockney)在一家高级餐厅共进午餐。在愉快的午餐结束的时候,大卫·霍克尼拿着账单说:"让我来付账吧!我可以写一张个人支票,涂鸦之后,签上名字。经理不会去兑现。她会把它作为艺术品陈列起来。这样我们就吃了一顿免费的午餐。"

巴菲特先生不同意:"不,让我来写支票。记住,在这里,巴菲特先生的名字就像黄金一样好使。经理不会去兑现这张支票,她可以像使用货币一样使用它。这样,我们也可以有一顿免费的午餐。"

谁是正确的呢?正确的答案是都不正确。涂鸦的行为,等同于霍克尼增加了一幅流传在世的自己的作品。供给的增加会使他未来作品的价格下降。霍克尼先生不会得到免费的午餐。他用一幅画交换了一顿午餐。

巴菲特先生也错了。他每写一张支票都会增加他的负债。最终,这将降低他的信用度。他不能无限制地签发支票。因此,巴菲特先生以降低信誉度为代价换来了一顿午餐。之所以霍克尼和巴菲特都认为得到了免费的午餐,其实是因为他们都忽略了机会成本。

注:以上故事是虚构的。

■ 资本的机会成本

传统的会计成本核算中包含支付利息的费用,但是却不计算支付股息或是红利的费用。因此,虽然经营状况相似,但与股份公司相比,那些有部分贷款的公司看起来利润就会较少。事实上,一些亏损的公司就会通过说服债权人把贷款转为参股的方式而达成账面盈利。

然而,从管理的角度来看,股票资本也不是无成本的,其中包含了机会成本。一个公司的股票持有者会希望公司的管理层为他们赚取一定比例的回报,这个回报至少应该等同于其他同等风险程度的投资的回报。如果管理层根据会计利润来评估企业的运营情况,他们可能会因此而倾向于进行资本密集型投资。

在投资的资金来源中确定债务和股权的适当比例是复杂而高深的公司财务问题。这超出了管理经济学所研究的范围。在这里,我们仅强调,全面衡量企业的运营情况应该考虑资

本的机会成本。

其中一种评估企业绩效且不会被负债和股权的资本结构所曲解的方法是 EBITDA，是未计利息、税项、折旧及摊销前的利润。因为 EBITDA 没有减去利息，所以它不受负债和股权的资本结构的影响。因此，这样的评估对于资本密集性保持中性。

7.3 转移定价

转移定价：一个物品在组织内部的售价。

正如在第 6 章中提到的，**转移定价**（transfer price）是一个物品在组织内部的售价。假设月亮生物由生产部门和营销部门组成。生产部门通过细胞和组织培养来制造药品，而营销部门将药品销售至医院和诊所。那么对组织培养应当如何确定转移价格？

图 7-2 显示了生产部门制造一批药品的边际成本，同时还显示了营销部门从组织培养得到的边际收益，也就是每多制造一批药品所多得到的利润贡献。在药品数量为每月 16 000 批时，月亮生物的总利润达到最大值。此时，营销部门的边际收益与生产部门的边际成本相等。

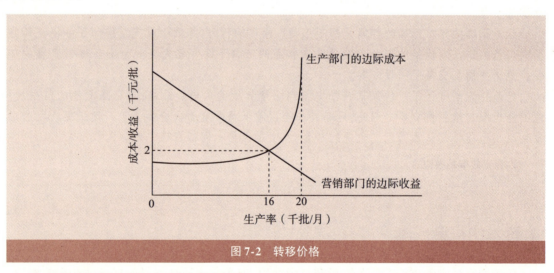

图 7-2　转移价格

注：月亮生物的生产部门的最大产能为每月 20 000 批。当生产率为每月 16 000 批时，月亮生物能够实现整体利润最大化，这时生产部门的边际成本等于营销部门的边际收益。

假设月亮生物的转移价格定在每批药品 2 000 元，并允许营销部门在这个价格上购买无上限的药品。对比转移定价与公司的边际收益，营销部门每月会购买 16 000 批药品。而这个数量正好使得月亮生物的整体利润最大化。

利润最大化时的转移定价：投入的边际成本。

一般来说，为了使整个组织的利润最大化，在其内部流通的产品的转移定价应该等于它的边际成本，也就是多生产一单位产品引起的总成本的变化。但这里也有两个重要的特例，我们将在下面讨论。

■ 完全竞争市场

第一种特例是生产投入要素处于完全竞争的市场。在第6章中讨论分散经营的时候,我们曾经提到过这种情况。在这种情况下,我们可以简单地根据市场价格,而不是通过衡量边际成本,来确定产品的转移定价。在完全竞争市场中,为了获得最大利润,厂商应该根据边际成本等于市场价格的原则来决定生产数量。因此,转移定价(由市场价格所决定)同样等于边际成本。

■ 最大生产能力

另一个特例是上游生产者已经发挥了最大生产能力来满足生产投入要素供应的情形。此时,投入要素的边际成本很难被界定。例如,在图7-2中,如果月亮生物的生产部门以每月20 000批的产量生产药品,边际成本曲线是垂直的,因此每一批药品的边际成本无法确定。

在这种情况下,转移定价应该等于投入要素的机会成本,即等于当前用户能从投入要素中获得的边际收益。原因如下:假设月亮生物将原本供给营销部门的一批药品卖给了一个外部客户。由于生产部门的总产量不变,因而其总成本不变。但是,这样的分配引起了机会成本,即营销部门因此而减少的利润。

为了确保这批药品的另一种使用方法能提高整体利润,转移定价应当被设定为等于营销部门从这批药品中获得的边际收益。另外的买家只有在其产生的收益超过转移定价时,从而其收益超过了营销部门的收益时,才会购买这批药品。所以,此规则可以使组织整体的利润最大化。

> **进度检测 7B**
>
> 在以下情况下,一家公司应当如何设定其内部产品的转移定价?(i) 生产投入要素处于竞争市场;(ii) 生产投入要素已达最大生产能力。

7.4 沉没成本

传统的会计报表并不体现备选方案,因而导致其无法对在商业决策中极其重要的成本做出全面揭示。会计报表的另外一个缺点是它往往又体现了一些与做出有效商业决策无关而应该被忽略的成本。

> **沉没成本**：已经被承诺并不可避免的成本。

在第 4 章我们已经介绍了，**沉没成本**（sunk cost）是已经被承诺并不可避免的成本。既然沉没成本无法避免，那么它们就与商业决策无关并应被忽略。

要理解沉没成本这个概念和忽略沉没成本的原因，让我们对月亮生物的例子稍作修改。假设月亮生物已经向一个外部承包商支付了 1 000 万元用于新药的研发，而新药预计可以为公司带来 2 000 万元的利润。

同时，先前那位独立科学家将其新药销售给了水星制药公司，水星公司很快为其申请了专利并将很快开始销售。面对此种竞争形势，月亮生物将新药的预计利润自 2 000 万元调低到了 800 万元。月亮生物应当取消这项研发项目吗？

■ 备选方案

表 7-4 展示了此项研发项目的预计损益表。对于 1 000 万元的研发经费可以得到 800 万元的利润，预计利润为 −200 万元，即 1 000 万元的投资将产生 200 万元的亏损。显然，月亮生物应该取消研发计划。

表 7-4 传统损益表 （百万元）

利润贡献	8
研发费用	10
利润	−2

然而，损益表忽视了这种情况，即使取消研发项目月亮生物仍然已经投入了部分科研经费。所以，对于是否继续科研项目的合理评估应该考虑若取消此项目的利润状况。

表 7-5 列出了备用方案相关的利润贡献和成本。如果月亮生物继续研发项目，则利润贡献将为 800 万元。由于比研发经费 1 000 万元小，月亮生物似乎将从此项目中损失 200 万元。

表 7-5 体现备选项的损益表 （百万元）

	继续研发	取消研发
利润贡献	8	0
研发费用	10	6
利润	−2	−6

与之相比，如果月亮生物取消研发项目，利润贡献则为 0。考虑到月亮生物即使是取消研发项目仍然需要向研发承包商支付 600 万元的经费，则月亮生物取消研发项目将会产生 −600 万元的利润。所以，月亮生物仍然应该继续研发项目，在继续研发项目的情况下公司的损失比取消研发项目要小。

■ 辨别沉没成本

即便放弃研发项目,月亮生物也不能完全收回其 1 000 万元的研发经费。一些费用已经支出,成为沉没成本,因而应当在作商业决策时被忽略。月亮生物另一种做出正确决策的方法是列出一个简单的损益表,其中忽略沉没成本而只包含可避免成本。

如表 7-6 所示,表中列出的仅有可避免成本而非所有的现金支出。总利润贡献为 800 万元,可避免的研发项目成本仅为 400 万元。如果月亮生物继续研发项目,它将得到 400 万元的经济利润。因此,正确的决策是继续研发项目。

表 7-6 忽略沉没成本的损益表　　　　　　　　　　　（百万元）

	继续研发
利润贡献	8
研发费用	4
利润	4

我们已经介绍了两种处理沉没成本的方法:明确考虑备选方案,或者是从利润表中完全剔除沉没成本。在正确运用的情况下,两种方法均可以得出相同的商业决策。

在月亮生物的案例中,只有一个备选方案。在存在多个备选方案的情况下,明确考虑备选方案的方法仍然适用,但剔除沉没成本的方法将变得复杂。哪些成本是沉没成本取决于当前备选方案的情况。所以,明确考虑备选方案这种方法更为简单易行。

传统的成本会计核算方法专注于管理层执行某个方案所产生的资金流动。这些方法体现了现金流中包含的所有成本,包括沉没成本。要做出更有效率的商业决策,管理者不能仅仅关注传统会计报表中的成本,亦应当忽略沉没成本。

■ 承诺和计划展望期

沉没成本的大小与两个因素有关:过去的承诺和计划展望期。假设月亮生物与一家外部研发公司签订的合约有 6 个月的终止前告知期。这样,从现时点来分析,研发费用在未来 6 个月的展望期内是沉没成本,而从第 7 个月开始则不再是沉没成本。

如果月亮生物的合同变化,沉没成本也会跟着变化。假设合约只要求 3 个月的终止前告知期。这样,从现时点来分析,研发费用只在接下来的 3 个月为沉没成本,从第 4 个月开始,这笔花费就可以避免了。

这个例子同时说明了一项成本在多大程度上成为沉没成本取决于计划展望期。通常情况下,计划展望期的时间越长,可以解除过去承诺的时间就越多,因此,管理层的行动自由度也就越大。

在第 4 章里,我们区别了短期和长期计划展望。短期指的是在这段时间至少有一项投入要素不能调整,长期指的是时间长到所有的投入要素都可以自由地调整。因此,在短期计划范围,会有一些沉没成本;而在长期计划范围,不会有沉没成本。

■ 策略指导

  一般情况下,管理者应该忽略沉没成本而只考虑可避免成本。沉没成本与定价、投资或其他的商业决策并无关系。那些顾虑沉没成本的经理可能会犯严重的策略错误。

  如果沉没成本所占比重很高,则可避免成本所占比重相对较低。就参与决策而言,这意味着收支平衡点将会相对较低。在这种情况下,即使收入相对较低,只要收入超过了非沉没成本,公司也应该持续运营下去。

  就生产规模决策(生产多少,在多大规模上运营)而言,大量的沉没成本可能意味着边际成本相对较低。从这个角度来考虑,管理层应当采取较低的定价策略,同时应致力满足较大量的需求。

  展望未来时,管理者应当在产生沉没成本之前格外慎重,因为沉没成本一旦产生则无法挽回。在第10章我们将会讨论管理者如何利用沉没成本的投资对竞争对手的行为产生决策性影响。

> **进度检测 7C**
>
>   如果月亮生物取消了研发合同,研发经费将为 100 万元。月亮生物继续研发项目的成本是多少?正确的决策又是什么?

Dampier-Bunbury 输气管道:你的损失,我的收益

  长 1 530 千米的 Dampier-Bunbury 输气管道将天然气从西北天然气产地输送至西澳大利亚。1998 年,州政府将此输气管道卖给了 Epic 能源公司。该公司为美国 Ee Paso 公司和 Dominion Resources 公司共同投资 24 亿澳元建立的。Epic 能源公司在收购输气管道时从 28 家银行组成的财团共贷款 18.5 亿澳元。

  然而投资的回报并没有达到预期。2003 年 10 月,Epic 能源公司决定卖掉输气管道。Epic 公司指责天然气监管局将输气费率定在了一个不可接受的低费率上。然而,澳大利亚竞争与消费者协会委员 Edward Willett 认为,Epic 能源公司在购买输气管道时多支付了 10 亿澳元。

  2004 年 4 月,由于 Epic 能源公司不能履行还债义务,银行财团迫使该公司被破产监管。同年 8 月,破产监管员指定由 DUET(Diversified Utility and Energy Trusts)的联盟机构以 18.6 亿澳元收购 Epic 能源公司。联盟机构包括西澳大利亚的最大天然气零售商 Alinta、天然气管道最大的客户兼铝生产商 Alcoa。DUET 的首席执行官 Peter Barry 指出,"一旦适当调整结构",天然气输送管道将会带来非常诱人的利润。

为什么对于 Epic 能源公司来说无利可图的天然气管道对 DUET 来说却非常诱人?一个可能的原因是,Epic 能源公司(及其债权者)一直不愿意忽略投资的沉没成本。如果如 Willett 所说,Epic 能源公司在购买输气管道时多支付了 10 亿澳元,则管道的真实市值为 18.6 亿澳元,在已有 18.5 亿澳元的债务的情况下,输气管道的净权益只有 1 000 万澳元。

资料来源:"Receivers Looming for Epic Energy," *Sydney Morning Herald*, 2004 年 4 月 12 日;"Joint Venture to Buy Australian Pipeline," *International Herald Tribune*, 2004 年 9 月 1 日。

7.5 规模经济

要做出有效率的商业决策,管理者必须识别所有相关成本,并理解这些成本是如何随不同的商业决策(规模、范围和经验等关键因素)而变化。

任何组织都会面对的一个基本问题是它应当以何种规模运行。大规模的生产意味着大量的市场营销活动和较低的定价政策。相对来说,小规模生产则专注于细分市场,并采取较高的定价政策。成本与生产规模和生产率之间存在着何种联系?(以下我们将生产规模和生产率当作同义词。)

要解决这个问题,我们需要回顾一下第 4 章中介绍的固定成本和可变成本之间的区别。固定成本是不随生产率变化而变化的投入成本,它支持着多个单位的产品的生产。可变成本是随着生产率变化而变化的投入成本。两个概念的区别无论在短期还是长期内均存在。

■ 长期中的固定和可变成本

为了阐明长期固定成本和长期可变成本之间的区别,我们以《环球日报》的生产为例。生产过程从印刷部门收到预出版稿件的印刷底板开始。底板将被烧至铝板上。这一铝板成为电动印刷机中的模板。印刷机开动后,加上新闻用纸和油墨,报纸就可以被持续不断印刷出来了。

表 7-7 列出了每天印刷 90 000 份报纸所需费用,并将其分列为工资、印刷成本、油墨纸张及电费这四大类。表 7-8 将报纸生产过程中的几项成本归为固定成本和可变成本两类。

生产过程中发生的固定成本为 6 200 元。事实上,报纸印刷行业的特征之一就是存在相当大的固定成本。业内人士将此固定成本称为"第一份报纸的成本"。即使每天只生产一份报纸,也须付出这个成本。

表7-7 日均费用

日均产量(千份)	工资(元)	印刷(元)	墨水和纸张(元)	电力(元)	总计(元)
0	5 000	1 000	0	200	6 200
10	5 000	1 500	1 200	300	8 000
20	5 000	2 000	2 400	400	9 800
30	5 000	2 500	3 600	500	11 600
40	5 000	3 000	4 800	600	13 400
50	5 000	3 500	6 000	700	15 200
60	5 000	4 000	7 200	800	17 000
70	5 000	4 500	8 400	900	18 800
80	5 000	5 000	9 600	1 000	20 600
90	5 000	5 500	10 800	1 100	22 400

表7-8 固定和可变成本分析

日均产量(千份)	固定成本(元)	可变成本(元)	总成本(元)	边际成本(元)	平均固定成本(元)	平均可变成本(元)
0	6 200	0	6 200			
10	6 200	1 800	8 000	0.18	0.62	0.18
20	6 200	3 600	9 800	0.18	0.31	0.18
30	6 200	5 400	11 600	0.18	0.21	0.18
40	6 200	7 200	13 400	0.18	0.16	0.18
50	6 200	9 000	15 200	0.18	0.12	0.18
60	6 200	10 800	17 000	0.18	0.10	0.18
70	6 200	12 600	18 800	0.18	0.09	0.18
80	6 200	14 400	20 600	0.18	0.08	0.18
90	6 200	16 200	22 400	0.18	0.07	0.18

相比之下,当产量从0份增加到90 000份时,可变成本也从0元增加到了16 200元。通过区分固定成本和可变成本,管理者可以了解产量规模的变化怎样影响不同的成本要素。

■ 边际成本和平均成本

根据对固定成本和可变成本的分析,我们可以看出成本怎样随生产规模而变化。在第4章中,我们还介绍了边际成本和平均成本的概念。边际成本是指每增加一单位的产量而引起的总成本的增加量。平均成本(单位成本)是用总成本除以产品数量而得到的。

让我们一起来研究《环球日报》的边际成本和平均成本。根据表7-8,当报纸的产量从每天由0份增加到每天90 000份的时候,总成本将从6 200元增加至22 400元。

最初的每天10 000份报纸的边际成本是8 000 − 6 200 = 1 800元,或者说每份报纸的成本是1 800/10 000 = 0.18元。无论生产规模大小,报纸的边际成本都是0.18元。在第4章中,我们知道边际成本等于可变成本的变动量。在《环球日报》的生产而言,平均可变成本一直是每份0.18元。因此,每份报纸的边际成本也是0.18元。

用总成本除以产品数量,我们能够得到平均成本。当产量为每天 10 000 份报纸时,平均成本为 0.80 元;当产量增加到每天 90 000 份时,平均成本下降为 0.25 元。为了弄清楚为什么平均成本会随产量的增加而减少,让我们回顾一下以上提到的,平均成本是平均固定成本加上平均可变成本,同时平均固定成本也可以由固定成本除以产量得到。在产量较大的时候,固定成本将由更多的单位产品来分担,从而使平均固定成本下降。

平均可变成本一直保持在 0.18 元。因此,当产量增加时,平均成本将会减少。图 7-3 显示了边际成本、平均可变成本和平均成本随产量变化而变化的情况。边际成本曲线和平均可变成本曲线是两条重叠的平直的曲线。平均成本曲线向下方倾斜。

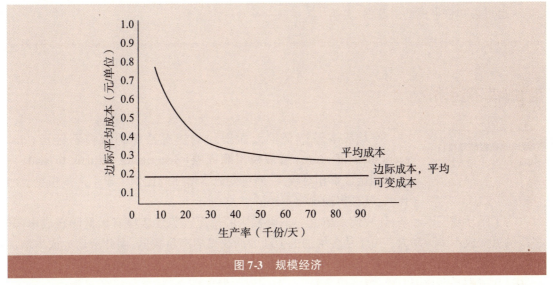

图 7-3　规模经济

注:边际成本和平均可变成本不是不变的,它不随生产规模的变化而变化。随着生产规模的扩大,平均成本呈下降趋势。

如果一个企业呈现平均成本随产量增加而下降的趋势,则称之为**规模经济**(economies of scale)或**规模报酬递增**(increasing returns to scale)。在规模经济下,边际成本低于平均成本。由于每多生产一单位产品的边际成本低于它的平均成本,产品数量的任何增加都会使平均成本下降。因此,平均成本曲线是向下倾斜的。

> **规模经济**(规模报酬递增):随着产量增加,平均成本趋于下降。

■ 直观因素

规模经济产生的原因有两个:其一是大量的固定投入,这些固定投入能够支撑任何规模的产量;其二是投入的增加量小于与生产规模成比例的增加量。关于第一原因,当产量较大时,固定成本将由更多单位的产品来分担,所以平均固定成本将会降低。如果平均可变成本不随产量规模的扩大而增加或显著增加,那么平均成本将随产量增加而不断下降。

如果一个企业非常依赖于创作、设计或者发明,其固定成本的投入就会非常显著。例如,发明一种新药的成本是固定的。无论生产率为多少,研发费用都是固定的。类似地,为一套电脑软件编写程序的成本也是固定的。无论最后生产了100万套软件还是一套,研发成本都是固定的。因此,在这些行业,规模经济的作用非常显著。事实上,在制药行业、软件业以及其他知识密集型行业中,与平均成本相比,边际成本微不足道。

产生规模经济的另一个原因是投入成本的增加量小于与生产规模成比例的增加量,主要原因之一是在购买投入时获得的数量折扣。

> **进度检测 7D**
>
> 运用表 7-8 中提供的数据,在图 7-3 中画出平均固定成本。

■ 规模不经济

> **规模不经济(规模报酬递减):**
> 随着产量增加,平均成本趋于上升。

平均成本随产量扩大而增加的情况被称为**规模不经济**(diseconomies of scale)或**规模报酬递减**(decreasing returns to scale)。如果固定成本相对较少,而可变成本增加的比例大于生产规模扩大的比例,就会出现规模不经济。

为了阐述规模不经济,让我们来研究一下美发店的情况。美发店没有大量固定成本,其主要的可变成本是劳动力。由于从多增加的劳动力而获得的产量较低,因此劳动力成本增加的比例将大于产品规模扩大的比例。

平均成本是平均固定成本加平均可变成本。就美发店而言,随着规模的扩大,由于平均固定成本的下降,平均成本自然下降。但由于可变成本增加的比例大于产品规模扩大的比例,平均可变成本上升了。

因此,达到某一规模后,平均可变成本的增加会超过平均固定成本的减少。这时候,平均成本达到最小值。之后,平均成本会随产量的继续扩大而增加。平均成本曲线的形状类似于英文字母"U"。

■ 策略指导

平均成本和产量规模之间的关系影响到产业结构。如果存在规模经济,那么规模较大的厂商的平均成本将会比小规模厂商低。大规模同时也意味着大规模的市场营销和较低的定价。

如果一个行业中,单个厂商存在规模经济,那么该行业的生产就会趋于集中,由少量的厂商给整个市场提供产品。这意味着每个厂商均具有市场力。在宽带网络市场中就存在强有力的规模经济效应。在此市场中,核心的投入是网络搭建,不论有线还是无线。在已经铺设网络的地点,服务提供商可以以相当低的边际成本来为一个额外的客户提供服务。由于强有力的规模经济效应，在大多数的城市，宽带服务往往由数量极少的服务商提供。

与此相反，如果一个行业中存在着规模不经济，那么厂商就应以较小的规模生产。与小规模生产相关的是细分市场和相对较高的价格。如果一个行业中，供给厂商存在规模不经济，那么该行业的生产就会趋于分散。在第5章中提到过的完全竞争模型就是一个极端的例子。在这个例子中存在着很多厂商，没有人能够影响整个市场的需求。

> 在存在规模经济的产业中，大型生产商起主导作用，行业趋于集中化。

■ 沉没成本与固定成本

在公众和专业领域，"固定成本"这一术语常被用于两种不同的情况：一旦投入就不可避免的成本（正确的说法是沉没成本），以及不随生产率变化的投入成本（正确的说法是固定成本）。

根据图7-1，区分沉没成本和固定成本非常重要，因为这两个概念对于商业决策具有截然不同的指导意义。管理者们应当忽略沉没成本；相反，固定成本的存在可能产生规模经济，从而促使管理层决定以更大规模开展经营活动。两个概念存在混淆的原因是，大家都确信在短期内所有的固定成本都是沉没成本。

一些固定成本一旦发生即成为沉没成本。考虑一家运动鞋制造商，它必须为鞋子的设计付费，而一项设计可以用于生产任何数量的鞋子。所以，设计成本是一项固定成本。而进一步来说，一旦它开始进行设计工作，此项成本就无法避免。所以，设计成本一旦产生即变为沉没成本。

然而，沉没成本并不是完全固定或能支持任何规模的生产率的。在完成运动鞋的设计之后，生产商需要一套模具从而开始生产运动鞋。生产模具的成本一旦产生则成为沉没成本。如果对于运动鞋的需求足够高，生产商可能会考虑投资第二条生产线，这就需要第二套模具，这同样也需要额外的投入。所以，制造模具的成本并不是固定的，它的大小取决于生产规模。

并不是所有的固定成本都是沉没成本。无线通信服务提供商需要政府的牌照从而能在相应的电磁频率上开展业务。假设牌照费是一次性付清的，那么它就是提供服务的一项固定成本。但是，如果牌照是可以转让的，那么这笔花费并不是全部沉没的，沉没的部分仅仅是在二次转让中仍然无法收回的那一部分费用。

小案例

油轮制造业的规模经济

1833年，Marcus Samuel在伦敦开了一家贝壳商店。当小Samuel在里海挖掘贝壳时，他发现了一个新的商业机遇，就是从俄罗斯向远东地区出口石油。这桩生意日后发展成为壳牌（Shell）运输贸易公司。

一直以来，石油的运输是通过木桶装运于货轮中。1892年，小Samuel构想出了一个形似水缸的轮船,并将其发展成了世界上第一艘油轮。

　　油轮的容积随着横截面面积和周长的增加而增大;而其造价也与周长和半径的长度成正比。图 7-4 展示了 4 种大小不同的标准新油轮的每标准油轮空间的制造价格。显而易见,大型油轮的以每空间吨计的价格更加便宜,这可能是因为它们的制造成本较低。

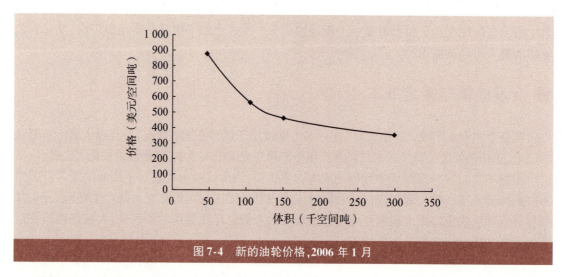

图 7-4　新的油轮价格,2006 年 1 月

资料来源:"Shell Heritage", www.shellenergy.com, 2004 年 9 月 7 日;*Lloyd's Shipping Economist*, 2004 年 2 月; Platou Report, www.platou.com, 2005 年 9 月。

空中客车:增加产量

　　2011 年 3 月,空中客车公司宣布它将把 A320 系列的月产量由 34 架提高到 36 架。紧接着,波音公司宣布将把 737 机型的月产量由 31.5 架逐步提高至 42 架。

　　这些变化又将如何影响生产成本？生产率提高对于平均成本的影响取决于固定成本和可变成本在总成本中所占比重以及其对平均可变成本的影响力。空中客车和波音公司在许多关键部件(包括航空电子仪器、合成材料和钛合金材料)的生产上都依赖外部承包商。

　　在供应商提高生产率的能力方面和对两家公司的平均可变成本产生的影响方面,各方观点不一。Parker 航空公司总裁 Robert P. Barker 强调:"我们的工厂能够从容地满足这些额外的需求,在一段时间内我们可以轻易地将制动器的产量由每月 35 台提高到 42 台。"

　　与此相反,位于克利夫兰的俄亥俄航空研究所副总裁 Donald Majcher 先生提出了质疑:"近年来我们的确可以看到供应商不断合并,但是,它们究竟能够为多大的增长量提供支持？"

资料来源:"Can suppliers keep up with aircraft orders?" *Aviation Week*, 2011 年 7 月 7 日。

7.6 范围经济

除了规模,任何企业都会面对的另一个基本决策问题是,它应该提供多种不同的产品还是专注于一种产品。这个问题的答案很大程度上取决于成本和产品范围的关系。如果同时生产两种产品的总成本比分开生产它们的总成本低,那么这两种产品间就存在**范围经济**(economies of scope)。相反,如果同时生产两种产品的总成本比分开生产它们的总成本高,那么这两种产品间就存在**范围不经济**(diseconomies of scope)。

> **范围经济**:同时生产多种产品的总成本比分开生产它们的总成本低。

> **范围不经济**:同时生产多种产品的总成本比分开生产它们的总成本高。

■ 联合成本

让我们通过下面的例子来研究生产范围是怎样影响生产成本的。假设《环球日报》的管理层正在考虑是否投资一份晚报——《环球晚报》。表7-9中显示了生产《环球日报》和《环球晚报》的三种费用,假设每天每种报纸的印刷量为50 000份。

表7-9 两种产品的费用

组织	日均产量(千份)	工资(元)	印刷(元)	墨水、纸张和电力(元)	总成本(元)
单独生产					
	50	5 000	3 500	6 700	15 200
	50	5 000	3 500	6 700	15 200
合并生产	100	10 000	3 500	13 400	26 900

如果两份报纸由不同的厂商印刷,那么每天生产一种报纸的费用是15 200元,也就是说,两种报纸的总生产成本是30 400元。但是,如果两份报纸由同一个厂商来生产,每天的总成本只为26 900元。两份报纸由同一个厂商生产比把它们分开生产的成本低11.5%。

怎么解释这种成本上的差异呢?关键在于可用同一个印刷机在晚上印刷早报,而在早上印刷晚报。如果只印刷《环球日报》,发行者每天要在印刷机上花费3 500元的成本。同样,只印刷《环球晚报》也需要负担每天3 500元的印刷机成本。但是如果同时印刷两份报纸,印刷机成本3 500元只需支付一次。

印刷机的使用费用是印制早报和晚报的联合成本。**联合成本**(joint cost)就是不随生产范围变化而变化的投入要素的成本。联合成本可以有效促进多种产品的生产。当联合成本较为显著时,范围经济就会较为显著。

> **联合成本**:不随生产范围变化而变化的投入要素的成本。

■ 策略指导

当两种产品间存在范围经济时,共同生产它们可以降低成本。如此看来,与专注生产一种产品的竞争对手相比,同时供应两种产品的厂商的成本相对较低。受市场需求和竞争的影响,厂商应该同时生产这两种产品。多种产品的综合生产商因为范围经济而在产业中占据优势。

宽带网络服务和有线电视服务是范围经济的一个明显实例。宽带网络业务需要建立连接所有潜在客户的有线网络。同样,有线电视服务也需要建立这样一个连接所有潜在客户的网络。在这种情况下,建立和维护网络运行的成本就是典型的联合成本。因此,在宽带网络和有线电视业务间存在着显著的范围经济。相对于专门提供一种服务的商家而言,联合提供宽带网络和有线电视服务的商家可以相对较低的成本提供服务。

> 在具有范围经济的行业,企业往往生产多种产品。

在营销领域,广告和促销的范围经济对品牌决策拓展起着重要作用。当索尼花费 100 万元来宣传索尼品牌时,它对所有标有索尼品牌的产品都有促销的作用,包括电脑、电视、游戏机。因此,在营销过程中,花费在某种品牌上的广告支出是所有该品牌产品营销的联合成本。这种联合成本在广告和促销中引发了范围经济。通过品牌推广,那些已经被熟识的品牌可以相对较低的成本推广自己的新产品。

■ 范围不经济

如果联合生产两种不同产品的成本高于单独生产的成本,我们就说两种产品间存在范围不经济。当不存在显著的联合成本,并且在同一地点生产一种产品会增加生产另一种产品的成本时,就出现了范围不经济。

当范围不经济占主导作用时,分开生产不同的产品就可以降低成本。因此,专业化厂商能以较低的成本胜过那些联合生产多种产品的竞争对手。在这样的情况下,管理者应该将目标定位在较窄的范围,集中生产一种产品。

进度检测 7E

根据表 7-9,假设在联合生产的情况下,印刷机的费用为每天 7000 元。这种情况下是否存在范围经济?

银行与保险:范围不经济?

20世纪90年代和21世纪初,大量银行与保险公司在世界范围内掀起了并购风潮。1998年,花旗银行与保险公司旅行者集团(Travelers)合并,并通过此次世界最大并购之一组建了花旗集团。2001年,德国保险公司安联保险集团(Allianz)收购了德累斯顿银行(Dresdner)。

这种法式银行保险模式预期将通过服务供应的范围经济和促进需求获得高额收益。支撑这种预期的理论认为,同一机构现在可以为客户提供广泛的产品和服务,包括贷款、存款、投资和保险等。

然而事实上,范围经济却几乎没有产生。客户们仍然按照原有计划使用存款和其他银行服务。相比之下,投资与保险则是客户们不常消费的"大买卖"。所以,相对于银行服务,投资与保险所需要的营销和支持技术完全不同。

2002年,在完成合并之后的第四年,花旗集团分拆了Travelers的财产和人寿保险板块。而在2008年,安联保险集团以55亿欧元将德累斯顿银行卖给了德国商业银行(Commerz)。

7.7 经验曲线

规模经济和范围经济可以在任何时段影响生产成本。此外,随着时间的推移,经验——用累积产量来衡量——也可能影响生产成本。经验积累在总生产量较小的行业中尤其起着重要的作用。这种行业包括航空制造业。随着工程师和工人们在制造过程中逐步获得经验,他们在个人和团队合作方面都变得更熟练。他们还可以想出降低成本的新方法,包括发明更加高效的工具和更快速的流程。即使在半导体制造这样的大型项目中,经验仍然扮演着重要角色,因为瑕疵率会随着累积产量的增长而下降。随着经验的积累,外科手术医生的个人工作及团队工作都会更熟练。

因此,产品的单位成本随着经验的积累逐步降低,从而产生了经验曲线(也被称为学习曲线)的概念。一般来说,经验是用累积产量来衡量的,因此**经验曲线(experience curve)**展示了,随着时间的推移和产品的持续生产,其单位(平均)成本下降的过程。

> **经验曲线**:随着时间的推移和产品的持续生产,产品的单位(平均)成本趋于下降。

图7-5描述了一条经验曲线。在图中,第1件产品的平均生产成本为100。在第一件产品生产出来后,单位生产成本就开始大大下降。我们假设累积产量每翻一番,成本将下降20%(学习比率为80%),在第4件产品生产出来后,单位生产成本下降至64,而第32件产品生产出来后单位成本下降至32.77,以此类推。

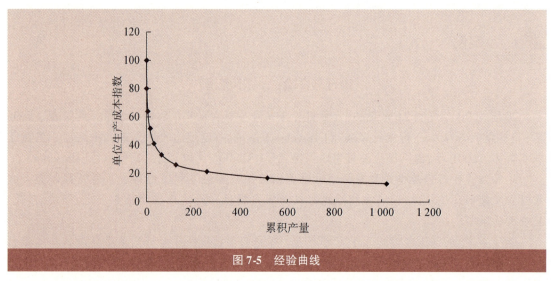

图 7-5 经验曲线

注：经验曲线展示了单位生产成本如何随着累积产量的增加而下降。该图展示了80%的学习比率，第1件产品的生产成本为100。

学习比率的大小决定了单位成本在持续生产过程中降低的比率。学习比率越低，产出翻一番所产生的成本降低的比率就更大。学习比率的大小取决于不同产品、行业中特定的技术和生产过程。

经验曲线与规模经济有所不同。经验曲线将在多个过往时期中累积的生产量与某一时期的生产成本联系起来。相反，规模经济只将同一时期内的生产规模与生产成本联系起来。

■ 策略指导

在一个生产成本受经验曲线影响明显的行业中，准确预测出累积产量就显得尤为关键。准确预测累积产量对于计划投资和设定价格都尤为重要。在销售量取决于价格及竞争对手的经营策略的情况下，这个挑战将尤为艰巨。

例如，参见图7-5，如果累积产量为500单位，那么，平均生产成本为17。因此，在定价为17或更高的情况下，公司可以达到和超过收支平衡。相反，如果累积产量为100单位，那么平均生产成本将为29，比累积产量为500单位时的单位成本高出了70%。

经验曲线也促成了一个新的策略，这种策略通过降价来促进销售并取得更多的累积产量。累积产量占优的企业可以在成本方面完胜其竞争对手。所以，经验曲线能够作为争取更多市场份额的商业策略的基础。

> **进度检测7F**
>
> 在图7-5中，绘制一条新的经验曲线，使得每当累积产量翻一番时，单位生产成本的下降比率比原曲线要小（低于20%）。

小案例

庞巴迪：对汉莎航空的等待

航空制造业的成本受累积经验的影响极大。空中客车、波音以及其他飞机制造商必须根据预测的累积销量来设定价格。如果销量未能达到目标，单位成本将高于预期，企业将蒙受巨大的损失。

庞巴迪精于制造区域性小型客机。公司一直以来致力于扩展大型飞机业务并于2004年宣布开发其C系列飞机。庞巴迪预计研发成本约为25亿美元，其中部分成本将由加拿大政府、英国政府和供应商承担。

研发成本一旦产生，则大部分将成为沉没成本。2006年1月，由于没有订单，庞巴迪撤回了C系列的研发计划，将资源用于生产CRJ1000支线飞机。

直到2008年7月，在确保得到一份来自德国汉莎航空的60架C系列客机的订单（其中包含30架客机的期权）之后，庞巴迪才开始着手研发工作，飞机预计2013年将能够投入商业使用。因为经验曲线以及研发成本的大量沉没特性，庞巴迪公司显得十分谨慎，直到确保得到一份大额订单之后才着手执行研发计划。

资料来源：Richard Tortoriello，"Aerospace & defense"，*Standard & Poor's Industry Surveys*，2011年2月10日；"Bombardier jet strains to take off"，*Wall Street Journal Online*，2011年6月16日；"Bombardier CSeries"，Wikipedia（2011年7月25日。）

7.8 有限理性

管理者也是人，就像消费者一样，在决策中也只具有有限的理性。在有关成本的决策中，管理者尤其容易受到维持现状谬误、沉没成本谬误以及被笔者称为"固定成本谬误"的影响。对那些在作成本决策时深受这些偏见之害的管理者而言，本章的技术分析将尤其适用。

- 维持现状偏见。人们倾向于保持现在的状况，这可能是由于惰性。由于维持现状包含了沉没成本，维持现状偏见会加剧任何未能考虑机会成本的系统性失效。这导致更加坚持地维持现状而并不采取备选方案，尽管备选方案或许更加有益。
- 沉没成本谬误。人们对于沉没成本的一种反应就是增加使用和消费来平衡沉没成本。一个著名的例子是英法的超音速协和式飞机。这个项目早就被专业分析家认为是没有商机的，但英国和法国由于已经在协和式飞机项目上作了很大的投资，便仍持续投入额外的资源。两国的行为例证了沉没成本谬误。人们用额外的支出来平衡沉没成本的倾向导致了投资过剩。
- 固定成本谬误。固定成本谬误与沉没成本谬误相关联，但会导致相反的结果。它是指管理者普遍存在的把固定成本当做可变成本的倾向。该谬误是设定一个目标生产率并且将固定成本分配到生产的每一单位产品上。从本质上讲,这样的分配会增加感知的可变成本,从而导致与利润最大化下的产量相比,生产不足。

知识要点

- 要做出有效的商业决策,必须充分考虑备选方案,关注机会成本,忽略沉没成本。
- 在考虑最佳备选方案时必须预测机会成本。
- 股份制企业必须考虑股票资本的机会成本。
- 要实现利润最大化,需将转移定价设为等于投入品的边际成本。
- 沉没成本是无法挽回的,所以应谨慎投入此类成本。
- 规模经济源自固定成本,因为固定成本可以同时支持多个产品的生产。
- 在规模经济中,企业应当实现大规模生产,而产业将趋于集聚。
- 范围经济源自联合成本,因为联合成本可以支持多类产品的生产。
- 在范围经济中,企业应当生产多种产品。
- 经验曲线展示了这样一种现象:随着时间的推移和产量的累积,单位(平均)成本有了下降,而下降幅度取决于学习比率。
- 根据经验曲线,企业预测累积产量十分重要,并且企业可以通过提高市场占有率获得利润。
- 管理人员在做出成本决策时应注意避免行为偏差。

复习题

1. 在与一个潜在客户共进午餐时,销售员支付了餐费。对于该客户来说为什么这次午餐不是免费的?
2. 西非地区的一家公众企业提供免费小学教育。这项慈善事业完全由欧洲慈善机构提供资助。根据第 1 章提到的经济附加值和 EBITDA 的概念,比较两者的差异。
3. 假设存在一个完全竞争的木材市场。则木星公司的住宅建造部门如何向其建筑材料部门支付木材的价格?
4. 月亮生物的生产部门采用了一种独特的具有专利的方法来制造药品。当前此部门正在以其最大产能开展生产活动。它应当如何向公司的营销部门收取转移定价?
5. 水星运输公司是一个股份制公司,而木星货运公司则从银行贷款用于业务发展。除此以外这两个公司没有区别。木星公司现在处于亏损状态而水星公司处于盈利状态。请按照 EBITDA 的概念对比这两家公司。
6. "大量退休员工的退休金的付出导致我们的运营成本非常高。"退休员工的退休金与企业的决策发展有关系吗?
7. 下列两种情况中,哪种情况下的沉没成本更高?(a) 罗马意大利餐厅固定拥有两个厨师与五个服务员;(b) 九龙大排档以按月雇用的临时工为主。
8. 家庭医疗服务最主要的成本是人力资源成本。对于双倍数量的患者,一家诊所可能需要双倍数量的医生、护士和其他医务人员。此行业具有规模经济效应吗?
9. 阐述固定成本与沉没成本之间的区别。
10. 规模经济的策略指导意义是什么?
11. 阐述规模经济与范围经济之间的区别。
12. 范围经济的策略指导意义是什么?
13. 描绘一条经验曲线,假定学习比率为100%。
14. 经验曲线的策略指导意义是什么?
15. 阐述在报纸的生产中的固定成本谬误。

讨论案例

1. 2007—2009年的经济大萧条对国际贸易造成了巨大的打击,油轮运输服务的需求以及油轮的日租用率都受到了巨大的影响。Nordic American Tanker Shipping 公司首席执行官 Herbjorn Hansson 指出:"大量负债的企业正处于艰难时期,如果你一天赚10 000美元,而收支平衡点是每天25 000美元,则你每天将损失15 000美元。"相反,Hansson 先生认为,由于没有负债,他的企业可以在困境中生存下去。即使每天赚10 000美元,他的企业依然可以盈利。(资料来源:"Oil tanker owners see rates fall", *Financial Times*, 2009年5月5日。)
   (a) 假设一艘油轮的运营成本是每天8 000美元。同时,对于一艘由债务支撑运营的油轮,每天的利息成本是17 000美元。假设每天的营业收入为10 000美元,编制一份传统的利润表。
   (b) 假设闲置一艘油轮将产生每天1 500美元的成本,编制一份利润表以展示两种备选方案(继续运营或者闲置油轮)。油轮服务运营商应该闲置油轮吗?
   (c) 在讨论油轮拥有者通过债务融资的情况时,Hansson 犯了什么错误?
   (d) 到2010年,原油和油轮服务的需求得以恢复。从长期角度来看,股份制油轮公司比通过债务运营的油轮公司的利润更高。(i) 为何股份制油轮公司的利润更高?(ii) 介绍一种新的比较方法,从而更加科学地比较两种油轮公司的运营绩效。

2. 考虑这样的一家分销商,它在中国分销美国和欧洲的豪华汽车。2011年1月,它以每辆50 000欧元和40 000美元的价格分别向德国宝马和美国凯迪拉克订了一批高端车辆。到2011年7月,人民币对欧元和美元的汇率从1欧元兑8.93元和1美元兑6.58元分别下跌了3%和2%。
   (a) 要为宝马汽车定价,应如何评估其真实成本?
   (b) 要为凯迪拉克汽车定价,应如何评估其真实成本?
   (c) 运用(a)和(b)的案例来解释机会成本与沉没成本两个概念。

3. 在次贷危机发生时,美国汽车制造商克莱斯勒公司的销量受到了极大的冲击,而公司也于2009年4月陷入破产危机。随后公司将其品牌和其他资产出售给了 Fiat 公司。表7-10列出了克莱斯勒公司的一家工厂在破产清算中财产、工厂和机械设备的预计回收价值。

(a) 下列哪个概念最好地描述了账面价值和预计回收价值之间的差值？(i) 机会成本；(ii) 沉没成本；(iii) 联合成本。对你的回答做出合理解释。
(b) 通过最低和最高的预计回收价值，计算出平均回收价值。
(c) 我们将账面价值与预计回收价值之间的差值除以账面价值的比率定义为"专属性"。计算出每项资产的专属性。
(d) 解释沉没成本与专属性之间的关系。
(e) 冲压器具是一种用于制造诸如车身等金属部件的重型工具。塑形工具是一种用于制造特殊汽车模型的工具。解释一下为何克莱斯勒的塑形工具比冲压器具具备更高的专属性。

表7-10 克莱斯勒公司清算表 （百万美元）

资产	账面价值	回收价值	
		低值估计	高值估计
组装工厂	2 205	110	220
冲压器具工厂	1 129	113	226
传动器具工厂	3 513	352	702
塑形器具工厂	1 337	—	67
设备，厂房等	487	5	24

资料来源：Chrysler LLC, Preliminary Hypothetical Liquidation Analysis-Orderly Liquidation, 2009年1月31日。

4. 电梯常常由于不同的原因发生故障。因此，电梯的维修人员必须经过训练以应对常规维修和紧急维修等各种情况。香港长安电梯维修公司拥有200名维修人员，负责1 000个电梯的维护工作。
   (a) 假定该公司接到了一份维修另外1 000个电梯的合同。你认为公司需要再雇用200名维修人员吗？为什么？
   (b) 这个例子说明的是规模经济还是范围经济？
   (c) 自动扶梯和电梯采用的技术和零件完全不同，但许多客户同时使用两种产品。你认为对于维修商而言，同时维修这两种产品存在范围经济吗？

5. 一直以来，电力的生产都在大规模的发电厂进行，其生产能力通常都为百万千瓦。然而，当电力通过电缆传输时，电阻导致了电力损耗。输电路程越远，电力损耗越大。
   (a) 通过图像说明在不同生产规模下的平均发电成本（每月百万千瓦时）。
   (b) 通过图像说明在不同输电路程下的平均输送成本。
   (c) 如果发电厂通过增加发电规模来减少平均发电成本，这将会如何影响平均输送成本？（提示：你可以假设任何用于画图的数据。）

6. 空中客车和波音公司是大型商用飞行器行业的主导企业。两家公司在生产商用客机、货机的同时也生产军用飞机。2011年2月，波音公司赢得了美国空军179架空中加油机的标书，总价值约350亿美元。这种加油机的设计是基于波音767宽体商用飞机的。

(a) 波音将767商用飞机改造成了空中加油机,下列哪个概念最好地解释了这种行为？(i) 规模经济；(ii) 范围经济；(iii) 经验曲线。请解释你的答案。

(b) 在最初179架加油机的招标之后,美国空军预计购买更多的加油机。运用恰当的成本相关理论解释波音公司赢得后续订单的优势。

(c) 对下述论点做出评论："飞机生产商在研发方面投入的资金越多,为收回投资,其制定的产品价格将越高。"

7. 英国Punch Taverns集团拥有超过3 500家酒吧。该集团为了发展负债累累,但是由于酒吧禁烟、啤酒税增加以及经济大萧条,Punch Taverns集团遭受了重创。2014年10月,该集团与债权人协商将6亿英镑的债务转为股本。这项资产重组使集团的负债减少了四分之一到18亿英镑,重组后原始股东仅占有集团15%的股权。表7-11为该集团的利润表报告。(资料来源："Punch Taverns wins final restructuring approval", *Financial Times*, 2014年10月7日；Punch Taverns PLC, Preliminary Results, 2014年8月23日)。

(a) 解释说明哪一个成本概念可以说明Punch Taverns集团的扩展策略。

(b) 利润表报告中哪些项目会受到重组的影响？

(c) 重组会如何影响Punch Tavern集团的EBITDA？

(d) 假设利润表报告考虑到了股权资本的机会成本,那么重组是否会提高集团的财务业绩？

表7-11 Punch Taverns集团利润表

（百万英镑）

	2014
收入	448
营运支出	−270
EBITDA	178
折旧	−55
营运利润	123
融资成本	−363
除税前利润	−240

8. 2004年8月,Infineon公司宣布与台湾华邦电子公司合建一个动态随机存储设备(DRAM)工厂。Infineon提供技术,而华邦电子支付建设费用和设备。Infineon的执行官Ralph Heinrich希望这项业务能够使得Infineon占据全球DRAM市场25%的份额。他说："在动态存储设备这一行业中,生死存亡取决于规模。一个公司生产的芯片越多,每个芯片的平均价格就越低。"DRAM是从半导体晶圆芯片中切割下来的。300毫米的芯片能生产的DRAM数量是200毫米的芯片的产量的两倍多,而300毫米芯片的加工设备的成本也比200毫米的芯片高。(资料来源："Infineon's deal with winbond reaffirms outsourcing strategy," *Asian Wall Street Journal*, 2002年8月10日)。

(a) 假设制造200毫米和300毫米芯片的可变成本是相同的。相对于生产200毫米芯片,在何种条件下生产300毫米芯片将产生规模经济？

(b) Infineon公司在许多家工厂生产DRAM,其中一些是其与台湾生产商的合资企业。那么,DRAM的单位成本是由整个公司的总产量决定,还是由单个工厂的产量决定？

(c) 每当新的芯片生产设备投入使用时,起初产品的良品率是较低的。工程师稍后会对生产程序进行微调以便提高良品率。这体现了成本理论中的哪一条？

9. 2004 年 4 月，波音公司从全日空航空公司接下了 50 架新型 787 梦幻型飞机的订单。波音公司的目标是在 12 月之前确保拿到 200 架飞机的订单，但在 2004 年 12 月前，波音只拿到了 52 个订单。空中客车公司随后发布了 A350 飞机，它衍生于现有的 A330 机型，并装配了更宽的机翼、高效的发动机并应用了其他新技术。空中客车公司的首席财务官 John Leahy 断言：A350 客机将对波音的客户有极大的吸引力并"在波音公司的圣诞节袜子上挖一个洞"。（资料来源："350：Airbus's counter-attack", *Flight International*, 2005 年 1 月 25 日。）

(a) 画一个时间线并标记出生产商发生研发成本和生产成本的时间点。

(b) 生产 787 梦幻型飞机的成本如何取决于其总生产量？

(c) 参见图 7-5，比较波音公司累积产量为 50 架飞机时的平均成本与累积产量为 200 架飞机时的平均成本。（请注意，在图 7-5 中，平均成本并不是绝对的，第一件产品的平均生产成本为 100。）

(d) 假设波音 787 飞机的价格是 1.2 亿美元，波音公司在累积产量为 200 架飞机时将达到研发成本（100 亿美元）、生产成本和收入的平衡。如果波音公司的累积产量仅为 50 架飞机，它的损失是多少？

第 8 章

垄　断

学习目标

- 了解获取市场力的方法；
- 确定一个拥有市场力的卖方达到利润最大化时的产量与销量；
- 了解如何根据需求与成本的变化来调整销量；
- 确定一个拥有市场力的卖方达到利润最大化时的广告和科研投入；
- 了解一个拥有市场力的卖方可以通过限量销售来提高利润；
- 运用边际利润率来衡量市场力；
- 确定一个拥有市场力的买方达到收益最大化时的购买量。

8.1 引言

和其他种类的抑制素一样，阿托伐他汀是一种通过抑制肝脏酶和 HMG-CoA 还原酶，从而达到降低人体低密度胆固醇整体水平的化合物。辉瑞（Pfizer）公司将阿托伐他汀列入其 Lipitor 品牌下销售推广。2010 年，Lipitor 已经成为辉瑞公司销量最好的药品，营业收入达到了 107 亿美元，占公司总营业收入的 15.7%。[①]

即使有专利保护，Lipitor 仍然面临其他抑制素的竞争，而其中威胁最大的是辛伐他汀。辛伐他汀在美国的专利为 Merck 所有，并已于 2006 年 6 月过期；在专利过期之后，Merck 降低

[①] 该讨论基于以下资料："Pfizer deal with Ranbaxy means a delay for generic form of Lipitor," *New York Times*，2008 年 6 月 19 日；"The War over Lipitor," CNN Money，2011 年 5 月 6 日；"Atorvastatin," Wikipedia，2011 年 7 月 12 日。

了其 Zocor 品牌下的辛伐他汀产品的售价。辉瑞对阿托伐他汀在美国持有的专利将于 2011 年 6 月到期。

在 2003 年,一个不知名的印度非专利药品制造商 Ranbaxy Laboratories 向美国食品药品监督管理局(FDA)提交了阿托伐他汀非专利版本的简化新药申请(ANDA)。为鼓励非专利药品的生产,《Hatch-Waxman 法案》规定首家得到 FDA 批准的非专利药品生产商拥有 6 个月的专营权。

6 个月的非专利药品专营权在原始药品专利到期之后立即生效。通常来说,获得专营权的非专利药品制造商会将药品的价格定为原始药品的 70% 至 80%。一旦非专利药品专营权过期,随着激烈的竞争,药品的价格可能还会降低。

在提交 ANDA 后,Ranbaxy 发起了针对辉瑞的诉讼,要求确定辉瑞药品的美国专利的到期。2008 年 6 月,两家公司达成和解:辉瑞不再反对 Ranbaxy 对于阿托伐他汀非专利药的制造,同时 Ranbaxy 同意将其在美国销售此类非专利药的时间延迟至 2011 年 11 月,从而给予了辉瑞药品在美国额外 5 个月的经营权。辉瑞同时允许 Ranbaxy 在不同的日期开始针对澳大利亚、加拿大和特定欧洲国家销售非专利药。

Ranbaxy 计划通过其 6 个月的非专利药专营期获得 6 亿美元的收入,这项收入对于这家营业收入 19 亿美元、利润 4.59 亿美元的公司至关重要。与此同时,辉瑞自己也在准备制作阿托伐他汀的非专利版本药品,稍后将其交予 Watson 制药公司分销。

在阿托伐他汀这种明星药品的背后往往是数十亿美元的研发(R&D)费用。对于每种明星药品,许多公司没能取得市场认可,而更多的公司甚至没能在实验室里将其制造出来。所以,研发是品牌制药商区别于非专利药制造商的核心因素。辉瑞应该在研发上投入多少呢?

Lipitor 已经与辛伐他汀和其他类别的抑制素在市场上进行竞争;同时在美国和欧洲,来自非专利药的竞争也迫在眉睫。辉瑞必须决定该如何应对竞争。公司应当投入多少在广告上?公司应当以何种规模生产 Lipitor 品牌药品以及相应的非专利版本药品?阿托伐他汀的非专利版本对于市场的冲击将对药物配方产生何种影响?

要解决这些问题,我们必须理解具有市场力的买卖双方为影响市场形势而采取的行动。买方或卖方能够影响市场形势被称为具有**市场力**(market power)。一个具有市场力的卖方可以影响市场需求,特别是需求的价格和数量。一个具有市场力的买方可以影响市场供给,特别是供给的价格和数量。

经济利润是收入与成本之间的差值。企业可以利用市场力来提高收入和降低成本,从而提高利润。在此,我们先探讨如何获得市场力和如何使用它。为简单起见,我们来看那些只有一个卖方或者一个买方的市场。如果一个市场上仅有一个卖方,则这个卖方被称为**卖方垄断**(monopoly);如果一个市场上仅有一个买方,则这个买方被称为**买方垄断**(monopsony)。

市场力:买方或卖方拥有的影响市场形势的能力。

卖方垄断:指市场上仅有一个卖方。

买方垄断:指市场上仅有一个买方。

本章我们首先讨论市场力的来源。接下来,我们分析一个追求利润最大化的卖方垄断供给商如何确定它的价格及产量。这将使我们了解到:一个卖方垄断供给商面对需求及成本的变化该如何调整价格及产量。使用同样的分析方法,我们可以了解到,当非专利药品进入市场时,辉瑞公司应该如何调整 Lipitor 的产量和相对应的非专利药品的产量。

其次,我们将讨论卖方垄断厂商应该投入多少广告费用以及研发费用,并解释竞争中的供应商如何通过限制竞争来获益。这些分析也解释了像辉瑞这种品牌制药商在广告和研发上应当如何投入。

最后,我们集中讨论买方垄断并分析买方垄断厂商如何设定价格及购买数量来实现其利润最大化。这些分析解释了阿托伐他汀专利权的过期将如何影响该药品的生产原料市场。

8.2 市场力的来源

市场力来源于两个方面:一个是竞争壁垒,另一个是需求或供给弹性。一个市场的垄断者要存续下去,竞争者们将会被阻止进入此市场开展业务。所以,市场力的来源之一是阻止竞争者进入的壁垒。

但是,即使是一个垄断卖方,如果它无法影响需求要素,特别是提高价格的话,仍然无法提高利润。类似地,一个垄断买方在无法影响供给要素的情况下也不能提高利润。所以,市场力的另一个来源是需求和供给的弹性。

在这里,我们集中讨论卖方市场力;而买方市场力的产生条件是与之对称的。卖方可以通过以下四个方面为竞争创造壁垒并降低需求的价格弹性。

■ 产品细分

在第3章我们讨论了需求相对于价格呈刚性的直观因素。在这里我们对其中一个因素——产品细分加以阐述。产品细分对买方产生了吸引力,增加了需求,降低了需求的价格弹性,从而产生了市场力。

广义上,卖方可以从四个方面进行产品细分:
- 产品设计是潜在买者对于一件产品的第一印象。所以,一个细分产品的显而易见的办法是不同的产品设计,包括外观、形状和感受。具有吸引力的设计可以将功利化的产品转化为消费者们看重和喜欢的独具特色的消费品。
- 产品功能是,除了产品设计之外,产品能对其使用者产生长期效用的另一个因素。
- 分销渠道使产品出现在消费者最便于获取的时间和地点。所以,另一个细分产品的方式是分销渠道。奢侈品制造商用其独有的分销渠道来建立品牌形象和需求。相比之下,日用品制造商采用密集的分销渠道保证产品实现长期广泛的销售。
- 广告和促销使顾客认识产品并将品牌形象以口碑相传。所以,另一个细分产品的方法是通过广告和促销对消费者进行持续性的影响。

■ 知识产权

产品细分部分是以创新为基础的。为了鼓励研发新产品或新工序,社会会通过知识产权的方式授予发明者在一段时间内的专有权。发明者可以通过确立对其发明的知识产权来排除竞争者的参与,从而产生市场力。

知识产权包括专利权、版权、商标和商业秘密:

- 专利权赋予其所有者在一段时间内对其的独家生产权利。辉瑞对于 Lipitor 的专利权使其在一段时间内垄断了阿托伐他汀的生产。
- 版权赋予其所有者一段时间内对于出版内容的专有权。微软公司对于 Windows 操作系统和 Office 办公软件拥有版权,这形成其对此软件的垄断。
- 商标赋予其所有者对产品或服务相关的特定词语或形象的专有权。商标是品牌推广、广告和营销的基础。辉瑞的 Lipitor 商标,以及微软公司的 Windows 商标与其专利权和版权互为补充。
- 商业秘密赋予其所有者某项不广为人知的信息的独有知情权,从而产生了商业优势。这里的秘密的含义超出了专利的范畴并延伸至诸如商业信息等领域,包括客户名录,以及一些无法被注册为专利的技术信息(例如运算法则)。谷歌是通过商业秘密捍卫其科技发明的代表性公司。

规模经济、范围经济和经验

市场力的第三个因素是规模经济、范围经济和经验。在存在规模经济、范围经济和经验的行业里,现有的生产者比潜在的竞争者具有成本优势。通过建立显著的成本优势,现有生产者可以阻止外来者进入行业,从而获取市场力。

宽带网络与有线电视的捆绑供应解释了范围经济。两种服务均依赖于连接运营商与消费者的有线网络。由于范围经济的存在,同时开展两种业务的运营商将比只开展单项业务的运营商获得成本上的优势。

从长远来看,有线网络也能产生规模经济,因为它涉及巨大的固定成本和相对较低的可变成本。所以,宽带网络和有线电视产品注定会由一小撮企业主导,而它们往往同时提供两种服务。

管制

最后,因为经济或者社会政策等各种原因,政府可能会决定限制竞争,甚至采取极端方式仅仅允许一个供应商存在于市场。获得政府牌照的供应商则可以从法律上规避竞争,从而获得市场力。

通过管制限制竞争的一个重要经济原因是大量固定成本的存在。举例来说,大多数政府在电力、天然气和水资源的输送行业限制竞争。这种措施可以避免建立输送网络等固定成本的重复投资。

政府也会由于社会原因而限制一些特定市场的竞争。例如体育业、大众传媒业、烟酒零售业以及赌博业。

> **进度检测 8A**
>
> 市场力的两个要素是什么?

苹果公司:产品细分与创新

大多数个人电脑制造商都制造通用产品,并通过不同功能和不同价格扩大销量。苹果公司则采取了不同的方案。从第一款至最新款的 Mac 电脑,苹果公司创始人史蒂夫·乔布斯将设计看得与功能同样重要。苹果公司一直将 Mac 电脑的价格设定于高于其他品牌的水平并据此获得高额利润。

苹果公司同时也是建立专有分销渠道的先行者,它直接将公司与消费者联系到一起。2001 年,苹果公司在弗吉尼亚州 Tyson's Corner 和加利福尼亚州 Glendale 开设了其精致的专卖零售店,苹果公司精心挑选了充满活力、友善和乐于学习的员工。

当然,苹果公司也在通过广告和研发新产品不断强化其品牌形象。2013 年,公司在广告上花费了 11 亿美元,在研发上花费了 45 亿美元,分别占到了 1 709 亿美元收入的 0.6% 和 2.6%。

资料来源:苹果公司 2013 年年报。

可口可乐:17 年太短暂了

1886 年,在亚特兰大闹市区的雅各布药房(Jacobs' Pharmacy),药剂师 John Pemberton 以 5 美分的价格售出了世界上第一瓶可口可乐。广为人知的是,可口可乐公司并未为其配方申请专利。因为申请专利将需要透露饮料的配方;同时,在专利过期(17 年)之后,竞争者们即可以无限制地制造同样的"真品"。所以,可口可乐依靠商业秘密来保护其产品配方。在零售市场,多种可乐产品之间存在激烈竞争。除了保密配方之外,可口可乐还依靠广告来强化品牌形象,以区分其产品。2010 年,可口可乐公司在广告上花费了 29 亿美元,占其 351 亿美元收入的 8.3%。而这样的广告政策也确保了其相对于其他饮料较高的售价。

资料来源:可口可乐公司 2010 年年报。

8.3 利润最大化

一个卖方取得了市场力,它将如何使用它?在这里我们考虑生产规模和价格。假设金星制药公司(以下简称"金星制药")对一种治疗骨髓癌的药品伽马1号拥有垄断力,则它面临两个最基本的商业决策问题。第一是是否参与:究竟是否应该生产这种药?第二是参与规模:生产量、销售量应为多少?应采纳何种定价策略?

我们首先分析假设金星制药决定生产这种药品,其达到利润最大化时的销量和价格。然后,我们考虑金星制药是不是应该生产这种药品。

市场力的本质是卖方必须面临一条向下倾斜的需求曲线。垄断者金星制药面临着这样一条需求曲线。不同于一个完全竞争环境下的卖方,垄断者要考虑销售如何影响市场价格。

在给定市场需求曲线的情况下,卖方垄断厂商有两种选择。其一是厂商设定一个价格,之后由市场来决定购买的数量。其二是厂商设定供给的数量,由市场来决定价格。假如卖方垄断厂商想同时确定价格和数量,则可能出现不一致。例如,在某一价位下,市场需求量会多于或少于垄断厂商设定的数量。用图形表示,这种不一致意味着垄断厂商选择了一种偏离需求曲线的价格数量组合。由此可知:垄断厂商可以设定价格或数量,但不能二者同时设定。

让我们来看看对于销量的决策。为简便起见,我们忽略库存,这样生产量等于销售量。所以,生产规模与销量是相等的。要分析利润最大化情况下的销量,我们需要知道金星制药的销量将如何影响其收入和成本。

■ 收入

首先,让我们考虑一下价格、销量和收入之间的关系。表8-1列出了伽马1号这种药品的需求情况。具体来说,第二列显示了在每一个价格水平上,金星制药预备出售的产品数量。我们发现价格每下降10元,需求量将上升20万个单位。利用这些信息,我们能够计算出金星制药在每一个价格水平上所得的总收入,也就是价格乘以销售量。[②] 从总收入出发,我们可以计算出边际收入,即多销售一个单位的产品所带来的总收入的变化。

表8-1 垄断收入、成本与利润

价格(元)	销量(万)	总收入(元)	边际收入(元)	总成本(元)	边际成本(元)	利润(元)
200	0	0		5 000	71	−5 000
190	20	3 800	190	6 420	71	−2 620
180	40	7 200	170	7 840	71	−640

---

② 第9章将会介绍价格歧视的概念。在存在价格歧视的环境下,不同单位的产品将以不同价格出售,所以总收入并不等于价格与销量的简单相乘。

（续表）

价格(元)	销量(万)	总收入(元)	边际收入(元)	总成本(元)	边际成本(元)	利润(元)
170	60	10 200	150	9 260	71	940
160	80	12 800	130	10 680	71	2 120
150	100	15 000	110	12 100	71	2 900
140	120	16 800	90	13 520	71	3 280
136	128	17 408	76	14 088	71	3 320
135	130	17 550	71	14 230	71	3 320
134	132	17 688	69	14 372	71	3 316
130	140	18 200	64	14 940	71	3 260
120	160	19 200	50	16 360	71	2 840
110	180	19 800	30	17 780	71	2 020
100	200	20 000	10	19 200	71	800
90	220	19 800	−10	20 620	71	−820

为了多销售产品，金星制药必须降低价格。所以，当销量每增加一个单位时，金星制药会从增加的单位产品（即边际产品）的销售中获得收入。但是对于**边际内单位**（inframar ginal units）销售而言，由于其售价下降，销售收入将会减少。假设金星制药不想增加销售量，它并不需要降低售价，也就不会影响边际内单位的收入。

> **边际内单位**：是指边际单位之前所销售的产品。

例如，参见表8-1，为了将销售量从20万单位提高到40万单位，金星制药必须将价格从每单位190元减少到每单位180元。因此，金星制药从增加的销售中获得180 × 200 000 = 3 600万元的收入。但是，对于那些原可卖出190元的边际之内的单位而言，其损失为(190 − 180) × 200 000 = 200万元。因此，金星制药在增加的20万单位销售量上获得的总收入为3 600 − 200 = 3 400万元，这意味着边际收入为170元。

一般来说，多销售一单位产品的边际收入少于该单位产品的价格。像我们已经解释过的那样，边际收入指的是增加销量的价格减去边际内单位收入的减少。

价格和边际收入之间的差别取决于需求价格弹性。如果需求弹性较高，则供应商为了增加销售量并不需要大幅度降低价格，因此边际收入与价格非常接近。然而，如果需求是刚性的，为了提高销售量，供应商必须大幅度降低价格，因而边际收入会比价格低得多。

我们也应该强调，假如在非边际内单位收入上的减少超过了边际单位上的价格，边际收入就会成为负值。参见表8-1，假如金星制药将价格从100元降至90元，销售量将从200万单位上升到220万单位。然而，20万单位产品的销售量所带来的总收入的变化为 −200万元，这就意味着边际收入为每单位 −10元。

> **进度检测 8B**
>
> 如果需求是极度富有弹性的,价格与边际收入之间有什么差别?

■ 成本

我们已经讨论了价格、销量和收入之间的关系。与利润相关的另一个因素是成本。表 8-1 也列示了金星制药的生产成本数据。该表仅报告了非沉没成本。根据生产量为零时的总成本,我们能够推断生产的固定成本为 5 000 万元。

生产规模的扩大导致总成本的增加。表 8-1 显示了金星制药的边际成本,即每多生产一个单位的产品时总成本的变化。总成本的变化源于可变成本的变化。边际成本在所有生产规模下均为每单位 71 元。

■ 利润最大化时的规模

通过收入和成本的信息,我们可以计算出金星制药在每个销售量和售价下的利润。利润等于总收入减去总成本(包括固定成本和可变成本)。表 8-1 的最后一列表示了在每个销售量下的利润。比较这列数值,我们可知,金星制药的最大利润为 3 320 万美元。在单价为 135 元和销量为 130 万单位时,公司可以取得这一最大利润。

利润最大化的生产规模(profit-maximizing scale of production)可以用另一种方式确认:边际收入等于边际成本时的生产规模。当价格为每单位 135 元时,金星制药的总销售量为 130 万单位,边际收入为每单位 71 元,并且边际成本也是每单位 71 元。因此,在利润最大化的生产规模上,边际收入等于边际成本。

利润最大化的生产规模:边际收入等于边际成本时的生产规模。

这个例子说明了一个普遍原则:为了使利润最大化,垄断厂商应该在边际收入等于边际成本的规模上销售。这个原则适用于任何一个供应商,而不仅仅是垄断厂商。

现在让我们用图形来说明取得利润最大化的价格和销售量。图 8-1 显示了金星制药的需求曲线、边际收入曲线以及边际成本曲线。需求曲线显示了在每一个价格水平上,市场的购买量。同样,这条曲线也显示了在每一个市场购买量(横轴)下,市场将会付的最高价(纵轴)。

边际收入曲线显示了对应于每一个单位销售量(横轴)下的边际收入(纵轴)。我们已经解释过,对于每个单位销售量来说,边际收入小于价格。因此,在任何数量水平下,边际收入曲线都位于需求曲线的下方。边际收入曲线和边际成本曲线相交于数量为 130 万单位处。从需求曲线可知,使利润最大化的价格为 135 元,这是利润最大化时的价格。

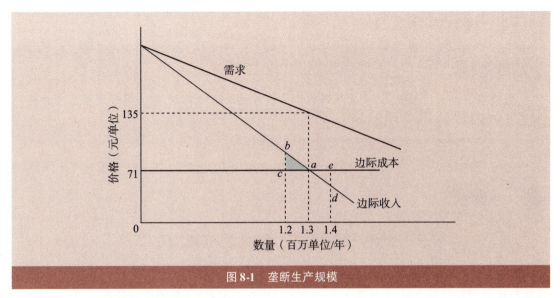

图 8-1　垄断生产规模

注：边际收入曲线和边际成本曲线相交于 130 万单位产量处。根据需求（边际收益）曲线，利润最大化的价格是 135 元。在 120 万单位时，边际收入超出边际成本。

现在让我们来解释，为什么边际收入等于边际成本时的生产规模能够使得卖方利润最大化。假设金星制药的生产规模为 120 万单位，此时边际收入超过边际成本。如果金星制药将产量提高 10 万单位，公司收入的增长会大于成本的增长。事实上，阴影区域 bca 为公司利润的增加值。

相反，假设金星制药的生产规模为 140 万单位，此时边际收入小于边际成本。如果金星制药将产量减少 10 万单位，收入的减少将小于成本的减少。因而，公司可以增加阴影区域 ade 的利润。一般来说，厂商在边际收入等于边际成本的数量规模上生产就会达到利润最大化。

■ 盈亏分析

关于参与的决策，金星制药是否应该生产伽马 1 号，我们已经分析了**利润最大化**下的生产规模或者是销量，这是假定金星制药参与生产的条件下做出的推论。所以，金星制药应该生产该药品，只要在利润最大化条件下计算出的总收入大于总成本。

■ 利润衡量

在本章的后面部分，我们会讨论具有市场力的卖方应在广告和研发上支出多少。那段讨论运用了衡量利润的两个方法。一个是**利润贡献**（profit contribution），等于总收入减去可变成本。另一个是**边际利润**（incremental margin），等于价格与边际成本的差值。此外，**边际利润率**（incremental margin percentage）为边际利润（价格与边际成

利润最大化：在总收入大于总成本的条件下持续生产；在边际收入等于边际成本的规模上生产。

利润贡献：总收入减去可变成本。

边际利润：价格与边际成本的差值。

边际利润率：价格与边际成本的差值与价格的比率。

本的差值)与价格的比率。

> **进度检测 8C**
>
> 假设在当前生产规模下,金星制药的边际收入低于边际成本,则公司管理层应当如何调整生产量?

制药巨头与非专利制造商之间的较量

诸如辉瑞(Pfizer)等著名制药商为研制新药品投入了数十亿美元。一般而言,在制药商调研的每 10 000 种配方中,只有 5 种可以进入医学测试阶段,最终用于治疗疾病的仅有 1 种。

研发成本是不随产量变动的固定成本。为了收回研发成本,辉瑞公司需要巨大的利润贡献,这依赖于每单位销售量高额的边际利润和大规模的生产。

诸如 Ranbaxy 等非专利药制造商则采取不同的策略。它们不进行新药的开发,而是在著名制药商产品专利过期之后进入市场。它们专注于开发疗效相同的非专利药。由于研发成本十分低廉,它们的固定成本也较少,因此在较低的边际利润下仍然能够盈利。

2010 年,辉瑞的总收入为 678 亿美元,毛利率为 76%,同时在研发上花费了 92 亿美元,占收入的 13.9%。与之相反,Ranbaxy 的总收入为 15 亿美元,毛利率低于 67%,同时在研发上花费了总收入的 9.5%。

资料来源:Pfizer, Inc., 2010 年年度报告;Ranbaxy Laboratories Ltd., 2010 年年度报告。

8.4 需求和成本的变化

具有市场力的卖方对需求和成本变化将如何做出反应?通常情况下,当需求或成本发生变化时,实现利润最大化的销量调整将取决于边际收入曲线和边际成本曲线。卖方应当调整销量,直到边际收入等于边际成本。

■ 需求变化

假设金星制药通过广告宣传大大增加了对伽马 1 号的需求。公司应该如何调整销量?为了解决这个问题,图 8-2 展示了新的需求曲线,通过此曲线我们可以计算出新的边际收入曲线。

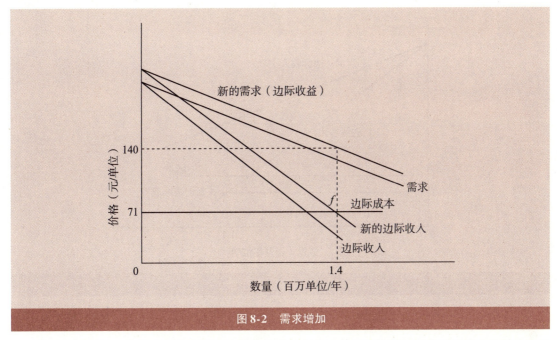

图 8-2 需求增加

注：新的边际收入曲线和初始边际成本曲线相交于每年 140 万单位处。新的利润最大化的价格是 140 元。

新的边际收入曲线向右产生了显著移动。由于边际成本曲线保持不动，新的边际收入曲线与边际成本曲线的交点对应着更大的生产规模。具体来说，两条曲线相交于 140 万单位的生产规模上，新的利润最大化价格约为 140 元。

以上情况仅仅基于需求的变化。但是，要确定新的利润最大化的规模和价格，我们需要同时考虑新的边际收入和原始的边际成本。

边际成本变化

我们可以用相似的办法来理解具有市场力的卖方应该如何应对边际成本的变化。假设对于表 8-1 中的数据，边际成本在所有的产量下下降了 20 元。金星制药应当对药品降价 20 元吗？

要解决这个问题，我们引入图 8-3，图中展示了金星制药的边际收入和新的边际成本。边际收入和新的边际成本曲线的相交点意味着更大的生产规模，这时产量为 140 万单位。而此时利润最大化时的价格降低了，为 130 元。

相对于原始的利润最大化（图 8-1），金星制药现在通过降价 10 元（比边际成本下降的幅度低）达到了新的利润最大化。虽然只有边际成本发生了变化，但是卖方必须考虑边际收入和新的边际成本来制定可以实现利润最大化的销量和价格。

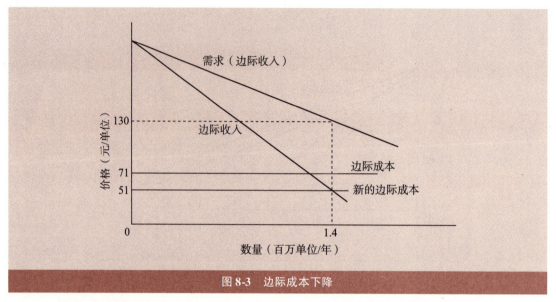

图 8-3　边际成本下降

注：边际收入曲线和新的边际成本曲线相交于每年 140 万单位处。新的利润最大化价格是 130 元。

固定成本变化

需要强调的是，卖方的利润最大化价格及生产规模，并不取决于固定成本的大小（只要固定成本加上可变成本小于总收入）。我们知道，具有市场力的卖方取得利润最大化时的生产规模是边际收入等于边际成本时的规模。固定成本的变化并不影响边际成本曲线，因而，固定成本并不影响利润最大化时的价格。

但是，假如固定成本非常巨大以至于总成本超过了总收入，那么厂商将宁愿停业。以金星制药为例，根据表 8-1，若其固定成本超过了 8 400 万元，公司将会关闭。

利润最大化的价格和销量规模不取决于固定成本，这一普遍原理对于知识密集型产业（例如传媒业、出版业、制药业和软件业）至关重要。这些产业的主要特征是固定成本较高而可变成本较低。

> **进度检测 8D**
>
> 在图 8-1 中，如果在所有的生产规模下边际成本增长 20 元，金星制药应当如何调整销量与价格？

8.5　广告

任何一个具有市场力的卖方均有能力通过促销影响对其产品的需求。广告通过影响需求曲线使其变得更不具价格弹性来影响市场需求。在对广告的分析中，为简单起见，我们假定价格是给定的。但是在实践中,我们需要同时考虑价格、广告和其他影响需求的因素,这一点非常重要。

■ 利润最大化时的广告

通过向外推动需求曲线并使其变得更不具价格弹性,广告可以提升销量。销量的提升可以影响总收入以及可变成本。由此得出,广告的收益等于利润贡献的变化量。为了使利润最大化,金星制药应当增加广告支出,直到广告的边际收益等于边际成本。

利用边际利润率和需求的广告弹性概念,我们可以得出一个最优广告支出的简单原则。回忆一下第 3 章所述,需求的广告弹性是指在其他条件不变的情况下,如果供应商的广告支出增加 1%,需求变化的百分比。

■ 广告销售率

当广告的边际收益等于边际成本时,**广告销售率**(advertising-sales ratio)(广告支出与销售收入的比率)等于边际利润率与需求的广告弹性的乘积。这为最优广告支出率提供了一条简单的准则。

> **利润最大化时的广告销售率**:边际利润率乘以需求的广告弹性。

严格来说,这个准则计算了广告支出与销售收入的比率。因此,它应被称为广告销售收入率。然而,实践中,人们通常称之为广告销售率。

我们可以应用广告销售率这一概念来确定金星制药开发新药伽马 1 号的利润最大化的广告支出水平。回想表 8-1 中需求量和成本的数据,利润最大化时的价格为每单位 135 元,边际成本为 71 元。这意味着边际利润率为 $(135-71) \div 135 = 0.474$。假设在 135 元的价位上,需求广告弹性为 0.26,那么利润最大化时的广告销售率即为 $0.474 \times 0.26 = 12.3\%$。

在 135 元的价位上,伽马 1 号药品的收入为 135×130 万 $= 1.755$ 亿元。因而,其利润最大化时的广告支出为 0.123×1.755 亿 $= 2160$ 万元。

广告支出准则暗示,假如边际利润率较高,那么卖方的广告支出就应该相对较高。这是因为是每 1 元的广告支出创造出的边际利润较高。因此,当边际利润率相对较高时,卖方应该增加广告支出。这意味着,当卖方提高价格或者边际成本下降时,他应该增加广告支出。相反,当卖方调低价格或边际成本上升时,他应减少广告支出。

更进一步说,广告支出的准则意味着,无论是需求的广告弹性还是销售收入较高,卖方都应在广告上支出相对较多。从本质上讲,较高的需求广告弹性或收入意味着广告对购买者需求的影响相对较强。在这些情况下,多做广告是合理的。

> **进度检测 8E**
>
> 假设伽马 1 号的利润最大化生产量为 130 万单位。在这个生产量上,价格为每单位 135 元,边际成本为 71 元,需求广告弹性为 0.14。则金星制药应在广告上花费多少?

辉瑞:竞争管理

辉瑞(Pfizer)将阿托伐他汀归入 Lipitor 品牌下进行推广。阿托伐他汀通过抑制肝脏酶和 HMG-CoA 还原酶来达到降低人体低密度胆固醇整体水平的目的。2010 年,Lipitor 已经成为辉瑞公司销量最好的药品,收入达到了 107 亿美元,占公司总收入的 15.7%。

然而,在 2011 年 11 月,Ranbaxy Laboratories 公司制造的非专利阿托伐他汀药品将要进入澳大利亚、加拿大、美国和一些欧洲市场。分析家预计 Ranbaxy 会将非专利药品的价格定为专利保护时期 Lipitor 价格的 70% 至 80%。

Ranbaxy 的非专利药品将抢占对于 Lipitor 的部分需求。所以,辉瑞应当准备减少生产。Ranbaxy 将吸引对于价格敏感、对于 Lipitor 不那么偏好的病人。如果其他病人对 Lipitor 有着相对较强的偏好,辉瑞仍然可以保持 Lipitor 的较高价格。

作为非专利辛伐他汀药品进入市场的应对,辉瑞已经实施了一个侵略性的营销方案。对于非专利阿托伐他汀药品的到来,辉瑞准备将其自产的非专利药品推向市场参与竞争。由于维持生产线的成本是固定的,所以任何增加的利润贡献,不论是来自 Lipitor 还是来自非专利药,都能够增加利润。

资料来源:"Pfizer deal with Ranbaxy means a delay for generic form of Lipitor",*New York Times*,2008 年 6 月 19 日;"the War over Lipitor," CNN Money, 2011 年 5 月 6 日;"Atorvastatin", Wikipedia, 2011 年 7 月 12 日。

8.6 研发

任何具有市场力的卖方都能够通过研发(R&D)影响其需求量。通常来说,研发驱动新产品的发明和已有产品的进步,在知识密集型企业中更为显著。

一个企业应当在研发方面投入多少?其基本原则与最优广告原则是相同的。研发的好处在于将需求曲线向外推动并使得需求曲线更缺乏价格弹性。这也将会增加销量以及边际利润。

我们可以运用研发弹性的概念来制定一个简单的规则,用来判断利润最大化时的研发投入。需求的**研发弹性**(**R&D elasticity**)是研发投入增加 1% 时,需求变化的百分比。需求的研发弹性取决于两个因素:一个是研发在发明新产品或改进现存产品上的有效性;另一个是新产品或改进产品对于需求的影响。

> **研发弹性**:卖方的研发投入增加 1% 时,需求变化的百分比。

利润最大化的原则是,**研发销售率**(**R&D-sales ratio**)(研发支出率与销售收入的比率)等于边际利润率乘以需求的研发弹性。

通过这一原则,当边际利润率较高(价格较高或边际成本较低)时,卖方应增加研发相对于销售收入的比率。相反,当边际利润率较低(价格较低或者边际成本较高)时,卖方应当降低研发相对于销售收入的比率。

此外,无论需求的研发弹性还是销售收入升高,卖方都应增加研发投入。无论需求的研发弹性还是销售收入降低,卖方都应减少研发投入。

> **利润最大化时的研发销售率**:边际利润率乘以需求的研发弹性。

进度检测 8F

如果价格较高而边际成本较低,则应如何调整研发经费?

小案例

消费产品、IT 产品和电信设备

表 8-2 列出了食品、个人消费产品、IT 产品以及电信设备生产商的广告和研发支出。食品和个人消费产品制造商在广告方面投入经费相对较多,而 IT 产品和电信设备生产商在研发方面投入经费相对较多。

表 8-2　2013 年广告和研发费用						
公司	货币单位	销售额	广告支出	广告销售比率	研发支出	研发销售比率
食品及个人消费产品						
蒙牛	百万元	43 357	2 710	6.3%	57	0.1%
Proctor and Gamble	百万美元	83 062	9 236	11.1%	2 023	2.4%
Unilever	百万欧元	49 797	6 832	13.7%	1 040	2.1%
IT 产品及电信设备						
Apple	百万美元	170 910	1 100	0.6%	4 475	2.6%
Microsoft	百万美元	77 849	2 600	3.3%	10 411	13.4%
Nokia	百万欧元	12 709	无数据	无数据	2 619	20.6%
ZTE	百万元	75 234	568	0.8%	7 384	9.8%

8.7 市场结构

卖方垄断市场,即仅有一个供应商的情况,是一系列市场结构中的一种极端情况。与之相对的另一种极端情况是完全竞争市场,在这个市场上有大量的卖方,每一个卖方的力量均很小,无法影响市场条件。通过卖方垄断市场和完全竞争市场的对比,我们可以理解产量与价格如何取决于市场的竞争性结构。

■ 竞争的影响

假设两个城市之间的货车运输服务的长期提供不涉及固定成本,而边际成本一直为每磅运量0.3元。我们将货运行业在完全竞争条件和垄断条件下的产量和价格作一个比较。

首先,假设产业是完全竞争的。由于提供服务仅需要一个不变的边际成本0.3元,所有的货运供应商都乐意在每磅运量0.3元的价位上提供无限量的服务。因此,市场供给在每磅运量0.3元的价位上将呈现完全弹性。在市场需求一定的条件下,供给和需求在0.3元的价位上取得平衡。图8-4(a)给出了市场均衡。在0.3元的价位上,销量和产量相同,均为每年1 000万磅。在均衡点上,每家货运供应商得到零利润。

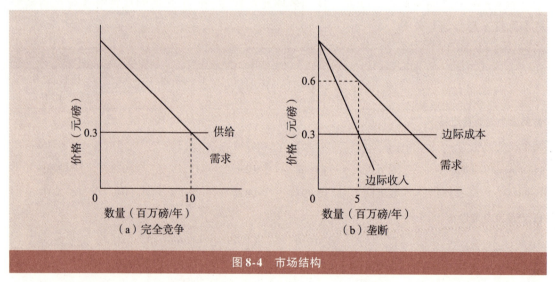

图8-4 市场结构

注:(a) 在完全竞争环境下,竞争使市场价格下降并趋于0.3元的长期平均成本。产量为每年1 000万磅。
(b) 在垄断环境下,垄断者将产量限制在竞争水平以下,并设定0.6元的高价以获取更多的利润。

然后,我们假设货运是在垄断条件下进行。垄断货运供应商将在边际收入与0.3元的边际成本相等的规模上生产。由于边际收入曲线位于需求曲线的下方,边际成本和边际收入相等时的产量少于每年1 000万磅。因此,垄断供应商将把价格定在0.3元之上。假设垄断价格为 0.6 元，销量是每年 500 万磅。图 8-4（b）描述了垄断供应商的价格和销量。垄断供应商每年获利（0.60 – 0.30）×500 = 150 万元。

货运的例子说明了几个普遍原理。首先，垄断商将会把产量限制在完全竞争的水平之下。通过这种办法，垄断供应商可以获得相对较高的价格，以获取更大的利润。相比之下，竞争使市场价格下降，最终趋近于长期平均成本，并由此导致更大的产量。此外，垄断供应商的利润超过了在完全竞争市场上所有供应商利润的总和。

■ 潜在竞争

我们已经分析了竞争将推动市场价格下降，最终趋近长期平均成本。需要强调的是，在某些特定情况下，潜在的竞争就足以使市场价格趋近长期平均成本。

让我们讨论一个卖方可以自由进入和退出、无需进出成本的市场。这样的市场被称为**完全可竞争市场**（perfectly contestable market）。一个在完全可竞争市场中经营的垄断厂商，无法将其价格持续保持在长期平均成本以上。

> **完全可竞争市场**：卖方可以自由进入和退出、无需进出成本的市场。

为了理解其中原因，假设木星货运公司是唯一提供两座城市之间货运服务的供应商，其他的货运公司可以轻而易举地从其他路线转换到这条路线。现在，假如木星公司将其价格提高到长期平均成本以上，其他的货运公司可以转入此路线服务取得利润。这些竞争对手会迅速地进入市场，并取得一定的市场份额。由此导致的供给增长会驱使市场价格向长期平均成本回落。

所以，即使是垄断供应商，在完全可竞争市场上也不可能将其价格持续保持在长期平均成本之上。一个市场的可竞争程度取决于其进入和退出的壁垒。本章之前部分已描述了进入壁垒。进入壁垒越高，竞争者进入市场就会越困难，而垄断供应商将其价格提高到长期平均成本以上就会越容易。

一个市场的可竞争程度还取决于退出市场的壁垒。假如木星货运公司将其价格提高到长期平均成本以上，这一举措将会吸引其他货运公司进入现有运输路线市场。其他的这些货运公司被木星公司相对较高的价格引起的暂时利润所吸引。一旦木星公司将自己的价格调整至长期平均成本，其他的货运公司将会退出，但现在它们在市场中短暂的出现也是有利可图的。

现在，假设这些竞争者退出运输路线市场需要清算成本。当决定是否进入市场的时候，这些竞争者必然会考虑退出成本。退出成本越高，竞争者在木星公司提高价格时进入市场的可能性就越小。这阐述了退出壁垒将如何影响一个市场的竞争程度。

■ 测算市场力

在理解了市场力对产品和价格的潜在影响之后，我们来讨论如何测算市场力，即边际利润率。

在完全竞争市场上，每个卖方均在边际成本等于市场价格的规模上生产。因此，边际利润率为 0。与之相反，具有市场力的卖方会限制产量，使价格高于边际成本。市场需求的弹性越小，供应商可以使价格高于边际成本的程度就越大。

我们用边际利润率来测算市场力。这个测算可以用于比较在不同价格水平甚至不同货币的市场上市场力的大小。一些药物的价格为数百元，而另外一些药物的价格低于1元。直接比较它们的价格或者边际利润是没有意义的。即使高价药品市场处于几乎完全竞争的水平，其价格也将比边际成本高出几元。这个差值很可能会超出低价药的边际利润。所以，要比较市场力，使用边际利润率是有效的。

边际利润率也可以描述潜在竞争的影响。假如垄断供应商因潜在竞争者的存在而将价格确定至接近边际成本，那么边际利润率会相对较低。

博彩业双寡头垄断的价值

澳大利亚维多利亚州于1992年宣布老虎机合法化。州政府向Tattersall's和Tabcorp颁发了主要许可证，允许它们各自在州内的俱乐部和宾馆设立13 750台老虎机。州政府同时也向Crown Casino颁发了许可证，允许其在自有赌场设立2 500台老虎机。前两家公司的主要许可证将于2012年到期。

到2010年，Tattersall's和Tabcorp在512家俱乐部和酒店运营着26 682台老虎机。来自老虎机的利润达到了26亿澳元，超过了维多利亚州博彩业收入的一半。

2008年4月，政府宣布在主要许可证到期之后将不再延期。取而代之的是，政府将面向个人俱乐部和宾馆开放自2012年起10年有效的申请。Tattersall's和Tabcorp的市值在一天之内就下跌了28亿澳元。

政府分两轮发放新的许可证。在第一轮中，236家已有老虎机的俱乐部购买了8 712台机器的运营许可证。许可费根据历史收入的一定比例来征收，其平均值为22 012澳元。在第二轮中，俱乐部中的2 838台和宾馆中的13 750台老虎机的许可证以平均12 312澳元和39 686澳元的价格进行了拍卖。政府从发放这些新许可中得到了9.8亿澳元的收入。

资料来源：Victorian Auditor-General, *Allocation of Electronic Gaming Machine Entitlements*, Melbourne：Victorian Government Printer, 2011年6月。

8.8 买方垄断

具有市场力的卖家将限制销量，从而达到提高价格，增加利润的目的。对于具有市场力的买方来说呢？它的商业决策与一个完全竞争市场环境下的买方有什么区别？为简单起见，我们讨论只有一个买方的情况，这种情况被称为买方垄断。因为卖方垄断和买方垄断有着很多可比性,我们在这里着重讨论其区别。

收益与支出

假设药品伽马1号的主要成分之一是一种生长在印度尼西亚的草药。金星制药是这种草药的唯一购买者,因此产生了买方垄断。相反,很多种植者生产这种草药。每一个种植者的规模都太小,不足以影响市场条件,因而这种草药的供给处于完全竞争状态。

既然这种草药是金星制药生产过程的重要原料,草药所带来的收益可以用总收入减去其他辅助原料的支出来计算。但草药必须从印尼种植者那里买到。金星制药的支出是草药的市场价格乘以购买数量。因此,金星制药从草药中获取的净收益应为总收益减去总支出。我们假设金星制药的目标是使其净收益最大化。

在何种购买量时金星制药能够实现净收益最大化?参见图8-5,金星制药的收益取决于其购买的数量。我们假设小规模购买时的边际收益很高,随着购买数量的增长,边际收益递减。

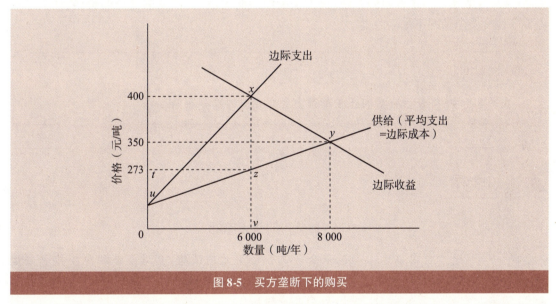

图 8-5 买方垄断下的购买

注:边际收益曲线和边际支出曲线相交于6 000吨的数量处。从供给曲线我们可以得出,该数量下的价格为273元。供给曲线同时也展示了各供应商的边际成本。在6 000吨的数量下,边际收益超出了边际成本。

在图8-5中,供给曲线显示了在每一个数量水平上竞争供应商愿意提供草药的价格水平。同时,供给曲线也表明了在每一个可能的购买数量水平上,垄断买方的平均支出。由于价格越高,吸引的供给数量越多,平均支出曲线将向上倾斜。

边际支出(**marginal expenditure**)即每增加一个单位的购买所导致的支出的变化量。由于平均支出曲线是向上倾斜的,因而边际支出曲线必然在平均支出曲线以上,并且更陡地向上倾斜。

> **边际支出**:每增加一个单位的购买所导致的支出的变化量。

净收益最大化

净收益最大化：边际收益等于边际支出规模时的购买。

我们现在可以提出如下原则:任何具有市场力的买方都可以通过在边际收益等于边际支出时的规模上购买,以实现**净收益最大化**(net benefit maximum)。

为了解释这一原则,我们假设金星制药处于边际收益超出边际支出的购买规模。那么当金星制药增加其购买数量时,公司收益的增长将高于支出的增长。因此,公司将得到更大的净收益。相反,如果边际收益小于边际支出,金星制药应该减少其购买数量。这样,公司收益的减少将小于其支出的减少。所以,当金星制药的采购量使边际收益与边际支出相等时,将取得最大净收益。

参见图 8-5,净收益最大化时的数量为 6 000 吨。在这个数量水平上,对应的购买价格为每吨 273 元。注意到每吨 273 元的价格小于买方的边际收益。相反,若需求一方处于竞争状态,边际收益曲线则代表了市场需求,供求平衡点上的价格为每吨 350 元,平衡点上的数量为 8 000 吨。这表明了一个普遍的原则:买方垄断限制购买数量,以获取更低的价格,使其净收益高于完全竞争情况下的净收益。

> **进度检测 8G**
>
> 在图 8-5 中,将表示金星制药在草药上的总支出的部分涂黑。

小案例

GAVI:慈善的买方垄断

通过得到比尔和梅琳达·盖茨基金会 7.5 亿美元的馈赠,全球疫苗和免疫接种联盟(GAVI)成立并致力于增加全世界最贫困国家儿童的疫苗接种。到 2014 年,GAVI 已经为 4 400 万名儿童接种疫苗,拯救了 600 万名儿童的生命。

GAVI 很聪明地运用经济原理展开工作。它稳定地采购疫苗并且利用其市场力获得更低的价格。另外,它的大量采购鼓励着药品制造商继续生产现有疫苗,并就开发新的疫苗进行研发。

资料来源:www.gavi.org, 2014 年 12 月 1 日。

知识要点

- 通过限制竞争和使需求更不具价格弹性来取得市场力。
- 要实现利润最大化,在总收入大于总成本的情况下,保持边际收入等于边际成本的生产规模。
- 当需求或成本变化时,调整产量至边际收入等于边际成本的规模。
- 要实现利润最大化,在广告上的投入应当保持如下水平:广告销售率等于边际利润率乘以需求的广告弹性。
- 要实现利润最大化,在研发上的投入应当保持如下水平:研发销售比率等于边际利润率乘以需求的研发弹性。
- 拥有市场力的卖方通过限制销量来提高利润。
- 运用边际利润率测算市场力。
- 要实现净收益最大化,购买规模应保持在边际收益等于边际支出的水平上。

复习题

1. 用案例阐述产品细分如何有助于形成市场力。
2. 知识产权的主要形式有哪些?
3. 解释规模经济如何影响市场力。
4. 对有市场力的卖方来说,为什么边际收入低于或者等于价格?
5. 判断正误:有市场力的卖方可以制定价格让市场决定买卖数量,或者可以制定销售数量让市场确定价格,但是不能既制定价格又制定销售量。
6. 一家软件出版商给一个新的数据程序制定的价格使其边际收入大于边际成本。向该公司提供建议,告知其如何提高利润。
7. 当成本发生变化后考虑应如何调整价格时,为什么卖方既要考虑边际收入又要考虑边际成本?
8. 当需求发生变化后考虑应如何调整价格时,为什么卖方既要考虑边际收入又要考虑边际成本?
9. 一个新的电子设备的利润最大化价格是 100 元。在这个价格上,广告的需求弹性是 0.1,销售量是每年 50 万单位。每单位的边际成本是 40 元。制造商该花多少钱在广告上?
10. 对于一个医疗设备,广告销售率高于边际利润率与需求的广告弹性的乘积。制造商应如何提高利润?
11. 哪些因素影响需求的研发弹性?
12. 解释研发支出的利润最大化规则与销售收入的关系。
13. 判断正误:对于垄断企业来说,边际利润率可以是无限高的。
14. 判断正误:有市场力的买方限制自己的购买数量以降低市场价格。
15. 比较买方垄断和完全竞争情况下的购买数量和价格。

讨论案例

1. 礼来公司(Eli Lilly)拥有 Xigris 药品的专利,Xigris 是唯一获准用于治疗脓血症的药物。脓血症是一种由细胞感染引起的严重疾病,可能会导致多种脏器的衰竭。拜耳公司制造的阿司匹林是多种缓解感冒症状药物中的一种,它不含专利。
   - (a) 谁拥有相对较多的市场力:礼来公司治疗脓血症的药物,还是拜耳公司缓解感冒的药物?解释你的答案。
   - (b) 价格和边际收入之差与需求的价格弹性有什么关系?
   - (c) 在利润最大化点比较礼来公司的 Xigris 和拜耳公司的阿司匹林的边际利润率。

2. 表 8-1 描述了金星制药公司的伽马 1 号的需求和成本。假设成本包括固定成本 6 000 万元,以及固定为每单位 50 元的边际成本。需求量保持不变。
   - (a) 根据新数据列出关于收入和成本的新表格。
   - (b) 利润最大化的产量和价格是多少?
   - (c) 在这个产量规模下,边际收入、边际成本和边际利润率分别是多少?

3. 苹果公司把 iPhone、iPad 等其他电子设备的生产外包给中国制造商富士康。富士康在深圳、成都等地拥有 80 万名员工。面对劳动力竞争的压力,富士康给工人提高了薪酬和福利。2012 年 4 月,三星公司因为苹果公司侵犯了多项三星专利生产手机而起诉苹果公司。(资料来源:"Foxconn to raise salaries 20% after suicides,"*Financial Times*,2010 年 5 月 28 日;"Samsung sues Apple on patent-infringement claims as legal dispute deepens,"*Bloomberg*,2011 年 4 月 22 日。)
   - (a) 用适当的图表表示出,要实现利润最大化,苹果公司应如何制定生产量和价格?
   - (b) 运用(a)中的图表,如果富士康提高了合同制造的费用,苹果公司应如何调整生产量和价格?
   - (c) 假设苹果公司必须对其生产的每一部分移动设备都付给三星公司版税,为了支付版税,苹果公司应如何调整自己的生产量和价格?
   - (d) 如果苹果公司需要一次性支付三星公司赔偿费,那么前一问题的答案有什么改变?

4. 源讯、可口可乐、柯达、通用电气、John Hancock 金融服务、联想集团、麦当劳、松下、三星和 Visa 为了在 2004—2008 年成为全球奥林匹克赞助商,总共支付给国际奥委会 8.66 亿美元。赞助期涵盖 2006 年都灵冬奥会和 2008 年北京奥运会。而 2000—2004 年(涵盖盐湖城冬奥会和雅典夏季奥运会)的赞助费总共只有 6.66 亿美元。(资料来源:"For Olympic sponsors, it's on to Beijing," *International Herald Tribune*,2004 年 8 月 31 日。)
   - (a) 比较国际品牌的奥运会赞助商(例如三星与 Visa)和区域性品牌的赞助商从奥运会赞助中的受益情况。
   - (b) 考虑希腊和中国的本土市场规模,解释为什么赞助商赞助 2004—2008 年奥运会的经费比 2000—2004 年奥运会的要多。
   - (c) 源讯的主要客户以公司为主,而联想的市场主要在中国。比较这两家公司从奥运会赞助中的获益情况和其他赞助商的获益情况。

5. 在谷歌 2013 年第三季度电话会议中，分析师 Carlos Kirjner 指出："公司以外的人的看法是，谷歌在长期研发上的投入在今后两年内不会产生收益。"首席执行官 Larry Page 用大创新为论据反驳说："我认为你高估了短期而低估了长期。"他随后指出谷歌是如何将自动驾驶的概念车从一开始的遥不可及转变成为不可避免的趋势。
   (a) 运用需求的研发弹性和边际利润率，解释利润最大化时的研发销售率的公式。
   (b) 运用需求的研发弹性，解释分析师 Carlos Kirjner 和首席执行官 Larry Page 之间的讨论。
   (c) 根据表 8-3，计算谷歌 2010—2013 年的研发销售率。
   (d) 用毛利收入比率来估算边际利润率。假设需求的研发弹性在 2010—2013 年是 0.2。计算在 2010—2013 年间，每年谷歌利润最大化的研发支出。
   (e) 比较你在(d)中的计算结果与谷歌实际的研发支出。

表 8-3 谷歌：利润和损失，2010—2013 年
(百万美元)

	2013	2012	2011	2010
销货收入	59 825	50 175	37 905	29 321
销货成本	25 858	20 634	13 188	10 417
毛利	33 967	29 541	24 717	18 904
R&D	7 952	6 793	5 162	3 762
SG&A	12 049	9 988	7 813	4 761
营业收入	13 966	12 760	11 742	10 381

6. 1992 年，澳大利亚的维多利亚州为 Tattersall's 和 Tapcorp 在当地俱乐部和酒店分别运营 13 750 台老虎机发放了整体经营许可证，有效期至 2012 年。最终，这两家公司在 514 个地区设置了 26 682 台机器。2008 年 4 月，政府决定不再续签许可证。政府邀请俱乐部和酒店来申请可转让的单台老虎机的经营许可证，从 2012 年开始有效期为 10 年。Tattersall's 和 Tapcorp 的市值在一天之内下跌了 28 亿澳元。随后，政府发放了 27 290 个新许可证，总共收取费用 9.8 亿澳元(资料来源：Victorian Auditor-General, *Allocation of Electronic Gaming Machine Entitlements*, Melbourne：Victorian Government Printer, 2011 年 6 月。)
   (a) 如果一家俱乐部已经获得了一个新的 10 年许可证，用适当的图形表示出，为了实现利润最大化，这个俱乐部应该如何制定赌博的价格。(提示：你可以假设任何用于绘图的数据。)
   (b) 这个俱乐部在做以下决定时该如何考虑一次性购买许可证的费用？(i) 是否继续运营；(ii) 它的运营规模。许可证可转让会带来怎样的影响？
   (c) 比较整体经营许可证和个体经营许可证，它们对赌博的价格和数量有什么影响？

7. 美国全体大学生体育协会(NCAA)在成员院校中管理着各类竞技体育项目。NCAA 限制成员院校为大学生运动员所付的费用(一般限制在这些运动员的教育总成本之下)并要求他们参加全日制的学习。
   (a) NCAA 拥有什么市场力？NCAA 市场力的来源是什么？
   (b) 2014 年 4 月，西北大学的橄榄球运动员对于是否成立一个工会进行了无记名投票。解释为什么 NCAA 大力反对这个投票。

（c）如果美国政府要阻止 NCAA 的这些限制行为，将会对以下因素产生什么影响？（i）各个运动员的待遇；（ii）各成员院校的毛利。

8. 板球是印度观众最多的体育运动。在印度的法律中，私人广播电视台必须和 Doordarshan and All India Radio 这一国家电视台分享任何有关板球的比赛。然而，法律并不要求国家电视台和私人广播电视台分享它的板球比赛（资料来源："DD may get a blank cheque," *Times of India*，2004 年 8 月 13 日。）

（a）印度法律如何影响了私人电视台将自己与国家电视台作区分的能力？

（b）印度法律如何影响了私人电视台竞拍印度板球比赛的转播权？

（c）印度法律如何影响了 Doordarshan 电视台在以下方面的市场力？（i）相对于电视观众；（ii）相对于印度板球比赛的组织者。

（d）一些人预测，由于法律问题，只有国家电视台会竞标印度板球比赛的转播权，私人电视台不会参与竞标。你是否认同？

9. 有些汽车零件（例如电池和轮胎）容易损坏因而需要频繁更换。这些零件的供应商既把它们的产品作为原装设备卖给汽车制造商，又把它们的产品作为替换零件卖给车主。相反，气囊和点火装置系统的供应商主要把产品卖给汽车制造商。

（a）评估汽车制造商对于电池和轮胎供应商的影响力，并与气囊和点火装置系统的供应商做比较。

（b）对于像电池和轮胎这样的产品，你认为在原装市场上更贵一些还是在替换市场上更贵一些？

（c）假设电池的供应是完全竞争的而汽车制造行业是垄断的，用一个适当的图形解释汽车制造商如何决定汽车电池的购买价格与数量。

第 9 章
定价策略

> **学习目标**
> - 学会运用统一定价策略；
> - 了解价格歧视如何在统一定价策略之上产生了超额利润；
> - 理解完全价格歧视；
> - 学会运用直接细分市场的价格歧视；
> - 学会运用间接细分市场的价格歧视；
> - 了解如何在多项定价策略中做出选择。

9.1 引言

成立于1920年的澳洲航空集团是当今国际运输的领军航空公司之一。[①] 澳洲航空集团运营着澳洲航空、QantasLink 和 Jetstar 品牌的航空服务。2012—2013年，澳洲航空营业收入为137亿澳元，航班上座率（设备使用率）为79.3%。公司航队共有312架飞机，平均机龄为7.9年。

乘坐2015年1月6日澳洲航空 QF401 航班（早上6点从悉尼至墨尔本）经济舱的旅客可能会对其票价的差异感到惊奇。对于从悉尼出发的旅客，"Fully Flexible"全价票的价格为600澳元，"Flexi Saver"折扣票的价格为365澳元，而"Red e-Deal"折扣票的价格为245澳元。如果他们晚半个小时出发的话，在早上6点半，旅客可以得到一个"Red e-Deal"折扣票的价

---

① 该段讨论部分基于：Qantas，2013年年度报告，和"Qantas slugs families, elderly on fares by cancelling discounts"，*The Australian*，2014年4月30日。

格,为 155 澳元。

不同价格的机票获得的服务不尽相同。"Fully Flexible"全价票可以享受全额退票服务;"Flexi Saver"折扣票不允许退票,但在支付一定费用的基础上可以享受航班起飞前改签的服务;"Red e-Deal"折扣票不允许退票,但在支付一定费用的基础上可以享受在航班起飞一天前改签的服务。直至 2014 年 4 月,澳洲航空对购买"Fully Flexible"全价票的 60 岁以上长者或由成年人陪伴的儿童提供 20% 的折扣。但是,对于"Red e-Deal"折扣票,公司并未提供任何折扣。

定价策略对澳洲航空来说至关紧要,严格来说,任何航空公司都是如此。旅客对同一个航班愿意支付的价格千差万别。另外,航空运输服务存在一个巨大的固定成本,而可变成本相对较低。所以,航空公司在预订系统和收入管理系统方面投入大量资金用以调整票价和分配座位。

既然可变成本较低,为何澳洲航空不将所有座位都销售出去来提高利润?为什么它给老年人提供折扣?为什么"Red e-Deal"折扣票在早上 6 点半的价格更低?澳洲航空存在两种不同的改签政策,"Flexi Saver"和"Red e-Deal"折扣票的目的是什么?

在这一章,我们将前几章关于需求、弹性、成本和垄断的知识联系起来,分析一个有市场力的卖方如何制定价格以实现利润最大化。我们首先应用需求价格弹性和边际成本来解释为什么澳洲航空不让其座位满席。基本上,为了让所有的座位坐满,它将不得不降价至一定水平,那将导致整体利润的减少。

然后,我们将说明如何针对不同细分市场设定不同定价,获取不同的边际利润以提高总利润。这取决于卖方掌握多少关于单个买方的需求信息。我们将分别讨论卖方掌握完全信息以及有限信息时的情况。

当卖方拥有足够的信息来直接区分不同的用户群时,它可以实施直接细分市场的价格歧视。这解释了为什么澳洲航空公司对于年长者提供折扣。通过这样的价格歧视策略,它可以比设定统一定价获取更多的利润。

然而,即便卖方缺乏足够信息,或者不具备对用户进行直接细分市场的能力,它也有可能拥有一定的信息来实施间接细分市场的价格歧视。这解释了为什么澳洲航空公司对两种折扣票采取不同的改签政策。通过这样的区分,它可以从那些可能在航班起飞当天进行改签的乘客中获得更多利润。

任何具备市场力的产品制造商或服务提供商都可以运用本章所提出的方法来定价,从而更好达到公司的目标,尤其是提高利润。非营利组织也可运用定价策略来促进销售并为更多人服务。

9.2 统一定价

每当管理层被问及他们为何不提高价格时,最常见的回答是,"因为销售量将下降"。然而,这个答案并没有真正回答问题。除非需求是完全刚性的,否则,提高价格通常都会导致销量下降。真正的问题在于,价格的提升将如何影响卖方的利润。我们将会表明,真正的答案取决于需求价格弹性和边际成本。

在这里,我们从最简单的**统一定价**(uniform pricing)策略开始讨论,这种定价策略意味着卖方给每单位产品制定相同的价格。

统一定价:卖方给每单位产品制定相同的价格。

■ 价格弹性

假设水星航空公司提供的航空服务包含一项不变的边际成本,这项成本为每位乘客80元。水星航空公司应对其服务设定什么价格?为简单起见,我们假设公司的利润贡献大到能够涵盖固定成本,这样公司可以持续经营。

回顾一下,第3章指出:当需求富有弹性时,价格每上涨1%,引起的需求量的下降将大于1%;相反,当需求缺乏弹性时,价格每上涨1%,引起的需求量的下降将小于1%。一般来说,如果需求缺乏弹性,价格的上涨可以带来更高的利润。所以,一个面临着刚性需求的卖方应当提高价格。

■ 利润最大化时的价格

所以,只要需求缺乏弹性,卖方就应该提高价格。在价格弹性范围内,哪个价格能使卖方利润最大化?第8章已经利用边际收入等于边际成本这个规律解释了利润最大化时的销量和价格。图9-1表示了利润最大化时的水星航空的销量和售价。

利润最大化的价格:在这一价格下,边际利润率等于需求价格弹性绝对值的倒数。

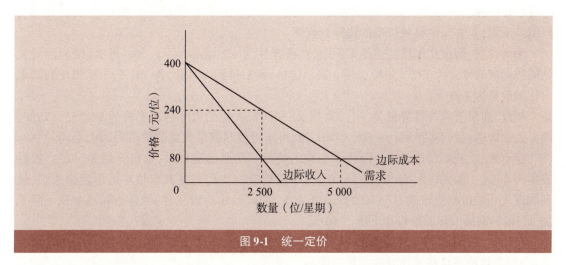

图9-1 统一定价

注:在利润最大化的销量上,边际收入等于边际成本。相应地,边际利润率等于需求价格弹性绝对值的倒数。

然而,管理层通常很难获得关于边际收入的信息。他们通常掌握更多有关需求价格弹性的信息。因此,掌握基于弹性的定价法则将会更为方便。

一个与"边际收入等于边际成本"同等重要的规则是:边际利润率等于需求价格弹性绝对

值的倒数。所以,卖方为获得利润最大化,应使定价服从于:

$$边际利润率 = -1/需求的价格弹性 \tag{9.1}$$

需求的价格弹性是负数;所以,定价等式右边的负号可以保证右边值为正。

我们来应用这条法则确定水星航空的价格。假设需求的价格弹性是 -1.5。那么,水星航空为达到利润最大化,其边际利润率必须为 $1/1.5=2/3$。用 p 代表价格,边际成本为 80 元,根据法则,可得:

$$\frac{p-80}{p} = \frac{2}{3} \tag{9.2}$$

求解这个方程,我们可以得 $p=240$。因此,使水星航空利润最大化的价格为 240 元(如图 9-1 所示,根据边际成本等于边际收入的规律求得销量及价格,我们将得出同样的价格)。在 240 元的价格水平上,需求量是每周 2 500 客位。因此,水星航空的总收入是每周 $240×2 500 = 60$ 万元。水星航空的总成本为每周 $80×2 500 = 20$ 万元。因此,其利润为每周 40 万元。

价格弹性将沿着需求曲线变动。更进一步说,边际成本将随着生产规模的变化而变化。因此,确定利润最大化的价格点时,需要以不同的价格一一测试,直至找到使边际利润率与价格弹性绝对值的倒数相等的点为止。

■ 需求和成本的变动

定价法则表明了当需求价格弹性或边际成本变动时,卖方应如何调整价格。我们首先讨论需求价格弹性的变化。如果需求更富有弹性,那么,价格弹性将是一个更大的负值。因此,根据该法则,卖方应该寻找较低的边际利润率。

举例说明,假设在水星航空的案例中,价格弹性为 -2 而不是 -1.50。那么,使利润最大化的边际利润率应为 $1/2=50\%$。用 p 表示价格,我们得到 $(p-80)/p=0.5$,可求得使利润最大化的价格为 160 元。

相反,如果需求弹性降低为 -1.33,那么,利润最大化的边际利润率将是 $1/1.33=75\%$。用 p 表示价格,我们将得到 $(p-80)/p=0.75$,可求得使利润最大化的价格为 320 元。

接下来,让我们讨论卖方边际成本变化的情况。在原始案例中,价格弹性为 -1.5,边际成本为 80 元。假如边际成本减少至 60 元,水星航空应如何调整其价格?运用定价法则,使利润最大化的价格应该满足 $(p-60)/p=1/1.5$,即 $p=180$。请注意,尽管边际成本只下降了 20 元,但利润最大化的价格却下降了 60 元。

类似地,我们可以得出,如果边际成本提高,水星航空不应该等量地提高其价格。原因在于,公司必须考虑价格变化对需求量的影响。

这些例子说明了在价格弹性或边际成本变动的情况下,卖方应同时考虑价格弹性和边际成本来调整其价格。特别需要强调的是,卖方对价格的调整量并不一定等于边际成本的变动量。

> **进度检测 9A**
>
> 在水星航空的案例里,假设需求价格弹性为 –2,边际成本为每客位 70 元,计算使利润最大化的价格。

■ 常见的错误认知

一个对于定价策略常见的错误认知是按照平均成本来定价。成本定价法会引起几个问题。在存在规模经济时,平均成本取决于生产规模。因此,使用成本定价法时,卖方必须假定一个产量。然而,该产量将随价格的变动而变动,这样成本定价法就陷入了一个无解的循环。

成本定价的另一个问题是它不能指导卖方应如何在平均成本上加价。对于不同的产品,卖方在平均成本之上的加价量应该相同还是不同?假设卖方想要设定最优加价幅度以得到最大利润,卖方还是需要重新考虑需求的价格弹性和边际成本。因此,成本加价法最终并不简单。

另一个常见的错误认知是,达到利润最大化的价格仅仅由弹性决定。为了解释正确的做法,我们来讨论很多酒店客房中都提供的小型酒吧的案例。这种小型酒吧具有市场力,特别是在凌晨的时候,到酒店外面去喝饮料很不方便甚至危险。

假设喜力啤酒与可口可乐具有相同的需求价格弹性,酒店应该为这两种产品制定相同的价格吗?绝对不是。酒店应当为这两种产品设定相同的边际利润率。由于酒店的喜力啤酒的边际成本比可口可乐高,因此,酒店应该给啤酒定更高的价格。

一个对于服务定价策略的错误认知是,应当尽可能占满所有可用设施。设施利用率在测量成本效率时很有用。但是,利用 100% 的设施意味着销售增加。然而,在统一定价策略下,这意味着降低了价格并在边际内买方身上损失了收入。所以,提高设施利用率可能会导致利润下降!

价格弹性:谁才是顾客?

当受损车辆送到汽车修理店时,车主首先要回答的问题是:"车辆有保险吗?"为什么修理店在意车主是否购买了车辆保险呢?

在汽车修理的案例中,需求方有两个:做出修车决定的车主和为此付款的保险公司。车主对修理费用较不敏感。事实上,车主可能还会要求修理店用保险公司的钱修理其他一些明显的破损。

通常,当做出选购决定的人并非真正付费的人时,需求对于价格就不那么敏感了。汽车修理店了解并利用了这一点。然而,现实生活中,车主在某种程度上还是会考虑修理费用,因为他未来的保险费或续保费将取决于过往的理赔记录。

9.3 完全价格歧视

前一节介绍了统一定价的法则：卖方应该设定这样的价格，在此价位上，边际利润率等于需求价格弹性绝对值的倒数。在图 9-2 中，我们解释了水星航空公司要如何运用统一定价策略实现利润最大化。然而，通过进一步的讨论，我们将说明统一定价策略并不能产生最大可能利润。这意味着我们应该寻找一种更优的定价策略。

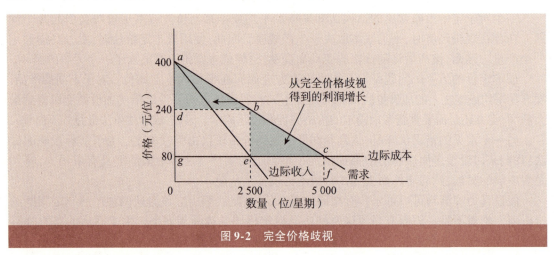

图 9-2 完全价格歧视

注：在完全价格歧视政策下，卖方根据买方收益对每单位产品进行定价，使销量处于边际收益等于边际成本的数量上。完全价格歧视策略下比统一定价策略下增加的利润是阴影部分 *adb* 和 *bec* 的面积之和。

■ 统一定价的缺陷

如前所述，产品的需求曲线可以反映出不同买方的边际收益。在每位乘客 240 元的价格水平上，边际买方从一次旅行中得到的收益与价格相等。对于所有的边际内的买方，即 2 499 个买方来说，其收益都高于价格。每一个边际内的买方都享有一定的买方剩余，买方剩余是图 9-2 中三角形 *abd* 的面积。

如果运用统一定价策略，边际内买方所付出的价格低于他们愿意付出的价格。这意味着，通过设计一种能获取部分买方剩余的定价方法，水星航空可以提高其利润。

统一定价的另一个缺陷在于它导致的销量未能达到经济效率。（回顾第 6 章，当一个产品的销量能够达到使边际成本等于边际收益时，则该产品的分配达到了经济效率。）

边际买方获得了 240 元的效益，而边际成本仅为 80 元。如果能将机票销售给边际收益超过边际成本的那些乘客，水星航空还会得到更多的利润。

综上所述，统一定价未能实现利润最大化，这是因为：

- 它未能获取所有买方剩余；
- 它未能提供达到经济效率所需的销量。

统一定价的缺陷：（1）未能获取所有买方剩余；（2）未能提供达到经济效率所需的销量。

> **进度检测 9B**
>
> 统一定价的两个缺陷是什么?

◼ 价格歧视

理想情况下,水星航空应按不同的买方收益来出售每一张机票。参照图 9-2,这就好像沿着市场需求曲线的下沿出售机票。那么,水星航空从收益较高的乘客那里获得较高的边际利润,而从收益较低的乘客那里获得较低的边际利润。

卖方对同样或类似产品的不同交易单位设定不同边际利润的定价策略叫做**价格歧视**(price discrimination)。价格歧视这个术语仅仅意味着设定不同价格而不含有任何负面的暗示。价格歧视也可以被称作"差别定价"。

> **价格歧视**:对同样或类似产品的不同交易单位设定不同边际利润的定价策略。

完全价格歧视(complete price discrimination)是这样一种定价策略:每一单位产品的定价都等于买方的收益,并且销量使边际收益等于边际成本。这种策略之所以叫做完全价格歧视,是因为它向每个买方收取的价格等于该买方愿意为此产品所支付的最高价格。因此,这种定价策略使买方无法获得任何买方剩余。

> **完全价格歧视**:每一单位产品的定价都等于买方的收益,并且销量使边际收益等于边际成本。

为了说明完全价格歧视,让我们来讨论水星航空的定价。参照图 9-2,需求曲线是一条直线,其斜率为 $-320 \div 5\,000 = -0.064$。这意味着第一位旅行者愿意支付 $400 - 0.064 = 399.936$ 元;第二位旅行者愿意支付 $400 - (2 \times 0.064) = 399.872$ 元;以此类推。因此,在完全价格歧视之下,水星航空对第一位买方的定价应为 399.936 元,对第二位买方的定价应为 399.872 元,以此类推。

水星航空在卖到第 2 500 张机票时还应该继续下去。其原因在于,第 2 501 张机票的买方的收益为 $240 - 0.064 = 239.936$ 元,这超过了水星航空 80 元的边际成本。这意味着,如果公司将机票卖给这位买方,其利润将会增加。

事实上,水星航空应该持续销售,直至边际收益等于边际成本。参见图 9-2,在销量达到每周 5 000 个座位时,达到该平衡。第 5 000 位买方愿意支付的价格恰好为 80 元,这也正是航空公司的边际成本。如果水星航空想卖出的机票超过 5 000 张,那么,多卖出的机票将使其亏损。在完全价格歧视法则下,第 5 000 位买方是边际买方。

通过完全价格歧视,水星航空的总收入将是位于需求曲线下方、销量从 0 到 5 000 单位的区域 *ofca* 的面积,也就是每周 $(400 + 80) \div 2 \times 5\,000 = 120$ 万元。至于成本,航空公司的总成本为 *ofcg* 区域的面积,也就是每周 $80 \times 5\,000 = 40$ 万元。因此,运用完全价格歧视法,水星航空的利润将是每周 80 万元。

相比之下,在前一节中,我们用统一定价法表明水星航空的最大利润是 40 万元。因此,运用完全价格歧视法,水星航空所得的利润将高于统一定价法下所得的利润。

在完全价格歧视策略下,卖方销售的每一单位产品的定价都等于买方的收益,并且销量使得边际收益等于边际成本。完全价格歧视策略弥补了统一定价策略的两个缺陷。

- 通过将每件产品的价格设定为买方的收益,这种策略夺取了所有的买方剩余。
- 这种策略提供了达到经济效率的销量。因此,它通过增加销量从而把握到所有能夺取更多利润的机会。

在水星航空的案例中,首先,完全价格歧视帮助公司从 2 499 位边际内买方中夺取了比在统一定价下更高的价格。在图 9-2 中,利润的增加由阴影部分 adb 的面积表示。其次,通过使用完全价格歧视,水星航空多卖出了 2 500 个座位。在图 9-2 中,这些多卖出的座位带来的利润由阴影部分的面积 bec 表示。总的利润增加额为阴影部分 adb 与 bec 的面积之和。

■ 经济效率

我们鼓励卖方将完全价格歧视作为增加利润的一种策略。有趣的是,这种策略同时也达到了经济效率。从这个角度来看,利润最大化目标与实现经济效率的社会目标是一致的,即有效地分配资源,直至没有人能在不使他人处境变差的情况下使自己的处境变得更好。

由于价格歧视可以达到经济效率,它对于非营利和政府组织,例如医院、学校和博物馆非常有用。通过价格歧视,它们能够为更多的人服务。例如,一个非营利组织可以通过向愿意支付更高价格的人收取高额费用,赚取额外收入来为贫困的顾客服务。

■ 信息与转售

在完全价格歧视下,卖方就每单位产品向不同的买方收取不同的价格。要实施完全价格歧视,卖方必须:

- 知道每个潜在买方的个人需求曲线。光知道个人需求曲线的价格弹性是不够的,卖方必须知道每个潜在买方的完整个人需求曲线。
- 有能力防止买方以一个较低的价格购买,然后以较高的价格转售给其他人。

显然,相对于实物产品,服务尤其是个人服务更难以被转售。举例来说,转售医疗服务比转售药品更难,转售税收筹划建议比转售税收管理软件更难。所以,价格歧视在服务行业更广泛地存在,特别是在个人服务领域十分常见。

> **进度检测 9C**
>
> 在图 9-2 中,完全价格歧视策略比统一定价策略产生的利润增加值为 adb 和 bec 两块区域的面积。计算这些区域代表的价值是多少。

 小案例

医生真的需要知道你的职业吗?

价格歧视在医疗服务业中很常见。医生们对病人的诊断都是独立的。治疗的第一步通常是记录病人的基本资料。这往往包括常规性问题,例如:病人的职业、雇主、家庭住址和医疗保险范围。这些信息除了用于了解病人的健康状况外,对于衡量病人的支付能力和支付意愿也是十分有用的。

由于病人都是独立支付账单,医生能够很轻易地对不同病人收取不同的费用,尽管其治疗过程完全相同。结果将与完全价格歧视非常接近。事实上,卫生经济学专家 Victor Fuchs 和 Alan Garber 表示:"医疗系统在价格歧视方面有着优良的传统。医生为贫困者提供免费或者极为便宜的服务,而医药公司对于那些付不起全价的病人收取更低的价格。"

资料来源:Victor Fuchs and Alan M. Garber, "Medical innovation: promises & pitfalls," *Brookings Review*, Vol. 21, No. 1 (Winter 2003), pp. 44—48。

9.4 直接细分市场价格歧视

为了实现完全价格歧视,卖方必须知道每个潜在买方的完整个人需求曲线。如果卖方没有这么充分的信息呢?当卖方缺乏足够的信息而不能对每个买方设定不同的价格时,卖方仍可以对不同细分市场中的买方实施价格歧视。**细分市场**(segment)是在一个较大市场上具有明显共性的一小群买方。

> **细分市场**:在一个较大市场上具有明显共性的一小群买方。

■ 同质细分市场

假设水星航空服务成年人和老年人的边际成本都为80元。那么,水星航空可以根据年龄将市场划分为两部分。我们把给每一个细分市场制定不同的边际利润率的定价策略叫做**直接细分市场价格歧视**(direct segment price discrimination)。

> **直接细分市场价格歧视**:卖方针对每一个细分市场制定不同的边际利润率。

在水星航空的例子中,存在两个细分市场:成年人和老年人。假设所有的成年人愿意为机票支付360元,而所有的老年人愿意为此支付的价格仅为90元。两个细分市场群体愿意支付的价格都超过了水星航空的边际成本80元。

因此,水星航空应当将成人的票价设定为360元,而将老年人的票价设定为90元。水星航空从每位成人乘客中所获取的边际利润为 360 − 80 = 280 元;而从每位老年乘客中所获取的边际利润为 90 − 80 = 10 元。

在这个简单的例子中,水星航空可以通过直接细分市场来实施完全价格歧视。然而,我们下面将要讨论,如果每个细分市场中的买方不同质并且水星航空缺乏信息来区分每个小的细分市场,那么直接细分市场价格歧视就不能达到完全价格歧视。

■ 不同质细分市场

如果成年乘客愿意为机票支付的价格并不相同,而且老年人愿意为机票所支付的价格也不相同,那么,利润最大化的定价策略就取决于水星航空是否能够在成年与老年细分市场内部将买方区分出来,并阻止细分市场内部的转售行为。

如果水星航空没有足够的信息,或是它无法做到阻止细分市场内部的转售行为,那么它在成年人及老年人的细分市场上有两种定价策略。第一种是在两个细分市场内实施统一定价。第二种是在两个细分市场内实施间接细分市场价格歧视。我们在此集中讨论细分市场内的统一定价,在之后章节中讨论细分市场内的间接价格歧视。

在每个细分市场之内,利用统一定价法则,在该价格水平上,每个细分市场内的边际利润率应等于该细分市场需求价格弹性绝对值的倒数。

假设成年人和老年人的需求如图9-3所示。先考虑成年人的需求情况。假设利润最大化时的价格为 a。通过一系列的测试,我们发现,在 a 的价格水平上,需求的价格弹性为 -1.5。因此,水星航空设定价格 a 使得边际利润率为 $1 \div 1.5 = 67\%$。也就是说,$(a - 80) \div a = 0.67$。因此,成人票价应为 $a = 240$ 元。在这个价格水平上,需求量为每星期2 500位。

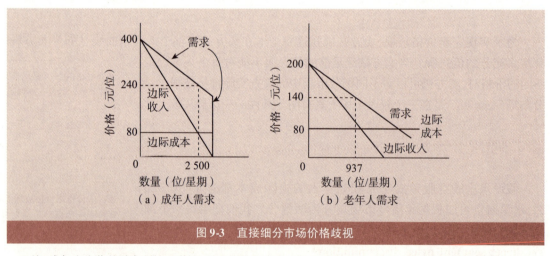

图9-3 直接细分市场价格歧视

注:成年人座位的需求更缺乏弹性,所以卖方应当为成年人座位设定一个相对较高的边际利润率。

接下来,我们讨论老年乘客的需求状况。老年乘客获得的边际收益较低。因此他们的需求曲线比成年乘客的低。假设使利润最大化的价格为 s。通过一系列的测试,我们发现,在 s 的价格水平上,需求的价格弹性为 $-7/3$。因此,水星航空应将老年乘客票价设定为 s,使得边际利润率为 $3/7$。也就是说,$(s - 80)/s = 3/7$。因此,老年乘客票价应为 $s = 140$ 元。在这个价格水平上,需求量为每星期937位。

在这个例子里,成年乘客的需求弹性较小。因此,水星航空应该在正常成年乘客票价上设定一个相对较高的边际利润率。公司在成年乘客细分市场中得到的利润贡献为(240 − 80) × 2 500 = 40万元。另外,它从老年乘客细分市场上得到的利润贡献是(140 − 80) × 937 = 5.62万元。因此,采用直接细分市场价格歧视的利润为每周45.62万元。相比之下,采用统一定价法的利润为每周40万元。

通常,运用直接细分市场价格歧视的策略,卖方在需求弹性较高的细分市场上,应该制定获得相对较低边际利润率的价格;而在需求弹性较低的细分市场上,应该制定获得相对较高边际利润率的价格。

■ 实施

为了实施直接细分市场价格歧视,卖方必须能够识别并利用一些固有的买方特征来细分市场。这些特征必须是固定的。否则,一个买方可能会转入另一个细分市场以享用较低的价格。

对电影和主题公园的需求随买方一些特征(诸如收入、职业和年龄等)的变化而变化。电影院和主题公园不能直接观察出顾客的收入,但它们可以检查顾客的年龄,以及他(她)是不是学生。

年龄特征可以用来实施直接细分市场价格歧视。它很容易识别,而且不可改变。一位中年人不可能购买老年人的票。所以,电影院和主题公园可以从老年人和儿童顾客中获取其较低的边际收益。假设为每位顾客提供服务的边际成本是相同的,那么结果是对老年人和儿童设定的票价低于中年人的票价。

直接细分市场价格歧视的另一个条件是卖方必须有能力防止买方以一个较低的价格购买,然后以较高的价格转售给其他人。电影院在它们的票上注明"不可转让"。只要影院可以阻止电影票的转售行为,那么它们就可以在大学生和其他成人之间实行价格歧视。

> **进度检测 9D**
>
> 在图9-3中,假定边际成本是100元。在图上表示出新的对于成年人和老年人的定价。

小案例

亨氏番茄酱:不得用于零售

番茄酱市场包括零售细分市场和机构细分市场。机构细分市场的买方包括餐馆、订餐服务公司、航空公司、学校甚至监狱。机构买方订购量大,而且通常会派出专业采购人员以获得最优订单。通常,机构需求比零售需求的价格弹性要高。这意味着定价策略需要对机构买方设定较低的边际利润。

番茄酱制造商通过诸如超级市场和杂货店等分销渠道将产品供应给零售买家。制造商能否实施直接细分市场价格歧视,取决于它能否防止机构买家将番茄酱转售给零售买家。亨氏公司在为餐馆提供的每一瓶番茄酱上标明"不得零售"这一行为并非偶然。

▲ 小案例

新加坡国立大学医院

新加坡国立大学医院是一所附属于新加坡国立大学的高等医疗及教学机构。和其他的公立医院一样,新加坡国立大学医院对新加坡人和外国人收取不同的医疗费。

新加坡公民和永久居民可以享受补贴诊疗费率。根据主治医生的级别,第一次诊疗的费用从 27 新元至 31 新元不等,后续诊疗需要 25—28 新元。而外国人必须支付未受补贴的个人诊疗费:第一次诊疗的费用为 66.9—85.95 新元,后续诊疗需要 43.1—62.12 新元。

9.5 地理位置

如果运输产品需要耗费成本,而且卖方可以确定买方的地理位置,那么卖方就可以根据买方的地理位置来实施价格歧视。通常有两种根据地理位置定价的方法。

一种方法是对所有的买方制定统一的不包含运费的价格。这样的定价法叫做出厂价或**离岸价**(free on board,FOB)。在这种情况下,每一个买方都应支付离岸价加上到达所在地的运费。运用 FOB 定价法,不同地区价格的差异等于各地运输成本的差异。

另一种对于不同地理位置的定价策略是制定包含运费的价格,这被称为**成本加运费价**(cost including freight,CF)。在 CF 定价法下,不同地区的价格差异不一定与各地区的运输成本差价相同。

> **离岸价(FOB)**:运费单独计算的报价。
>
> **成本加运费价(CF)**:包括运费的整体报价。

■ FOB 价与 CF 价

要解释 FOB 与 CF 定价(每个细分市场中采取统一定价),假设太阳自行车公司在本土市场上为一辆自行车赛车定价 350 美元,运送到日本的成本为 30 美元,所以 FOB 价格是 350 + 30 = 380 美元。根据 100 日元对 1 美元的汇率,该自行车赛车用日元表示的 FOB 价格为 380 × 100 = 38 000 日元。

然而,FOB 定价法忽略了不同市场上的需求价格弹性的差异。假设太阳公司可以在两个市场上实行直接细分市场价格歧视,那么它就应该按照之前一节的分析设定 CF 价格。在日本的边际利润率应该与需求价格弹性的绝对值的倒数相等。

如果日本市场的需求比本土市场的需求更富有弹性,那么太阳公司应该将日本市场的边际利润率设定得低于本土市场的边际利润率。然而,较低的边际利润率并不意味着较低的价格,因为太阳公司在日本市场的边际成本包括运输成本。

相反,如果日本市场的需求弹性比本土市场的小,那么太阳公司在定价时应使日本市场的边际利润率比本土市场的高。考虑到日本市场供给的边际成本较高,这就说明太阳公司在日本市场的价格要高于在本土市场的价格。

实施 CF 定价法时,两个市场间的价格差异由两个市场的不同边际利润率以及不同的供给边际成本所决定。特别需要说明的是,价格的差异未必是运输成本。

综上所述,直接细分市场价格歧视比统一定价提供了更多的利润。同样地,CF 定价比 FOB 定价提供了更多的利润,因为它考虑了不同市场的需求价格弹性的区别。

平行进口

对于基于买方地理位置的价格歧视,不同的买方不一定需要通过调整地理位置来利用价格差盈利。对于大多数产品,卖方只能控制产品销售的地点而不能监控买方的地点。

假设一种产品在两地间的价格差异超出了运费,那么零售商甚至消费者就可能选择在一地购买产品并运送到另一个地点。这种平行进口对于轻薄高价的产品(例如药品和化妆品)所在行业构成了很大的挑战。

生产商对平行进口行为采取以下措施:一种措施是对产品进行定制来迎合市场。例如,英国消费者不太可能购买标签为斯瓦希里语的药品。另一种限制措施是对平行产品的源头进行管制。制造商对低价格市场的潜在需求进行预估并对这个市场限制销量。对于耐用品,制造商可能会将保修服务限定于购买国家。这些措施都能够使消费者们不那么倾向于在自己国家以外的地区购买产品。

> **进度检测 9E**
>
> 假设日本市场对太阳自行车需求的价格弹性是 −2.5,包含运费的边际成本是 30 000 日元。计算太阳自行车在日本市场的 CF 价格。如果太阳自行车在本地市场的价格是 350 美元,外汇兑换率是 1 美元兑 100 日元,那么日本市场的价格和本地市场的价格有多大差异?

小案例

《华尔街日报亚洲版》:印刷版与网络版

《华尔街日报亚洲版》每天都在中国香港、新加坡和日本东京印刷并同步发售。在这三个城市里,报纸的定价差异很大。2014 年 12 月,该报纸在香港的 8 周订期定价为 310 港币(折合 40 美元),在东京为 17 820 日元(折合 143 美元),而在新加坡为 72 新币(折合 56 美元)。

商业类报纸十分适合使用地理位置来实施价格歧视。几乎没有生意人愿意以较低的价格购买过时的新闻。因此,《华尔街日报亚洲版》在东京的销售价格超过在香港售价的三倍。

相反,要确定网络用户的地理位置却比较困难。所以,《华尔街日报》的网络版对这三个地区的 8 周订期的定价均为 8 美元。通常来说,通过网络进行产品的售卖以及配送的商家不能依据地理位置来实施价格歧视。

资料来源:*Wall Street Journal Asia*, www.wsj.com, 2014 年 12 月 2 日。

9.6 间接细分市场价格歧视

对于直接细分市场价格歧视,卖方必须能够利用买方的固有特性来对市场进行细分,每个细分市场有不同的需求曲线。卖方可能知道存在不同需求曲线的细分市场,但却找不到用以细分市场的固定特征。在这种情况下,卖方运用另一种策略实施价格歧视,即使用间接的方法。

假设水星航空的业务涵盖商务旅行和休闲旅行两个细分市场。每个细分市场是同质的。从表 9-1 我们可知,商务旅客旅行的收益是 501 元,而休闲旅客旅行的收益是 201 元。

在理想的状况下,水星航空可以实行直接细分市场价格歧视,对商务旅客收取 500 元的票价,而对休闲旅客收取 200 元的票价。但它如何区分商务旅客和休闲旅客?如果航空公司的登机手续办理柜台要求每位旅客说明旅行的目的,那么每位旅客的回答可能都是度假。或者,水星航空的雇员可以通过辨别旅行者是穿着商务套装还是休闲装来实行区分,但是假设商务旅客也穿着休闲装呢?

■ 构建选择

现在让我们来讨论另一种价格歧视:使用间接的办法来区分商务旅行者和一般旅行者。考虑一下旅行者的详细旅行计划。像小华和小明这样的度假者会提前订票,相比之下,商务旅行者可能会根据工作需求及时调整日程计划。所以,商务旅行者和一般旅行者对航班预订改签费的敏感程度不一样。

水星航空可以提供两种机票:一种机票更加昂贵,但是改签不受限制且不需任何费用;另一种机票更加便宜,但是改签受限。如表 9-1 所示,受限制的机票对于商务旅客的收益为 101 元,对于休闲旅客则是 181 元。对于两种旅客来说,使用不受限制的机票均能够比受限制的机票获得更高的收益。但是商务旅客从不受限制的机票中获益相对较多,而从受限制的机票中获益相对较少。

例如,假设水星航空将不受限机票的价格定为 500 元,受限机票的价格则定为 180 元。那么商务旅客将如何选择?他们将不会购买受限制的机票,因为价格超过了他们的收益。他们将购买不受限机票,从而得到 501 − 500 = 1 元的买方剩余。对于休闲旅客来说,他们将不会购买不受限机票,因为价格超出了他们的收益。他们将购买受限制的机票,从而得到 181 −

180＝1 元的买方剩余。表 9-1 展示了航空公司从每位旅客那里得到的利润贡献。

表 9-1 航空市场的间接细分市场价格歧视

	收益（元）		价格（元）	边际成本（元）	边际利润（元）
	商务旅客	休闲旅客			
不受限制机票	501	201	500	80	420
受限制机票	101	181	180	80	100

水星航空面临着两个细分市场：商务旅客和休闲旅客，他们各自拥有不同的需求曲线。然而航空公司不能直接区分细分市场。所以，它利用商务旅客和休闲旅客对于改签费用不同的敏感度，构建了不受限机票和受限机票之间的选择。我们将这种通过向买家构建不同选择，从而在不同细分市场获得不同的边际利润的定价策略称为**间接细分市场价格歧视**(indirect segment price discrimination)。

> **间接细分市场价格歧视**：向买方构建不同的选择，从而在不同细分市场获得不同的边际利润的定价策略。

间接细分市场价格歧视运用产品属性在不同的细分市场上实施价格歧视。实际上，产品属性是买方属性的替代。为了确定利润最大化的价格，卖方必须考虑到具有不同属性的买方如何能够在不同的选择中替换。因此，卖方不能独立地为某一产品定价。相反，它必须同时为所有的产品定价。

■ 实施

要实施间接细分市场价格歧视，卖方必须控制一些变量，不同的细分市场上的买方对这些变量的敏感程度不同。卖方能够运用这些变量来构建一系列的选择，以在不同细分市场上实施价格歧视。

由于间接细分市场价格歧视允许买方从一系列产品中做出选择，很明显卖方无法限制买方对产品的选择。间接细分市场价格歧视的另一个必要条件是买方无法规避价格歧视的差别变量。

例如，假设水星航空允许受限机票的乘客免费改签航班。那么一部分商务旅行者就可能从购买不受限机票转为购买受限机票。这种转变将会破坏细分市场价格歧视。所以在实践中，航空公司通常都严格执行受限机票的改签规定。

> **进度检测 9F**
>
> 根据表 9-1，假定商务旅客从受限机票中得到的收益是 401 元，而休闲旅客从受限机票中得到的收益为 101 元，计算商务旅客与休闲旅客分别从不受限机票和受限机票中得到的买方剩余。水星航空能够实施间接细分市场价格歧视吗？

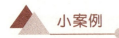

小案例

澳洲航空：Red e-Deal、Flexi Saver，还是 Fully Flexible？

价格歧视广泛存在于航空运输业。航空公司严格谨慎地实施机票实名制（事实上，由于机场安全措施的不断强化，政府在此措施中起了重要推动作用）。所以，旅客不能将机票转售给他人。

机票的价格随着日期、时间、改签次数和改签费用等政策不同有着不同的价格。对于 2015 年 1 月 6 日悉尼飞往墨尔本的 QF401 航班，澳洲航空公司提供了三种价格的机票：600 澳元的 Fully Flexible 机票、365 澳元的 Flexi Saver 机票与 245 澳元的 Red e-Deal 机票。

票价越高的机票具有的灵活性也就越大。Fully Flexible 级别的机票可以全额退票；Flexi Saver 机票不允许退票，但在支付费用的条件下允许在航班起飞前进行改签；Red e-Deal 不允许退票，在支付费用的条件下允许在航班起飞前一天以前进行改签。显然，更具灵活性的机票针对的是商务旅客，而限制性机票的目标是休闲旅客。

资料来源：澳洲航空公司。

9.7 选择定价策略

一般来说，完全价格歧视策略能够带来最大的利润。然而，这也要求卖方掌握最多的信息。利润次高的定价策略是直接细分市场价格歧视策略。在此策略下，卖方通过买方的一些固定特性来细分市场。卖方必须能够确定每一个细分市场，并防止一个细分市场的买方购买另一个细分市场的产品。

再次，就是间接细分市场价格歧视策略，它通过产品属性而不是买方属性来实施。间接细分市场价格歧视策略比直接细分市场价格歧视策略的利润更低，这是因为以下两个原因：

- 买方收益。要吸引不同属性的买方在不同的产品中做出选择，卖方必须设计不那么具有吸引力的低端产品。这些产品对买方提供更低的收益。例如，在间接细分市场价格歧视下，航空公司特意向受限机票添加不具吸引力的条款，这样做的主要目的就是使它们对商务旅客失去吸引力。
- 成本。间接细分市场价格歧视可能会产生更高的成本。例如，日用品生产者使用免去零头的优惠券来区分拥有不同价格弹性的消费者群体。但优惠券本身对制造商、经销商和消费者都产生了成本。

最后，利润最低的定价策略是统一定价法。这种定价方法没有实施任何价格歧视，但它实施起来最简单，所需的信息量也最少。表 9-2 从利润和需要的信息两方面比较了各种定价策略。

表 9-2 定价政策：利润率和信息

利润率	政策	所需信息和管理
最低 ⇕ 最高	统一定价 间接细分市场价格歧视 直接细分市场价格歧视 完全价格歧视	最低 ⇕ 最高

■ 科技

信息技术特别是互联网的迅速发展，对价格歧视造成了深远并相互冲突的影响。信息技术对价格歧视起着促进和阻碍两方面的作用。

消费者对于互联网使用的爆炸性增长使营销者能够获取更多有关消费者偏好的详细信息。另外，信息计算和存储空间成本的下降有效降低了存储、分析和运用消费者信息的成本。因此，卖方可以更好地针对特定细分市场设计产品。

例如，航空公司和超市运用信息技术来管理消费者忠诚计划项目，它们追踪顾客的消费记录并对特定的会员群体提供特别优惠。在线拍卖系统让卖方针对不同个体消费者的消费意愿对价格进行微调。有了计算机化的生产过程和线上运输系统，生产商可以轻松设计一个产品的多个版本，针对不同细分市场销售。

另一方面，计算能力和存储空间成本的下降同样促进了消费搜索服务的增长。由于持续从互联网上搜集信息，这些服务可以帮助消费者对产品和价格进行比较，从而规避价格歧视，得到最好的方案。

■ 市场侵蚀

上述内容提到，卖方可能会特意设计低端的不具吸引力的产品。它们担心市场侵蚀，即高收益细分市场上的买方转向购买针对低收益细分市场设计的产品。市场侵蚀影响了由间接细分市场价格歧视带来的利润。

当买方从高边际利润率的产品转向购买低边际利润率的产品时，就产生了**市场侵蚀**（cannibalization）。市场侵蚀的一些例子包括：商务旅行者购买了受限机票，高收入的消费者使用了折扣券，以及富裕的家庭买了很普通的轿车而不是豪华型轿车。

> **市场侵蚀**：买方从高边际利润率的产品转向购买低边际利润率的产品。

市场侵蚀的根本原因是卖方不能直接区分市场，因此需要依靠构建产品选择来间接细分市场。当区分变量不能完全将买方区分出来时，就会发生市场侵蚀。

有几种办法能够缓解市场侵蚀。一种办法是通过产品设计。将更高边际利润率的产品进行升级使其更吸引人，这样，市场侵蚀发生的可能性就会降低。将边际利润率低的产品进行降级，使其变得更不吸引人，这样，市场侵蚀发生的可能性也会降低。

要缓解市场侵蚀，产品设计甚至可以包含一些用来区分市场的变量。例如，航空公司可以对受限机票设置一系列的条件，包括最短及最长停留时间、转机限制，以及取消或变更航程的处罚等。每一种条件都可以减少受限机票侵蚀不受限机票市场的可能性。

最后,市场侵蚀可以通过控制可获得性来缓解。将低边际利润率产品设置为很难获得,将使其变得缺乏吸引力。例如,航空公司会限制每个航班中低价机票的客位数。

> **进度检测 9G**
>
> 解释为何间接细分市场价格歧视比直接细分市场价格歧视给卖方带来的利润要少。

Hermitage 博物馆的定价策略

由女皇卡特琳娜二世建立,位于俄罗斯圣彼得堡的 Hermitage 博物馆是世界上最大的艺术博物馆之一。在十月革命之后,苏联政府将博物馆向公众开放。紧接着,通过将前皇宫冬宫规划进博物馆和收纳众多个人艺术收藏,苏联政府对博物馆进行了大规模扩建。

Hermitage 的定价策略结合了直接和间接细分市场价格歧视。对于学生、儿童和俄罗斯籍老人,门票是免费的;对于俄罗斯成人,博物馆收取 100 卢布的费用,而对于外国成人则收取 400 卢布(约折合 14.25 美元)。

Hermitage 鼓励游客通过互联网从其官方网站购买门票从而"可以省却在售票处排长队",网上购票的价格是 17.95 美元。同时,Hermitage 博物馆在每个月的第一个星期四向所有的参观者提供免费参观。

资料来源:www.hermitagemuseum.org,2011 年 7 月 20 日。

知识要点

- 在统一定价策略下要实现利润最大化,必须将价格设定在边际利润率等于需求价格弹性绝对值的倒数的水平上。
- 价格歧视可以通过夺取买方剩余和提供更接近经济效率的销量来增加利润。
- 完全价格歧视对产品的每一单位收取不同的价格。
- 直接细分市场价格歧视对每个细分市场分别设定不同价格以获得不同的边际利润。
- 间接细分市场价格歧视为买家构建选择来获得每个细分市场不同的边际利润。
- 地理位置是细分市场价格歧视中的一种定价基础。
- 如果用利润率来对定价策略排序,则从高到低分别是:完全价格歧视策略,直接细分市场价格歧视策略,间接细分市场价格歧视策略,统一定价策略。

复习题

1. 很多超市出售名牌和自家品牌的产品。假设一家超市认定其自家品牌的可乐的需求弹性低于可口可乐的需求弹性。它是否应该给自家品牌的可乐制定更高的价格？
2. 太阳电器公司生产节能灯泡。边际生产成本为每只灯泡2元,需求的价格弹性为1.25。在统一定价策略下,使得利润最大化的价格为多少？
3. 火星轮胎公司通过一种创新的生产方法使其轮胎的边际成本从50元降低到40元。它应该给每个轮胎降价10元吗？
4. 出版商定价时采用页数乘以每页的标准价格。评论这种定价策略。
5. 与统一定价相比,完全价格歧视是如何提高利润的？
6. 实施完全价格歧视的必要条件是什么？
7. 举出一个直接细分市场价格歧视的例子。讨论此案例是否符合这种价格歧视的条件。
8. 解释 FOB 价格和 CF 价格之间的区别。
9. 以下两种产品中哪一种更易于根据消费者的地理位置来实行价格歧视？报纸还是科学期刊？说明你的理由。
10. 举出一个间接细分市场价格歧视的例子。讨论此案例是否符合这种价格歧视的条件。
11. 一般来说,租车服务公司的油价要远远高于附近的加油站的油价。解释一下这样的定价策略是如何对那些自己付费租车和他人付费租车的客户实行间接细分市场价格歧视的。
12. 日用品制造商如何通过优惠券来实行价格歧视？
13. 按照利润的大小来对不同定价策略进行排名。
14. 信息技术对卖方实施价格歧视有何影响？
15. 什么是市场侵蚀？要怎样才能控制市场侵蚀？

讨论案例

1. 2014年11月,摩根斯坦利、花旗集团、德意志银行、摩根大通组织了对阿里巴巴为期3年的3亿美元的贷款。此项贷款的利率是在伦敦银行同业拆放利率(LIBOR)的基础上加了0.52个百分点。银行资金的来源是储蓄和银行间的资金流动。然而,银行间市场的利率通常要高于储蓄利率(资料来源:"Alibaba smashes Asian bond records," *IFR Asia*, 2014年11月22日)。
   (a) 伦敦银行同业拆放利率反映了银行资金的平均成本还是边际成本？
   (b) 对于定价来说,哪项因素是相关因素？
   (c) 用边际利润率和需求的价格弹性的概念来解释银行的定价策略。
2. 医生通常都会向病人询问一些个人问题,如职业、单位、家庭住址、医疗保险类型等。
   (a) 下列哪些因素能够对医疗服务中价格歧视的范围造成影响？(i) 医生对病人进行单独诊疗,将医疗服务从一个病人转向另一个病人是不可能的;(ii) 病人的特征,诸如职业、家庭住址等是比较固定的。
   (b) 解释一下,为什么相对于统一定价,医生能够在实施价格歧视时对更多的病人进行诊疗。

3. 迪拜电力水务局(DEWA)提供水电供应服务。2009 年 DEWA 共发电 3 005 600 万千瓦时,其中 29.25% 提供给居民家庭,44.53% 提供给商业用户,8.45% 提供给工业用户。表 9-3 显示了 2011 年 1 月的电力价格。

表 9-3　DEWA:电价

居民/商业用户		工业用户	
月使用(千瓦时)	每千瓦时价格(菲尔)	月使用(千瓦时)	每千瓦时价格(菲尔)
0~2 000	23	0~10 000	23
2 001~4 000	28	10 001 及以上	38
4 001~6 000	32		
6 001 及以上			

资料来源:迪拜电力水务局。

(a) 当实施直接细分市场价格歧视,并在细分市场内采取统一定价时,卖方应当如何设定价格?

(b) 假设 DEWA 根据利润最大化来设定价格,根据定价表,工业需求相比居民和商业需求是更具弹性还是更缺乏弹性?

(c) 价格歧视的一个必要条件是防止转售行为。这对 DEWA 的挑战是什么?

(d) DEWA 可以对客户的厂房进行技术性访查,这有助于解决 (c) 问题中的挑战吗?请解释你的答案。

4. 大约有 200 万名美国消费者通过网上购物从加拿大购买药品。加拿大的药品价格比美国的药品价格更低。2004 年年初,月销量达到 4 350 万美元的顶峰。之后,美国药品生产商开始对加拿大在网上销售药品的药品批发商进行限量供应。作为回应,加拿大 Universal Drugstore 和其他药品批发商开始从澳大利亚、新西兰和英国进口药品。(资料来源:"Kinks in Canada drug pipeline", *New York Times*, 2006 年 4 月 7 日。)

(a) 考虑需求的价格弹性、生产和运输成本,解释为什么美国药品生产商对药品在美国的售价要高于在澳大利亚和新西兰的售价。

(b) 平行进口市场对美国药品制造商有什么影响?

(c) 比较处方药和非处方药的平行市场所产生的问题。

5. 亨氏集团每年售出 6.5 亿瓶和超过 130 亿包番茄酱(资料来源:亨氏集团)。番茄酱市场中的需求一部分来自零售市场,而另一部分来自机构。机构市场采购量非常大并且通常有专人负责采购。而零售市场则通过像超市和杂货铺这样的销售渠道将番茄酱销售给消费者。

(a) 解释为什么机构对番茄酱的需求的价格弹性要高于零售渠道需求的价格弹性。亨氏集团如何才能实施直接细分市场价格歧视?

(b) 如果亨氏集团都通过批发商来向机构用户和零售渠道供货,解释一下批发商将怎样有可能破坏直接细分市场价格歧视?

(c) 对于(b)中提到的问题,瓶装番茄酱和袋装番茄酱有何区别?

(d) 为什么亨氏集团会在销售给饭馆的番茄酱上标记"不可用于零售"字样?

6. 2010 年,谷歌获得了 293 亿美元营业收入,其中 96% 为广告所得。谷歌的 AdWords 是一种将广告植入谷歌搜索页面和网站的服务。在一个持续性的拍卖过程中,谷歌根据广告商对于每次点击的最高竞价和广告点击次数的乘积对广告进行评分,并按照评分从高至低进行显示。广告商对于每次点击所要支付的价格则来源于其次高广告的评分除以自身广告点击次数的结果。(资料来源:Austin Rachlin, "Introduction to the ad auction", adwords. blogspot. com.)

(a) 根据完全价格歧视理论来解释谷歌 AdWords 的拍卖行为。讨论谷歌是否符合这种价格歧视的条件。

(b) 根据间接细分市场价格歧视理论来解释谷歌 AdWords 的拍卖行为。是什么因素使得对广告版面评价更高的广告商给出更高的竞价?

(c) 根据选用谷歌搜索和网站的消费者的需求,解释为何谷歌在分配广告版面时同时考虑广告商的竞价和点击次数两个因素。

7. 伦敦的中国签证中心对签证申请者收取申请服务费和签证费。申请服务费根据处理时间不同分别是:4 个工作日以内 35.25 英镑,3 个工作日以内 47 英镑。单次往返签证的签证费对于英国、美国和其他国家公民分别是 30 英镑、65 英镑和 20 英镑。两次往返签证的签证费对于英国、美国和其他国家公司分别是 25 英镑、65 英镑和 30 英镑。(资料来源:Chinese Visa Application Centre, London, 2010 年 1 月 5 日。)

(a) 根据直接细分市场价格歧视理论来解释签证中心的定价策略。讨论中国签证中心是否达到了这种价格歧视的条件。

(b) 根据间接细分市场价格歧视理论来解释签证中心对于游客和商务旅客不同的定价策略。讨论中国签证中心是否达到了这种价格歧视的条件。

(c) 中国政府应该在所有国家设定同样的签证费价格吗?

8. 澳洲航空公司通过传统旅行社、线上订票商、自有呼叫中心和自有网站出售机票。显然,对于航空公司来说,通过自有网站售票的每笔交易成本最低,而通过旅行社售票的每笔交易成本最高。澳洲航空可提供的最低价票 Red e-Deal 仅限于在网上预订。

(a) 技术如何影响航空公司实施价格歧视的能力?

(b) 考虑一下澳洲航空的预订成本和旅客的需求弹性,解释为何 Red e-Deal 仅在网上销售。

(c) 澳洲航空提供从悉尼到墨尔本的 QF401 航班的 Red e-Deal 折扣票。早上 6 点出发的航班 Red e-Deal 折扣票价是 245 澳元。而早上 6 点半出发的下一个航班 Red e-Deal 折扣票价是 155 澳元。请解释定价为什么不同?

9. 由女皇卡特琳娜二世建立、位于俄罗斯圣彼得堡的 Hermitage 博物馆是世界上最大的艺术博物馆之一。对于学生、儿童和俄罗斯籍老人,门票是免费的。对于俄罗斯成人,博物馆收取 100 卢布的费用,而对于外国成人则收取 400 卢布(约等于 14.25 美元)。Hermitage 鼓励游客通过互联网在官方网站上购买门票,价格是 17.95 美元并且"可以省却在售票处排长队"。同时,Hermitage 博物馆在每个月的第一个星期四向所有的参观者提供免费参观。

(a) Hermitage 是如何运用直接细分市场价格歧视的?讨论 Hermitage 的定价策略是否满足这种价格歧视的条件。

(b) Hermitage 是如何运用间接细分市场价格歧视的?讨论 Hermitage 的定价策略是否满足这种价格歧视的条件。

(c) 从以下几个着眼点对每月第一个星期四能够免费参观这个政策进行评论。该政策会:(i) 最大限度吸引预算有限的参观者;(ii) 造成市场侵蚀。

第 10 章

策略性思考

学习目标

- 了解策略性局势；
- 在同时行动的局势中运用策略形式的博弈；
- 在竞争的局势中运用随机策略；
- 区分零和博弈与正和博弈；
- 在序列行动的局势中运用扩展形式的博弈；
- 制定策略性行动及条件策略性行动(包括威胁与承诺)；
- 了解在重复局势中应行的策略。

10.1 引言

空客和波音在窄体中程喷气商用飞机市场上获得了丰厚的利润。然而，来自巴西、加拿大、中国和俄罗斯的飞机制造商准备挑战空客 A320 系列和波音 737 系列。实际上，在 2011 年 6 月的巴黎航展上，波音民用飞机集团总裁 Jim Albaugh 便已承认："波音与空客双寡头垄断的日子将要结束了。"[1]

巴西航空工业公司(Embraer)成立于 1969 年，是一家军用飞机与农用飞机的制造商。巴航工业在 2000 年私有化，并在圣保罗和纽约证券交易所上市。巴航工业在支线喷气飞机

---

[1] 此讨论部分基于：Richard Tortoriello, "Aerospace & defense", *Standard & Poor's Industry Surveys*, 2011 年 2 月；"Airbus and Boeing call end to duopoly", *Financial Times*, 2011 年 6 月 21 日；"Airbus-Boeing duopoly holds narrow-body startups at bay at Paris Air Show", *Bloomberg*, 2011 年 6 月 23 日。

(120座飞机)制造方面享有盛名。当庞巴迪、中国商飞和Irkut均准备要制造窄体喷气飞机时，巴航工业却一直犹豫不决。在2011年6月的巴黎航展上，巴航工业的CEO Frederico Curado先生表示："与波音和空客进行针锋相对的竞争是非常艰难的，不仅仅是因为它们的规模，还因为其现有的产品线和工业生产能力……它们反应敏锐，可以迅速席卷市场。"

中国政府成立了中国商用飞机有限责任公司(中国商飞)实施生产商用喷气式飞机的国家计划。中国商飞由国资委和多个国有企业共同所有。2006年，中国商飞推出了一款C919的飞机。2010年11月，中国商飞宣称公司已接到100张飞机订单，其中大部分来自中国三大运营商，包括中国航空公司、南方航空公司、中国东方航空公司。C919预定于2015年试飞，并于2018年开始商业交付。

作为中国航空制造业的领头羊，中国商飞的前身是中国航空工业总公司。中国商飞由中国政府间接拥有及操纵。相反，巴航工业是一家上市公司。

中国商飞和巴航工业间不同的控股度将如何影响两家制造商的决策？为什么飞机制造商大力宣传新的订单，尤其是还在研发中的新机型？考虑到空客和波音已经确立的地位以及庞巴迪、中国商飞和Irkut加入竞争者行列，巴航工业是否应该拓展窄体喷气飞机的制造？

空客、波音、庞巴迪、中国商飞、Irkut及巴航工业之间的局势是策略性的。**策略性局势**(strategic situation)是指当各方在做出决策时会考虑到彼此间的互动作用。空客和波音互相密切地提防对方，同时也关注中国商飞、Irkut及巴航工业的计划；反之亦然。**策略**(strategy)是指在策略性局势下的行动计划。

> **策略性局势**：各方在做出决策时会考虑到彼此间的互动作用。

本章我们将讨论如何进行策略决策的思考，从备选策略中做出选择，以及做出更有效的策略决定。本章基于一系列指导策略思考的准则，即博弈论(game theory)。

> **策略**：在策略性局势下的行动计划。

博弈论的第一条准则是策略形式的博弈模型。此模型适用于所有参与者同时进行策略决策的局势。中国商飞和巴航工业可运用博弈策略来决定是否生产窄体喷气飞机。这个模型可用来分析少量卖方市场的竞争。它能解释为什么尽管总体而言，避免价格竞争将有助于提高利润，但在竞争的少量卖方仍然有降价的趋势。

博弈论的第二条准则是扩展形式的博弈模型。此模型适用于参与者序列采取行动的局势。运用策略形式的博弈，巴航工业可以了解到，中国商飞通过获得政府支持以及承诺的100架飞机订单可建立先发优势。这个模型还可用于帮助管理者制定策略性行动及有条件的策略性行动(包括威胁与承诺)。

博弈论的思想和准则在很多情况下可为策略决策提供有效的指导。公司的财务主管在融资合并和收购中运用博弈论。工会将博弈论用于与企业进行工资谈判。当然，博弈论对任何拥有市场力的企业在分析竞争策略时都非常有用。

进度检测 10A

钢钉行业几乎是一个完美竞争的市场。你的公司现在需要决定是否制造钢钉。解释这个决策为什么不是策略决策。

10.2 纳什均衡

为了介绍所有参与者同时进行策略决策的局势,考虑以下例子。木星油料和月亮燃料是两个相邻的汽油站。两个汽油站独立决定各自的价格。木星应该保持现在的价格还是降价?月亮应该怎么做呢?

木星和月亮的局势显然是策略性的。消费者对价格很敏感,会转向价格较低的汽油站加油。木星的销量和利润取决于月亮的价格。同样,月亮的销量和利润取决于木星的价格。木星应该如何决策?

让我们用以下方式说明木星的处境。木星有两个策略可供选择——保持原价或降低价格。同木星一样,月亮也可在这两个策略中做选择。因此,现在存在四种可能的结果:木星和月亮都保持原价;木星保持原价,月亮降价;木星降价,月亮保持原价;木星和月亮都降价。

接下来,我们将这些信息列在表 10-1 中。我们将木星的备选策略横向排列,将月亮的备选策略纵向排列。行与列形成四个格子,每个格子代表四种可能结果之一。在每个格子中,第一项是木星每天的利润,而第二项为月亮每天的利润。例如,在木星和月亮都保持原价时,

策略形式的博弈:在表中用行描述一方的策略,用列描述另一方的策略,策略的结果写在相应格子里。

我们用"木星:1 000"来表示木星的利润为 1 000 元,用"月亮:1 000"表示月亮的利润为 1 000 元。同理,在木星降价、月亮保持原价时,用"木星:1 300"来表示木星的利润为 1 300 元,用"月亮:700"表示月亮的利润为 700 元。表 10-1 被称为**策略形式的博弈**(game in strategic form)。当所有参与者必须同时进行策略决策时,这是一种非常有用的分析方法。

表 10-1 汽油站:价格战

		月亮	
		保持原价	降价
木星	保持原价	木星:1 000 月亮:1 000	木星:700 月亮:1 300
	降价	木星:1 300 月亮:700	木星:800 月亮:800

让我们用策略形式的博弈来考虑木星应如何行动。首先,站在月亮的位置来看,如果木星保持原价,那么,月亮如果保持原价,其利润为 1 000 元;如果降价,其利润为 1 300 元。所以,月亮倾向于降价。现在,如果木星降价,那么月亮如果保持原价,其利润为 700 元;如果降价,其利润为 800 元。因此,月亮倾向于降价。

因此,不论木星如何变动,月亮应选择降价。对于月亮而言,保持原价策略是降价策略的劣策略。不管另一方的选择如何,其结果都比其他策略差的策略叫做**劣策略**(dominated strategy)。采取一个劣策略是没有意义的。

劣策略:在任何情况下其结果都比其他策略差的策略。

对于月亮,保持原价是一个劣策略。因此,木星能推测出月亮将

降价。类似地,站在木星的角度上考虑,很明显可以看出,保持原价是劣策略。因此,木星也会选择降价。

上述情形称为卡特尔的困境。我们将在 11 章中解释,卡特尔是抑制竞争的协议。两个卖方都知道,如果保持原价,他们的利润将会上升。然而,达成这一协议的阻碍是,每一个卖方都在独立行动,并决定降价。最终的结果是,两个汽油站的利润都减少了。

■ 定义

木星降价、月亮降价这组策略显然是两个汽油站所要选择的策略。另外,在这组策略下,局势是稳定的。即使月亮知道木星将会降价,月亮的最佳策略还是降价,因此它将不改变策略。同样地,即使木星知道月亮将会降价,木星仍然会选择降价。

在策略形式的博弈下,**纳什均衡**(**Nash equilibrium**)是如下的一组策略:只要其他各方选择它们的纳什均衡策略,每一方都会倾向于选择它自身的纳什均衡策略。在卡特尔的困境中,木星和月亮都降价是一个纳什均衡。

> **纳什均衡:** 只要其他各方选择它们的纳什均衡策略,每一方都会倾向于选择它自身的纳什均衡策略。

如何证明纳什均衡是博弈多方合理行动的策略?在很多典型的策略性局势下,如卡特尔的困境中,纳什均衡策略是最合理也是最明显的行动策略。依此类推,我们有充分理由相信,在其他一些并不直观的情形下,博弈多方也应该依照纳什均衡策略采取行动。

■ 求解均衡——正规方法

各方将如何求解策略形式的博弈下的纳什均衡?通常纳什均衡的求解方法是:首先,排除劣策略。接着,依次检查所有剩余的策略。

卡特尔的困境甚易求解。我们首先排除劣策略:对于木星来说,保持原价是劣策略;对于月亮来说,保持原价也是劣策略。因此,每一个汽油站只剩下降价的策略。所以,这一定是纳什均衡。

我们在另外一个较为复杂的例子中说明如何求解纳什均衡,这个例子基于第二次世界大战中的俾斯麦海海战。在 1943 年 2 月下旬,日本海军少将木村在 Rabaul 港口组建了一支由 16 艘运输船和驱逐舰组成的护航舰队。木村少将的任务是把护航舰队带到新几内亚首都莱城(Lae)。美国陆军中将 Kenney,该地区的联合空军的指挥官,奉命拦截并且摧毁日本的护航舰队。

木村少将必须在两条航线中选择一条。其一是北方航线,穿越俾斯麦海;其二是一条南方航线。气象专家预测北方航线上将会有雨,这会降低能见度;而南方航线上的天气很好。Kenney 将军必须决定一个方向以集中派出侦察飞机。一旦 Kenney 的飞机发现了日本的护航舰队,他就会派遣轰炸机。Kenney 的困境在于,他最好的决定取决于他认为木村会怎样选择航线。

表 10-2 以策略形式的博弈呈现了俾斯麦海海战。在每一个格子中,第一项表示了 Kenney 可以对日本舰队实施轰炸的天数,而第二项代表了木村会遭受轰炸的天数(以负数表示)。

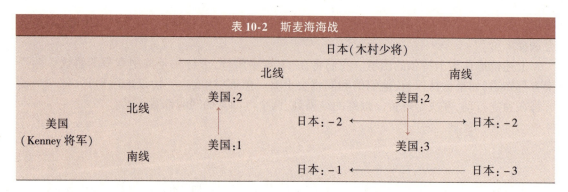

表 10-2　斯麦海海战

回忆求解纳什均衡的方法是:首先,排除劣策略;接着,依次检查剩下的策略。首先,从木村的角度考虑,如果 Kenney 选择北线,那么木村无论选择南线还是选择北线都会遭到两天轰炸。因此,木村在南北两线中没有偏好。如果 Kenney 选择南线,那么如果木村选择北线将遭到一天轰炸;而如果木村选择南线,将遭到三天轰炸。因此,木村倾向于选择北线。所以,无论 Kenney 如何选择,木村应选北线;南线策略劣于北线策略。

接下来,我们从 Kenney 的角度来考虑。知道木村会选择北线,Kenney 如果选北线,会有两天的轰炸时间;如果选南线,会有一天的轰炸时间。因此,Kenney 会选北线。

事实上,在 2 月 28 日,木村少将从北线出发。Kenney 将军的侦察机在 3 月 2 日发现了日本的护航舰队。通过两天的密集型轰炸,Kenney 的轰炸机摧毁了日本护航舰队。

■ 求解均衡——非正规方法

一种简单的、非正规的求解纳什均衡的方法是,在格子之间画箭头。假设 Kenney 选择北线,那么木村应在左上方格子 −2 和右上方格子 −2 之间画一个双箭头(双箭头意味着木村对两种策略没有倾向)。接下来,假设 Kenney 选择南线,木村应从右下角格子中的 −3 画一个箭头至左下角格子中的 −1(这个箭头表示木村倾向于选择北线)。

现在,假设木村选择北线,那么 Kenney 应从左下角的 1 画一个箭头至左上角的 2(这个箭头表示 Kenney 倾向于选择北线)。最后,假设木村选择南线,那么 Kenney 应从右上角的 2 画一个箭头至右下角的 3(这个箭头表示 Kenney 倾向于选择南线)。

使用箭头法,我们能很轻易地看出一个策略是不是劣策略。只要箭头都从一个策略相应的行或者列中指向外,它就是劣策略。在表 10-2 中,对于木村来说,南线是劣策略。箭头法也很容易用来识别一个纳什均衡。如果一个格子中,所有的箭头都是指入的,那么格中所标记的策略就是一个纳什均衡。

通过使用箭头法,纳什均衡是 Kenney 选择北线,木村也选择北线。

■ 非均衡策略

我们已经解释了怎样用纳什均衡的概念来分析一个策略性的局势。假定博弈的一方选择纳什均衡,那么博弈的每一方的最佳选择都是自身的纳什均衡策略。但是,如果某一方不遵从它的纳什均衡策略呢? 那么其他方会发现,背离其纳什均衡策略也许会带来更好的结果。

例如,参见表 10-2,此表描述了俾斯麦海海战。Kenney 的纳什均衡策略是选择北线,而木村的纳什均衡策略也是选择北线。然而,假设木村由于某种原因选择了南线,而且 Kenney 得到了这一信息。那么,Kenney 通过选择南线,将有三天的轰炸期并取得更大的胜利。

因此,在俾斯麦海海战中,如果木村不遵从它的纳什均衡策略,那么 Kenney 的最佳选择将不是纳什均衡策略。

然而,如果替代纳什均衡的策略是一个劣策略,那么,即使其他博弈方不遵从纳什均衡策略,纳什策略仍更有利。例如,考虑木村的情况,假设 Kenney 决定选择南线,那么,木村还是应选择北线。南线这一备选策略是劣策略。

> **进度检测 10B**
>
> 在表 10-1 中,使用箭头法来确定纳什均衡。

巴航工业:是否进入?

波音预测在未来 20 年内,新的窄体机身喷气飞机的需求为 23 370 架。在给定的有限需求内,空客的 CEO Tom Enders 警告说,市场将可能容不下空客、波音和另外四家新的制造商。

我们将目光集中在中国商飞和巴航工业这两家公司。假设中国商飞在对中国飞机运营商的销售方面有一定的优势,而两家公司对其他运营商的销售竞争在同一起跑线上。如果两家公司都进入市场,中国商飞会损失 10 亿元,而巴航工业会损失 20 亿元。如果只有巴航工业进入,它会赚取 10 亿元。如果只有中国商飞进入,它会赚取 20 亿元。

表 10-3 展示了策略形式的博弈。画出的箭头显示了两种均衡。在其中一个均衡中,中国商飞进入,巴航工业没有进入。在另一种均衡中,巴航工业进入,中国商飞没有进入。因此策略形式的博弈不能得出一个实际的结果。

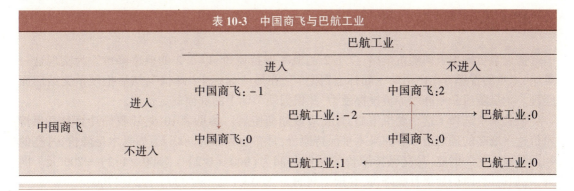

表 10-3 中国商飞与巴航工业

10.3 随机策略

当各方策略性地行动时,他们选择纳什均衡策略是合理的。然而,在一些情况中,并不存在我们一直讨论的这种类型的纳什均衡。我们以表 10-4 中两个竞争的汽油站来说明这个问题。我们将基本情况变化一下。木星有一部分忠诚的消费者,因此当月亮降价时,木星保持原价将赚取更多。

表 10-4　汽油站:价格战(修正版)

通过在表 10-4 中运用箭头法,我们发现纯策略中,没有纳什均衡,即没有一个格子是箭头全部指入的。**纯策略**(pure strategy)是指没有随机性的策略。在表 10-4 中,木星有两个纯策略:保持原价或者降价;而月亮也有两个纯策略:保持原价或者降价。

> **纯策略**:没有随机性的策略。

虽然没有纯策略的纳什均衡,但木星和月亮有另外一种行动的方法。基本上,木星不想让月亮知道或预测出它的价格。木星能让月亮不知道其价格的一个方法是,在保持原价和降价之间随机选择。如果木星随机变换它的选择,木星自身也不能预测它的价格。那么,月亮当然也不知道木星的价格。同样,如果月亮随机变换它的价格,木星将无法猜测或了解月亮的定价。

在**随机策略**(randomized strategy)下,一方为每个可供选择的纯策略确定一个概率,并且依概率随机地采用一个纯策略。各项策略的备选概率加起来必须等于1。

> **随机策略**:根据特定的概率选择每个纯策略。

■ 随机策略中的纳什均衡

假设木星采用下列随机策略:以 1/2 的概率保持原价;以 1/2 的概率降价。为实现这一策略,木星的管理者在硬币的一面标上"原价",在另一面标上"降价",然后把硬币交给店面经理。木星随后命令胖服务员投掷硬币,并根据硬币朝上的那面确定价格。

倘若木星选择了这个随机策略,月亮应该如何应对?参见表 10-4,让我们计算月亮保持原价这一策略的预期结果。如果木星保持原价,月亮的利润为 900 元;如果木星降价,月亮的利润是 500 元。因此,月亮保持原价的预期利润为 $(900×1/2)+(500×1/2)=700$ 元。同理,我们可以计算,如果月亮降价,其预期利润为 $(800×1/2)+(600×1/2)=700$ 元。

月亮应该怎样做出决定？既然它从两个纯策略中得到的预期利润是一样的，那么它对二者是没有倾向的。因此，它将不介意在二者之间随机选择。具体来说，假设月亮以 1/2 的概率来保持原价。

那么，我们必须考虑木星将会如何行动。如果木星保持原价，它的预期利润为$(900 \times 1/2) + (1\,000 \times 1/2) = 950$ 元。同理，如果木星降价，它的预期利润为$(1\,300 \times 1/2) + (600 \times 1/2) = 950$ 元。因此，给定月亮的策略后，木星在保持原价和降价之间没有倾向。

随机策略中的纳什均衡同纯策略的纳什均衡一样：假设其他博弈方选择它们的纳什均衡策略，每一方的最佳策略是它自身的纳什均衡策略。下列的随机策略构成了汽油站纳什均衡：木星以 1/2 的概率保持原价；月亮以 1/2 的概率保持原价。（本章末的附录中会解释如何计算概率并且解出随机策略中的纳什均衡。）

■ 随机选择的优势

假设木星采用了以 1/2 的概率设高价的纳什均衡策略。进一步假设月亮通过间谍知道了木星的策略。月亮将如何利用这些信息呢？答案是：它不能够利用。正如我们先前所计算的那样，不论月亮是否保持原价，它的预期利润都是 700 元。通常，当一方采取纳什均衡策略时，其他方将无法从获知其决策信息中获益。

随机在竞争的环境中用处很大。随机的利益来自不可预测性。为了实施随机策略，木星必须要用投掷硬币的方式来决定它的定价策略。木星不能在定价策略上做出任何有意识的决定。如果它有意识地选择定价策略，月亮也许能够猜到或了解木星的决定，从而采取相应的行动。

> **进度检测 10C**
>
> 参照表 10-4，假设木星以 2/5 的概率保持原价。在下列条件下，计算月亮的预期收益：(i) 月亮保持原价；(ii) 月亮降价。

小案例

超市定价：高还是低？

超市希望通过高定价从其忠诚消费者那里获取买方剩余，而又希望通过低定价来吸引价格敏感的消费者。超市在这两个相反的定价策略中犹豫不决。这一困境在如今激烈的竞争环境下显得更加突出。如果超市的竞争者降价幅度更大，那么超市的降价策略并不能带来利润的上升。

解决方案：随机的价格折扣。实际上，城市广告上面琳琅满目的特价信息看起来就像是随机的折扣。通过随机的价格折扣，超市可以吸引价格敏感的顾客，同时可以防止竞争对手实施更大幅度的降价策略。

10.4 竞争或协调

如表 10-2 描述的那样，在俾斯麦海海战中，如果我们在每个格子中加入美国和日本的结果，每个格子中数字的总和是 0。相反，如表 10-1 描述的那样，在汽油站的价格战中，如果我们在每个格子中加入木星和月亮的结果，格子中数字的总和从 1 600 至 2 000 不等。

策略性局势根据结果可区分为以下两类：

> **零和博弈**：只有当另一方的情况变得更糟时，一方的情况才能变得更好。

> **正和博弈**：一方可以在不使另一方的情况变得更糟的同时变得更好。

- **零和博弈**（zero-sum game）（纯竞争）：只有当另一方的情况变得更糟时，一方的情况才能变得更好。如果在策略形式的博弈中每格的各方结果加起来为同一个数（无论是正数、负数还是零），那么一方只有在另一方的情况变得更糟的情况下才能变得更好。因此，这样一种策略性局势也称为零和博弈。
- **正和博弈**（positive-sum game）（协调）：一方可以在不使另一方的情况变得更糟的同时变得更好。

零和博弈象征极端的竞争：没有方法使每一方变得更好。相反，正和博弈存在某种成分的协调的因素。比如说，在汽油站的价格战中，正如表 10-1 所描述的那样，木星和月亮对保持原价达成一致的意见，比两家都降价可获得更多的利润。然而，对木星和月亮来说，最大的挑战是协议的实施。因为如果独立行动，每家汽油站都会降价。

一些局势同时包括竞争和协调。考虑两家电视台的情况。Z 频道和 Delta 电视台。晚间新闻的播报有两个可行的时间段：晚 7:30 和晚 8:00。市场调查显示，对新闻类节目的需求在晚 8:00 达到顶峰，在晚 7:30 较低。

我们在表 10-5 中构造这一策略形式的博弈。每家电视台有两个纯策略：在晚 7:30 或晚 8:00 播出。在每个格子中，我们分别列出 Z 频道和 Delta 电视台的利润，以百万元为单位。我们发现这是一个正和博弈。两个电视台的总利润不是同一个数。当它们选择不同的时间档时，总利润最大。

表 10-5　安排晚间新闻

		Z 频道	
		晚 7:30	晚 8:00
Delta 电视	晚 7:30	D:1　Z:1	D:3　Z:4
	晚 8:00	D:4　Z:3	D:2.5　Z:2.5

虽然晚间新闻的时间安排包括协调因素，但也有竞争因素。如果两家电台把新闻安排在不同时段，两家电视台的总利润会最高。但是拿到晚 8:00 时段的电视台的利润相对更高。因此，两者间既有竞争因素（竞争晚 8:00 时段），又有协调因素。

运用箭头法，我们能够找出两个纯策略的纳什均衡：Z 频道选择晚 8:00 时段，而 Delta 电视台选择晚 7:30 时段；或者 Delta 选择晚 8:00 时段，而 Z 频道选择晚 7:30 时段。还有一个随机的策略纳什均衡：每家电视台以 1/7 的概率选择晚 7:30 时段，而以 6/7 的概率选择晚 8:00 时段。

> **进度检测 10D**
>
> 检验一下以下博弈是否为零和博弈：(i) 进入窄体喷气飞机市场 (表 10-3) ；(ii) 修改条件后的汽油价格战 (表 10-4)。

10.5 序列

到目前为止，我们都在集中讨论博弈各方同时行动的局势。如果各方是依次行动的呢？为了分析各方依次行动的策略性局势，我们使用**扩展形式的博弈**（game in extensive form）。扩展形式明确表示行动的次序和相应的结果。它由节点和分支组成：节点表示一方必须做出行动选择的点，而由节点引出的分支代表了在此节点可能的选择。

扩展形式的博弈：明确表示行动的次序和相应的结果。

让我们把这种扩展形式的博弈应用到晚间新闻的时间安排中。假设 Z 频道可以先于 Delta 电视台安排节目。在图 10-1 中，最左边的第一个节点 A 表示，Z 频道必须在晚 7:30（上面的分支）和晚 8:00（下面的分支）之间做出选择。Delta 接下来行动。Delta 的节点依赖于 Z 频道首先的选择。如果 Z 频道选择晚 7:30，那么 Delta 将会在节点 B 从晚 7:30 和晚 8:00 两个分支之间选择。如果 Z 频道选择晚 8:00，那么 Delta 将会在节点 C 从晚 7:30 和晚 8:00 两个分支之间选择。

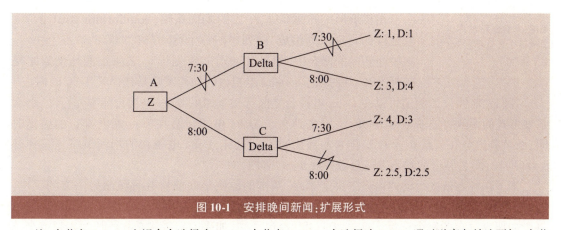

图 10-1 安排晚间新闻：扩展形式

注：在节点 B，Delta 电视台会选择晚 8:00。在节点 C，Delta 会选择晚 7:30。通过逆序归纳法可知，在节点 A，Z 频道会选择晚 8:00。

Delta 电视台选择晚 7:30 或晚 8:00 的结果取决于 Z 频道首先的选择。在每条分支的末端，我们分别标记出 Z 频道和 Delta 电视台的利润。如果 Z 频道选择晚 7:30 并且 Delta 电视台也选择晚 7:30，那么它们俩都得到 100 万元的利润。如果 Z 频道选择晚 7:30 而 Delta 电视台选择晚 8:00，那么，Z 频道的利润为 300 万元，而 Delta 电视台的利润为 400 万元。如果 Z 频道选择晚 8:00，而 Delta 电视台选择晚 7:30，那么 Z 频道的利润为 400 万元，而 Delta 电视台的利润为 300 万元。最后，如果两家电视台都选择晚 8:00 的高峰时间，它们俩都得到 250 万元。

■ 逆序归纳法

逆序归纳法：从最后的节点入手，由后向前一直推导至初始节点。

两家电视台应该如何行动？我们用**逆序归纳法**（backward induction）来求解扩展形式的博弈，即从最后的节点入手，由后向前一直推导至初始节点。我们可以用这种方法来找出两家电视台的最优策略。图中有两个终节点，B 和 C。在节点 B，Delta 电视台可以选择晚 7:30，得到 100 万元的利润，或它可以选择晚 8:00，得到 400 万元的利润。很明显，在节点 B，Delta 电视台会选择晚 8:00。因此我们清除晚 7:30 的分支。另外，假设 Delta 电视台在节点 C。它必须在产生 300 万元利润的晚 7:30 时段和产生 250 万元利润的晚 8:00 时段之间进行选择。它会选择晚 7:30，所以我们清除晚 8:00 的分支。

确定了 Delta 电视台将在它的两个可能的节点 B 和 C 的行动后，我们逆序考虑初始节点 A。在节点 A，如果 Z 频道选择晚 7:30，它能预见 Delta 电视台将会选择晚 8:00，因此 Z 频道的利润为 300 万元。另一方面，如果 Z 频道选择晚 8:00，它能预见 Delta 电视台将会选择晚 7:30，因此 Z 频道的利润为 400 万元。这样，Z 频道应该选择晚 8:00。也就是说，在晚间新闻的博弈中，当 Z 频道能率先行动时，它将会选择晚 8:00 时段，而 Delta 会选择晚 7:30 时段。

■ 均衡策略

均衡策略：最佳的行动序列，序列中的每个行动都在对应的节点上决定。

在扩展形式的博弈中，一方的**均衡策略**（equilibrium strategy）由它最佳的行动序列组成，序列中的每个行动都在对应的节点上决定。在晚间新闻的博弈中，如果 Z 频道能首先行动，Z 频道的均衡策略是选择晚 8:00 时段，而 Delta 电视台的均衡策略是选择晚 7:30 时段。

我们先前假设 Z 频道可以在 Delta 电视台之前行动。如果 Delta 电视台能率先行动，那么扩展形式的博弈将如图 10-1 一样，不同之处在于 Delta 电视台会在节点 A 安排它的播出时间，而 Z 频道会在节点 B 或 C 安排它的播出时间。这样，Delta 电视台的均衡策略是选择晚 8:00 时段，而 Z 频道的均衡策略是选择晚 7:30 时段。

为了在各方依次行动的局势中决定策略，基本的原则是向前看并且预测另一方的反应。因此，当 Delta 电视台可以在它的竞争者之前选择它的时段时，它必须向前看并且预测 Z 频道将会如何应对它的每个选择。这样，Delta 电视台预测，如果它选择晚 7:30，那么 Z 频道会选择晚 8:00；如果它选择晚 8:00，那么 Z 频道会选择晚 7:30。通过这种逆序归纳法，Delta 电视台和 Z 频道都能确定它们的均衡策略。

实践中,扩展形式的博弈中的均衡策略与策略形式的博弈中的纳什均衡策略有什么不同?在晚间新闻的案例中,当两个电视台同时行动时,有两个纯策略的纳什均衡及一个随机策略的纳什均衡。但是当电视台依次行动时,只有一个均衡。在晚间新闻的博弈中,扩展形式的均衡也是对应的策略形式的纳什均衡。然而,在其他的局势下,扩展形式的均衡可能不是对应的策略形式的纳什均衡。

因此,当分析策略性局势时,仔细考虑各方行动的次序是非常重要的:各方是同时还是依次行动?同时行动和依次行动的均衡可能是不一样的。

■ 先发优势

在晚间新闻的案例中,首先选择时段的电视台会获得较多的利润。首先行动的一方占有优势。如果一方通过比另一方首先行动而占有优势,此类策略性局势即存在**先发优势**(first mover advantage)。为了识别一策略性局势是否有先发优势存在,我们需要分析扩展形式的博弈。

先发优势: 首先行动的一方占有优势。

无论是在协调还是竞争的局势中,先发优势都可能存在。比如,在晚间新闻的案例中,两家电视台都同意在不同的时段播放新闻,但它们在谁获得晚 8:00 点播新闻这一点上没能达成共识。首先行动的一方就有决定均衡的权利。

先发优势是企业在制定策略时非常重视的一个概念。然而,先发优势并非所有策略性局势中的定律。例如,考虑推出新产品种类,比如无人驾驶车辆时,率先推出新产品种类的制造商需大量投入以发展基础设备及教育消费者。而其他后来的制造商可搭上便车,从而以较低的成本推出它们的产品。

■ 不确定的结果

在某些情况下,一方并不能确定另一方各种行为的结果。在这类局势中,我们仍可利用所有可知信息,通过逆序归纳法来分析。就算一方并不知道另一方各种行为的结果,他也许会估计另一方选择各种可能备选行动的概率。这样,他就可以采用这些概率去运用逆序归纳法。

例如,假设在电视台新闻战中,Z 频道并不知道 Delta 电视台的利润,但是 Z 频道知道 Delta 电视台在每个节点上选择各个行动的概率。图 10-2 表述了各个行动的概率。

Z 频道可以计算如下:在节点 B,Delta 电视台选择晚 7:30 的概率为 1/3,而选择晚 8:00 的概率为 2/3。因此,Z 频道的期望利润为 $1/3 \times 100 + 2/3 \times 300 = 233$ 万元。在节点 C,Delta 电视台选择晚 7:30 的概率为 1/2,而选择晚 8:00 的概率为 1/2。因此,Z 频道的期望利润为 $1/2 \times 400 + 1/2 \times 250 = 325$ 万元。因此,在节点 A,通过预期未来的行动,Z 频道应选择晚 8:00 时段。

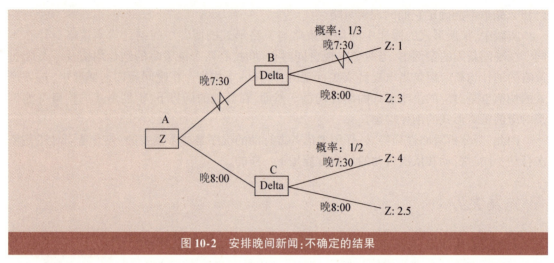

图 10-2　安排晚间新闻:不确定的结果

注:在节点 B,Delta 电视台有 1/3 的概率选择 7:30,而有 2/3 的概率选择 8:00。在节点 C,Delta 电视台有 1/2 的概率选择 7:30,而有 1/2 的概率选择 8:00。通过逆序归纳法得知,在节点 A,Z 会选择 8:00。

进度检测 10E

在汽油价格战(表 10-1)中,首先采取行动的一方会有先发优势吗?为什么?

窄体喷气飞机市场:先发优势

表 10-3 显示了当中国商飞与巴航工业两家公司同时行动时,可选择的策略和相应利润。如果中国商飞先采取行动呢?图 10-3 显示了此时的局势。在节点 B,如果中国商飞进入,巴航工业则不会进入。此时,中国商飞可获得 20 亿元的利润。在节点 C,如果中国商飞不进入,巴航工业就会进入。此时中国商飞的利润为零。因此在节点 A,中国商飞会选择进入。同样地,如果巴航工业首先采取行动,它也会选择进入。

显然,这是一个有先发优势的局势。中国商飞已经开展了积极的营销活动吸取客户。如果这能够使巴航工业确信中国商飞将进行生产,那将可能说服巴航工业不进入该市场。中国商飞面临的竞争对手将减少一个。

中国政府表示坚决支持中国商飞。这一政府支持将进一步使其他潜在进入者确信中国商飞将进行生产,并最终说服它们放弃进入市场。

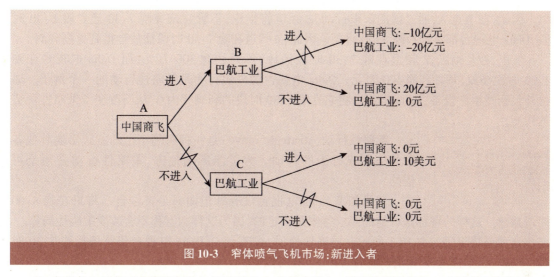

图 10-3 窄体喷气飞机市场：新进入者

注：在节点 B，巴航工业将不会进入；而在节点 C，它将会进入。逆序推理到节点 A，中国商飞将进入。

10.6 策略性行动

晚间新闻的时间安排是先发优势的策略性局势。每一个电视台都想首先行动并选择晚 8:00 时段，并让另外一个电视台接受晚 7:30 时段。

假设 Delta 电视台将录音室和其他生产设备外包并且签订在晚 8:00 时段播放新闻的合约。由于外包，Delta 电视台不能够在晚 7:30 时段播放新闻。图 10-4 显示了扩展形式的博弈（由图 10-1 修改）。用逆序归纳法分析，从最后的节点入手。在节点 B，Delta 电视台将选择晚 8:00 时段，相似的，在节点 C，Delta 电视台也将选择晚 8:00 时段。

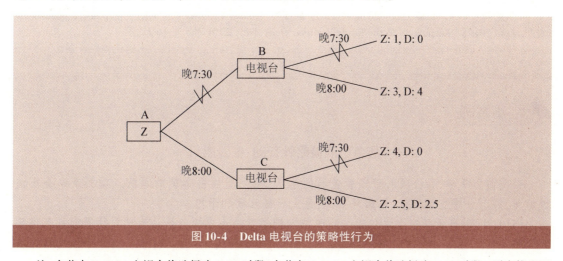

图 10-4 Delta 电视台的策略性行为

注：在节点 B，Delta 电视台将选择晚 8:00 时段；在节点 C，Delta 电视台将选择晚 8:00 时段。逆向推理至节点 A，Z 频道将选择晚 7:30 时段。

因此,在节点 A,通过预期未来行动,Z 频道将推论,不管它选择晚 7:30 还是晚 8:00 时段,Delta 电视台都将选择晚 8:00 时段。因此,Z 频道在晚 7:30 时段播放会得到更高利润。

所以,在均衡点,Z 频道在晚 7:30 时段播放,每月利润 300 万元,而 Delta 电视台在晚 8:00 时段播放,每月利润 400 万元。Delta 电视台的外包行为是策略性行动的一个例子。通过外包新闻生产设备,Delta 电视台将它在晚 7:30 时段的利润变为 0,从而改变了策略性局势的均衡。

> **策略性行动**:以有利于己的方式影响其他各方的信念或行为的行动。

策略性行动(strategic move)是一种有利于己的方式影响其他各方的信念或行为的行动。为了能影响他方,策略性行动必须是可信的。

假设如果 Delta 电视台没有外包而只是宣称自己将只在晚 8:00 时段播放。这样的宣称是可信的吗?答案是否定的,因为这样的宣称不会改变策略性局势。

这种局势将仍如图 10-1 所示。更确切地说,在节点 C,Delta 电视台仍将选择晚 7:30 时段。所以,在节点 A,Z 频道仍将选择晚 8:00 时段。

香港移动通讯(CSL):免费短信

香港移动通讯(CSL)在 1 700 万人的市场中拥有 620 万名用户。它是中国香港地区最大的移动通信服务的提供商。它熟练地运用价格歧视来巩固其市场份额并且排除竞争者。

所有的 CSL 手机移动服务计划都包含了 1 万条免费的网内用户间短信。对于拥有着极大市场份额的 CSL 来说,推出免费网络短信是一个很聪明的策略行动。这种策略会让消费者远离较小竞争者并有助于巩固 CSL 的市场地位。另外,在成本方面,与网络之间的通信运营商相比,网内通信产生的成本较低。

资料来源:www.hkcsl.com (2014 年 12 月 4 日); London Economics, "HKT's proposed acquisition of CSL", April 2014; "Keeping all in the family", *China Daily Asia*, 2014 年 5 月 16 日。

战争中的策略性行动:摧毁船只

公元前 207 年,鲁公项羽带领着较弱的军队,在巨鹿攻击秦朝的军队。项羽亲率全军渡过漳河,并下令将炊具打破,将船只凿沉,每人只带三天的干粮。

1519 年,西班牙征服者埃尔南·科尔特斯带领着一小支探险队从古巴前往墨西哥入侵阿兹特克帝国。在维拉克鲁斯州登陆后,一些队友尝试着逃回古巴。科尔特斯命令他的木匠拆除船只并使用木材和金属向陆地探险。

通过减少撤退的方法,项羽和科尔特斯都成功地劝服(或者迫使)他们的士兵更努力地战斗。两位将军都获得了胜利,尽管他们的军力远远比不上对手。项羽消灭了秦朝军队,而科尔特斯征服了墨西哥。

资料来源:"巨鹿之战",维基百科(2011 年 7 月 28 日);Bernal Diaz del Castillo, *The Discovery and Conquest of Mexico*, 1517—1521, translator, A. P. Maudslay, New York: Harper & Brothers, 1928, 168—169.

10.7 条件策略性行动

现在,假设 Delta 电视台没有外包它的新闻生产设备,而是和一个快餐连锁店签订合约在晚 8:00 时段新闻中播放广告。广告合约特别注明了,如果 Delta 电视台没有按照合约播放,那么它必须向快餐连锁店赔偿每月 200 万元。这意味着,如果 Delta 电视台安排在晚 7:30 播放新闻,那么它必须支付每月 200 万元的补偿费。

通过求解此扩展形式的博弈,我们可以看到,因为有了这项广告合约,新的均衡为 Z 频道在晚 7:30 播放,而 Delta 电视台在晚 8:00 播放。Delta 电视台的广告合约是一个条件策略性行动。**条件策略性行动(conditional strategic move)** 是在特定条件下,有利于己地影响其他各方的信念或行为的行动。

> **条件策略性行动**:在特定条件下,有利于己地影响其他各方的信念或行为的行动。

在某种程度上,威胁或承诺的行动不需要实际施行,这种条件策略行动是没有成本的。在均衡时,Delta 电视台在晚 8:00 播放新闻,因此,它不需要给快餐连锁店支付补偿费。

诸如 Delta 电视台外包生产设备之类行为的一个更加准确的名称是无条件的策略行动,因为行动的一方不依赖于任何条件就会采取行动。无条件的策略行动通常在任何时候都有成本。而条件策略性行动能比无条件策略性行动更有效率地控制成本。

条件策略性行动有两种类型:承诺(带来利益)与威胁(施加成本)。Delta 电视台与快餐连锁店签订广告合约是一个承诺。根据这个合约,Delta 电视台承诺如果没有在晚 8:00 新闻中播放广告,那么它将支付每月 200 万元的补偿费。

> **进度检测 10F**
>
> 修改图 10-1,表示出 Delta 电视台与快餐连锁店签订广告的合约。此时的均衡是什么?

■ 承诺

承诺(promise) 是指在特定条件之下,带来利益,有利于己地影响其他各方信念或行为的行动。Delta 电视台签订的广告合约是一个承诺。

存款保险是另一个承诺的例子。政府非常关注银行体系的稳定

> **承诺**:在特定条件之下,带来利益,有利于己地影响其他各方信念或行为的行动。

性。银行从支票和储蓄账户中吸收存款,并借贷给短期或长期借款人。这通常意味着,银行手上没有充足的现金,在短时间内不能偿付所有的存款人。银行面对挤提的风险。

对于一个典型的存款人来说(见图10-5),在节点A,她必须在维持银行储蓄账户100元与提取存款获得现金之间做出选择。如果她将钱存在储蓄账户中,结果取决于其他存款人的行为,因此是不确定的。

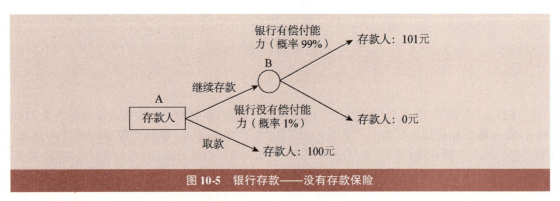

图 10-5　银行存款——没有存款保险

注:逆序推理到节点A,存款者将取出存款。

我们用圆形节点来表示不确定性。银行在有偿付能力的情况下,存款人在年底将获得1元的利息,总存款达到101元。这种情况的概率为99%。而银行有1%的概率可能遭受挤提,此时银行不具备偿付能力,存款人在年底的收入为零。她将存款放在储蓄账户的预期财富为 $101 \times 0.99 + 0 = 99.99$ 元。

然而,在节点A,如果存款人将存款从银行提取出来,她将肯定得到100元的收入。这笔收入比她把钱存入银行的财富多。因此她会选择提取存款。

现在,假设政府提供存款保险。如果银行不能偿付存款人的存款,政府会代为支付。存款保险是一个承诺:政府只有在银行不能偿付的时候才代为支付。

参照图10-6的扩展形式的博弈,在存款保险的承诺下,如果存款人将钱放在银行储蓄账户,但银行没有偿付能力,她将会获得100元。因此她把钱放在储蓄账户的预期财富为 $101 \times 0.99 + 100 \times 0.1 = 100.99$ 元。这比她提取存款的财富要多。因此,在节点A,存款人会选择将钱放在银行储蓄账户中。

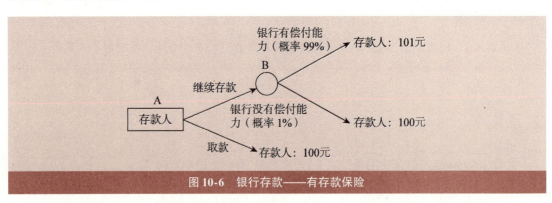

图 10-6　银行存款——有存款保险

注:逆序推理到节点A,存款者将继续把钱存在储蓄账户中。

因此，在存款保险的保障下，存款人即使在听到谣言说银行出现经营问题，也不会提取存款。存款保险能有效防止银行挤提。如果政府只为有偿付能力的银行提供保险，那么政府永远不需要支付任何费用。这就是条件策略性行动的精妙之处。

■ 威胁

威胁（threat）是指在特定条件之下，施加成本，有利于己地影响其他各方的信念或行为的行动。威胁是谈判中经常使用的技巧。在同雇主的谈判中，工会可能威胁道："如果你不同意增加工资，我们将会罢工。"雇主害怕罢工会影响经营。罢工的威胁可能会说服雇主在工资上妥协。

> **威胁**：在特定条件之下，施加成本，有利于己地影响其他各方的信念或行为的行动。

一个关键的问题是判断工会的罢工威胁是否可信。在此，可信度之所以关键，是因为在一场罢工潮中，工人必须放弃部分甚至是全部工资。图 10-7 描述了当工会要求工资水平上升 1 200 万元时扩展形式的博弈。该图显示了工人罢工与否及其可能获得的收入和损失。

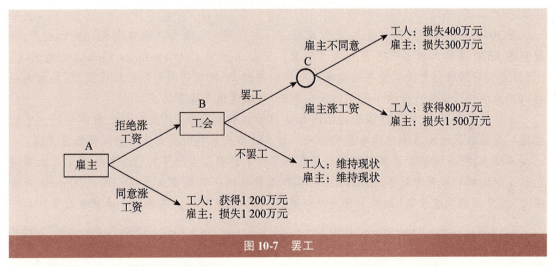

图 10-7　罢工

注：在节点 B，工会是否罢工的决策取决于在节点 C 雇主涨工资的概率。逆序推理到节点 A，雇主是否同意涨工资的决策取决于工会的罢工威胁的可信度。

在节点 B，工会将决定是否进行罢工。如果他们罢工，那么工人将会损失 400 万元的当前收入，但可能获得 1 200 万元的未来收入。如果他们不罢工，将获得现在的收入。罢工将使雇主的利润减少 300 万元。

在节点 A，雇主将决定是否涨工资。如果雇主同意加工资，那么将会有 1 200 万元的额外支出。如果雇主拒绝涨工资，那么将可能面临一场罢工。

然而，在节点 B，只有在罢工能给工人带来更多收入时，工会的罢工威胁才是可信的。这取决于雇主愿意涨工资的概率。假设雇主同意涨工资的概率为 20%，不同意涨工资的概率为 80%。在节点 B，工会罢工的预期值为 $(-400+1\,200) \times 0.2 + (-400) \times 0.8 = -160$，也就是说，损失 160 万元。因此，工会的威胁是不可信的，所以雇主将拒绝涨工资。

罢工的趋势随着行业的不同而不同。例如,在美国职业橄榄球联赛中,罢工非常罕见的。同许多其他的工人相比,美国职业橄榄球运动员的职业生涯相对较短。如果橄榄球运动员罢工,他们在以当前的收入的损失来换取未来更高的工资。由于橄榄球运动员的职业生涯很短,他们很少被未来更高的工资吸引。因此,与其他运动员相比,橄榄球运动员较少罢工。

> **进度检测 10G**
>
> 参照图 10-7,如果工会的罢工威胁是可信的,那么雇主愿意涨工资概率的最小值为多少?

 小案例

巴航工业:空客和波音的担心

在 2011 年 6 月的巴黎航展上,巴航工业并没有决定是否要加入窄体喷气飞机的生产,来与空客 A320 系列和波音 737 系列展开较量。巴航工业的 CEO Frederico Curado 先生表示:"与波音和空客进行针尖对麦芒的竞争是非常艰难的,不仅仅是因为它们的规模,还因为其现有的产品线和工业生产能力……它们反应敏锐,可以迅速席卷市场。"

与巴航工业相反,空客和波音均已开始生产窄体喷气飞机,就受益于之前的经验。它们将进一步以较低的成本推出已有机型的升级版。这将充分利用现有生产的规模经济效应。

实际上,空客和波音都提高了它们现有机型的生产率。生产率的增加可能预示着如果像巴航工业这样的新竞争对手进入市场,空客和波音将进一步提高生产率。因此,Curado 先生担心"过度拥挤的市场"。如果可信度足够高,空客和波音有可能成功地吓退竞争对手。

资料来源:"Airbus-Boeing duopoly holds narrow-body startups at bay at Paris Air Show", *Bloomberg*, 2011 年 6 月 23 日。

 小案例

Clorox 公司:"毒丸"计划

Clorox 公司以其生产的同名漂白粉而闻名。2011 年 2 月,亿万富翁 Carl Icahn 宣布他收购了 Clorox 公司的 1 250 万股股票,占其总股份 1.33 亿股的 9.4%。随后,同年 7 月 15 日,他以每股 76.5 美元的报价试图收购剩下的股份。

三天后,Clorox 公司董事会运用了"股东权利计划"。Clorox 赋予了每个普通股的持有者半价认购股份的权利。只要任何人收购 Clorox 公司股份超过 10%,普通股持有者(收购者除外)就可以行使这一权利。声明发表之后,Clorox 的普通股价格下降了 2.0%,为 73.02 美元。

图 10-8 描述了 Icahn 先生和 Clorox 公司的策略性局势。假设,Clorox 公司股票的现行价格为每股 70 美元。在节点 A,Icahn 先生必须决定是否要收购额外的 200 万股。在节点 B,假设 Clorox 公司董事会启动了除 Icahn 先生外所有普通股股东行使股权的权利,并且所有普通股股东(除 Icahn 先生)以每股 35 美元的价格认购了额外的股份。由于新股的增发,每股价值下降至 53.37 美元。②

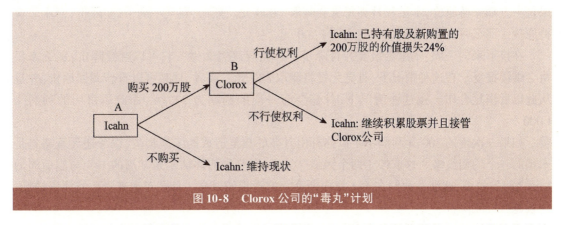

图 10-8　Clorox 公司的"毒丸"计划

因此,该权利的行使将使 Icahn 先生已经拥有的 1 250 万股及新购置的 200 万股的价值降低 24%。难怪股东权利计划被称为"毒丸"计划。这样大大地提升了恶意收购的成本。如果该计划成功遏制了收购者的行为,那这种权利永远不会被实施。

资料来源:"Icahn bids for Clorox, suggests others step up", *Reuters*, 2011 年 7 月 15 日;"The Clorox Company adopts stockholder rights plan", Clorox Company press release, 2011 年 7 月 18 日;Yahoo! Finance。

10.8　重复

到目前为止,我们已经讨论了单次的策略性行为。然而,许多策略性行为是重复的。一般来说,在重复策略性互动行为中可选的策略要比单次策略性互动行为中的广泛。明确而言,一方可以将另一方的行动作为行动条件。参与各方有可能获得比单次策略性互动行为更好的结果。

我们以卡特尔的困境为案例来讨论这样的策略。参考表 10-1,木星和月亮都知道,如果双方都保持原价,双方获得的利润将比都降价更多。然而在单次局势中,每个加油站都有巨大的降价动机。

---

② 在行使权利后,公司的价值等于先前的市场价格,为 70 × 133 = 93.1 亿美元,再加上新增股的支付 35 × (133 − 12.5) = 42.2 亿美元,总金额为 135.3 亿美元。总股份为 133 + (1.33 − 0.125) = 2.535 亿股。因此,每股价值为 135.3 ÷ 2.535 = 53.37 美元。

如果局势是重复的呢？那么木星可以采纳根据月亮之前的价格而定价；反之亦然。其中一个策略是"以牙还牙"：我将保持原价，直到你降价。如果你降价了，我在下一周也会降价。也就是说，我将和你的价格保持一致。

以牙还牙的策略包括一个承诺和一个威胁。承诺是：如果一家汽油站保持原价，另一家也会保持原价。威胁是：如果一家降价，另一家也会降价。

以牙还牙策略是均衡策略吗？参见表10-1，假设木星和月亮都采取以牙还牙的策略。如果每一方都保持原价，木星和月亮每家会赚取1 000元。然而，在某一周，月亮降价，而木星保持原价。那么月亮将多赚300元，达到1 300元。

在接下来的一周，木星会报复并且降价。月亮应该怎么做？它可以继续降价，那么木星将会继续报复。在这种情况下，月亮无疑将赚取800元。或者，月亮可以重新调回原价，并且从此以后恢复合作。在这种情况下，月亮会有一周的利润为700元，而此后每周的利润为1 000元。

如果一次性的300元利润不足以弥补由月亮的报复造成的未来损失，以牙还牙策略将是木星的一个均衡策略。这依赖于两个因素。第一，月亮如何评估未来某周的1元与当前周的1元之间的关系，这涉及我们在第1章中所介绍的折现的概念。月亮对未来资金的评价越低，它就越有可能降价。

另一个影响以牙还牙策略是否为均衡策略的因素是市场存在的时间。比如说，时间越短，由于汽油站租约的期限和新竞争者的进入，月亮就越有可能降价。

因此，在某些条件下，以牙还牙策略在重复卡特尔的困境中是一个均衡策略。当竞争的卖方在相当长的时期内互动时，它们的利润会保持在竞争性水平之上。

知识要点

- 策略性局势是指当各方在做出决策时会考虑到彼此间的互动作用。
- 永不使用劣策略。
- 在要同时行动的局势中，当其他各方选择它们的纳什均衡策略时，每一方都会倾向于选择它自己的纳什均衡策略。因此纳什均衡策略是一个稳定的策略。
- 处于竞争局势中，随机策略可能有帮助。
- 零和博弈象征极端的竞争：只有当另一方的情况变得更糟时，一方的情况才能变得更好。
- 在序列行动的局势中，可从最后的节点入手，由后向前一直推导至初始节点。
- 利用策略性行动来有利于己地影响其他方的信念或行为。策略性行动必须可信才有效。
- 如有可能，利用条件策略，如威胁或承诺，因为它们比无条件策略性行动更加节约成本。
- 在重复的局势中，将另一方的行为作为行动条件的策略会获得更好的结果。

复习题

1. 在下列局势中,卖方策略性地行动重要吗?
   (a) 完全竞争;
   (b) 垄断。
2. 解释为什么你不应该使用一个劣策略。
3. 下列哪些是采用一个纳什均衡策略的理由?
   (a) 我能最小化我的预期损失。
   (b) 我能保证结果的最低水平。
   (c) 即使对方知道我的策略,他也不能从中得到优势。
4. 如果其他各方的行动不是策略性行动(比如,它们利用非均衡策略),你应该跟随他们的策略吗?
5. 解释随机策略的意义。
6. 一些右撇子的拳击手也会训练自己用左手进攻。下列哪一个策略更为有效?
   (a) 每三次右手拳后使用一次左手拳;
   (b) 主要用右手进行攻击,随机地使用左手。
7. 解释下两组名词之间的联系:
   (a) 零和博弈及竞争;
   (b) 正和博弈及协调。
8. 在某一策略形式的博弈中,两个参与者在每个格子中结果的和为10。这是个零和博弈吗?
9. 分析扩展形式的博弈时,从初始结点开始向前推理会出现什么错误?
10. 在俾斯麦海海战中(表10-2),首先采取行动者会有优势吗?为什么?
11. 为什么条件策略性行动比无条件策略性行动更好?
12. 假设银行向储蓄用户提供了存款保险,储蓄客户将从银行自有基金中获得赔偿。为什么这是不可信的?
13. 在讨价还价的过程中,一个普遍的战术是"离场"。这个行为是可信的吗?
14. 放高利贷者不能使用法律系统来讨债。这可以解释为什么他们会使用暴力来讨债吗?
15. 在重复的策略性局势中的策略和单次的策略性局势中的策略有什么不同?

讨论案例

1. 乔月和任礼偷了一辆车并被警察逮捕了。但侦探万春没有充分的证据证明他们偷窃。万春将乔月和任礼安置在两个独立的房间中,并给每人提供一个选择:"如果另一个疑犯不认罪,而你认罪,我们将会给你1 000元的奖金。"每个疑犯知道如果他们都不认罪,他们将会被释放。如果一方认罪而另一方不认罪,那么认罪的疑犯将得到1 000元的奖金,而另一个疑犯将被监禁一年。如果两个人都认罪,则都将监禁一年。
   (a) 构建一个策略形式的博弈来分析乔月和任礼的认罪与否的选择。
   (b) 解出这个博弈的均衡。
   (c) 比较乔月和任礼的局势与表10-1中的卡特尔困境。
2. (美国)全国大学生体育协会(NCAA)限制大学向田径队学生支付薪酬的水平。假设NCAA中只有两所学校:Ivy和State。每一方都有两个选择:依据NCAA的规定向田径队学生支付薪酬,或者超额支付。如果 Ivy 和 State 都遵守 NCAA 的薪酬标准,每个学校将获得 300 万美元的利润。如果有一所学校遵守,而另一所学校超额支付,则超额支付的学校将吸引更多好的运动员,获得 500 万美元的利润,另一所遵守标准的学校只获得 100 万美元的利润。如果两所学校都超额支付,将增加双方的成本但并不能获得更好的运动员,因此两所学校各自的利润为 200 万美元。

(a) 构建一个策略形式的博弈来分析 Ivy 和 State 的选择。解出纳什均衡。

(b) 在政府的支持下,NCAA 可以惩罚超额支付薪酬的学校。这将如何影响纳什均衡?

(c) 以下哪一个概念能最好地描述 NCAA 对运动员薪酬的限制?(i) 垄断;(ii) 买方垄断;(iii) 规模经济;(iv) 范围经济。请解释你的答案。

3. 自 2007 年 6 月推出以来,苹果公司的 iPhone 迅速占领了相当大份额的全球智能手机市场。与 iPhone 竞争的手机操作系统包括诺基亚的 Symbian 操作系统、谷歌的 Android 操作系统,以及微软的 Windows Mobile 操作系统。2010 年 9 月,被任命为诺基亚 CEO 后不久,Stephen Elop 开始审查诺基亚的智能手机策略。

(a) 考虑诺基亚和台湾手机制造商 HTC 的策略性局势。如果它们生产的手机都使用 Symbian 系统,HTC 获得 20 亿元的利润,则诺基亚获得 40 亿元的利润。如果它们生产的手机都使用 Windows Mobile 系统,则 HTC 和诺基亚都将获得 20 亿元的利润。如果 HTC 使用 Symbian 系统而诺基亚使用 Windows Mobile,则它们的收入均为 0。如果 HTC 使用 Windows Mobile 系统而诺基亚使用 Symbian,则 HTC 的收入为 0,诺基亚的利润为 20 亿元。画出此策略形式的博弈并解出均衡。

(b) 用(a)题的答案解释为什么微软愿意支付诺基亚数十亿元来让诺基亚的手机使用 Windows Mobile 系统。

(c) 以下哪个可以适用于此博弈?(i) 零和博弈;(ii) 正和博弈;(iii) 规模经济;(iv) 范围经济。请解释你的答案。

4. 2012 年 5 月 19 日,欧洲联赛冠军杯决赛(德国拜仁慕尼黑对阵英国切尔西)是由点球大战决胜负。门将诺伊尔为拜仁主罚第三球。切尔西门将彼得·切赫猜中了诺伊尔将往左踢,但是这一低射球还是在左下角入网了。

(a) 按如下情况构建一个策略形式的博弈。诺伊尔必须选择踢向左、中、右。切赫必须选择防守左、中、右。如果诺伊尔射进,拜仁得 1 分而切尔西输 1 分。如果切赫成功扑救,则双方都得 0 分。

(b) 这是一个零和博弈还是正和博弈?

(c) 找出纯策略中的纳什均衡(若存在的话)。

(d) 论证以下随机策略是否是纳什均衡:每个球员选择左、中、右的概率都是 1/3。

5. 冥王星有限公司拥有 20 亿元的债务,利率为 10%,拥有 80 亿元的股权。如果管理层像往常一样运作,冥王星将收入 100 亿元,产生 95 亿元的营业支出,所以营业利润为 5 亿元。如果管理层努力工作降低成本,那么营业支出将为 90 亿元。

(a) 构建一个具有以下节点的扩展形式的博弈。在第一个节点,私募股权基金选择杠杆收购冥王星公司或者维持现状。在接下来的节点,管理层选择正常工作或者努力工作降低成本。
(b) 假设杠杆收购会使冥王星资产重组为 80 亿元的债务(利率为 10%)，以及 20 亿元的股权。计算冥王星的利润，如果管理层：(i) 正常工作；(ii) 降低成本。
(c) 解释说明杠杆收购是如何成为一个降低成本的策略性行动的。

6. 中国国有银行面对的一个主要问题是国有企业的贷款。一直以来，很多国有企业资产相对较少，贷款率很高。而它们大多数的借款来自国有银行。如果是纯商业运作，其中的很多贷款都是不可行的。而银行必须提供这些不可行的贷款，因而降低了自身的利润及资产值。国有银行的管理层更在意的是保住他们的工作。
(a) 使用一个扩展形式的博弈来描述下列情形。假设大众银行为一家国有商业银行。人民建设公司向大众银行贷款 10 亿元人民币，利率为 5%。贷款将要到期了。大众银行必须在延期贷款和要求偿还贷款中选择。(i) 如果大众银行勾销本金，人民建设公司将继续运作并用向大众银行借来的部分贷款来支付银行的利息。大众银行收到利息并且将此项贷款列为可行贷款之列，大众银行管理层可以继续工作。(ii) 如果大众银行要求还贷，人民建设公司将会拖欠贷款。大众银行将损失 10 亿元人民币的贷款金额，政府将替换大众银行管理层。
(b) (a)中的均衡是什么？
(c) 假设人民建设公司实际上已经破产，并且没有任何机会获得利润。如果大众银行管理层的目标是利润最大化，他们应该延期贷款还是要求偿还贷款？

7. 保加利亚政府将其货币列弗(lev)与欧元挂钩，比率为 1.95583 列弗等于 1 欧元。保加利亚中央银行承诺用此汇率兑换欧元和列弗。2014 年 12 月，中央银行发行了面值为 101.7 亿列弗的货币，而保加利亚的外币储蓄达到 350 亿列弗。如果其他条件相同，保加利亚的居民更愿意使用列弗而非欧元，因为它在本地使用更为方便。
(a) 构建一个具有以下节点的扩展形式的博弈：在第一个节点，个人选择是否将列弗兑换为欧元；在接下来的节点，中央银行选择是否提供足够的配给，以满足所有的兑换需求。
(b) 2014 年 12 月，个人是否会选择将列弗兑换为欧元？
(c) 假设，中央银行将流通的货币增至 400 亿列弗。解释一下，个人将列弗兑换为欧元的决定将如何取决于其他人的决定。

8. 德国电信提供商 Deutsche Telekom 公司被穆迪评为 Aa2 级别的公司，评级范围是从最高等级 Aaa 到 Aa, A, Baa, Ba, B, 一直到最低等级 Caa。在 2000 年 6 月发行价值 145 亿美元的债券时，Deutsche Telekom 承诺，如果它的信用等级跌落到 A 以下，它会把利率提升 0.5%。
(a) 为了简单起见，假定债券的正常利息是每年 8.7 亿美元。假设几年以后，该公司将会在两种投资之间选择。对于风险高的投资，它必须发行年利息为 1.3 亿美元的新债券。这项投资在 50% 的情况下产生 15 亿美元的现金流，或者在 50% 的情况下产生 10 亿美元的现金流。风险低的投资将不需要发行债券，并肯定会产生 10.7 亿美元的现金流。用扩展形式的博弈，在忽略承诺的条件下表示这种决策。在每个最终结点,列出净现金流(所有贷款的净利息)。

(b) 现在假设高风险的投资使该公司的信用等级降低到 A 以下,因而,它将兑现其承诺,将利率提高 0.5%,即增加 0.5% × 145 亿 = 7.25 亿美元的利息。假设如果会出现负的净现金流,银行将不会借款。Deutsche Telekom 的承诺将如何影响扩展形式的博弈?

9. 庞巴迪、中国商飞、巴航工业和 Irkut 已经进入或准备要进入窄体喷气飞机市场。我们将目光集中在中国商飞和巴航工业这两家公司。表 10-3 展现出当两家公司同时行动时,可选择的策略和相应利润。

(a) 用合适的扩展形式的博弈显示出,该局势是个有先发优势的局势。

(b) 假设中国政府向中国商飞保证,如果中国商飞发展和生产 C919 机型,在此过程中所遭受的任何损失,将得到 110% 的偿付。这将怎样影响(a)部分的均衡?

(c) 中国政府应该为这一保证做多少预算?

附录

求解随机策略中的纳什均衡

本章介绍了随机性的概念,并展现了它的使用,尤其是在竞争的环境中。有两种方法可以用来解出随机策略中的纳什均衡——图形法和代数法。让我们运用这两种方法来解决修改后的汽油站局势,如表10-4所示。

■ 图形法

在图10-9中,横轴表示木星保持原价的概率,而纵轴表示月亮的预期利润。我们在图10-9中画两条线。一条线表示当月亮保持原价时的利润,此利润是木星保持原价概率的函数。在表10-4中,如果木星保持原价的概率为1(一定保持原价),那么月亮保持原价将获得900元的利润。然而,如果木星保持原价的概率为0(一定降价),那么月亮保持原价将获得500元的利润。

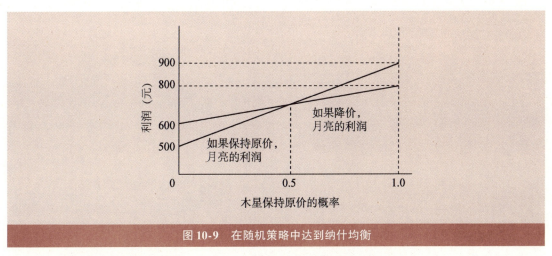

图10-9 在随机策略中达到纳什均衡

注:如果木星保持原价的概率为1/2,月亮保持原价或降价获得的利润相同。对于木星来说同样如此。因此,在木星和月亮保持原价的概率均为1/2时,随机策略的纳什均衡成立。

另一条线为当月亮降价时的利润,此利润是木星保持原价概率的函数。在表10-4中,如果木星一定保持原价,那么月亮降价将获得800元的利润。然而,如果木星保持原价的概率为 0(一定降价),那么月亮降价将获得 600 元的利润。

两条线相交在一点。在该点上,无论月亮保持原价还是降价,它的利润都相同。这一点表示木星的纳什均衡的概率,结果为 1/2。

我们可以用一个相似的图形来确定月亮的纳什均衡的概率,结果也是 1/2。[3]

■ 代数法

另一种找出纳什均衡概率的方法是使用代数法。在均衡处,木星和月亮都一定要随机化。假设木星以 q 的概率保持原价,由于月亮需要随机化,它一定在两个纯策略(即保持原价和降价)之间没有倾向。这就是说,月亮从两个纯策略中所得到的利润一定是相同的。

为计算出月亮保持原价的预期利润,我们参见表 10-4。当木星以 q 的概率保持原价时,月亮的利润为 900 元;而当木星以 $1-q$ 的概率降价时,月亮的利润为 500 元。因此,月亮保持原价的预期利润为 $900q + 500(1-q) = 500 + 400q$。

同样,我们可以计算出月亮降价的预期利润为 $800q + 600(1-q) = 600 + 200q$。在随机策略均衡点上,月亮从保持原价和降价这两个策略中所得利润必须相等。这就说明 $500 + 400q = 600 + 200q$,即 $q = 1/2$。

类似地,我们可以得出月亮的纳什均衡策略。假设月亮以概率 p 保持原价。木星要想在两个纯策略中没有倾向,它保持原价和降价所得的预期利润必须相同。这就说明 $900p + 1\,000(1-p) = 1\,300p + 600(1-p)$,即 $p = 1/2$。

---

[3] 这一算法基于 Avinash Dixit and Barry Nalebuff, *Thinking Strategically*: *The Competitive Edge in Business, Politics, and Everyday Life*, New York: Norton, 1991, Chapter 7。

第 11 章

寡头市场[①]

学习目标

- 对于销售不同质产品并且进行价格竞争的卖方，识别其利润最大化价格和调整价格的方法；
- 了解价格可以成为策略性互补因素；
- 对于销售同质产品并进行产量竞争的卖方，识别其利润最大化生产规模和调整生产规模的方法；
- 了解生产规模可以成为策略性替代因素；
- 运用限价政策来阻止潜在竞争者进入市场；
- 运用生产规模领先地位来实行先发优势；
- 了解如何抑制竞争。

11.1 引言

动态随机访问存储器（DRAM）能高速存储及检索数据，是电脑的核心部件之一。NAND闪存在需要大容量数据存储和高速记录的电子设备中起着关键作用，诸如智能手机。随着电脑、智能手机和其他电子设备的需求增加，对于存储器的需求也随之增加。2010 年，DRAM 的全球销量达到了 392 亿美元，NAND 闪存的全球销量为 173 亿美元。[②]

[①] 本章内容较深。省略第 5 节之外的内容并不会影响整体连贯性。第 5 节介绍了和第 15 章"管制"有关的背景知识。
[②] 该部分讨论基于：Clyde Montevirgen, "Standard & Poor's Industry Surveys: Semiconductors", 2011 年 5 月 12 日；Elpida Memory, Inc., FY2010 Financial Review & Business Updates, 2011 年 5 月 12 日；"Qimonda", Wikipedia, 2011 年 8 月 12 日。

存储器制造行业的竞争非常激烈，因为产品之间的差异非常小。但是，这个行业仍然不是完全竞争的。三星电子主导着 DRAM 和 NAND 市场，市场占有率分别是 38% 和 40%（见表 11-1）。在这两个市场中，最大的四家制造商所占的市场份额大约是 90%。

表 11-1　存储器行业

制造商	DRAM	NAND	毛利率（近期平均）
尔必达（Elpida）	16%	—	5%
海力士（Hynix）	22%	10%	约 40%
镁光（Micron）	13%	10%	约 13%
三星（Samsung）	38%	40%	超过 30%
东芝（Toshiba）	—	32%	—

存储器制造行业高集聚性的一个主要原因是大量的固定成本。建造一个芯片制造生产线的成本上涨很快，现在已经达到了 30 亿—80 亿美元。

由于生产技术的进步和产量的增加，存储器的价格趋于下跌。近年来，存储器的价格以每年 20% 至 30% 的速度下跌。同时，存储器制造业也受货币汇率波动的影响。由于产品均以美元计价，美国境外的制造商均需承受汇率波动的风险。

由于存储器制造商须做出巨额的投入和面对漂浮不定的价格及利润，使存储器制造行业成为不适宜胆小者进入的战场。2006 年，英飞凌（Infineon）拆分其 DRAM 业务并成立了奇梦达（Qimonda），而后者仅在 3 年后就申请破产。2013 年，尔必达（Elpida），日本最后一家存储器制造商，则被出售给了镁光（Micron）。

由于汇率的持续波动，三星与其他存储器制造商应如何调整价格及生产规模来应对韩元对美元汇率的波动？对于行业不断兼并联合的趋势，它们应当采取合并的策略还是退出市场的策略？

> **寡头市场**：一个市场中仅存在较少数量并且采取策略性行动的卖方。

全球半导体产业是一个明显的寡头市场。**寡头市场（oligopoly）** 是一个市场中仅存在较少数量并且采取策略性行动的卖方。寡头市场是一种介于两种极端——完全竞争及垄断——之间的市场结构。在完全竞争情况下，没有卖方具有市场力，而在垄断情况下，市场仅有一个卖方。

要理解韩元对美元汇率波动的影响，我们必须理解卖方在寡头市场中如何决定生产规模、产量和价格。由于市场中只有少数卖方，所以它们很有可能在商业决策中主动考虑与其他卖方的互相影响。所以，考虑它们的策略性行动之间的互相影响是很重要的。我们采用第 10 章中所讨论的博弈论来分析这个问题。

寡头市场的分析取决于时间区间是短期还是长期。通常来说，生产规模比价格更缺乏灵活性，所以，企业在考虑价格（短期）之前必须先决定生产规模（长期）。

我们先学习短期中的寡头市场：相互竞争的卖方如何定价？产品是否同质将如何影响定价？每个卖方面对竞争者的价格调整将如何调整自身价格？在这之后，我们学习长期中的寡头市场：相互竞争的卖方如何决定生产规模？卖方如何调整生产规模及产量？每个卖方面对竞争者的产量调整将如何调整自身产量？

通过这些分析方法，我们可以解释汇率及成本波动和产业集聚对于生产规模和价格的影响，并了解制造商的应对方法。

最后,我们研究生产商如何抑制竞争以及如何通过抑制竞争来增加利润。这些分析方法可以显示产业集聚对买方(如电脑生产商)的影响。寡头行业企业的管理者可以运用本章的分析方法来制定更有效的策略,用以应对激烈的竞争。

11.2 定价

一般来说,在短期内,寡头市场卖方的策略性变量为价格。寡头市场中,价格竞争的结果取决于产品是否同质。让我们对两种情况分别进行分析。

■ 同质产品

假设,在无线通信市场中,市场需求如图 11-1 所示,服务的边际成本为每用户每月 30 元。

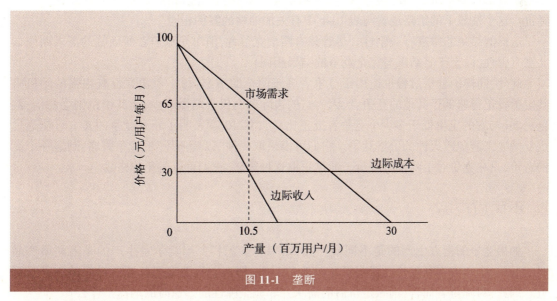

图 11-1　垄断

注:在规模为 1 050 万用户、价格为每位用户每月 65 元的情况下,垄断厂商取得最大利润。

将寡头市场下与垄断市场下的价格与生产量进行比较会很有用。如图 11-1 所示,边际收入等于边际成本的生产规模为 1 050 万用户,每用户每月的使用费为 65 元。在这个生产规模和价格下,垄断者取得最大利润,利润为每月 $(65-30) \times 10.5 = 3\,675$ 万元。

为了简单起见,我们先考虑**双寡头市场(duopoly)**。也就是说,整个市场中,只有两个并且采取策略性行动的卖方。假设它们分别为太阳通信公司和水星无线通信公司。每个公司的边际成本都固定为每用户每月 30 元,并且不受生产规模限制。太阳公司和水星公司提供的服务是完全相同的,也就是说,产品是同质的。这就构成了**伯特兰寡头(Bertrand oligopoly)** 模型。该模型由法国数学家伯特兰发表于 1883 年,并以他的名字来命名。

> **双寡头市场**:一个市场中仅有两个并且采取策略性行动的卖方。

> **伯特兰寡头模型**:两个生产同质产品的卖方进行价格竞争,其边际成本固定且不受生产规模限制。

在这些条件下,市场均衡价格与完全竞争价格是一样的。令人印象深刻的是,即使市场为双寡头市场,其均衡价格也与完全竞争下完全相同。为了解释这个结论,我们假设太阳公司对服务收取边际成本以上的某个价格,例如32元。

然后,水星公司有三个选择:它的定价可以高出、等于或者低于32元。如果水星公司收取高于32元的费用,所有的消费者都将与太阳公司签订服务合约,水星公司此时的销量和收入均为0。如果水星公司收取与太阳公司一样的费用,它将获得一半市场占有率,其利润等于边际利润(32 − 30 = 2元)乘以销量。然而,假设水星公司的定价低于32元,即使是只低一点点,都会使其占有全部市场。

所以,仅需将定价设置得比太阳公司的32元低一点点,水星公司的利润就会几乎翻倍。这是因为,它的边际利润仅比2元少一点,而销售量会翻倍。事实上,当水星公司的定价低于太阳公司的定价时,水星公司的需求曲线为完全弹性。

同样的推理对太阳公司一样适用。因此,这个双寡头垄断竞争市场的纳什均衡点为:两个竞争者都将其定价设为与边际成本30元相等,任何高于此价格的定价都会导致竞争对手降价。这个情景下的策略逻辑与表10-1中有关加油站的案例相同。

这样的结果非常富有戏剧性。尽管只有两个竞争者,但每个竞争者所面临的需求曲线如此富有弹性,以至于其结果与完全竞争的结果相同!

此外,同样的分析过程也适用于竞争者多于两个的情形:每一个卖方都有很强的动机将其定价设定得略低于其他的竞争者,因为它的边际利润仅会略微减少,而其销量则会翻倍,甚至更多(与它的定价低于多少个竞争者成正比)。(第10章表明了相互竞争的卖方可能通过重复博弈来避免毁灭性的价格竞争。它们可以采取一种"以牙还牙"的竞争策略:制定一个高的定价,只在竞争对手降价时降价。通过采取这种策略,它们可以避免价格战。)

■ 不同质产品

如果竞争的卖方生产的是不同质产品,结果将会怎样?当竞争者生产的是不同质产品时,如果一个卖方将其定价设置得低于其竞争对手,那么它只能赢得其竞争对手的一部分买方。因此,对降价者而言,削减定价后的需求并非完全弹性的。这时的均衡是什么?

霍特林寡头模型:卖方对于一种由于距离而不同质的产品采取价格竞争策略。

考虑如下运用了**霍特林寡头**(Hotelling oligopoly)模型的情况。假设所有的买方在一条1千米长的街道上平均分布,而这一线性市场中有两个分布于街道两端的商店在竞争,分别为太阳公司和水星公司的代理商。每位消费者愿意花费不超过100元来购买服务,但是他们需要花费每千米4元的交通费。所以,一个距离太阳公司代理商0.25千米的消费者需要支付 $4 \times 0.25 = 1$ 元的交通费以购买太阳公司的服务,而购买水星公司服务需要支付 $4 \times 0.75 = 3$ 元的交通费。

在这种情况下,差异的产生是由于消费者与两个代理商的距离不同。太阳公司与水星公司同时独立地制定定价策略,并且在每用户每月30元的固定边际成本下提供服务。

由于太阳公司与水星公司同时制定价格,因此采用纳什均衡分析是可行的。为简单起见,我们假设,在均衡条件下,每位消费者都会购买服务。太阳公司设定价格为 p_S,水星公司设定价格为 p_M。在附录中,我们可以看到,在水星公司价格给定的情况下,太阳公司的**剩余需求曲线**(residual demand curve)如图 11-2 所示。剩余需求指的是在给定竞争卖方行动下的需求情况。

> **剩余需求曲线**:给定竞争卖方行动下的需求情况。

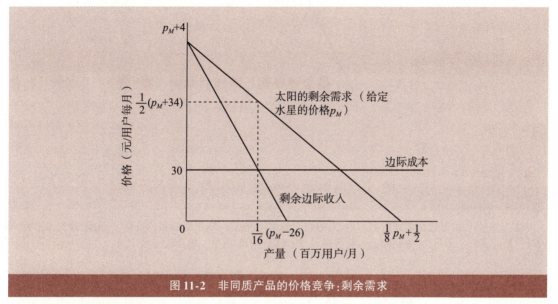

图 11-2 非同质产品的价格竞争:剩余需求

注:当水星公司的价格 p_M 给定后,太阳公司的需求曲线为从产量 0 时的 p_M+4 价格点到价格为 0 时的 $1/8 p_M+1/2$ 产量点之间的折线。太阳公司在产量为 $1/16(p_M-26)$、价格为 $1/2(p_M+34)$ 这一点达到利润最大化。

在水星公司的价格 p_M 及其可能设定的价格给定的情况下,与太阳公司代理商相距较近的消费者将购买太阳公司的服务,而距离水星公司代理商较近的消费者将购买水星公司的服务。消费者的选择与太阳公司和水星公司的价格是有关系的。在掌握了有关消费者选择信息的基础上,太阳公司将可以算出其销量。在重复计算其能够设定的各种价格的基础上,太阳公司可以构建自身的剩余需求曲线。

剩余需求曲线是向下倾斜的:如果太阳公司提高其服务价格,则一部分消费者(离太阳公司距离相对较远)将转而从水星公司购买,太阳公司的销量将变少。有了剩余需求曲线,太阳公司可以构建它的剩余边际收入曲线。请注意,太阳公司的剩余需求和剩余边际收入曲线取决于水星公司的价格。如果水星公司提高其服务价格,那么一部分消费者(离水星公司代理商相对较远)将转而从太阳公司购买,这样太阳公司的剩余需求和剩余边际收入曲线将向右移动。

为了实现利润最大化,太阳公司应在其剩余边际收入与边际成本相等的规模上生产。利润最大化的生产规模是 $1/16(p_M-26)$,此时价格为 $1/2(p_M+34)$。由于对消费者的竞争,太阳公司的利润最大化价格取决于水星公司的价格 p_M。

图 11-3 显示了太阳公司的利润最大化价格图,它随水星公司的价格 p_M 变化。它起始于 30 元的价格,而此时水星公司的价格为 26 元。太阳公司将不会将价格降到 30 元的边际成本以下。图中价格根据 $1/2(p_M+34)$ 呈上升趋势。

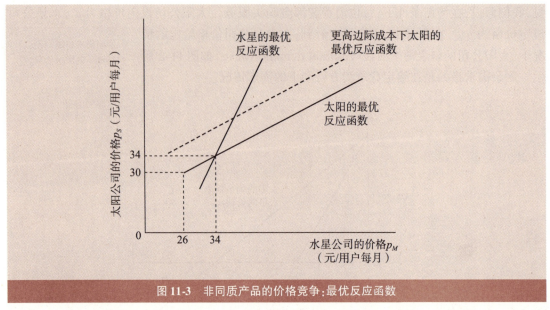

图 11-3 非同质产品的价格竞争：最优反应函数

注：太阳公司的最优反应函数显示出，它的利润最大化价格 p_S 是水星公司的价格 p_M 的函数。水星公司的最优反应函数显示出，它的利润最大化价格 p_M 是太阳公司的价格 p_S 的函数。

最优反应函数：以竞争对手的行动为自变量的最佳行动。

以水星公司价格 p_M 为变量而绘制的太阳公司利润最大化价格图即太阳公司的最优反应函数。**最优反应函数**（best response function）代表着卖方以竞争对手的行动为自变量的最佳行动。图 11-3 同时描绘了水星公司的最优反应函数，它是以太阳公司价格 p_S 为变量而绘制的水星公司的利润最大化价格图。

图 11-3 是策略形式的博弈的图形表示，此时每一方从连续的策略中做出选择。（第 10 章考虑了每一方要在两种策略中进行取舍的策略性局势，两种策略的情况可以用一张表来表示。）纳什均衡位于最优反应函数的交汇点。对于两个卖方来说，纳什均衡下的价格为 34 元。在纳什均衡下，如果水星公司相信太阳公司会将价格定为 34 元，则对水星公司自身来说 34 元的定价也是最佳的；反之亦然。

在均衡点上，每个卖方可以得到的边际利润为 34 − 30 = 4 元，同时每个卖方服务一半的消费者。因此，在销售不同质产品且进行价格竞争的情况下，均衡价格超过了边际成本。而且，均衡本身并不取决于固定成本；取决于固定成本的只有卖方的参与决策（即是否生产），每个卖方只有在利润贡献超出固定成本的情况下才会生产。

■ 消费者偏好

在以上的例子中，竞争的产品是由于距离而不同质的。实际上，霍特林寡头模型对于因为消费者有着不同偏好的任何要素而产生的不同质都适用。这些要素包括口味（一部分消费者喜欢偏咸口味，而其他消费者喜欢偏甜口味）、设计（一些消费者喜欢实用性强的设计，而其他消费者喜欢美观的设计），以及顾客忠诚计划的会员身份。所谓的"交通成本"代表了消费者从消费自己并不那么偏好的要素中得到的负效用。

如果消费者的偏好更强将会如何？在以上的例子中，如果交通成本不是每千米4元而是5元将会产生什么结果？根据图11-2中太阳公司的剩余需求曲线，垂直交叉点将会向上移动，水平交叉点将会向左移动。太阳公司的剩余需求将会变得更不具弹性，它的利润最大化价格将会更高。

其次，根据图11-3，太阳公司的最优反应函数将向上移动。相似地，水星公司的最优反应函数也将向右移动，而纳什均衡下的价格将提高。

所以，在寡头市场，卖方可以通过产品不同质来缓解竞争。消费者对于不同要素的偏好越强（消费者从不那么偏好的要素中获得的负效用越大），则每个卖方的剩余需求更不具价格弹性，均衡价格将升高。

■ 需求和成本的变动

如果需求或成本发生变化，依靠价格竞争的寡头买方应该如何应对？通常情况下，应对措施包含两个步骤。首先，与垄断情况下相同，每个卖方都应调整价格，直到其剩余边际收入等于边际成本。然后，在寡头市场中，新的价格将成为其他卖方的定价的函数。所以，在新的需求或成本下，卖方的最优反应函数也将变动，从而达到一个新的均衡。

考虑市场需求增加的情况。在图11-2中，太阳公司的剩余需求将向右移动，剩余边际收入也将向右移动。所以，太阳公司的利润最大化价格将上升。因此，在图11-3中，太阳公司的最优反应函数将向上移动。相似地，水星公司的最优反应函数也将向右移动。所以，在新的均衡点上，每个卖方都将设定一个更高的价格。

如果边际成本增加呢？在图11-2中，由于边际成本增加，太阳公司的利润最大化价格将会增加。因此，在图11-3中，太阳公司的最优反应函数将向上移动。假设水星公司的边际成本没有变化，其最优反应函数将保持不变。在新的均衡点，两个卖方都提高价格；其中太阳公司加价的幅度更大。

所以，对于销售不同质产品且进行价格竞争的卖方来说，如果一个卖方的边际成本提高，其竞争者会通过提高价格来吸收部分影响。成本提高的卖方失去了一部分顾客及利润贡献，但是损失程度因为竞争者加了价而减少。

■ 策略性互补

参见图11-3中太阳公司的最优反应函数。如果水星公司提高价格，那么太阳公司也应该提高价格。如果水星公司降价，太阳公司也应该降价。直观来看，如果水星公司提高价格，一部分消费者就会转向太阳公司。所以边际消费者（对选择太阳公司或水星公司均无所谓）距太阳公司的距离将会较远。因此，太阳公司所面临的需求将相对较为缺乏弹性。这样，太阳公司将提高价格。

类似地，如果水星公司降价，一部分消费者将转向水星公司。所以，边际消费者将会更接近太阳公司的产品。太阳公司所面临的需求相对来说较为富有弹性。这样，太阳公司将会选择降价。

同样地,参见水星公司的最优反应函数。水星公司价格的变动与太阳公司一致。综上所述,在提供不同质产品的具有无限生产能力的寡头之间的价格竞争(霍特林寡头模型)中,价格为策略性互补。

策略性互补:一方的调整将会导致另一方相同方向的调整。

当一方的调整导致另一方作相同方向调整时,就表示其行为实现了**策略性互补**(**strategic complements**)。在寡头市场中,如果价格是策略性互补的,竞争者将可以通过跟随其他卖方以相同方向调整价格提高利润。

> **进度检测 11A**
>
> 假设交通成本低于每千米 4 元,这将如何影响均衡价格?

小案例

沃达丰:4G 定价

在英国 4G 移动通信市场中,EE 公司拥有超过 400 万用户的最大的市场份额。紧接着的是 O2 公司和 Three 公司(分别拥有超过 200 万用户),以及沃达丰(Vodafone)(拥有不到 100 万用户)。

SIM-only(仅购买 SIM 卡)细分市场迎合了用自己手机且只买这项服务的用户。在所有的基本计划中,Three 公司提供了最便宜的每月 7 英镑的价格,其次便宜的是 EE 公司的每月 9.9 英镑,以及 O2 公司的每月 11 英镑。而沃达丰的每月 22 英镑是最贵的。

上述竞争的移动通信提供商在网络覆盖面(EE 公司声称拥有最大的网络)、包含的通话时长和数据使用量以及额外服务的价格上存在差别。沃达丰的计划包括了 1 GB 的流量,这比其他的提供商要多。尽管如此,分析师 Kester Mann 指出:"如果沃达丰不对其竞争者降低收费的行动做出反应的话,它将继续丢失市场份额。"

沃达丰通过提供高质量服务,尤其是有关体育和电影方面的服务,来维持其定价。沃达丰在 SIM-only 计划中提供 Sky Sports、Spotify 以及 Netfix 等服务,价格为每月 27 英镑。

资料来源:"Vodafone under pressure to cut its 4G SIM-only prices",*Mobile Magazine*,2014 年 8 月 13 日。

11.3 限价政策

至此,我们已经分析了所有竞争者采取同步行动时的寡头策略。我们运用了纳什均衡的概念。但如果其中一个卖方能够领先其他卖方采取行动,又会产生怎样的结果呢?这个卖方就可能采取策略性行动并取得先发优势。要考察这种情况下的策略,我们必须运用扩展形式的博弈。

考虑一下太阳通信公司与水星无线通信公司的双寡头市场,我们在这里设定水星公司为领导者,它可以优先定价。如图 11-4 所示,在 A 点时水星公司设定价格;在之后的 B 点太阳公司设定价格。在这里,我们允许连续性的价格选择,所以要在扩展形式的博弈中表示所有可能的选择是不可行的。

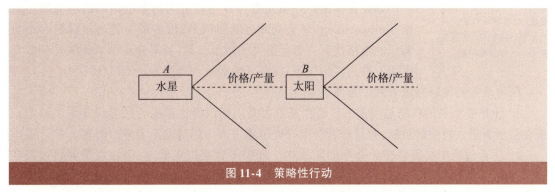

图 11-4　策略性行动

注:水星公司设定价格或者生产量,以期引导太阳公司的价格或生产量的设定有利于水星公司。

针对不同质产品的价格竞争,如果生产需要显著的固定成本,一种可能的策略行动是阻止潜在竞争者进入行业。该策略就是设定一个足够低的价格,从而使潜在竞争者的剩余需求低到无法保持收支平衡的地步。

如图 11-5 所示,水星公司的价格 p_M 越低,太阳公司的剩余需求曲线就会越偏向左。如果水星公司的价格低到某种程度下,则太阳公司的剩余需求曲线将会完全处于平均成本曲线之下。请注意太阳公司的平均成本曲线的形状:在低产量的情形下,固定成本的存在使得平均成本很高;随着数量增加,固定成本被大规模生产所摊销,所以平均成本趋于下降。

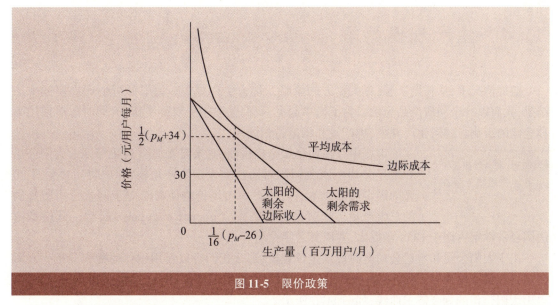

图 11-5　限价政策

注:水星公司将它的价格设定得非常低,这样太阳公司的剩余需求曲线就在太阳公司的平均成本曲线之下,太阳公司就会选择不生产。

由于太阳公司的剩余需求曲线在所有生产规模下均低于平均成本曲线,则价格将会低于利润最大化生产规模下的平均成本(太阳公司的利润最大化生产规模为 $1/16(p_M - 26)$)。如此,太阳公司即使在利润最大化规模下生产也将会面临亏损,这种情况导致的最佳决策是不参与生产。

如此安排生产并阻止潜在竞争者进入行业的策略被称为**限价政策**(**limit pricing**)。它获此名的原因是,价格带头者通过设定一个足够低的价格使其占有足够大的需求份额,使潜在竞争者无法达到收支平衡。在这种情况下,没有其他的生产者愿意进入市场。

> **限价政策**:价格带头者通过设定一个足够低的价格,使潜在竞争者无法达到收支平衡。

限价政策的策略在以下两个条件下是有效的:

1. 价格带头者的价格是可信的。潜在竞争者必须相信价格带头者已经设定了能够阻止潜在竞争者进入行业的价格,并且在若有潜在竞争者进入市场时也不会进行调整。

2. 生产过程中必须存在显著的固定成本。如果不存在固定成本,潜在竞争者将可以在一个非常小的生产规模上取得收支平衡。如图 11-5 所示,平均成本曲线与边际成本曲线将会一样。这样,在利润最大化的生产规模上,价格将会超过平均成本,这将不能阻止潜在竞争者进入市场。

> **进度检测 11B**
>
> 假设太阳公司的生产固定成本较高。参考图 11-5,这将如何影响太阳公司的成本曲线?水星公司要阻止太阳公司进入市场的价格又会怎样变化?

11.4 生产规模竞争

通常情况下,从长期来看,寡头卖方的策略变量为生产规模。为了分析生产规模竞争的结果,我们以一个同质产品为例。为了简单起见,我们关注一个双寡头市场,同时忽略使用率和仓储的影响,这样,生产规模、生产量和销量是相同的。

> **古诺寡头模型**:卖方提供同质产品,并在生产规模上展开竞争。

市场中存在两个服务提供商,其余要素如图 11-1 所示。太阳公司和水星公司两家公司同时而独立设定生产规模,并以每用户每月 30 元的固定边际成本进行生产。市场价格使需求等于两家公司所提供的总生产量。这就是**古诺寡头**(**Cournot oligopoly**)**模型**。此模型由法国经济学家古诺于 1838 年提出,并以其名字命名。

由于太阳公司和水星公司同时设定生产规模,那么我们可以运用纳什均衡来分析。太阳公司将产量设定为 Q_S,水星公司将产量设定为 Q_M。在给定水星公司产量的情况下,我们可以得出太阳公司的剩余需求曲线,如图 11-6 所示。

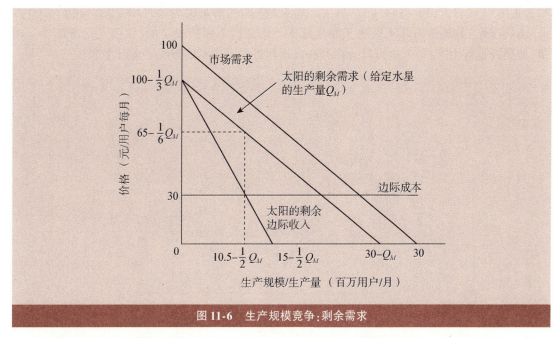

图 11-6　生产规模竞争：剩余需求

注：当水星公司的产量为 Q_M 时，太阳公司的剩余需求曲线会向下倾斜到价格为 0、产量为 $30-Q_M$ 处。在太阳公司的利润最大化的点，需求为 $10.5-Q_M/2$，价格为 $65-Q_M/6$。

剩余需求指的是给定竞争卖方行动情况下的需求情况。在这里，竞争卖方的行动即是水星公司的生产规模 Q_M。所以，在任何一个可能的价格水平上，太阳公司的剩余需求是市场总需求减去水星公司的生产量 Q_M。

为了实现利润最大化，太阳公司应当将生产规模设定为剩余边际收入等于边际成本的水平上。太阳公司可以从剩余需求计算出它的剩余边际收入。如图 11-6 所示，太阳公司的剩余边际收入等于 30 元的边际成本，这时生产量为 $10.5-Q_M/2$。由于争夺消费者的竞争，太阳公司的利润最大化生产规模取决于水星公司的生产规模 Q_M。

图 11-7 显示了以水星公司生产规模 Q_M 为自变量的太阳公司利润最大化生产规模。该图即为太阳公司的最优反应函数。如果水星公司将生产规模设定为 0，则太阳公司实际上将成为垄断者，并将选择利润最大化生产规模，即每月 1 050 万用户。如果水星公司将生产规模设定为 2 100 万用户，则太阳公司的剩余需求曲线将会向左移动，这时它的剩余边际收入曲线和边际成本曲线相交于产量为 0 的点上；所以，太阳公司将会选择 0 生产规模。

图 11-7 同时也反映了水星公司的最优反应函数，它以太阳公司的生产量规模 Q_S 为自变量，展示了水星公司的利润最大化产量。图 11-7 体现了策略形式的博弈的图形均衡，博弈的各方都从一系列的策略中进行选择。

在两个最优反应函数交汇处产生了纳什均衡。对于双方来说，纳什均衡策略是将生产规模设定为 700 万用户。由于纳什均衡，如果水星公司相信太阳公司会将生产规模设定为 700 万用户，则对其自身来说最佳生产规模也是 700 万用户；反之亦然。

在均衡点上，总生产规模为每月 700 万 + 700 万 = 1 400 万用户。结合市场需求，市场价格为每用户 10/3 × (30 − 14) = 53.33 元,而各卖方的利润贡献为每月 (53.33 − 30) × 700 万 = 1.63 亿元。均衡价格并不取决于固定成本。固定成本所能决定的,仅仅是卖方的参与决策,即是否进行生产;每个卖方只会在利润贡献超过固定成本的情况下进行生产。

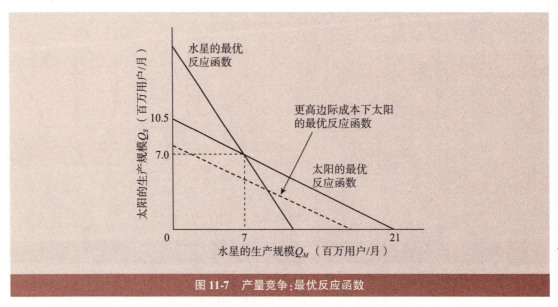

图 11-7　产量竞争:最优反应函数

注:太阳公司的最优反应函数显示,它的利润最大化产量 Q_S 是水星公司的产量 Q_M 的函数。水星公司的最优反应函数显示,它的利润最大化产量 Q_M 是太阳公司的产量 Q_S 的函数。

在双寡头市场上,总生产规模及生产量为每月 1 400 万用户,这比垄断下 1 050 万的利润最大化产量要高。双寡头下的价格为 53.33 元,比垄断下的 65 元要低。而两个寡头者的合并利润为 3.26 亿元,比垄断下垄断者的 3.675 亿元的利润要低。

■ 需求和成本变化

如果需求或成本发生变化,依靠生产规模竞争的寡头们应该如何应对?通常情况下,应对措施包含两个步骤。首先,与垄断情况下相同,每个卖方都应调整生产规模,直到其剩余边际收入等于边际成本。然后,在寡头市场中,新的生产规模将成为其他卖方的生产规模的函数。所以,在新的需求或成本下,卖方的最优反应函数也将会变动,从而达到一个新的均衡。

考虑市场需求增加的情况。在图 11-6 中,太阳公司的剩余需求将向右移动,剩余边际收入也将向右移动。所以,太阳公司的利润最大化生产规模将会扩大。因此,在图 11-7 中,太阳公司的最优反应函数将向上移动。相似地,水星公司的最优反应函数也将向右移动。所以,在新的均衡点上,每个卖方都将设定一个更高的生产规模。

如果边际成本增加呢?在图 11-6 中,随着边际成本增加,太阳公司的利润最大化生产规模将会下降。因此,在图 11-7 中,太阳公司的最优反应函数将会向下移动。假设水星公司的边际成本没有变化,则它的最优反应函数将保持不变。在新的均衡点上,太阳公司会减少生产规模而水星公司会增加生产规模。

所以，对于销售同质产品且进行生产规模竞争的卖方来说，如果一个卖方的边际成本提高，其竞争者将利用这个机会增加生产规模，获取更高的市场份额。成本提高的卖方在两方面产生了损失：自身的成本提高和竞争对手的策略性调整。

> **进度检测 11C**
>
> 在图 11-6 和图 11-7 中描绘出，如果边际成本下降，太阳公司的生产规模和最优反应函数的变化趋势。

■ 策略性替代

参见图 11-6，如果水星公司提高生产规模，太阳公司的剩余需求曲线将会向左移动，距离为水星公司生产规模的增加值。太阳公司的利润最大化生产规模（剩余边际收入等于边际成本的数量水平）将会减少。所以在图 11-7 中，太阳公司的最优反应函数曲线为向下倾斜：水星公司的产量越大，太阳公司的生产规模就会越小。

同样地，水星公司的最优反应函数曲线也会向下倾斜：太阳公司的生产规模越大，水星公司所选择的生产规模将会越小。当依靠生产规模竞争的卖方以固定边际成本生产时，生产规模的选择为策略性替代。当一方的调整导致另一方作反方向调整时，我们称其为**策略性替代**（strategic substitutes）。在寡头市场上，如果生产规模为策略性替代，竞争者将会根据其他卖方生产规模的调整做出反方向的调整，从而获得最大利润。

策略性替代：一方的调整将会导致另一方作反方向的调整。

清楚地了解商业决策针对的是策略性互补还是策略性替代的意义重大。通过这一理解，即使不知道最优反应函数是什么甚至不知道均衡点在哪里，管理者也可以对其竞争对手的各种行动做出正确应对。

一般来说，商业决策针对的是策略性互补还是策略性替代取决于相关的需求和成本条件。对于以固定边际成本和不限量生产规模生产不同质产品并进行价格竞争的卖方（霍特林寡头模型），价格为策略性互补。然而，对于以固定边际成本生产同质产品并进行生产规模竞争的卖方（古诺寡头模型），生产规模为策略性替代。

其他的商业决策，比如广告和研发费用，又如何呢？一般来说，它们有可能是策略性互补，也有可能是策略性替代，这取决于相关的需求和成本条件。在研发费用的案例中，增加研发费用与增加生产规模有着相同的影响。另一方面，一个生产者研发费用的增长将会驱使其竞争对手也增加其研发费用，尤其当它们面临专利权竞争时。所以，研发费用可能是策略性互补，也可能是策略性替代，取决于具体的情况。

> **进度检测 11D**
>
> 假设研发费用为策略性替代。在类似于图 11-7 的图中绘出最优反应函数。

存储器生产行业:胆小者慎入

DRAM 与 NAND 存储器生产行业高度集中。三星电子(Samsung)在两种存储器生产行业中均占主导地位,市场份额分别为 38% 和 40%;加上排名第二到第四的制造商,它们控制了整个产业生产量的 90% 以上。

全球 DRAM 与 NAND 存储器市场是以美元计价的。韩元与日元需要兑换成美元进行交易,这对韩国与日本的生产商增加了以美元计价的费用负担。在短期内,由于产品细分差异,韩国与日本制造商将提高售价。由于价格是策略性互补,如镁光(Micron)等竞争者也会跟随涨价。

由于存在极高的固定成本且价格与利润漂浮不定,存储器制造业一直由于兼并和企业退出而集中度较高。成本较高的生产者将会被兼并或者退出行业。由于市场集中度增加,像三星与海力士(Hynix)这种成本较低的制造商将会获得更多的边际利润,从而进一步扩大产能,占领更大的市场份额。

资料来源:Clyde Montevirgen, "Semiconductors", *Standard & Poor's Industry Surveys*, 2011 年 5 月 2 日。

11.5 生产规模领先

至此,我们已经分析了,在所有寡头卖方同时行动的条件下调整生产规模的策略。我们运用了纳什均衡的概念。如果一个卖方领先其他卖方行动将会产生什么结果呢?在这种情况下,它可能会采取策略性行动并取得先发优势。要在这种情况下制定策略,我们运用扩展形式的博弈论进行分析,就像我们分析限价政策一样。

考虑这样的情形:太阳通信与水星无线通信之间存在双寡头竞争情形,水星公司是领导者,可以在太阳公司之前设定生产规模。根据图 11-4,在 A 点水星公司设定生产规模,然后在 B 点太阳公司设定生产规模。一种可能产生的策略性行动为:设定更大的生产规模,降低竞争者的剩余需求,使它选择更小的生产规模。通过获取更大的市场份额,市场领先者可以提高它利润。

图 11-8 展示了太阳公司的最优反应函数,图中显示了以水星公司的生产规模 Q_M 为自变量的太阳公司的生产规模。由于水星公司可以在太阳公司之前设定生产规模而非同时设定,水星公司可以选择利润最大化的生产规模,而太阳公司只能通过其最优反应函数随后设置生产规模。这就是寡头竞争的**斯塔克尔伯格模型**(**Stackelberg model**)。

斯塔克尔伯格模型:市场领先者与跟随者销售同质产品,领先者通过率先决定生产规模来提高其市场份额。

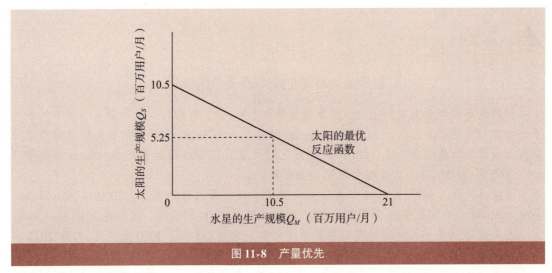

图 11-8　产量优先

注：水星公司在太阳公司之前设定生产规模。假设太阳公司随后将依据它的最优反应函数来设定生产规模，水星公司将选择利润最大化的生产规模。

通过反复尝试，水星公司可以计算出每个生产规模相应的利润，直至每月 2 100 万用户。在太阳公司将随后根据最优反应函数设定生产规模的情况下，水星公司的利润最大化生产规模是每月 1 050 万用户。根据其最优反应函数，太阳公司将会选择 525 万用户的生产规模。则市场价格将会是：每位用户每月 10/3 × (30 − 10.5 − 5.25) = 47.50 元。

作为行业领先者，水星公司占有市场跟随者（太阳公司）两倍的市场份额。由于产品同质且以相同的价格进行销售，所以水星公司可以凭借先发优势获得太阳公司两倍的利润。

然而，水星公司取得更大的市场份额也有负面效应。考虑到太阳公司的生产规模，市场的总产量也会随之上升，市场价格将会趋于下降。事实上，在我们的例子中，生产规模领先者的市场价格为每用户每月 47.50 元，而在同时设定生产规模的情况下则是 53.33 元。

若要生产规模领先者政策可行，领先者的生产规模必须是可信的。潜在竞争者必须确信领先者已经设定了其生产规模，并且在若有潜在竞争者进入市场时也不会调整生产规模。这说明，对于领先者来说，相对于允许竞争者进入并与竞争者平分市场份额，在其预先决定的生产规模（意味着相对较低的价格）下，领先者必须能获得更大的利润。

> **进度检测 11E**
>
> 根据图 11-8，假设水星公司将生产规模设定在每月 2 100 万用户，太阳公司会如何反应？水星公司采取这样一个策略有何坏处？

拉斯维加斯商业街：寡头竞争的演化

拉斯维加斯商业街实际上位于拉斯维加斯市之外，位于萨哈拉大道和罗素大道之间的拉斯维加斯大道的延长线上。迄今为止，Caesar 娱乐公司和 MGM 休闲开发公司成功整合了拉斯维加斯商业街的酒店产业。2010 年，在此区域共有的 67 000 酒店房间中，Caesar 公司管理着 22 880 间，而 MGM 公司管理着超过 12 000 间。

在经济大萧条初期，拉斯维加斯商业街迎来了两家新入驻的酒店。2009 年，CityCenter，一家由 MGM 公司控股 50% 并管理的酒店，增加了超过 4 000 间房间。然后在 2010 年，Cosmopolitan，一家被德意志银行通过建设贷款偿债收购的酒店，增加了 2 000 间房间，并在 2011 年又增加了超过 1 000 间房间。

穆迪分析师 Peggy Holloway 将这个结果称为"完美风暴"——"在消费者数量由于经济萧条减少时，新的开发商强势进驻市场"。在 2008 年至 2010 年之间，MGM 公司的酒店入住率由 92% 下降到 89%，日均价格也从 148 美元下降到 108 美元。在商业街北端，拥有 1 720 间房间的 Sahara 酒店已经于 2011 年关闭。

MGM 公司在拉斯维加斯商业街采取的策略与其生产规模领先地位是相关的。MGM 加上 Caesar 两家公司主导了这一地区的酒店产业。通过提高生产规模，它获得了更大的市场份额。像 Sahara 这种较弱的酒店被迫关闭。MGM 酒店的入住价格由于经济大萧条产生了下降，但在长期来看，它可以通过更高的市场份额获取更高的利润。

资料来源：Caesar's Entertainment Corp., 2010 年年报；MGM Resorts, 2010 年年报；"Sahara's closure on May 16 will mark'the end of an era", *Las Vegas Sun*, 2011 年 3 月 11 日。

11.6 抑制竞争

通常来说，不论是依靠价格还是产量竞争，完全垄断都要比寡头竞争的利润更高。此外，寡头竞争的利润高于完全竞争的利润。因此，完全垄断是所有市场结构中利润最大的。

因此，卖方可以通过抑制它们之间的竞争来增加利润。如果卖方将竞争抑制到一定程度，它们将得到完全垄断利润。竞争中的卖方有两种方法可以抑制竞争：协议或整合。我们下面将分别讨论这些抑制竞争的方法。

▋ 卡特尔

卡特尔：抑制竞争的协议。

卡特尔（cartel）是抑制竞争的协议。卖方卡特尔是卖方抑制供给竞争的协议，而买方卡特尔是买方抑制需求竞争的协议。

一般来说,一个卖方卡特尔将为每个参与者设定最大销售配额。通过限制每个卖方的销售,卡特尔就实现了对总产量的限制,并将卖方的利润水平提升到完全竞争水平之上。一个卡特尔越成功地抑制竞争,则其利润水平也就越接近于完全垄断。

一个卖方卡特尔通过限制销售使市场价格提高到完全竞争水平之上。然而,价格越高,则对于个别卖方来说,出售超出配额生产数量的诱惑就越大。如果任何一个卖方销售超出配额的生产量,总产量将会增加,市场价格将会下跌。所以,若要有效,卡特尔必须通过某种方式强制每个参与者遵守其生产量配额。

此外,当一个卡特尔成功地将其价格提高到完全竞争价格水平之上时,新的卖方就会被吸引进入市场。因此,卡特尔所面临的另一个挑战是阻止新竞争者的进入。

一般来说,一个卡特尔是否有效取决于两个因素:是否能够阻止参与者超过配额供给;是否能阻止新竞争者进入。

■ 强制实施

大多数发达国家通过立法鼓励竞争,除了少数行业,卡特尔一般情况下被视为非法。故此,非法的卡特尔必须依赖于私人强制办法加以实现。一般来说,私人强制实施是否有效取决于五个因素:

- 卖方的数量。当市场中卖方的数量有限时,需要监管的卖方数量较少,强制实施就更为容易。因此,相对于卖方非常分散的行业,强制实施在仅有少数卖方的集中的行业更为有效。
- 过剩生产能力。如果每个卖方的生产都接近饱和,则对于它们来说扩大生产比较困难,故其超配额供给的动机将会减少。相反,如果一个卖方有很强的超配额供给的能力,它就会有更强的动机超配额供给。
- 沉没成本。短期来看,只要价格超过了可避免成本,竞争中的卖方就会愿意继续生产。也就是说,沉没成本高的卖方更愿意降低价格超配额供给。
- 进入和退出市场的壁垒。第 8 章讲述了,在一个完全竞争市场中,卖方可以毫无阻碍地进入或退出市场,而无须付出额外费用。考虑一个完全竞争的市场,尽管市场由卡特尔垄断控制,但它们无法将价格提高到长期平均成本之上。因为当价格提高后,新的卖方将会被吸引到这个市场中,市场价格又会下降。
- 产品品质。如果产品是同质的,那么每个卖方面对的需求是较为富有弹性的。这样,很轻易地就可以超配额销售。但另一方面,如果产品是同质的,卡特尔更容易监管各个卖方的行为。通常情况下,卖方可以将超配额销量的增长归于非卡特尔协议所限定的产品,这样,卖方就可以绕过卡特尔的控制。如果产品是同质的,这样的借口就行不通。在这种情况下卡特尔协议更容易强制实施。因此,产品的属性——同质还是不同质——对于卡特尔究竟能否有效地强制实施的影响是模棱两可的。

横向整合

非法的卡特尔必须依靠私人强制实施来阻止其成员超过配额。但竞争中的卖方也可以通过另一种方式来抑制竞争且并不提升实施难度。这种方式就是促使竞争中的卖方进行整合。

考虑如下的例子:在一个市场中存在两个卖方,各自占有50%的市场份额。两者合并会产生垄断。尽管两个独立的竞争者设定固定的价格可能是非法的,但同一家企业的两个部门设定相同的价格当然是合法的。因此,合并可以产生垄断,进而可以将价格和销售量设在垄断水平。当然,它也会面临潜在竞争者的进入。

将两家经营相同或类似业务的企业合并成一家企业的行为叫做**横向整合**(horizontal integration)。与横向整合有所不同,**纵向整合**(vertical integration)描述的是,将产品不同阶段的生产资产进行合并,并归纳于同一所有权。第14章将分析纵向整合。

> **横向整合**:两个经营相同或类似业务的企业合并成一家企业。
>
> **纵向整合**:将产品不同阶段的生产资产进行合并,并归纳于同一所有权。

两家具有市场力的企业的横向整合将会减少整个市场的总产量,因此,市场价格将会上升,并且其利润会增大。竞争中的卖方将会从上升的市场价格中获益,因为它们可以因此获得更高的利润。

> **进度检测 11F**
>
> 解释横向整合与纵向整合的区别。

美国移动通信市场:仍然四家提供商

Verizon 和 AT&T 主导着美国的移动通信市场。而 Sprint 和 T-mobile 远远排在它们之后的第三和第四的位置。为了能够更有效地竞争,Sprint 希望与 T-mobile 公司合并。然而,联邦政府反对合并。联邦通信委员会主席 Tom Wheeler 解释道:"四家全国性无线通信提供商对美国消费者有好处。"

2014年8月,Sprint 被迫退出了合并的谈判。几周内,Sprint 和 T-mobile 推出了新的更廉价的计划。Sprint 的新计划提供无限的通话和短信,以及每月60美元的流量。这比 T-mobile 便宜了20美元。并且 Sprint 向从其他运营商转来的用户赠送350美元的费用。T-mobile 则向介绍来新用户的顾客赠送12个月的无限流量服务。

资料来源:"No merger of Sprint and T-Mobile US, but plenty of taunts", *New York Times*, 2014年8月6日;"T-Mobile, Sprint cut prices after merger talks", *Wall Street Journal*, 2014年8月21日。

知识要点

- 对于销售不同质产品并进行价格竞争的卖方,若要利润最大化,则需将价格设定在剩余边际收入等于边际成本的水平上。
- 当需求或成本变动时,调整价格使:(i)剩余边际收入等于边际成本;(ii)最优反应价格为纳什均衡下的价格。
- 如果价格为策略性互补,则根据其他竞争者调整价格的方向进行价格调整。
- 要通过限价政策阻止竞争者进入,则应当设定一个足够低的价格使潜在竞争者无法保持收支平衡。
- 对于销售同质产品且进行生产规模竞争的卖方,若要利润最大化,则需将生产规模设定在剩余边际收入等于边际成本的水平。
- 当需求或者成本变动时,调整生产规模使:(i)剩余边际收入等于边际成本;(ii)最优反应生产规模为纳什均衡下的规模。
- 如果生产规模为策略性替代,则根据其他竞争者调整规模的相反方向进行规模调整。
- 要运用生产规模领先者地位,在确定竞争者将根据其最优反应函数选择规模的情况下,选择利润最大化的规模。
- 可通过协议或者横向整合来抑制竞争。

复习题

1. 判断正误:只有在完全竞争行业下,价格才会等于边际成本。解释你的答案。
2. 解释剩余需求对于以下两种竞争有什么作用:(i)价格竞争;(ii)生产规模竞争。
3. 解释最优反应函数对于以下两种竞争有什么作用:(i)价格竞争;(ii)生产规模竞争。
4. 如果广告费用为策略性互补,而你的竞争对手又提升了广告费用,你应当如何应对?
5. 在寡头市场中,产品的不同质要素如何促使利润提高?
6. 图11-3与策略形式的博弈有何联系?
7. 对于销售同质产品并进行生产规模竞争的卖方,固定成本的上升会如何影响均衡?
8. 解释策略性替代的概念。
9. 假设广告费用是策略性替代。在诸如图11-7的图中,绘出最优反应函数。
10. 解释为何在一个不存在固定成本的行业中,限价政策起不了作用?
11. 假设你的生产规模成本一旦发生,就会成为沉没成本。这将对限价政策有帮助还是有阻碍?
12. 假设在其他卖方决定生产规模之前,你可以率先决定生产规模。与同时做出生产规模决策的情况相比,你率先决定的生产规模应更高还是更低?
13. 在率先决定生产规模的情况下,考虑将来其他卖方会如何设定生产规模为何非常重要?
14. 影响卡特尔有效性的五个要素是什么?
15. 与不同质产品市场相比,同质产品市场是更容易还是更不容易强制实施卡特尔?

讨论案例

1. 美国的大多数航空公司,如美国航空和美联航空都有各自的枢纽机场,其航班在各自的枢纽转机。乘客根据哪个枢纽更为方便而选择航空公司。
   - (a) 假设美国航空将其进出达拉斯的航班都向下调价,那么美联航空是否也应该下调其进出达拉斯的航班的价格?
   - (b) 对比美国航空和美联航空在芝加哥机场的竞争。如果两个航空公司在芝加哥都有枢纽,而只有美国航空在达拉斯机场有枢纽,那么哪个城市的价格竞争更为激烈?
   - (c) 假设乘客对备选中转航空公司的偏好程度下降,那么航空公司将如何调整其价格?

2. 在美国三家全国性报纸中,日均(周一至周五)销量212万份的《华尔街日报》被认为是偏向保守的。相比之下,被认为偏向自由主义的《纽约时报》的日均销量为916 900份,而其中46%是在大纽约市销售。(资料来源:"Wall Street Journal still first in daily circulation", mediadecoder, blogs.ny-times.com, 2011年5月3日; New York Times Company, 2009年年报。)
   - (a) 解释一下,一个媒体行业分析师可以如何运用霍特林寡头模型来分析《纽约时报》和《华尔街日报》的竞争案例。
   - (b) 假设生产《纽约时报》的边际成本增加了20美分。运用相应图表,解释:
     - (i) 《纽约时报》应当如何调整价格?
     - (ii) 《华尔街日报》应当如何应对?
   - (c) 假设持激进政治观点的读者由订阅报纸转向收听广播访谈节目,而这批读者被一群年轻的观点更加温和的读者代替。那么,《纽约时报》与《华尔街日报》应当如何调整价格?

3. 由于需求的增长,日本汽车制造商丰田公司和本田公司扩大了其现有工厂的生产量,并在北美建造了新的工厂。2006年6月,本田宣布它将在印第安纳州Greensburg建造新的价值5.5亿美元的工厂。这将创造2 000个新的工作机会。同时,美国汽车制造商通用汽车公司和福特公司面临着需求的减少。它们推出各种措施鼓励员工辞职。这样,它们就可以缩减生产规模。
   - (a) 假设短期而言,福特和通用汽车在价格上竞争销售不同质产品,如果通用汽车提高价格折扣,福特将应该如何调整其价格?
   - (b) 运用古诺寡头模型对丰田和本田的扩张生产规模与福特和通用的缩减生产规模作相关评论。
   - (c) 假设丰田能够率先确定其生产规模,这将如何影响(b)的结论?

4. 2015年2月,宽带和固网运营商英国电信(BT)通过购买EE公司重新进入了英国移动通信市场。那之后,BT有能力出售结合了手机、固网、宽带和电视的捆绑服务。BT将挑战只销售移动服务的沃达丰(Vodafone)。(资料来源:"BT unveils £1 bn share placing to help fund EE takeover", Telegraph, 2015年2月12日。)
   - (a) BT购买EE的行动将如何影响英国的移动通信服务的市场的集中度?
   - (b) 假设相互竞争的移动运营商根据古诺寡头模型设定生产规模。如果BT的购买没有影响到EE的边际成本,那么 BT 的加入将如何影响均衡下的生产规模？

(c) 运用合适的图表，表示 BT 的加入将如何影响沃达丰的剩余需求以及沃达丰应该如何调整其价格。

5. 阿联酋航空以及其他中东航空公司都纷纷积极扩张，进入在英国和澳大利亚间的"袋鼠"航线市场。2013 年间，Qantas 和阿联酋航空在航班安排、广告和定价方面达成合作协议并分享收入。Qantas 将它在"袋鼠"航线的中转站从新加坡改为迪拜。之后，Virgin Atlantic 退出了"袋鼠"航线市场。（资料来源："Qantas-Emirates alliance receives full（draft）approval from Australia's competition authority"，Centre for Aviation，2012 年 12 月 20 日。）

(a) 假设航空公司根据古诺寡头模型设定供应规模。如果阿联酋航空和 Qantas 通过合作协议降低了边际成本，其他航空公司应如何调整它们的供应规模？

(b) 假设阿联酋航空和 Qantas 能够率先确定其供应规模，相比于(a)，这将如何影响其他航空公司对供应规模的调整？

(c) 如果 Qantas 和阿联酋航空提高了价格，那么其他航空公司将如何应对？

6. 2010 年，在拉斯维加斯商业街总共 67 000 间客房中，Caesars 娱乐公司管理着 22 800 间，而 MGM 休闲开发公司管理着超过 12 000 间。然而，由于经济危机和新的酒店开张，在 2008 年至 2010 年之间，MGM 的入住率从 92% 降到 89%，而日均价格也从 148 美元下降到 108 美元。与此同时，由 MGM 管理的 CityCenter 酒店以及 Cosmopolitan 酒店分别增加了 4 000 间和 2 000 间房间。而拥有 1 720 间房间的 Sahara 酒店关闭了。（资料来源：Caesars Entertainment Corp.，2010 年年报；MGM Resorts，2010 年年报；"Sahara's closure on May 16 will mark 'the end of an era,'" *Las Vegas Sun*，2011 年 3 月 11 日。）

(a) 运用合适的图表，表示 CityCenter 酒店和 Cosmopolitan 酒店开张将如何影响一家现有酒店的剩余需求以及它将如何调整其价格。

(b) 如果 MGM 没有降低它的房费，那么这将会给入住率带来怎样的影响？

(c) 运用古诺模型来解释 MGM 开张一个新的酒店以及 Sahara 酒店的关闭。

7. OPEC 以卡特尔的方式运作，其成员国在石油生产配额上达成了共识。2006 年 5 月，OPEC 的石油日产量攀升至 3 333 万桶，剩余生产规模在 130 万桶至 180 万桶之间，主要来自沙特阿拉伯。同时，几位 OPEC 成员国亦进行超配额生产。（资料来源：U. S. Energy Information Administration，*Short Term Energy Outlook*，2006 年 6 月 6 日；*Energy Economist*，2004 年 5 月 12 日；*BP Statistical Review of World Energy*，2006 年 6 月。）

(a) 解释为什么一些 OPEC 成员国愿意超额生产。这将会如何影响石油价格以及生产者的利润？

(b) 假设沙特阿拉伯通过威胁来加强卡塔尔的强制实施。如果 OPEC 成员国超配额生产，沙特将增加生产量。要令威胁有效，为什么沙特必须拥有剩余生产规模？

(c) 考虑一下非 OPEC 成员国的生产。假设短期之内，它们没有剩余生产规模。它们将如何影响 OPEC 成员国在短期和长期提升价格的能力？

8. DRAM（动态随机存储器）用于各种家用电器和工业电子元件中，包括个人电脑、手机等。DRAM 的生产是非常典型的资金密集型行业。2004年,前五大厂商——尔必达、海力士、英飞凌、镁光和三星公司——控制了全世界DRAM行业80%的市场。21世纪初,前五大公司的执行官达成协议,以固定的价格将DRAM卖给计算机生产商。它们在一起开会协商有关价格,并且交换相关客户的销售信息。

(a) 讨论DRAM卡特尔是否可行。

(b) 为什么五大公司将互相交换销售信息?

(c) 假设卡特尔参与者想要限制相关销售信息的交换,它们应当选择监控哪些客户的购买数据?

9. 德国的机械工程行业存在两个相对立的组织:雇佣者联盟Gesamtmetall和工会IG Metall。在德国的集体议价机制下,Gesamtmetall和IG Metall就整个行业的薪酬和工作条件进行谈判。

(a) 对于劳工来讲,Gesamtmetall属于买方卡特尔还是卖方卡特尔?IG Metall又属于哪种?

(b) 考虑一些诸如戴姆勒·奔驰和罗伯特·博世的大型企业。为何它们更愿意与其自身的工人进行私下谈判而不是采用全国性的集体谈判协议?

(c) 如果所有的大型企业都与其自身的工人私下谈判,这将如何影响小企业必须提供的工资和工作条件?

附录

求均衡解

在本附录中,我们用通用的线性需求曲线 $Q = a - bp$,同时假设固定的边际成本为 c,来推导出本章的主要结果。为了求得数值解,我们将 $a = 300, b = 3, c = 30$ 代入算式。变量 Q 代表生产数量或生产规模。

■ 垄断

当一个垄断生产者面临线性需求时,它将在边际收入等于边际成本时的生产水平下生产。首先,将由价格表示的需求曲线转换为由数量表示的供给曲线(这叫做反需求函数),可得

$$p = \frac{a}{b} - \frac{1}{b}Q \tag{11.1}$$

此时的利润为总收入减去总成本,即

$$\Pi(Q) = pQ - cQ = \left(\frac{a}{b} - \frac{1}{b}Q\right)Q - cQ = \frac{a}{b}Q - \frac{1}{b}Q^2 - cQ \tag{11.2}$$

将上式对 Q 求导,并使其一阶导数为零,可得使得利润最大化的生产量为

$$Q^* = \frac{1}{2}(a - bc)$$

■ 同质产品的生产能力竞争:古诺寡头模型

在古诺寡头模型中,市场价格处在需求数量与两个卖方产量之和相等的点上。市场中有两个卖方如太阳公司和水星公司。让 Q_S 代表太阳公司的生产量及生产规模,而 Q_M 代表水星公司的生产量及生产规模。根据式(11.1),市场需求曲线为

$$p = \frac{a}{b} - \frac{1}{b}(Q_S + Q_M) \tag{11.3}$$

每个卖方的利润取决于另一方的生产规模的选择。例如,根据式(11.3),太阳公司的利润为:

$$\Pi_S = p \times Q_S - c \times Q_S = \left[\frac{a}{b} - \frac{1}{b}(Q_S + Q_M)\right]Q_S - cQ_S$$

要获得利润最大化情况下的生产规模,将利润对太阳公司所选生产量 Q_S 求导,并令一阶导数为零,求得太阳公司的最优反应函数如下:

$$Q_S = \frac{1}{2}(a - bc - Q_M) \tag{11.4}$$

类似地,我们可以求得水星公司的最优反应函数:

$$Q_M = \frac{1}{2}(a - bc - Q_S) \tag{11.5}$$

图 11-7 表现了上述两个最优反应函数。在纳什均衡点上,Q_S 和 Q_M 能够同时满足式(11.4)与式(11.5)。同时求解这两个方程,我们可以得出均衡点上的产量为

$$Q_S^* = Q_M^* = \frac{1}{3}(a - bc)$$

■ 不同的成本

如果卖方具有不同的边际成本,c_S 和 c_M,则我们可以运用同样的程序来求得纳什均衡点:

$$Q_S^* = \frac{1}{3}[a - b(2c_S - c_M)]$$

以及

$$Q_M^* = \frac{1}{3}[a - b(2c_M - c_S)]$$

■ 不同质产品的价格竞争:霍特林寡头模型

霍特林寡头模型的设定不同于垄断和古诺双寡头竞争模型的设定。在这里,我们讨论一个双寡头竞争下的均衡,在市场中,太阳公司与水星公司以固定边际成本 c 进行生产,消费者们愿意为服务支付 100 元,且需支付额外的"交通费"每千米 t 元。

计算每个卖方需求数量的关键在于识别位于某点(x^*)的边际消费者,在两家代理商购买服务对这些消费者没有任何区别。对于在 x 点的消费者来说,她从太阳公司的服务中得到的买方剩余是

$$100 - p_S - t \times x \tag{11.6}$$

则她与水星公司的距离为 $1-x$,而她从水星公司的服务中得到的买方剩余是

$$100 - p_M - t \times (1 - x) \tag{11.7}$$

对于边际消费者 x^*,两个买方剩余应当是相等的。联立求解式(11.6)与式(11.7),

$$100 - p_S - tx^* = 100 - p_M - t \times (1 - x^*)$$

因此,边际消费者所处的位置是

$$x^*(p_S, p_M) = \frac{1}{2t}(p_M - p_S + t) \tag{11.8}$$

位于 x^* 点左边的消费者将会从太阳公司购买服务,而在 x^* 点右边的消费者将会从水星公司购买服务。所以,x^* 是太阳公司的市场份额,$(1-x^*)$ 为水星公司的市场份额。

我们来考虑太阳公司的利润。通过代入式(11.8),以水星公司价格为自变量的太阳公司利润方程为

$$\Pi_S = (p_S - c)x^* = (p_S - c)\frac{1}{2t}(p_M - p_S + t)$$

要获得利润最大化情况下的价格,令太阳公司利润 Π_S 的一阶导数为零,求得太阳公司的最优反应函数如下:

$$p_S = \frac{1}{2}(p_M + t + c) \tag{11.9}$$

相应地,我们可以求得水星公司的最优反应函数:

$$p_M = \frac{1}{2}(p_L + t + c) \tag{11.10}$$

图11-3用图形表示出了上述两个最优反应函数。在纳什均衡点上,p_S 和 p_M 能够同时满足式(11.9)和式(11.10)。同时求解这两个方程,我们可以得出均衡点上的价格为

$$p_M^* = p_S^* = c + t$$

第3篇

不完全市场

第12章　外部性

第13章　信息不对称

第14章　激励与组织

第15章　管制

第 12 章

外部性

学习目标

- 理解正外部性和负外部性；
- 理解作为基准的经济效率，以及通过解决外部性提高利润；
- 了解如何解决外部性和相应的障碍；
- 理解网络效应，了解怎样管理具有网络效应的需求；
- 理解公共品；
- 理解如何商业化供给公共品。

12.1 引言

怡丰城(VivoCity)是新加坡最大的购物商场。怡丰城目前可供租用的净面积超过了 100 万平方英尺。怡丰城位于城市的西部边缘，在两条地铁的交叉口，每年吸引游客 4 000 万人。[①]

在 2010 年，怡丰城租用率为 98.3%，总租金收入达到 1.16 亿新加坡元。商场与零售租户签订的合同规定租户在支付三个部分的租金。其中最大的一个部分是固定的租用费用，这一部分约占总租金的 86%。接下来是"营业额租金"，这一部分是基于零售商的销售收入，约占总租金的 13%。剩下的那一部分是服务费用以及广告和促销的费用。

怡丰城最大的两个零售租户是 VivoMart(一个包括了大型超市、高档超市以及药店的大型零售商)与 Tangs 百货商店。这两个租户一共租用了商场 22.4% 的场地。VivoMart 和

[①] 下面的讨论部分基于：Mapletree Commercial Trust,招募书,2011 年 4 月 18 日。

Tangs 平均每年每英尺支付的租金为 56 新加坡元。相比之下,时尚店支付的租金大约是它们的三倍,平均每年每英尺为 157 新加坡元。

为什么怡丰城商场向超市与百货商店收取比专卖店低的租金?为什么怡丰城的租户必须承担一部分广告和促销的费用?为什么房地产开发商选择离交通设施近的地点(例如地铁站)建造商场?

外部性:收益或成本由一方直接传递给其他方。

我们可以利用外部性和公共品的概念来回答这些问题。当一方直接将收益或成本传递给其他方时(不是通过市场),**外部性**(externality)就会产生。超市与百货商店给其他的店带来了正外部性。享有盛名的百货商店可以被看做核心租客。通过带来新的消费者,购物中心将给专卖店带来直接的收益。

类似地,交通设施通过运载大量的消费者对零售商产生了外部性。这解释了为什么开发商选择将商场建在地铁站或者其他交通设施附近。

本章介绍外部性的概念,描述其经济效率水平(使附加值最大化的水平),然后讨论如何达到这一水平。经济效率可以通过各方的共同行为或合并外部性的来源及收益而获得。举例来说,怡丰城向超市和百货商店收取较低的租金。它们可以吸引更多的购物者,这将给时尚店带来好处。因此,怡丰城向时尚店收取的租金较高。

有一种外部性特别重要——网络外部性。当一方将收益或成本直接传递给同一网络中的其他方,就会产生网络外部性。网络外部性是互联网迅速发展的基础。因此,外部性的概念被更广泛地运用于通信、媒体和高科技产业。

公共品:一个人对某种物品消费量的增加不会减少可供其他人消费的数量。

最后我们介绍公共品的概念,描述它的经济效率水平,然后讨论如何达到这一水平。如果一个人对某种物品消费量的增加不会减少可供其他人消费的数量,则该物品是**公共品**(public good)。

广播电视很好地显示了公共品的概念。一个小时的电视节目可在成本不变的情况下,供数十万名或数百万名观众欣赏。公共品的提供能在享受该项目的顾客的数量方面(而不是在产量方面)产生极大的规模经济。对于购物商场的租户来说,商场为吸引更多购物者而花在广告和促销上的支出就是公共品。新的购物者将给所有租户带来好处。

在任何存在外部性和公共品的市场上,管理者都可以通过将使产品或服务的供应量更接近于经济效率水平来提高附加值及利润。本章将介绍如何在更广泛的情况下达到这一目的。

12.2 基准:经济效率

正外部性:直接把收益传递给其他方。

外部性可能是正的,也可能是负的。一方直接(而不通过市场)把收益传递给其他方时,就产生了**正外部性**(positive externality)。一家核心租客给其他专卖店带来的更多的顾客就是正外部性。相反,一方直接(而不通过市场)把成本传递给其他方时,可产生**负外部性**(negative externality)。一个投注站,通过阻碍亲子家庭在附近浏览,会对附近的玩具商店产生负外部性。

负外部性:直接把成本传递给其他方。

正外部性

为解释正外部性的基准水平,我们用商业大道上的百货商店作为例子。它必须决定投入多少广告花费来吸引顾客。我们知道,广告支出越多,吸引的顾客越多。增加的顾客可以增加商店的营业额和利润贡献。

表12-1 显示出在百货商店每月不同客流量水平所对应的收入与成本。比如,每月的客流量为5万名顾客时,商店的收入为190万元,可变成本为100万元,由此利润贡献为90万元。而为达到5万人次客流量的广告支出为20万元。由此可知,总利润为70万元。

表 12-1　客流量和利润

客流量 (万人)	收入 (万元)	可变成本 (万元)	利润贡献 (万元)	边际利润贡献 (元)	广告支出 (万元)	边际顾客成本 (元)	利润 (万元)
0	0	0	0		0		0
1	46	20	26	26	4	4	22
2	88	40	48	22	8	4	40
3	126	60	66	18	12	4	54
4	160	80	80	14	16	4	64
5	190	100	90	10	20	4	70
6	216	120	96	4	24	4	72
7	238	140	98	2	28	4	70
8	256	160	96	-2	32	4	64
9	270	180	90	-6	36	4	54
10	280	200	80	-10	40	4	40
11	286	220	66	-14	44	4	22

边际利润贡献是随着客流量增加而增加的利润贡献。当客流量为每月5万名顾客时,边际利润贡献为每位顾客$(90-80) \div (5-4) = 10$元。而边际顾客成本是随着客流量的增加所需要增加的广告支出。当客流量为每月5万名顾客时,边际顾客成本是每位顾客$(20-16) \div (5-4) = 4$元。

客流量在什么水平时能够达到利润最大化?参照表12-1,百货商店在客流量为每月6万人次时利润最高,为72万元。当客流量为每月6万人次时,边际利润贡献为每位顾客4元。

图12-1 用图形显示了上述分析。在边际利润贡献等于边际顾客成本(4元)时,此时的客流量使得百货商店的利润最高。

百货商店吸引来的顾客也可能会在其附近的专卖店(时尚专卖店、生活用品专卖店、食品专卖店等)购物。然而,并不存在一个能让这些专卖店向百货公司为其带来的额外生意而支付相关费用的市场。从定义来看,正外部性可以直接地(而不是通过市场)传递收益。因此,由百货商店吸引来的顾客对于专卖店来说是一种正外部性。

考虑一个位于百货商店旁边的餐厅。表 12-2 显示出在餐厅每月不同客流量水平所对应的收入和成本。比如,每月的客流量为 6 万人次,商店的收入为 139.2 万元、可变成本为 96 万元,由此利润为 43.2 万元。餐厅没有投入任何广告费用,因此它的利润就等于利润贡献。

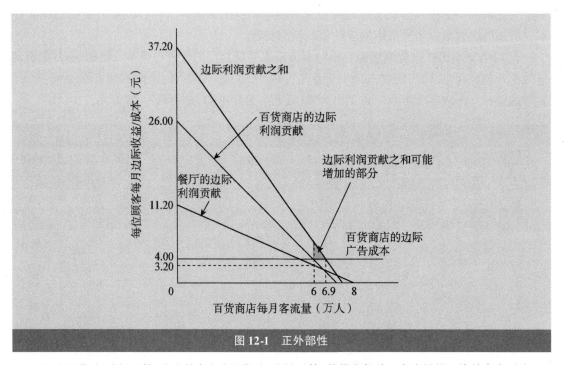

图 12-1 正外部性

注:边际收益(边际贡献)之和是个人边际收益(边际贡献)的纵向加总。客流量的经济效率水平为 6.9 万人。此时边际收益之和等于边际成本之和。如果百货商店只考虑自己的收益和成本,它只需要吸引 6 万名顾客。若将客流量提高至 6.9 万人,则百货商店和餐厅可以获得阴影区域的额外利润。

表 12-2 客流量和外部性

客流量(万人)	收入(万元)	可变成本(万元)	利润(万元)	边际利润(元)
0	0	0	0	
1	27.2	16	11.2	11.20
2	52.8	32	20.8	9.60
3	76.8	48	28.8	8.00
4	99.2	64	35.2	6.40
5	120.0	80	40.0	4.48
6	139.2	96	43.2	3.20
7	156.8	112	44.8	1.60
8	172.8	128	44.8	0.00
9	187.2	144	43.2	-1.60
10	200.0	160	40.0	-3.20
11	211.2	176	35.2	-4.80

由外部性的性质可知,产生正外部性的一方只考虑自己的收益和成本,而忽视给其他方带来的收益或成本。因此,个别行动时,百货商店会选择每个月 6 万人次的客流量。参照表 12-1,在此客流量下,餐厅的边际利润为每位顾客 3.2 元。

如果百货商店决定吸引第 60 001 个顾客,该顾客可以给百货商场带来略低于 4 元的利润贡献,而百货商店需要为此多支出 4 元的广告费,同时使餐厅的利润提高 3.2 元。因此,百货商店和餐厅的共同利润能提高略低于 3.2 元。

事实上,为达到经济效率水平,百货商店可以继续增加客流量来提高百货商店与餐厅的利润贡献之和。回顾第 6 章的内容,在经济效率水平时,边际收益等于边际成本。在目前的例子中,百货商店从顾客那里获得的边际收益等于边际利润贡献,并且餐厅从顾客那里获得的边际收益也等于边际利润贡献。

因此,为达到客流量的经济效率水平,顾客的数量应该是当边际收益之和等于为吸引顾客所支出边际成本时的客流量。参照图 12-1,边际收益之和是百货商店的边际利润贡献和餐厅的边际利润贡献的纵向加总。比如说,当客流量为每月 6 万人次时,边际收益之和为 4 + 3.20 = 7.20 元。

达到经济效率水平时的客流量为 6.9 万名顾客。当客流量从 6 万名增加到 6.9 万名时,百货商店和餐厅可以共同获得阴影部分面积的额外利润贡献。因此,如果百货商店可以从餐厅获得一笔费用以用于增加客流量,那么在客流量为 6.9 万名时,百货商店的总利润(销售给顾客的利润贡献加上从餐厅获得的费用减广告费用)将达到最大化。

另一个解决方案是假设餐厅归百货商店所有。因此,百货商店会选择能使总利润(百货商店和餐厅的利润贡献之和减广告费用)最大化的客流量。这将会增加客流量,直到客流量达到边际利润贡献之和等于吸引顾客所支付的边际成本的水平(每月 6.9 万名顾客)。

> **进度检测 12A**
>
> 假设餐厅的边际利润贡献在任何客流量水平下均下降 3.2 元。修改图 12-1,显示出经济效率水平时的客流量。

■ 负外部性

为解释负外部性的基准水平,考虑位于商业街上的一间餐厅旁的投注站。投注站必须决定支出多少广告费来吸引赌徒。

图 12-2 显示出投注站的边际利润贡献和吸引顾客的边际成本。边际利润贡献等于吸引顾客的边际成本(每位顾客 2 元)时的客流量水平——每月 1 万名顾客——能最大化投注站的利润。

然而,投注站的顾客会使亲子家庭不喜欢光顾旁边的餐厅。因此,投注站给餐厅施加了额外的成本。由于这种成本是直接施加的,而没有通过市场,所以该成本是一种负外部性。

假设投注站吸引的顾客越多,对餐厅施加的边际成本越高。提高了的餐厅边际成本可以通过餐厅的边际利润贡献损失来计算。图12-2同样显示出餐厅的边际成本与投注站客流量之间的函数关系。

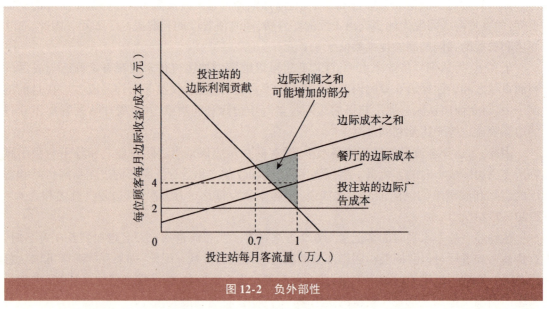

图12-2 负外部性

注:边际成本之和是个人边际成本的纵向加总。达到经济效率水平的客流量为7 000人,此时边际收益之和等于边际成本之和。如果投注站只考虑自己的收益和成本,它将会吸引1万名顾客。若将客流量减小至7 000人,投注站和餐厅可以获得阴影区域的格外利润。

如果投注站通过广告吸引1万名顾客,那么第1万名顾客将给餐厅施加4元的边际成本。如果投注站减少一个顾客,则其利润贡献将降低2元,其广告成本也将下降2元,而餐厅的成本将减少4元。因此,顾客的减少将提高投注站和餐厅的利润贡献之和。实际上,投注站可以将客流量减少到经济效率水平,以提高投注站和餐厅的利润贡献之和。当投注站的边际收益(边际利润贡献)等于吸引顾客的边际成本之和(投注站加上餐厅)时,即可达到经济利润水平。

参照图12-2,边际成本之和是投注站的边际广告成本和餐厅的边际成本(利润贡献损失)的纵向加总。比如说,当客流量为每月1万名顾客时,其边际成本之和为2+4=6元。

达到经济效率水平时的客流量为7 000名顾客。当客流量从1万人降到7 000人时,投注站和餐厅可以共同获得阴影部分面积的额外利润贡献。因此,如果投注站可以从餐厅获得一笔费用以弥补减少客流量的损失,那么在客流量为7 000人时,总利润(销售给顾客的收入加上从餐厅获得的费用)将达到最大化。

另一个解决方案是假设餐厅归投注站所有。因此,投注站会选择能使总利润贡献(投注站和餐厅的利润之和)最大化的客流量。这将会降低客流量,直到客流量达到使边际利润贡献之和等于吸引顾客所支付的边际成本的水平(每月7 000名顾客)。

> **进度检测 12B**
>
> 参照图 12-2,假设给餐厅带来的负外部性更强。那么这将会对以下项目有何影响?(i) 餐厅的边际成本曲线;(ii) 总利润最大化时的客流量。

■ 一般基准

我们在前文分别讨论了正外部性和负外部性。一般来说,在正外部性和负外部性同时存在时,受影响的各方可以用下列基准使各方利润之和达到最大化:当边际收益之和等于边际成本之和时,外部性达到经济效率水平。当边际收益之和等于边际成本之和时,我们将这种情况称为解决外部性(externality is resolved)。

> **解决外部性**:边际收益之和等于边际成本之和。

当外部性的产生者只考虑自己的收益和成本时,它就会忽略一个能增加利润的机会。正外部性产生者可以通过向受益者收取费用以及提高外部性水平来增加利润。相反,负外部性产生者可以通过向受害者收取费用以及降低外部性水平来增加利润。只要边际收益之和与边际成本之和不相等,外部性产生者就有提升利润的机会。不管外部性是否可用货币来衡量,经济效率的基准都是适用的。当用于非货币外部性时,只需要将其收益和成本用货币来衡量,随后运用经济效率分析。

小案例

才能的外部性:硅谷

与信息技术相关的企业异常地集中在位于旧金山湾和太平洋之间的半岛上。这一区域被称为硅谷,是苹果、惠普、英特尔、谷歌和脸书等高科技行业领先企业的所在地。

斯坦福大学和施乐帕罗奥多研发中心(Xerox Palo Alto Research Center,简称施乐 PARC)在硅谷的发展上起了关键作用。这两个机构的基础和应用研究为许多成功的高科技产品提供了基础。

通过在短距离内将独立的个人电脑由一个区域网连接起来,Robert Metcalfe 与 David Boggs 在施乐 PARC 发明了以太网局域网。1979 年,Metcalfe 离开了施乐 PARC,建立了 3Com 公司。该公司使得以太网技术商业化。

路由器是一种将使用不同协议的计算机网络连接起来的设备。当在斯坦福大学工作的时候,Sandy Lerner 与 Len Bosack 创立了思科公司。1986 年,他们离开了大学,专职经营思科公司。目前,该公司已经成长为世界上最大的路由器和其他的数据网络系统的生产商。

1996 年,斯坦福计算机学院的两个研究生 Sergey Brin 和 Lawrence Page 发明了一种互联网搜索的运算法则。他们的研究后来发展成为谷歌公司——一家价值数十亿美元的公司。

资料来源：Douglas K. Smith and Robert C. Alexander, *Fumbling the Future*, New York: William Morrow, 1988, 95—103; letter from Robert Metcalfe, 1996 年 7 月 16 日; letter from Cisco Systems, 1996 年 5 月 23 日; www.cisco.com and www.3com.com(1996 年 5 月 22 日), www.google.com(2011 年 8 月 9 日)。

小案例

学院的外部性：免费校园

1995 年 5 月，加利福尼亚大学的校董事会为计划中的第十个分校选择校址。校董事会有两个选择：由弗吉尼亚史密斯信托公司免费提供的在 Yosemite 湖边的一个 2 000 英亩的地区，或者另一个在 Fresno 城附近的地区，这个地点必须自己购买。校董事会由于免费土地而动摇，投票选择了 Yosemite 湖。

弗吉尼亚史密斯信托公司拥有 Yosemite 湖边的 7 000 英亩土地。这块土地以前是用来放牧的。该信托公司预测，随着新校园的建立，它将从剩下的 5 000 英亩土地的开发中盈利 3.5 亿美元。新校区所产生的正外部性足以补偿信托公司送给加州大学的 2 000 英亩土地这份厚礼。加州大学这一分校在 2005 年 9 月 5 日成立，现在已经有超过 6 000 名学生。

资料来源："Lake Yosemite selected for proposed campus," *UC Focus* (Office of the President, University of California), Vol.9, No.5, June—July 1995, pp.1 and 7。

12.3 解决外部性

外部性的基准是达到经济效率水平，即边际收益之和等于边际成本之和。第 6 章中，我们说明了在完全竞争市场中，看不见的手确保了经济效率。然而，根据定义，外部性并不通过市场传递。因此，外部性只能通过刻意的行动得到解决。

一般来说，外部性可以通过两个方案解决——外部性产生者和接受者的共同所有权，或外部性产生者和接受者达成协议。然而，解决外部性问题有两个障碍——权利分配不明晰和可能的搭便车行为。

■ 共同所有权

在百货商店和餐厅的例子中，如果餐厅的所有权归百货商店，那么百货商店就会考虑增加顾客给百货商店和餐厅带来的收益和成本。因此，它会增加广告支出以吸引更多的顾客，以达到经济效率水平。相似地，在投注站和餐厅的例子中，如果餐厅的所有权归投注站，那么投注站会减少广告支出,以吸引达到经济效率水平的客流量。

这两个例子显示了解决外部性的一种方案——拥有外部性产生者与接受者的共同所有权。不管外部性是正的还是负的,共同所有权都会使得管理者综合考虑产生者和接受者的共同收益和成本,选择在经济效率水平上经营。

■ 协议

除了共同所有权,我们还可以通过达成协议的方式来解决外部性。外部性产生者和接受者可以通过谈判达成双方都能接受的外部性水平协议。比如,餐厅可以向百货商店支付部分广告支出,这将激励百货商店增加广告支出。同样地,餐厅可以付钱给投注站让它们减少广告支出。

通过协议解决外部性问题有两个步骤。第一步,受影响的各方必须就如何解决外部性达成一致意见。这需要搜集各方收益和成本的信息,随后就外部性水平达成协议。

第二步是强制实施协议。实施过程包括监控外部性的产生,运用激励机制确保外部性产生者遵守协议的外部性水平。

■ 权利分配

解决外部性的一个障碍是权利分配的不明晰。在投注站与餐厅的例子中,实际上外部性有两个可能的解决方案:一个是投注站减少广告,另一个是餐厅搬到其他地方。

究竟是投注站拥有向餐厅施加外部性的权利,还是餐厅拥有不遭受外部性的权利?如果权利分配不明晰,那么投注站和餐厅双方将很难达成共同所有权以及一致外部性水平的协议。

当外部性由竞争性地开发同一资源产生时,要解决权利的分配尤其棘手。这种外部性的例子不少:多个石油生产商在同一油田钻井、多个渔船在同一区域捕鱼、多个木材生产商在同一片森林伐木。在这些情况下,如果产权分配不明晰,各个竞争者就会不顾对资源的长期性影响,竞相掠取资源。

■ 搭便车

除了权利分配之外,解决外部性的另一个障碍是搭便车行为。在百货商店的例子中,假设百货商店的顾客同样也光顾附近的专卖店(包括时尚产品店、生活用品店及食品店)。这样,百货商店就给所有这些专卖店都带来了正外部性。

之前我们展示了外部性的产生者和接受者可通过共同所有权和协议来解决外部性问题。现在考虑一家花店。它显然能享受到百货商店带来的正外部性。但花店可能会采取以下策略:它拒绝向百货商店支付任何广告费用。这家花店知道,百货商店仍然会增加广告,而其他专卖店也仍可能向百货商店支付增加广告的费用。而百货商店和其他专卖店并不能阻止顾客光顾花店。因此,花店可以享受到增加广告而吸引到的更多顾客,但不用支付任何费用。

> **搭便车**：在外部性的解决过程中，支付的费用比获得的边际收益少。

在这个策略下，花店行为就是一个**搭便车**（free riding）行为。它享受了百货商店增加广告的好处，却让其他专卖零售商帮它承担了费用。一般来说，搭便车者在外部性的解决方案中支付的费用比获得的边际收益少。在极端的情况下，搭便车者并不支付任何费用。

当要阻止那些没有贡献者从正外部性中获益的成本很高昂时，搭便车行为就可能产生。当能够轻易地排除那些没有贡献者从正外部性中获益时，所有正外部性的受益者会为此付费，否则将不能获得正外部性带来的好处。外部性的受益者越多，搭便车的情况就越严重。当外部性的受益者数量很多时，任何一位受益者分摊的解决外部性的费用就相对少。因此，即使有一部分受益者选择搭便车，可能仍然会有一部分受益者愿意支付解决外部性的费用。

进度检测 12C

在投注站和餐厅的例子中，解决外部性可能遇到什么障碍？

小案例

怡丰城：解决外部性

拥有超过100万平方英尺可租用净面积的怡丰城是新加坡最大的购物商场，每年吸引游客4 000万人。怡丰城最大的两个零售租户是VivoMart（一个包括了大型超市、高档超市以及药店的大型零售商）和Tangs百货商店。这两个租户一共租用了商场22.4%的场地。

VivoMart、Tangs加上一家电影院与很多中型的商店，能够吸引大量的顾客。这些中型的商店被称为迷你核心店。核心店与迷你核心店所带来的客流量给小型专卖店带来好处。小型专卖店租用的面积占怡丰城商场的33%。

在2010年，以一平方英尺为计算单位，迷你核心店每单位面积的年平均销售额为678新加坡元，租金费用为每年78新加坡元。相比之下，专卖零售店的年平均销售额为950新加坡元，租金费用为每年196新加坡元。因此，专卖零售店的租金不管是以金额计的绝对值还是占销售额比例的相对值都比迷你核心店要高。

怡丰城通过向核心店与迷你核心店租户收取较低的租金，而向其他专卖零售店收取较高的租金，解决了核心店租户与其他零售商之间的外部性。这是一个在购物商场被广泛运用的管理方案。通过共同管理，在购物商城的零售商比分布在公共街道上的零售商能更有效地解决外部性问题。

资料来源：Mapletree Commercial Trust，招募书，2011年4月18日。

 小案例

米老鼠的外部性

沃特·迪士尼公司拥有并经营着位于加利福尼亚州的阿纳海姆的迪士尼乐园。这个主题公园被数以百计的企业包围，包括汽车旅馆、餐厅、纪念品商店和交通服务。迪士尼乐园的游客是这些邻近企业的主要收入来源。

在20世纪80年代，迪士尼公司决定着手启动一个巨大的投资项目来提升迪士尼乐园。在开发项目之前，公司秘密地在主题公园附近购置了许多地产，包括2亿美元的迪士尼酒店。通过购置周围的地产，迪士尼公司确保它将从新的投资中获得更多的利益。因此，公司会有更强的动机在主题公园中以具有经济效率的投资水平来修建新的项目。

迪士尼公司在香港大屿山修建主题公园时也采取了同样的策略。作为投资的条件，香港政府给迪士尼公司购买临近地产的20年的选择权。政府还同意限制邻近地区的水、空气和海的使用。周围的建筑都有限高，飞机不允许飞过园区上空，临海的那一面不允许有船只通过。

香港旅游局的Mike Rowse解释说："迪士尼主题公园成功的必备条件是外面的人看不到里面，而里面的人也看不到外面的'真实'世界。"

资料来源：Gary Wilson, Chief Financial Officer, Disney Company, speech at the Anderson School, UCLA, 1989年3月15日; "Disney Given Controls over Area around Park," *South China Morning Post*, 1999年11月20日。

12.4 网络效应与网络外部性

网络效应（network effect）是随着网络规模的变大而增加的收益或成本。"网络"强调的是成本和收益乃由整体的网络用户而产生。即时通信服务很好地说明了网络效应的含义。一个用户从即时通信服务中所获得的收益随着其他用户的增加而增加。

具有网络效应的产品的边际收益及需求会随着使用者数量的增加而增加。例如，当有一个新用户加入即时通信服务时，所有其他用户的边际收益和需求曲线都将上移。

与网络效应概念相关的是网络外部性。**网络外部性**（network externality）指的是直接传递给其他方的收益或成本，这些收益或成本随着网络规模的变大而增加。因此，网络外部性是指可直接传递而不是通过市场传递的网络效应。和一般的外部性一样，网络外部性达到经济效率水平的基准为：边际收益之和等于边际成本之和。

> **网络效应**：收益或成本随着网络规模的变大而增加。

> **网络外部性**：直接传递给其他方的收益或成本，这些收益或成本随着网络规模的变大而增加。

在具有网络效应或网络外部性的市场,其需求和竞争的特点有别于传统市场内的需求和竞争。我们将在下面分别讨论这些不同点。

■ 临界用户人数

临界用户人数: 需求量变为正值时的用户人数。

在具有网络效应的市场中,在用户人数超过临界点之前,需求为零。**临界用户人数**(critical mass)是需求量变为正值时的用户人数。以即时通信服务为例。当使用者的数量低于某个数值时,需求为零。试想一下,如果其他人都没有使用即时通信服务,谁会想要使用呢?

假设当使用者的数量低于 10 000 时,需求为零。那么即时通信服务的临界用户人数是 10 000。这意味着,只有当价格或其他因素足以吸引 10 000 名用户时,对即时通信服务的需求才会为正。

技术标准在具有网络效应的市场中扮演了一个重要的角色。假设有两个不能相互兼容的即时通信服务。如果每一个服务最多能吸引 5 000 名使用者,那么它们之中无一能达到临界用户人数。然而,如果两个即时通信服务能遵守同一个技术标准并能相互连接,那么它们的使用者加总则可以达到 10 000 名使用者的临界点。

安装基数: 服务中的互补硬件的数量。

对某些物品的需求取决于互补硬件的存在。例如,对基于网络社交媒体的接入需求取决于个人电脑和其他提供网络接入服务的设备数量。类似地,对谷歌安卓应用程式的需求取决于使用安卓操作系统智能电话机及平板电脑的数量。在这些例子中,**安装基数**(installed base)是服务中的互补硬件的数量。

■ 预期

在具有网络效应的市场中,使用者的预期是一个重要的因素。那么,当使用者同时决定是否采用一个新的即时通信服务时,存在两种可能的均衡。在好的均衡中,每一个潜在的使用者都预期其他人将会采用该服务,因此他也采用。这样,需求超过了临界点,服务也如同期望的那样成功。

相反,在坏的均衡中,潜在使用者较为悲观。每个人都预期该服务的使用者会少于临界用户人数,因此,都不使用该服务。那么,实际的需求将达不到临界点,而服务也如同预期的一样失败。

因此使用者的预期非常重要。在均衡中,不管是乐观的预期还是悲观的预期,都是可以自我实现的。如何影响潜在使用者的预期?其中一个办法是提供确保需求能超过临界点的承诺。比如说,为达到足够规模的安装基数,具有网络效应产品的生产商可能会大量免费赠送此产品。

另一个影响使用者预期的方法是大肆鼓吹。比如说,一个有众多著名运动员和电影明星参加的盛大发布会可以产生自我实现的预言:这个产品的需求将达到临界点。

▪ 需求倾斜

在具有网络效应的市场中,需求对竞争者之间细微的差异显得异常敏感。假设有几个相互竞争的产品,每个产品的需求都接近临界点。那么,某一产品使用者基数的微量增加可以使市场需求向这种产品倾斜。**需求倾斜**(tipping)是指市场需求向获得了微小的初始领先地位的产品倾斜的趋势。

> **需求倾斜:** 市场需求向获得了微小的初始领先地位的产品倾斜的趋势。

为了阐述什么是需求倾斜,假设此时有两个提供新的即时通信服务的供应商在竞争,每一个都能确保有 9 000 名使用者。市场需求会向那个能获得额外 1 000 名使用者的供应商倾斜,并且越过临界点这个门槛。另一个供应商则以失败告终。

因此,具有网络效应的竞争产品的市场需求可能会向其中一种产品倾斜。相比之下,在传统市场中,几个规模相似的竞争者可以在长时间内竞争并保持盈利。即使一个卖方在价格或产品质量上取得了优势,整个市场需求也不会全部倾向于该产品。

▪ 价格弹性

第 3 章介绍了需求的(自身)价格弹性概念,即如果产品的价格上涨 1% 而导致需求量变化的百分比。网络效应的存在将以不同的方式影响价格弹性,影响的方式取决于市场需求是否达到了临界用户人数。

对于一个需求具有网络效应的产品,当市场需求低于临界点时,需求为零,此时需求对价格极度缺乏弹性。无论价格降幅为多大,需求量都不会增加。

只有当需求超过临界点时,需求才会对价格具有弹性。此时网络效应使得市场需求对价格更加具有弹性。举例来说,考虑产品的价格上升。价格上升将导致需求下降。需求的下降会通过网络效应进一步减少需求量。网络效应将扩大价格上升对需求的影响。同理,网络效应也会扩大价格下降的影响。

在临界用户人数附近,需求对价格非常具有弹性。价格略微下降一点点将会使需求超过临界点,进而通过网络效应进一步增加需求。相反,价格略微上升一点点将会使需求低于临界点,随后需求会降低到零。

进度检测 12D

怎么区分传统市场和具有网络效应的市场?

小案例

利用网络外部性：谷歌

谷歌很微妙地利用网络外部性。每当一个使用者向谷歌提交一个搜索申请时，服务器就会运用其专有的页面排名算法，根据预测的关联程度排列显示网页的链接。谷歌跟踪人们点击的链接，并相应地更新其算法。每一个搜索都有助于提升谷歌的算法。因此，越多的人使用谷歌搜索，它的服务质量就会越高。

12.5 公共品

非竞争性消费：一个人对某种物品消费量的增加不会减少其他人所能使用的数量。

露天烟花表演很好地解释了公共品的概念。就像引言所介绍的，如果一个人增加某产品的使用，而不会减少其他人所能使用的数量，那么这种物品就是公共品。也就是说，公共品提供了非竞争性的消费。如果一个人增加消费不会减少其他人所能使用的数量，则消费是**非竞争性消费**（non-rival consumption）。

另一种理解非竞争性消费的途径是通过规模经济的概念。假设露天烟花表演正向一个观众提供，则把同样的表演提供给另外的观众的边际成本是零。公共品的供给就消费者数量而言有着极端的规模经济效应。提供公共品的成本与消费者数量无关，为额外消费者提供服务的边际成本为零。

与消费者数量相关的规模经济和与供给规模相关的规模经济是不同的。延长烟花表演时间确实会带来更多的成本。

极端的规模经济（就消费者数量而言）存在时，每个额外增加的消费者带来的是纯利润贡献。这暗示着应该将公共品出售给更多的消费者（不是最大化消费者数量，而是最大化收入）。比如说，电影内容就是一个公共品。因此电影生产商可以通过多种方式（剧场、DVD、有线电视、无线电视）出售电影内容以增加它们的利润。

■ 竞争性

竞争性消费：一个人对某种物品消费量的增加将等量减少其他人所能使用的数量。

公共品位于竞争图谱的一个末端，而私人物品在另一末端（见图12-3）。如果一个人对某种物品消费量的增加将等量减少其他人所能使用的数量，则该物品是私人物品。或者说，私人物品的消费为竞争性消费。**竞争性消费**（rival consumption）意味着一个人消费量的增加将等量减少其他人所能使用的数量。

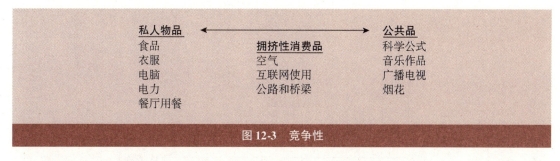

图 12-3 竞争性

科学公式、音乐作品、广播电视、烟花均提供非竞争性消费。如果多一个人使用它们,并不会减少其他人所使用的数量。相反,食品和服装是私人物品。如果你穿了一件新 polo 衫,其他人就不能同时也穿这件衣服。如果你吃了一块牛排,那么其他人能够吃的牛排将减少一块。

一些物品既不是公共品又不是私人物品,但提供一种**拥挤性消费**(congestible consumption)。这意味着,如果一个人以某种数量增加消费会减少其他人所能使用的总量,但是他人的消费减少量小于个人的消费增加量。拥挤性物品在消费量低的时候是公共品,在消费量高的时候是私人物品。

> **拥挤性消费**:一个人以某种数量增加消费会减少其他人所能使用的总量,但他人的消费减少量小于个人的消费增加量。

互联网是拥挤性的,在非高峰时段,多一个人的使用将不会减少其他人所得的服务。但是在高峰时段,连接到互联网的用户越多,他们的网速就会越慢。我们周围的空气也是拥挤性的。当司机和工厂污染排放量小时,空气质量是好的。但是当污染排放量太高时,空气质量就降低了。

■ 基准:经济效率

前面我们介绍了当边际收益之和等于边际成本之和时,外部性达到经济效率水平。并且在那个水平上,不存在通过调整外部性而能获得利润的机会。同样的原理可以运用在公共品上。

假设有三个观看露天烟花表演的观众——宝玉、黛玉与刘姥姥。他们的边际收益如图 12-4 所示。这张图也显示了露天烟花表演的边际成本,每分钟固定为 5.6 元。

考虑提供 1 分钟烟花表演。因为烟花表演是公共品,三名观众中的每个人都有 1 分钟的观看时间。因此,每个人都会愿意以他的边际收益支付这 1 分钟的表演。参见图 12-4,三名观众的边际收益之和是 0.80 + 3.60 + 4.50 = 8.90 元。而 1 分钟的成本是 5.60 元。因此,提供 1 分钟的烟花表演有可能获益。同样的推导也适用于供应量为 4 分钟的情形。

当烟花表演为 4 分钟时,边际收益之和等于边际成本。有人可以通过将表演增加到 5 分钟来赚钱吗?参见图 12-4,第 5 分钟只对宝玉和黛玉提供了边际收益。他们的边际收益之和是 2.00 + 2.50 = 4.50 元。由于每分钟的成本是 5.60 元,第 5 分钟烟火的供应会导致亏损。

因此,当边际收益之和等于边际成本时,就没有获利的机会了。此时公共品达到经济效率水平。一般而言,在经济效率水平上,不存在通过调整公共品的供给来获利的机会。

在图 12-4 中,注意到每单条边际收益曲线都位于 5.60 元的边际成本曲线之下,因此,没有人会单独购买哪怕只 1 分钟的烟花表演。但是,各条边际收益曲线之和在 0 至 4 分钟之

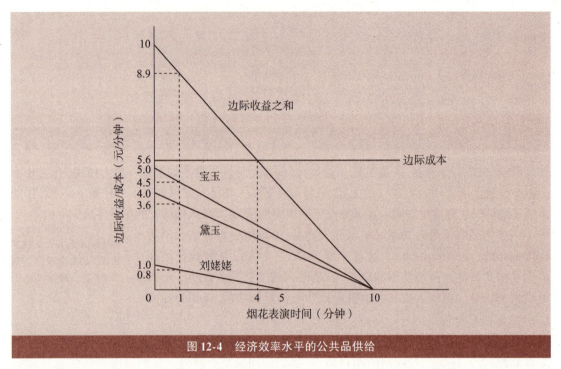

图 12-4　经济效率水平的公共品供给

注：经济效率水平的公共品数量，是个人边际收益之和等于边际成本时的数量。每条个人边际收益曲线都位于5.6美元的边际成本线之下。因此，没有任何一个人愿意购买哪怕一分钟的烟花表演。如果每个人都试图搭便车，烟花表演就不可能实现商业供给。

间都位于边际成本曲线上方。

因为公共品提供非竞争性消费，所以三个人愿意支付的额度等于单条边际收益曲线的纵向加总。虽然没有人会单独购买哪怕只有1分钟的烟花表演，但他们合在一起愿意购买4分钟的表演。

> **进度检测 12E**
>
> 在图12-4中，加入另一条边际收益曲线，并请标出该曲线对达到经济效率水平时烟花数量的影响。

怡丰城：广告与促销

拥有超过100万平方英尺可租用净面积的怡丰城是新加坡最大的购物商场，每年吸引游客4 000万人。怡丰城的一部分租金收入来自服务费与所征收的广告促销费。这部分收入约占租户缴纳总租金的 1%。

商场登广告和促销活动将吸引更多的顾客到商场购物。新来的顾客可能光顾商场里的任何零售商。因此,广告和促销带来的好处对于所有零售商来说是非竞争性的。因此,怡丰城将这笔广告促销费用摊销在每个零售商租户身上。

资料来源:Mapletree Commercial Trust,招募书,2011 年 4 月 18 日。

12.6 排他性

之前我们已经讨论了公共品的本质和它的经济效率水平。现在我们来回答如何提供公共品。许多私人物品的供给是商业化的。任何物品供给的商业化都有一个很容易被忽视的基本条件,即在销售物品之际,供应商必须能够排除那些不付钱的人。在商业化供应公共品时,这个条件至关重要。

如果供应商可以排除特定的顾客,则消费是**排他性的**(excludable consumption)。通常情况下,产品是否能够进行商业化供给取决于它的排他性。

排他性消费:供应商可以排除特定的顾客。

如果一个物品的消费是非排他性的,商业化供给将会非常困难。为了说明这个问题,让我们假设海王星娱乐想要向宝玉、黛玉与刘姥姥提供 1 分钟的露天烟花表演。参见图 12-4,海王星知道,在此供应量上,宝玉、黛玉和刘姥姥个人的边际收益分别是 4.50 元、3.60 元和 0.80 元。如果海王星向每个人收取的费用等于各人的边际收益,那么海王星将从宝玉、黛玉和刘姥姥那里收取 8.90 元。海王星提供 1 分钟烟花表演的成本是 5.60 元;因此,它将会得到 3.30 元的利润。

但是,刘姥姥可能认为,如果她拒绝支付而宝玉和黛玉继续支付,那么海王星会获得 4.50 + 3.60 = 8.10 元的收入,这足以弥补 5.60 元的成本。那么,海王星还是会提供 1 分钟的烟花表演,刘姥姥将享受一场免费表演。也许宝玉和黛玉的想法也类似。如果每个人都试图得到一场免费表演,海王星将从烟花表演中受损。因此,在极端的情况下,搭便车的问题阻碍了烟花表演的商业化供给(哪怕只是 1 分钟)。

关键的问题在于,只要某一物品的消费是非排他性的,个体消费者就有搭便车的动机。搭便车的行为将削减供应商的收入,因此阻碍了物品的商业化供给。

为了理解公共品的商业化供给的范围,我们必须首先了解产品内容与传递的区别。然后,了解影响排他性的其他两个因素:法律和技术。

■ 内容与传递

电视节目可以通过无线或电缆播放。无论传递的方式如何,电视的内容是非竞争性的。无论信号通过无线还是电缆传送,一位观众打开电视机收看晚间新闻,都将不会影响其他人收看的晚间新闻的数量。

> 公共品可以以私人物品的形式传递。

然而，传递的方式可以是公共品或私人物品。信号通过空中无线传递时是公共物品。同样的信号可以在适当范围内服务于任何数量的电视机。但是，通过电缆传递时就是私人物品。一根电缆只为一台电视机服务。

科学知识提供了区别内容与传递的又一例子。药物阿托伐他汀的配方是一种公共品。如果多一家制造商使用这个配方，不会影响其他制造商使用同一配方。然而，药物是以药片的形式传递给消费者。药片是一种私人物品：如果一个人消费了一片药片，其他人就不能再使用该药片了。

由于私人物品是排他性的，所以，一个对公共品进行商业化供给的重要方式是将公共品以私人物品的形式传递。

■ 法律

科学配方、音乐作品和计算机算法的使用是非竞争性的。但是通过知识产权这一法律概念，法律可将它们的使用变为排他性的。设立知识产权是为了鼓励创新。这项政策的含义是，专有权的利润将鼓励创新者更多地投资于创新活动。

> **专利**：赋予某种产品或工艺的合法的排他性的权利。

> **版权**：赋予某种艺术、文学和音乐作品的合法的排他性的权利。

两种特殊形式的知识产权是专利和版权。**专利**（patent）就是赋予某种产品或工艺的合法的排他性的权利。如果没有专利权所有者的许可，生产该产品或使用其工艺是非法的。**版权**（copyright）是赋予某种艺术、文学和音乐作品的合法的排他性的权利。如果没有版权所有者的允许，复制其作品是非法的。

■ 技术

除了法律，影响排他性的另一个因素是技术。电视节目的内容是一种公共品。但是传递的方式可以是排他性的。无线电视是非排他性的。无线转播站无法阻止特定的人观看节目。但是，利用加密技术，用无线播出就可以成为排他性的。加密技术将电视节目传递的方式从非排他性的转变为排他性的。

软件是另一个例子。计算机软件运用的计算法则和代码是公共品。使用者可以从别人那里复制软件。但是，如果发行商在软件里加入激活码，而激活码只提供给授权用户，那么发行商就可以将没有付费的用户排除。

> **进度检测 12F**
>
> 区别公共品的内容和传递。它们将如何影响公共品的商业化供给？

 小案例

美国是专利侵权者?

"廉价的模仿正在扼杀我们的生意,并毁掉了成千上万的好工作岗位。"谁在抱怨?微软?迪士尼?都不是。抱怨的是 Rosoboron Export,一家俄罗斯的军火出口商。

第二次世界大战期间,苏联军坦克指挥官 Mikhail Kalashnikov 在受伤住院期间构思了一种新的突击步枪。1942 年出院之后,Kalashnikov 开始设计这种突击步枪,称为 AK-47 步枪。1949 年,经过严格的实验之后,苏联军队采纳了 AK-47。Kalashnikov 被授予斯大林级荣誉勋章。

50 年之后,美国政府将 AK-47 步枪作为阿富汗和伊拉克战争的装备,变为 AK-47 步枪的最大客户之一。但美国政府所购买的不是由拥有 AK-47 相关专利权的 Izhmash 所生产的产品。事实上,美国政府是从保加利亚、匈牙利、罗马尼亚等地的一些非法生产者那里购买 AK-47 步枪。Rosoboron Export 的官员 Igor Sevastyanov 表示:"我们要向全世界宣布,包括美国在内的许多国家很遗憾地违反了一些公认的规则。"这个声明多少有些无奈。

资料来源:"Russians take aim at AK-47 imitators",*International Herald Tribune*,2002 年 7 月 26 日。

 小案例

无线电视:非排他性的商业化供给?

一般来说,公共品的商业化供给取决于排他性。无线电视消费是非排他性的。但是,在美国,四家主要的公司以商业化形式提供无线电视。这个生意由举步维艰变得非常繁荣。电视公司的秘密是什么呢?

无线电视网络的主要收入来源是广告。虽然观众并不为其电视节目直接支付费用,但他们会间接支付。他们通过增加购买在电视上播放广告的产品和服务来支付电视费用。在 2013 年,20 世纪福克斯(20th Century Fox)公司的电视业务收入为 48.6 亿美元,运营收入为 8.55 亿美元。

资料来源:20th Century Fox,2013 年年报。

知识要点

- 外部性是指将收益或成本直接传递给其他方。
- 当边际收益之和等于边际成本之和时,外部性达到经济效率水平。
- 通过解决外部性达到经济效率水平,可以提高利润。

- 外部性可以通过共同所有权和协议来解决。
- 解决外部性问题的两个障碍是权利分配不明晰与搭便车行为。
- 网络外部性指的是直接传递给其他方的收益或成本,这些收益或成本随着网络规模的变大而增加。
- 当网络效应存在时,可以通过管理使用者的预期来达到临界用户人数。
- 公共品提供的是非竞争性消费:如果一个人增加对某种物品的消费,不会减少其他人能所使用的数量。
- 公共品可以通过法律和技术排除没有付费的使用者来实现商业化供给。

复习题

1. 负外部性和正外部性有什么不同?
2. 月亮和海王星都发布了一个新的电子设备。月亮的广告提升了消费者对海王星的需求。月亮广告的经济效率水平是多少?
3. 解释相对于额外增加的消费者,商场所有零售商边际收益曲线之和与零售商个人边际收益曲线的关系。
4. 如果负外部性的边际成本之和超过其对产生者的边际收益,怎样可提高利润?请解释。
5. 解释下面的行动将怎样解决一条新地铁线路产生的外部性:地铁系统购买新车站周围的地产。
6. 分析下列情况中的搭便车问题。新城区位于距离一条高速公路1千米处。城市的几个主要经营者提议在高速公路设立一个出口。
7. 解释对电子表格软件的需求可能造成的网络效应。
8. 给出一个网络外部性的例子,并用这个例子解释临界用户人数和需求倾斜的概念。
9. 网络效应的存在导致需求更富有弹性还是更缺乏弹性?
10. 技术标准在哪里更重要?是在有网络效应的市场中还是在无网络效应的市场中?解释原因。
11. 举一个公共品的例子。解释该物品的使用为何是非竞争性的?
12. 下列哪些是公共品?(i)公立医院的牙科治疗;(ii)向失业人士提供的福利金;(iii)国防。
13. 对于公共品而言,为什么总边际收益等于个人边际收益之和?
14. 排他性在什么情况下依赖于法律、技术?
15. 为什么说将公共品出售给更多的消费者是合理的?

讨论案例

1. 怡丰城是新加坡最大的购物商场,每年吸引游客4000万人。怡丰城最大的两个零售租户是VivoMart(一个包括了大型超市、高档超市以及药店的大型零售商)和Tangs百货商店。这两个租户一共租用了商场22.4%的场地。在2010年,以一平方英尺为计算单位,核心店以及迷你核心店每单位面积的年平均销售额为 678 新加坡元,租金费用为每年 78 新加坡元。专卖零售店的年平均销售额为 950 新加坡元,租金费用为每年 196 新加坡元。

(a) 在图中表示出百货商场的边际收益和吸引顾客的边际成本。阐述专卖零售店所获得的外部性,并确定达到经济效率水平的客流量。

(b) 比较核心店以及迷你核心店与专业零售店的租金销售比例。

(c) 解释为什么怡丰城向核心店收取较低的租金,向专卖零售店收取较高的租金。

(d) 百货商店位于公共街道还是位于商场时,更容易解决对附近零售店的外部性?解释原因。

2. 太平洋沿岸的秘鲁海岸是世界凤尾鱼渔业的集中地。历史上,秘鲁的渔业不受任何控制,它们依照"奥林匹克体系"运营。渔业生产商 Pacific Andes 的管理总监黄裕翔评论道:"没有人愿意花时间去保存那些鱼,因为他们想尽快将它们捞起来,越快越好。"经过适当的捕捉和处理后,凤尾鱼每千克的售价为 40 至 50 美分。另一种方法是用于制造动物饲料,价值为每千克 10 美分。(资料来源:"Fishery player Pacific Andes bets on regulatory changes, positions vessels in Peru", *The Edge Singapore*, 2008 年 8 月 18 日。)

(a) 解释在"奥林匹克体系"下的外部性。渔业的生产率是否符合经济效率水平?

(b) 2008 年,秘鲁政府改变了渔业体系,并奖励每个渔业生产商一个捕鱼的配额。这将对经济效率造成怎样的影响?

(c) 假设配额是可转售的,这对达到经济效率有帮助吗?

3. Choice International 是一家业务形式的酒店特许经营授权商。它针对高端细分市场,推出了 Cambria Suites 酒店。考虑到特许经营店需要保持一致的标准,Choice International 与质量保证专员 LRA Worldwide 签署了协议。LRA Worldwide 会对每家 Cambria Suites 酒店进行每年两次的匿名检查。

(a) 运用一个合适的图形,横轴表示一家特许经营店的努力,在图中标明特许经营店努力的边际收益及边际成本。并解释它对努力程度的选择。

(b) 某一家特许经营店的努力如何有益于其他特许经营店?通过外部性来解释。在(a)部分的图中画出经济效率水平的努力程度

(c) 为什么 Cambria Suites 特许经营店希望想要 Choice International 检查其他的特许经营店?

(d) 假定特许经营店对努力程度的选择和努力的经济效率水平之间存在分歧。那么单个城市的连锁酒店与国际连锁酒店相比,哪一个的分歧更大?

4. BAA Airports Limited 是伦敦希斯罗机场的运营商。在 2008 年到 2009 年之间,由于全球金融危机导致经济大萧条,希斯罗机场的客流量降低了 1.5%。然而长途旅游乘客的比例从 52.2% 上升到 52.9%,中转乘客的比例从 35.9% 上升到 37.4%。(资料来源:BAA Airports Limited,2009 年年报。)

(a) 解释客流量将如何影响机场附近零售服务(比如餐厅、租车)的需求。

(b) 利用相关需求曲线,比较机场为提高客流量的促销支出:(i) 拥有零售设备的机场;(ii) 没有零售设备的机

场。哪个机场会为提高客流量花费更多的促销经费？假设机场的目的是最大化所有机场服务（包括零售商）的净收益。

(c) BAA 的财报评论道："航站楼里完备的购物设施可吸引更多的中转乘客，提高中转乘客的比例。我们为有购物需求的中转乘客提供了更长的候机时间。"为让乘客在航站楼里停留更长的时间，你是否会建议 BAA 延长航班之间的转机时间？

5. Dell 公司的许多广告都标有"Intel Inside"标志。通过宣传 Intel 微处理器，Dell 的广告提升了其他装备 Intel 微处理器的电脑制造商的需求。在 2007 年到 2008 年之间，Dell 的广告花费从 9.43 亿美元降到 8.11 亿美元。降低广告花费的主要原因是合作广告收入的增加。（资料来源：Dell Inc., 2010 年 10K 表。）

(a) 在图形中标明 Dell 广告的边际收益和边际成本。说明 Dell 对其他电脑制造商的外部性，并确定达到经济效率水平的广告支出。

(b) 解释为什么 Intel 会向 Dell 支付合作广告费用。

(c) AMD 是 Intel 在微处理器上的竞争对手。在 Intel 决定其广告开支时，它应该怎样顾及 AMD 对其产品产生的竞争？

6. 随着国际贸易和旅游的发展，越来越多的人开始学习英语。很多大的欧洲公司采用英语作为工作语言。英语也是飞机驾驶员与地面指挥人员之间沟通的标准工作语言。语言学家预测，全球范围内有 7 000 种语言，几乎有一半的语言会在这个世纪消失。

(a) 比较以下职业说同一语言的收益：
(i) 卡车司机；(ii) 飞行员。

(b) 英语使用人数的增加对下列人带来的是正外部性还是负外部性？
(i) 已经能说一口流利英语的人；
(ii) 不会说英语的人。

(c) 在(b)题中的外部性可以被描述为网络外部性吗？请解释你的答案。

(d) 如何运用临界用户人数和预期来拯救即将消失的语言？

7. 微软的 Excel 表格软件目前占领了整个表格软件市场。现在 Excel 的主要竞争者是 Calc。这是一款由 OpenOffice 开发的表格软件。OpenOffice 强调"Calc 从界面上和感觉上与 Excel 很相似，曾经使用过 Excel 的用户能立即使用 Calc"。（资料来源：OpenOffice.org。）

(a) 解释对电子表格软件需求的网络效应。

(b) 利用临界用户人数和需求倾斜来预期 Calc 的展望。

(c) 为什么 OpenOffice 强调 Calc 与 Excel 很相似？

(d) 微软应该与 OpenOffice 合作，进一步开发 Calc 吗？

8. 足球、板球等运动娱乐了成千上万的现场观众和数百万通过电视机观看的观众。付费电视用户支付大量的费用来观看体育直播赛事。其他用户免费收看，但会通过观看广告来"埋单"。

(a) 宝玉、黛玉和刘姥姥是体育迷。运用一个合适的图形，横轴表示体育赛事直播的数量（每月的小时数），解释说明对于三个粉丝的经济效率水平的体育赛事直播数量。

(b) 运用图形找出在经济效率水平的生产率下，三个粉丝的边际收益。

(c) 如果一个体育联盟只在收取统一费用的付费频道播出赛事，这能够实现经济效率水平的生产率吗？

(d) 体育联盟运用了什么定价策略？这会有助于实现经济效率吗？

(e) 一些网页未经体育联盟的许可进行体育赛事直播。这将如何影响经济效率水平下的生产率？

9. Mikhail Kalashnikov 在二战受伤后的恢复期间发明了 AK-47 突击步枪。在 50 年内，AK-47 的生产量超过 1 亿支。自称为"苏联共和国的武器中心"的 Izhmash 拥有 AK-47 的专利权。然而，美国政府是从保加利亚、匈牙利、罗马尼亚等地的一些非法生产者那里购买 AK-47，用以供给美国在阿富汗和伊拉克的盟友。(资料来源："Russians take aim at AK-47 imitators"，*International Herald Tribune*，2004 年 7 月 26 日；"AK-47's Inventor Peacefully Retired," *Guardian*，2003 年 10 月 26 日。)

(a) 利用 AK-47 解释为什么工程设计是一种公共品。

(b) 专利权只能在它被授予的国家范围内有效。解释为什么保加利亚、匈牙利、罗马尼亚的制造商能免费使用 Kalashnikov 的设计。

(c)《武器出口评论》的编辑 Maxim Pi-adiyshev 解释了 AK-47 成功的原因："相比当时的其他自动步枪，AK-47 仅有 8 个移动部件，这使得其生产、使用和维护都非常简单。"从 Izhmash 的角度来看，这些 AK-47 简单有效的设计是优点还是缺点？

第 13 章
信息不对称

> **学习目标**
>
> - 理解不完全信息及其风险;
> - 了解信息不对称及其后果;
> - 了解并运用鉴定方法来解决信息不对称;
> - 了解并运用筛选方法来解决信息不对称;
> - 理解如何进行拍卖及投票;
> - 了解并运用发信号来解决信息不对称;
> - 了解并运用相机合同来解决信息不对称。

13.1 引言

2005 年,Countrywide 金融公司发放了 4900 亿美元的住宅抵押贷款,这使其成为美国市场中发放此类贷款最多的一家公司。Countrywide 公司将大多数抵押贷款打包进其独立销售的基金中,剩余部分则转化为抵押贷款证券。2005 年,Countrywide 公司年报显示,公司全年通过发放抵押贷款的税前营业收入是 4.516 亿美元,占全年总营业收入的 10.9%。[①]

历史上,Countrywide 公司通常发放"优质标准型"抵押贷款,这种贷款标准是由美国联邦政府支持的贷款公司房利美(Fannie Mae)及房地美(Freddie Mac)设立的。自 2004 年起,由

[①] 该部分讨论基于:*Securities and Exchange Commission v. Angelo Mozilo, David Sambol, and Eric Sieracki*, U.S. District Court for Central District of California, Case No. CV09-03994,2009 年 6 月 4 日。

于需求减少，Countrywide 公司加大了优质非标准型抵押贷款、次级抵押贷款与房屋净值贷款的发放，其占所有抵押贷款的比例由 40.2% 上升到 64.1%。

Countrywide 公司在对贷款进行分级的过程中掩盖了潜在风险。银行监管机构认为，对于贷款者来说，FICO 评分超过 620 分的贷款才能够被分类为"优质"，而 Countrywide 公司在区分"优质"贷款过程中并没有引入 FICO 下限分数的限制（FICO 是一个信用评分系统）。Countrywide 公司的"优质非标准型贷款"包含了"Alt-A"贷款，这种贷款往往欠缺或者根本不具备证明文件，缺乏收入证明，或者具有 95% 甚至更高的贷款比值。

Countrywide 公司发放的其他种类的高风险抵押贷款包括"80/20"抵押贷款与"选择性支付可调整利率抵押贷款"（pay-option ARMs）。"80/20"贷款是由 80% 的第一信托契约贷款和 20% 的第二信托契约贷款组成；而 pay-option ARMs 并不需要借款者提供与收入相关的证明材料。

Angelo Mozilo，Countrywide 公司前董事长兼首席执行官（2008 年卸任），对于 pay-option ARMs 贷款尤为担忧。在一封 2006 年 9 月发出的电子邮件中，Mozilo 先生敦促公司总裁兼首席运营官 David Sambol 和公司首席财务官 Eric Sieracki"出售所有新发放的 pay-option ARMs 并开始检查银行财务报表"。

汇丰银行从 Countrywide 公司购买了大量"80/20"抵押贷款，但协议条款规定一旦抵押贷款不符合某些条件，Countrywide 公司必须回购抵押贷款。在 2006 年上半年，汇丰银行曾要求 Countrywide 公司回购部分抵押贷款。

Countrywide 公司的业务和抵押贷款市场呈现了很多问题。为什么借款者要受 FICO 的评分？为什么汇丰银行要在附有回购贷款的条件下才购买抵押贷款？为什么 Mozilo 先生要求高级管理层出售 pay-option ARMs？

借款者与 Countrywide 公司之间以及 Countrywide 公司与投资者（如汇丰银行）之间的关系诠释了信息不对称的情况。在**信息不对称**（**asymmetric information**）的情况下，一方比另一方掌握更多更精确的信息。借款者对于其收入、资产和偿债意愿（或是违约意愿）比 Countrywide 公司有着更充分的信息。

> **信息不对称**：一方比另一方掌握更多更精确的信息。

反过来，Countrywide 公司对于其抵押贷款比汇丰银行和其他 Countrywide 贷款或抵押贷款证券的购买方拥有更充分的信息。Mozilo 先生销售 pay-option ARMs 的指令很好地诠释了信息不对称。由于对于 pay-option ARMs 贷款者的信誉十分担忧，他决定将这些抵押贷款出售给其他的投资者。

金融机构管理者和投资者对于由信息不对称可能造成的风险十分警觉。在某些情况下，他们可能会拒绝从事能提升收入的交易，除非信息不对称问题得到解决。

本章通过四种方法介绍了解决信息不对称的方法：鉴定、筛选、发信号以及相机合同。FICO 评分系统展示了一种鉴定的方法；抵押贷款发放者和抵押购买方通过这种评分系统对借款者的信誉进行鉴定。通过 FICO 的评分，贷款者试图获取更多借款者的信息。

拥有信息较少的一方通过筛选来辨识信息较多一方提供的信息。通过仅向同意信誉检查的借款人发放贷款（正如 Countrywide 公司没有做的），贷款者可以通过信誉筛选借款人。相反，拥有信息较多的一方通过发信号来向信息较少的一方传递信息。相机合同规定了特定情况下采取的行为。汇丰银行与 Countrywide 公司贷款交易中的回购条款是相机合同的一个例子。

信息不对称的概念和解决信息不对称的方法具有广泛的用途,包括金融决策、商业决策、非商业决策和个人决策等。管理者可以在运用这些方法解决信息不对称之后进行投资,最终获取更高的附加值和利润。

13.2 不完全信息

> **不完全信息**:缺乏某种事务的相关知识。

在分析信息不对称之前,我们有必要先理解不完全信息的概念。对某事物的**不完全信息**(imperfect information)是指尚未掌握该事物的相关知识。大多数人对于未来事件,诸如下周一的恒生指数、即将来临的冬天是否很冷、明年的就业增长率等,拥有不完全信息。对于当前或过去的事情,人们同样也可能拥有不完全信息。比如,你知道乔戈里峰的精确高度或是悉尼与东京之间的精确距离吗?

■ 不完全信息与信息不对称

一个人可能拥有不完全信息。相比之下,信息不对称存在于两方或更多方之间,其中一方比另一方或其他多方掌握更充分的信息。信息不对称总是与不完全信息联系在一起,因为拥有较少信息的一方无疑拥有不完全信息。例如,如果红酒销售商知道酒的品质,但是潜在的买方不知道相关的准确信息,则买方拥有不完全信息。

虽然信息不对称与不完全信息在概念上相关,但是了解二者的区别是十分重要的。因为,当买卖双方拥有不完全信息时,只要双方信息是对称的,那么市场也可以是完全竞争的。在完全竞争市场中,供给与需求的力量引导资源达到经济效率配置,因此没有更大的盈利空间。

例如,对于当前供暖燃料的需求取决于对即将来临的冬季的气温预期。买卖双方有同等的机会得到气象预测。在这种预测的基础上,每个买方决定他对供暖燃料的需求量。在市场均衡状态下,需求量与供给量相等并且边际收益与边际成本也相等。因此,任何额外的交易都不会赢利。

与此相反,信息不对称的市场不可能是完全竞争的。也就是说,如果买卖双方能够解决信息不对称问题,那么他们所增加的总收益将大于付出的总成本,从而实现增值。

■ 风险

当信息不完全时,风险就会产生。为了理解风险这一概念,让我们来看下面的例子。秋月了解到在未来的 12 个月中,她价值 80 000 元的汽车被偷的可能性为 1.5%。如果车丢了,她将会损失 80 000 元;而如果车没有丢,则她的损失为零。汽车不遭窃的可能性为 100% − 1.5% =98.5%。

秋月对于她未来的损失持有不完全信息,因为她不能确定她的车是否会遭窃。秋月承担着风险:要么以 1.5% 的可能性损失 80 000 元,要么以 98.5% 的可能性不损失分毫。**风险(risk)**是对收益或成本的不确定性,一旦影响收益或成本的因素存在不完全信息,风险即产生。

> **风险**:对收益或成本的不确定性。

如果秋月确定知道她的车在未来 12 个月中不会遭窃,那么她就不用承担任何风险。类似地,如果她确定她的车将会遭窃,她也不用承担风险。正是因为信息不完全,她才面临风险。

为了解释风险与不完全信息的差异,我们再来讨论小满的例子,他与秋月毫不相干。小满对于秋月的车是否会遭窃同样持有不完全信息。但是秋月的车的命运丝毫不会影响到小满的收益与成本。因此,小满不用对秋月的车承担任何风险。

■ 风险厌恶

一个人对风险的反应取决于他厌恶风险的程度。**风险厌恶(risk averse)** 者在期望值相同时,倾向于选择确定的结果而非有风险的结果。**风险中立(risk neutral)** 者是指在期望值相同时,对选择确定的结果和有风险的结果持无所谓的态度。

> **风险厌恶**:期望值相同时,倾向于选择确定的结果而非有风险的结果。

给定秋月可能的损失和相应的概率,她的期望损失为(80 000 × 0.015) + (0 × 0.985) = 1 200 元。如果秋月是一个风险厌恶者,她会选择确定损失 1 200 元,而不是以 1.5% 的机会损失 80 000 元和以 98.5% 的机会不损失分毫。如果她是一个风险中立者,她对这两种选择会持无所谓的态度。

> **风险中立**:期望值相同时,对选择确定的结果和有风险的结果持无所谓的态度。

风险厌恶者会为回避风险付出代价。保险就是用一定的投保金额来消除风险。假设某保险商为秋月提供了一份保险,承诺如果她的车遭窃则赔她 80 000 元,如果她的车没遭窃则不赔。

如果秋月购买了这份保险,并且她的车遭窃了,那么她损失了一辆车,同时得到了 80 000 元的赔偿,于是损失与赔偿持平了。如果她的车没有遭窃,那么保险商不会赔付,这样一来,她既没有损失也没有收益。也就是说,保单消除了风险,否则,秋月必须要承担此风险。要记得,如果没有保险,秋月的期望损失是 1 200 元。因此,如果她是一个风险厌恶者,她会愿意为这份保险支付至少 1 200 元。

风险厌恶者愿意为保险支付的额度取决于他们在这种情形下对风险厌恶的程度。厌恶程度高的人愿意支付更多保费以回避风险。相比之下,风险中立者不会为回避风险而支付超过期望值的保费。例如,假设石榴面临与秋月同样的情形。如果石榴是风险中立者,她不会为这份保险支付超过 1 200 元的数额。

理解风险与风险厌恶的意义是很重要的,因为当信息不对称时,掌握信息较少的一方拥有不完全信息。不完全信息意味着收益或成本的不确定性,因此掌握信息较少的一方面临着风险。

> **进度检测 13A**
>
> 假设秋月购买了一份保险,保险公司将在她的车遭窃时赔付 80 000 元,在车未遭窃时不赔付。下列两方中哪一方具有不完全信息并面临着风险?(i)秋月;(ii)保险公司。

13.3 逆向选择

红酒的质量取决于多种因素,包括酿造使用的葡萄、葡萄庄园的位置、气候、酿造方法与窖藏年限。红酒生产商对于这些因素有着比消费者更多更精确的信息。在这种情况下,信息是不对称的。

让我们借用红酒的例子来分析,在一个信息不对称的市场上均衡点的形成,以及价格变动对于需求量和供给量的影响。我们考虑一个最基本的市场,红酒生产商们都不具有品牌美誉,且用不带任何标识的酒瓶包装生产。

■ 供给与需求

首先,假设红酒生产商只生产优质红酒。图 13-1 显示了优质红酒的供给与需求状况。在均衡点 b,每瓶红酒价格为 50 元,并且每月能售出 30 万瓶。

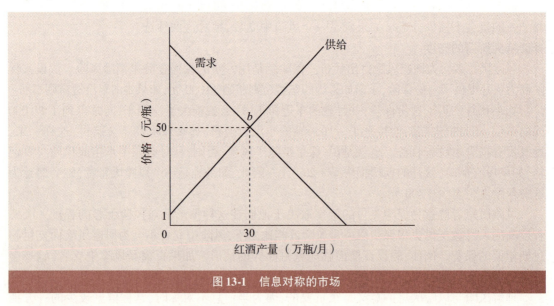

图 13-1　信息对称的市场

现在,我们假设生产者在边际成本为 0 至 1 元的条件下生产了 10 万瓶劣质红酒。原则上,将会存在两个市场:劣质红酒市场和优质红酒市场。假设潜在的消费者并不能辨别酒的质量;那么,就仅存在一个市场。在这个单一市场中,优质与劣质红酒同时被买卖,因此,两种品质的酒的供给是合在一起的。

图 13-2 显示了一个劣质红酒和优质红酒混合的市场。劣质与优质红酒的组合供给曲线起始于 0 至 10 万瓶边际成本为 1 元的劣质红酒的供给,之后组合供给曲线与优质红酒的供给曲线平行。②

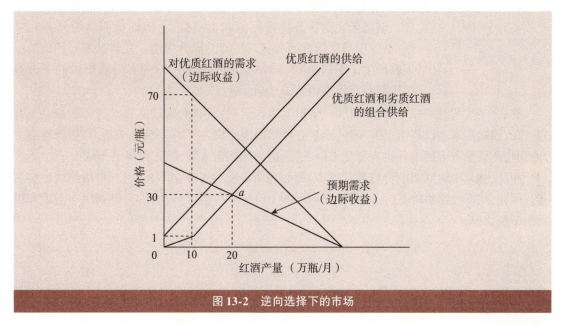

图 13-2 逆向选择下的市场

注:优质劣质红酒的组合供给曲线的开始部分为劣质红酒的供给曲线,在每瓶 1 元的价格下延伸到 10 万瓶的数量。组合供给曲线随后和优质红酒的供给曲线平行延伸。预期需求曲线(反映买到劣质红酒的概率)是优质红酒需求曲线向下移动 $1/Q$ 比例。预期需求曲线和组合供给曲线相交于 a 点,这时价格为每瓶 30 元,产量为每月 20 万瓶。

而市场的需求方又如何呢?消费者不知道酒是劣质还是优质的。假设所有消费者为风险中立的,他们对于优质红酒都拥有一条边际收益曲线。假设所有的消费者都不会从劣质红酒中获得边际收益。因此,每位消费者的预期边际收益是由优质红酒带来的边际收益乘以获得优质红酒的概率。

假设总购买量为 Q,其中有 10 万瓶劣质红酒。那么每个消费者获得劣质红酒的概率为 $1/Q$,获得优质红酒的概率为 $(Q-1)/Q$。所以,消费者的预期边际收益只占优质红酒的边际收益的 $(Q-1)/Q$。因此,每个消费者的预期边际收益曲线是由优质红酒的边际收益曲线下移 $1/Q$ 得到的,而预期边际收益曲线正好反映了他买到劣质红酒的概率。

相应地,反映消费者获得劣质红酒概率的预期需求曲线是由优质红酒需求曲线向下移动 $1/Q$ 得到的。同样,在任何可能的数量上,消费者实际愿意支付的价格只是他们愿意为优质红酒所支付价格的 $(Q-1)/Q$。

---

② 此模型引自 B. Peter Pashigian, *Price Theory and Applications* (New York: McGraw-Hill),第 520—526 页。

市场均衡

通过画出需求曲线与供给曲线,我们可以找到均衡点。预期需求曲线与组合供给曲线交于 a 点,此时价格为 30 元,数量为每月 20 万瓶。因此,消费者买到劣质红酒的概率为 10 万/20 万 = 50%,买到优质红酒的概率也是 50%。

> **逆向选择**:拥有信息较少的一方被迫选择具有较差因素的选项。

消费者无法区分优质红酒和劣质红酒,因而他们将面临逆向选择:在这里是优质红酒和劣质红酒的混合售卖。在信息不对称的情况下就产生了**逆向选择**(adverse selection),即拥有信息较少的一方被迫选择具有较差因素的选项。

那么,当劣质红酒供应数量变化时,情况又将如何呢?例如,假设劣质红酒的数量是 5 万瓶,那么预期需求曲线将会上升一些,而组合供给曲线将向左平移一些。于是,均衡价格会上升,而均衡数量有可能上升也有可能下降,这是因为虽然需求增加了,但供给却减少了。

相反,如果劣质红酒的供应数量增多,那么预期需求曲线将会下移,组合供给曲线也会右移。因此,均衡价格将降低,而均衡数量有可能上升也有可能下降,它的升降取决于需求和供给的平衡状况。

> **进度检测 13B**
>
> 在图 13-2 中,在以 0 至 1 元边际成本生产的劣质红酒的产量为 5 万瓶的情况下,标出市场均衡点。

经济无效

参照图 13-2,在市场均衡点上价格为每瓶 30 元,生产量为每月 20 万瓶。这一产量包含了 10 万瓶劣质红酒和 10 万瓶优质红酒。优质红酒的供给曲线显示出第 10 万瓶红酒的边际成本是 30 元。

消费者直到预期边际收益(考虑到可能获得劣质红酒的概率之后)等于市场价格之前都会不断购买红酒。由于劣质红酒并不提供任何边际收益,所以在均衡点上,获得劣质红酒的消费者的边际收益低于边际成本。

相反地,根据优质红酒的边际收益曲线,在每月 10 万瓶的生产量上,边际收益为每瓶 70 元,这超出了生产优质红酒的边际成本 30 元。所以,该均衡点是经济无效的。

如果另外一瓶优质红酒能够被售出,那么会有消费者愿意为此支付略少于 70 元的价格,并且它的生产成本也仅是略高于 30 元。相应地,这里存在大约 40 元的潜在附加值与利润。

从本质上说,劣质红酒的卖方向消费者和优质红酒生产商施加了一个负外部性。在第 12

章我们知道了负外部性将超出经济效率范围。这意味着,若解决外部性因素(在这里是解决信息不对称问题),将可以产生额外的附加值与利润。

■ 市场失灵

在考虑如何解决信息不对称问题之前,让我们来看一种极端情况。假设红酒生产商生产 F 万瓶劣质红酒。参见图 13-3,优质红酒和劣质红酒组合的供给曲线在 c 点是一个拐点。

假设劣质红酒的数量太多以至于预期需求曲线与组合供给曲线在低于 c 点的 d 点相交了。在这种情况下,市场中将不存在优质红酒而全部是劣质红酒。那么,消费者买到优质红酒的概率为零。这意味着预期边际收益曲线和预期需求曲线必须与横轴重合。这样,最初对预期需求曲线和组合供给曲线相交于 d 点的假设是不成立的。

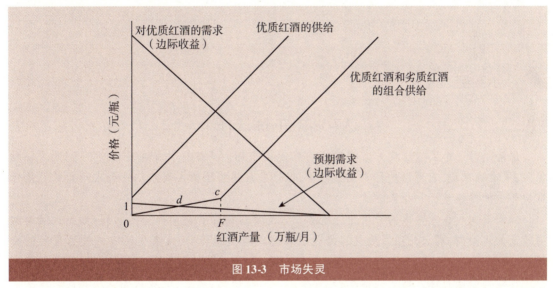

图 13-3 市场失灵

注:假设预期需求曲线与组合供给曲线相交于点 d,则生产的全部红酒均为劣质红酒。预期需求曲线将与横轴重合,从而不能与组合供给曲线相交于点 d。一般来说,在预期需求曲线和组合供给曲线相交于拐点 c 附近的情况下,无法达到均衡状态。

假设预期需求曲线与组合供给曲线相交于点 d,则生产的全部红酒均为劣质红酒。预期需求曲线将与横轴重合,从而不能与组合供给曲线相交于点 d。一般来说,在预期需求曲线和组合供给曲线相交于拐点 c 附近的情况下,无法达到均衡状态。如果达不到均衡状态,买卖双方也无法交易。这意味着劣质红酒的侵入将使整个市场失灵!

让我们从另一个角度来研究市场失灵,我们将会说明,与遭受逆向选择的市场相比,价格变动在完全竞争市场中所带来的影响将大不相同。假设在完全竞争市场中,供给量超过了需求量。价格的下降会使供给量减少而使需求量增加。当市场价格下降到一定程度时,供求则会重新达到均衡状态。

相反,假设当供给量大于需求量时,红酒市场没有达到均衡状态。考虑价格下降的情况:优质红酒生产的边际成本曲线从每瓶 1 元起向上倾斜;所以,当市场价格下跌时,优质红酒生产商将减少供给量。

相反,市场价格下跌(只要仍然在 1 元以上)并不会影响劣质红酒的生产。所以,价格下跌增大了劣质红酒的市场份额,从而使消费者面临更糟糕的逆向选择,并且他们的支付意愿和预期需求曲线都将下降。

在存在逆向选择的市场,降价减少了预期需求同时也减少了供给,因此它不一定能减少过量供给而使市场恢复均衡。在这种极端状况下,如果价格足够低,预期需求曲线会降至零,而市场达到完全失灵状态。

> **进度检测 13C**
>
> 参考图 13-3,假设预期需求曲线与组合供给曲线相交于点 c,则市场均衡价格与均衡产量将为多少?

 小案例

人寿保险:在死亡上打赌

保险是另一个买方比卖方掌握更充分信息的市场。人寿保险是基于死亡可能性的一种保险,更准确来说,它可以被称为死亡保险,但这个名词并不招人喜欢。一个人死亡的可能性取决于他的健康状况和生活方式。

保险商向投保人索取的费用为保险费。人寿保险面临着逆向选择的问题:如果保险商索要较高的保险费,那么此项保险更容易吸引那些健康状况较差,或者生活方式较为冒险的投保人。

保险商收集投保人的一些信息:是否吸烟、年龄、病史、职业、运动状况以及其他的一些信息。然而,对保险商来说,得到所有关于投保人的健康状况和生活习惯的信息是很困难的。因而,在保险商与投保人之间存在着信息不对称。

 小案例

自愿退休:人情化裁员

要执行缩减预算与员工数量的指令,一个有吸引力的方法是鼓励员工自愿离职或者退休。在 21 世纪中,为裁减中层管理人员,国际货币基金组织(IMF)向所有管理者提供了一项自愿离职申请项目,不论其年龄几何。

离开 IMF 的专家中的一位是魏尚进,他原来是 IMF 研究部主任助理,离开 IMF 后成为哥伦比亚大学的一名教授。

自愿离职比强制裁员更具有人情味。但是,它是否会导致逆向选择呢?

资料来源:"Staff in black IMF faces structural adjustment", Bretton Woods Project, January 31, 2008 年 1 月 31 日。

13.4 鉴定

当信息不对称时,市场的结果是经济无效的。一般来说,如果能解决信息不对称问题,那么收益将会超过成本,进而有提升附加值及利润的空间。

克服信息不对称最显而易见的方法是直接获取信息。买方与卖方都可以请一个专家来对他想买的酒做鉴定。参见图 13-2,在均衡点 a,优质红酒的边际收益为 70 元,而市场价格为 30 元。对这个边际消费者而言,如果能辨别出优质红酒,则会有大约 40 元的潜在买方剩余。对于优质红酒的边际生产商来说也是如此。

由于鉴定的存在,产生了一个独立的优质红酒市场。在这一市场中,买卖双方拥有同等的信息。因此,完全竞争会导致经济效率。

通过**鉴定**(appraisal)直接解决信息不对称问题必须满足两个条件:

- 存在信息不对称的特性必须是可客观检验的。如果一个专家不能客观地区分优质和劣质红酒,那么鉴定便不能解决买卖双方之间的信息不对称。检验必须是客观的:如果不同的鉴定人持有不同的观点,那么信息仍然是不对称的。
- 通过解决信息不对称问题所得的潜在买方剩余或卖方剩余必须能弥补鉴定的成本。而这取决于两个因素:第一是劣质红酒相对于优质红酒的比率;另一个是边际收益与边际成本之间的差额。

> **鉴定**在以下条件下是有效的:信息不对称的特性可客观检验且鉴定成本不会过高。

谁应该聘请专家鉴定呢?一个红酒生产商可以一次性获取鉴定并展示于潜在消费者前,在此之后,鉴定就成了公共物品,任何数量的潜在消费者都可以使用这个信息。所以,卖方获取鉴定比每位潜在买方分别为同一物品获取鉴定更加经济。

相反,如果买方是拥有信息较充分的一方并与多个卖方交易,则买方获取鉴定的成本更低。商业借款者是金融服务的买方,而贷款者和投资者是金融服务的供给者。商业借款者往往购买信誉评级机构的鉴定服务,以向潜在贷款者与投资者证明其信誉评级。

> **进度检测 13D**
>
> 在廉价红酒市场还是高价红酒市场,鉴定会更为常见?

小案例

Countrywide：pay-option ARMs

在 Countrywide 金融公司的运营中，pay-option ARMs（选择性支付可调整利率抵押贷款）占到了其发放贷款总额的 17%—21%。通常来说，银行通过鉴定贷款申请者来规避逆向选择。其中一个主要的办法就是检查借款者的收入。

在 pay-option ARMs 贷款模式中，Countrywide 公司改变了借贷模式。它不要求借款者提供收入证明。2006 年 6 月，一位审计师指出，超出半数的借款者的声称收入超出其实际收入的 10%，而超出三分之一的借款者的声称收入超出了其实际收入的 50%。

到了 2007 年，随着利率上涨和房产价格的下跌，Countrywide 公司遭受了巨大的损失。2008 年 1 月，它被迫将自己出售给美国银行。

资料来源：Securities and Exchange Commission v. Angelo Mozilo, David Sambol, and Eric Sieracki, U. S. District Court for Central District of California, Case No. CV09-03992, 2009 年 6 月 2 日。

13.5 筛选

我们可以通过鉴定来直接解决信息不对称问题。但是，鉴定是有成本的而且并不一定可行，因而使用一些间接的办法很重要。信息不对称问题可以用三种间接办法解决。我们在这一节中探讨筛选，其他方法将在后面章节进行探讨。**筛选**(screening)是掌握信息较少的一方为了间接得到另一方特性所主动采取的行动。

> **筛选**：掌握信息较少的一方为了间接得到另一方特性所主动采取的行动。

■ 自我选择

如果信息更充分的一方对某些变量特别敏感，信息较少的一方也许能够通过筛选间接掌握这项变量。信息较少的一方可以围绕这些变量设计一些选项以引起自我选择。**自我选择**(self-selection)是指特性不同的各方会做出不同的选择。

> **自我选择**：特性不同的各方会做出不同的选择。

为了解释筛选的概念，我们假设在某一市场中，消费者不能区分优质红酒和劣质红酒。未知的特性是红酒的质量。假设消费者们要求第一瓶酒免费，而以双倍价购买第二瓶酒；这样的交易能够有效筛选优质红酒和劣质红酒吗？

假设获得的第一瓶酒为优质红酒的消费者将会购买第二瓶酒，而获得的第一瓶酒为劣质红酒的消费者不会购买第二瓶酒。这样劣质红酒的生产商将得不到任何收益，它们不会同意这笔交易。这类交易仅对优质红酒的生产商有利。因此,它有效筛选了两类生产商。

筛选仅仅在信息劣势一方能掌握某项变量,而信息优势群体中各方对此项变量敏感度均不同时方为有效。在红酒的例子中,劣质红酒生产商对于此交易比优质红酒生产商更为敏感。

与鉴定相反的是,筛选间接地揭示了信息优势方的一些特性。筛选是解决信息不对称问题的间接方法。消费者们并没有直接区分红酒的质量,而是要求红酒生产商做出间接表述产品特性的选择。

筛选在商业中的一个关键应用是定价。我们在第9章介绍定价策略时介绍了间接细分市场价格歧视。这样的价格歧视就利用了筛选方法,从而促使具有不同需求价格弹性的买方做出自我选择。

■ 区分变量

在一些情况下,信息劣势方可以选择好几种细分变量。理想状态下,信息劣势方构建的选择变量应当使得有着不同特征的信息优势各方之间的差异最大。

例如,航空公司在定价时可以通过着装来设计一个区分变量。对于穿休闲装的乘客提供一个较低的票价,而对穿商务套装的乘客提供一个较高的票价。商务旅行者可以很轻易地规避这一变量。因此,这并非一个有效的变量。相反,航空公司发现提前订票和改签费用可以成为很好的区分变量。

最有效的筛选办法会涉及几个不同变量的组合。例如,航空公司使用提前订票、改签费用和非繁忙航班时间等一系列变量的组合来将休闲乘客从商务乘客中区分出来。

> **进度检测 13E**
>
> 抵押品是借款人抵押给贷款人作为信用担保的财产。如果借款人延迟还款,贷款人便可以得到这部分财产。解释一下贷款人如何利用对抵押品的要求来筛选不同还款意愿的借款人。

小案例

对爱情的筛选:婚前协议

人际关系充斥着信息不对称。富裕的男性或女性结婚时的一个通常的担忧是:他们的伴侣是否是为了钱而结婚。有了婚前协议,他们就可以更加放心了。通常来说,婚前协议列明了婚姻持续的一个最短期限,在那之后婚姻伴侣才可以获得富裕一方的部分财产和收入。婚前协议提供了一个区分"淘金者"与终身伴侣的有效方法。

2002年10月,Tiger Woods 与 Elin Nordegren 在巴巴多斯结婚。根据他们的婚前协议,Nordegren 女士在结婚10年以后能够获得2 000万美元的财产。

五年后,在 Woods 先生离奇卷入一桩在其佛罗里达住宅附近的车祸以后,多位女性找上门来,声称在 Woods 先生结婚之后仍与其保持着关系。随后,Woods 先生与 Nordegren 女士重新协商了婚前协议,协议同意 Woods 先生立刻支付500万美元,将协议期限缩短到7年,并且将 Nordegren 女士所获财产的上限提高到7 500万美元。

资料来源:"New details on Tiger's prenup", *Daily Beast*, 2009年12月3日。"Tiger Woods mistress list rises to 11," go.com, 2009年12月9日。

13.6 拍卖[③]

卖方可以利用间接细分市场价格歧视来筛选出具有不同价格敏感度的买方。拍卖是一种特殊的间接细分市场价格歧视,它利用潜在买方之间的策略性互动竞争来进行筛选。

假设一家葡萄酒生产商想要出售一个葡萄园。存在很多潜在购买方,并且卖方想要售出最高价。拍卖给每一个参加竞标者施加竞争压力。竞标者的行为必须是策略性的,因为其最优竞标价取决于对手的竞标价:如果其他竞争者标价很低,那么竞标者可能在一个相对较低的价位上中标;然而,如果其他竞争者的标价很高,竞标者必须在一个相对较高的价位上才能中标。

每一个竞标者都面临一个基本的利益权衡:一方面,竞标越激进,中标的机会就越高;另一方面,竞标越激进,在拍卖中得到的利润就越少。

拍卖中变化的变量是中标的概率。对拍卖物估价较高的竞标者会从拍卖中获得更多收益,因而愿意支付相对较高的价格,中标的概率也会更大。于是,拍卖可以依据竞标者对拍卖物估价的不同,以促使竞标者的自我选择。

■ 拍卖法

拍卖有很多方式。可以公开竞标,也可以密封竞标。在一个多物品拍卖中,可以要求中标人支付他的竞标价,也可以要求他支付边际中标者的竞标价。拍卖者也可能会设立一个**底价**(reserve price),物品将不会低于此价格卖出。

> **底价**:低于此价格,拍卖者不会卖出拍卖物。

- 公开/密封竞标。像佳士得拍卖行和苏富比拍卖行这类拍卖行,通常采用公开竞争的方式拍卖艺术品和珠宝。拍卖人以升序叫价,竞标者表示他们是否愿意继续参与竞标。与此相反,房地产开发商聘用承包商往往要求密封竞标拍卖。

[③] 这一节内容较深,如省略并不影响整体连贯性。

- 底价。拍卖者可以制定底价，低于此价格将不会卖出物品。底价驱使竞标者出更高的价格。然而，有可能所有的竞标者的出价都在此价格之下。在这种情况下，拍卖就会失败。因此，在制定底价时，卖方必须在拍卖成功而增加的收入与拍卖失败的可能性两者之间权衡利弊。

- 多件物品的价格。在**歧视性价格拍卖**（discriminatory auction）中，每一个中标者支付其竞标价。相反，在**非歧视性价格拍卖**（non-discriminatory auction）中，每一个中标者支付的是边际中标者的竞标价。非歧视性价格拍卖中的竞标者应该比歧视性价格拍卖中的竞标者出价更高。卖方是否从非歧视性价格拍卖中得到更多收入，取决于两个因素的权衡。一个因素是竞标者的竞标价相对较高，另一个因素是卖方得到的只是边际中标者的竞标价。

> **歧视性价格拍卖**：每个中标者支付其竞标价。
>
> **非歧视性价格拍卖**：每个中标者支付的是边际中标者的竞标价。

■ 赢者的诅咒

除了不知道竞争对手的策略，竞标者对拍卖品的价值也可能并不确定。例如，在拍卖葡萄园的例子中，各竞标者可能并不确定那个葡萄园出产的葡萄的质量与数量如何。让我们来讨论一下这种不确定性将如何影响竞标的结果。

考虑葡萄园拍卖的赢者。从成功中标这个事实来看，赢者能够推断它在竞标者中对葡萄园产出的预期最高。但是，基于竞标者的所有信息，它也许高估了葡萄园的实际产量，这场交易会带来损失。

葡萄园拍卖的例子说明了赢者的诅咒。**赢者的诅咒**（winner's curse）是指，在拍卖中，当各竞标者对决定拍卖品价值的某些要素并不确定。对这些要素估值较高的竞标者中标的可能性较大。因而，一般来说，中标者往往是对拍卖品的实际价值估计过高的人。

> **赢者的诅咒**：中标人高估了拍卖品的实际价值。

竞标者应该考虑到产生赢者的诅咒的可能性，从而较为保守地竞标。也就是说，在他的估价与实际竞价之间留出更大的空间。通过保守竞标，他可以降低为拍卖品出价过高的可能性。

在三种情况下，产生赢者的诅咒的可能性更大，因而竞标者应当更为保守地竞标：

- 竞标者的数量较多。如果有 20 个竞标者，那么中标者比另外 19 个竞标者估价都要高。相比而言，如果有 4 个竞标者，那么中标者的估价要比另外 3 个竞标者高。前者比后者更有可能超过拍卖品的真实价值。

- 拍卖品的真实价值难以确定。考虑一个关于黄金的拍卖。以 1 公斤的黄金为例，其真实价值不存在不确定性。每一位竞标者都知道市场价，因而他们的估价及竞价都相等。只有当对拍卖品的真实价值存在不确定性时，赢者的诅咒才会发生。对拍卖品真实价值的不确定性越大，赢者的诅咒就越严重。

- 密封拍卖比公开拍卖更容易产生赢者的诅咒。在公开拍卖中，随着竞价的升高，对拍卖品估值较低的竞标者会逐渐地放弃竞标。由于拍卖的记录是公开的，留下来的竞标者能够看到那些竞标者是在哪个价位上放弃竞标的。这些价位揭示了他们对拍卖品真实价值的估计。剩余的竞标者可以利用这一附加的信息来修正他们对拍卖品真实价值的估计。因而,公开拍卖减缓了赢者的诅咒。

> **进度检测 13F**
>
> 　　一家葡萄酒生产商正在通过拍卖来出售一个葡萄园。卖方为这个葡萄园申请了一份鉴定,并将鉴定结果送到竞标者处。这将如何影响产生赢者的诅咒的可能性?

 小案例

赢者的诅咒:新加坡地铁汤申—东海岸线

　　政府通常采用招标的方式来购买产品和服务。通过招标来购买与通过拍卖来出售的原则是一样的。在招标过程中,竞标人竞价提供产品,但他们对于某些成本因素并不确定。此时,赢者的诅咒是指竞标的价格低于实际成本。

　　在建筑行业中,地下施工成本要比地面施工成本更难估计。2014 年 2 月,新加坡陆路交通管理局对汤申—东海岸线与大世界地铁站及有关的隧道建设公开招标,并进行了密封竞标拍卖。有四位承包商投标。长成承包商报价 3.16 亿新加坡元为最低,Muratori/Cementist 合资报价 3.36 亿新加坡元为第二最低,而 Sacyr Construction 报价 3.54 亿新加坡元为第三最低。

　　陆路交通管理局将承包合同给了长成承包商。看一看长成承包商是否低估了建造成本将是有趣的。

　　资料来源:www.gebiz.gov.sg,2014 年 12 月 9 日。

13.7　发信号

发信号:信息优势方将其特性传递给信息劣势方。

　　筛选是信息劣势方为获取信息优势方的特性所采取的行动,它是解决信息不对称问题的一种间接方法。另一种解决信息不对称问题的间接方法是**发信号**(signaling),它是由信息优势方将其特性传递给信息劣势方的行动。这种传递的关键在于信息传递必须是可靠的,也就是说,具备不同特性的传递者会选择不同的信号传递方法。

　　我们再来考虑一下消费者无法区分优质红酒和劣质红酒的市场。假设一家优质红酒制造商给任何已打开并饮用了一部分的红酒的消费者提供全额退款服务。这个退款是否可信地传递了其产品为优质的信号呢?

考虑一个劣质红酒生产商。如果它也提供同等退款,那么所有的消费者将会返还他们所购买的红酒来获取退款。所以,劣质红酒生产商将不会提供退款。因此,只有优质红酒生产商才会提供退款。退款引起了自我选择并且它是优质产品的可信的信号。

发信号间接地传递了信息优势方的特性,有效解决了信息不对称问题。红酒生产商并没有直接宣称其产品为优质产品;相反,它采取了一种间接而有效的行动来传递其生产优质产品这个信息。

要使信号具有可信度,就必须要引起信息优势方内部的自我选择。尤其需要具备的是,发信号的成本对于具有优质特性的各方来说要比具有劣质特性的各方来说足够低。这样,只有具有优质特性的各方才会选择发出这种信号。

假设一个红酒生产商在其产品标签上加上"优质"字样,这是一个可信的信号吗? 答案取决于这种行为对于劣质红酒生产商来说是否成本更高。事实上,在标签上加上"优质"这样的做法对于优质红酒和劣质红酒生产商的成本是一样的。所以,仅仅在标签上加注不会引起生产商中的自我选择,也不会成为一个可信的信号。

进度检测 13G

解释筛选和发信号的区别。

 小案例

东芝:引领创新——通过广告和声誉传递信号

如果在标签上加"优质"字样不能成为一个可信的信号,为什么东芝还会通过广告树立自己"引领创新"的形象? 在广告和声誉建立方面的投资,只有当其能引起自我选择时——也就是说,它必须对于优质生产商有回报而对劣质生产商没有回报——才会成为可信的信号。这种信号取决于三个条件。

● 投资成本必须很高而且必须是沉没成本。如果广告投资不是沉没成本,那么出售劣质产品的卖方也能做出同样投资,销售劣质产品并收回投资。非沉没的投资不能成为可信的信号。

● 买方必须能很快地辨别出产品的质量。如果卖方能长时间地愚弄买方,那么出售劣质产品者也能够回收沉没成本。

● 对劣质产品的评价必须很快影响到卖方今后的生意。一次性的卖方可以不在乎其劣质产品的信息被传播,因为它不会遭受失去回头客的惩罚。

13.8 相机合同

相机合同：特定事件发生时采取的特别行动。

我们已经讨论过两种解决信息不对称问题的间接方法：筛选和发信号。第三种间接方法是相机合同。**相机合同**（contingent contract）是当特定事件发生时采取的特别行动。打赌即为一种相机合同：如果硬币的头像朝上，你就赢了1元，否则我赢1元。在这个赌注中，特定事件是投掷硬币后，哪一面会朝上。

让我们来讨论一下相机合同如何能够成为有效信号。回想一下葡萄园拍卖的案例。假设拍卖者知道这片葡萄园每年的葡萄产量能达到60万吨。然而，它无法提供任何鉴定或其他信息来说服潜在购买方。

如果拍卖者表示它卖掉葡萄园以换取一部分出产的葡萄而不是现金，情况将会怎样？通过持有一部分出产的葡萄，它得到的是一种基于葡萄园产量的相机支付。如果葡萄园产量较高，那么它得到的偿还也多；而如果葡萄园产量低，那么它得到的偿还就少。

以换取一部分产品为条件出售葡萄园是拍卖者能够将其信息传递给潜在买方的一种方法。其他条件相同时，如果葡萄园的产量一般或较低，则卖方会倾向于直接收取现金。因而，出售更好葡萄园的卖方能够通过换取一部分出产的葡萄来与其他的卖方区分开来。结果是自我选择。

在工作中，假设雇主提供给生产线上的工人两种工资方案：固定工资或者是按件给付工资。按件给付工资本质上就是一个相机合同，它使工人的工资与生产率关联起来。两种工资方案将不同生产率的工人筛选出来。

小案例

解决信息不对称：回购

作为贷款的发放者，Countrywide 公司对于其出售的贷款比诸如汇丰银行等买家拥有更好的信息。出于对信息不对称问题的警觉，汇丰银行在购买"80/20"贷款时增加了附加条件，规定一旦达不到某种特别条件，银行可以要求 Countrywide 公司回购贷款。

要求对方回购贷款的权利是一个相机合同，规定的某种特别条件成为相机合同的触发要件。事实上，2006年上半年汇丰银行就使用了这一权利，促使 Countrywide 公司回购了部分贷款，使其承担了可观的损失。

资料来源：*Securities and Exchange Commission v. Angelo Mozilo, David Sambol, and Eric Sieracki*, U. S. District Court for Central District of California, Case No. CV09-03992, 2009年4月6日。

小案例

惠普：不通过相机合同收购 Autonomy

在企业合并和收购方面，买方要比卖方对于并购的价值拥有更少的信息。解决信息不对称问题的一种途径是相机合同，规定一定量的销售或者利润目标。另一种途径是通过股票支付，因此支付的价值取决于并购的价值。

2011年8月，惠普声明它将以每股25.50英镑的价格以现金收购英国软件制造商Autonomy plc，并没有规定未来的销售或利润目标。分析师纷纷批判这个116亿美元的收购。然而，惠普的CEO，Leo Apotheker支持这个交易，说道："我们惠普内部有所有收购应当遵循的相当严格的程序，那就是D.C.F基础模型……并且我们试图采取保守的看法。"

不到一个月，惠普就解雇了Apotheker先生。仅仅一年后，2012年11月，惠普将这个收购减记为88亿美元，声称是"Autonomy之前的某些员工蓄意粉饰了财务指标来误导投资者和潜在购买方"。

资料来源："From H. P. , a Blunder That Seems to Beat All"，*New York Times*，2012年11月30日。

知识要点

- 风险是指关于收益或成本的不确定性。
- 一个风险厌恶者将会愿意为规避风险付费。
- 如果存在信息不对称，则资源的分配是不具有经济效率的；通过解决信息不对称问题，我们可以实现提升附加值并获得利润。
- 如果逆向选择过于严重，市场将会失灵。
- 运用鉴定的条件是信息不对称的特性可客观验证且花费不会过高。
- 运用筛选来间接确认信息优势方的特性。筛选的关键在于引起自我选择。
- 在拍卖竞标中，根据赢者的诅咒来调整策略。
- 运用发信号向信息劣势方传递特性。发信号的关键在于引起自我选择。
- 运用相机合同来筛选或传递信号。

复习题

1. 解释不完全信息和风险之间的差别。
2. 解释下列情形是否存在信息不对称：

（a）投资者不知道第二天的恒生指数；
（b）收购者计划以每股50元收购目标公

司,这相对于当前市场价格40元有着25%的溢价;收购者正在秘密地按此计划收购目标公司的股份。

3. 银行刚刚拒绝了大明的汽车贷款申请。大明找到了借贷员并提出愿意付一个更高的利息率。为什么借贷员失声大笑?

4. 如果借款者在担保贷款上违约,贷款者可以将抵押物占有而售卖。解释为何担保贷款的利率比未担保贷款要低?

5. 一家女性制衣厂向工人发放计件工资。与此同时,人力资源经理向工人提供转为固定工资的选择。运用逆向选择的知识解释这个案例。

6. 秋月正在考虑以低于市场的价格购买一辆二手轿车。卖方向秋月保证车辆状态完好。为何秋月应当请专家来评估此车的车况?

7. 年轻人往往不具备丰富的驾驶经验。这解释了为何保险商不愿意为年轻驾驶员保险吗?

8. 举出一个筛选的例子。并解释:(a) 信息不对称;(b) 自我选择。

9. 一项起赔额度为2000元的汽车保险仅对超出2000元的损失予以赔偿。通常来说,保险商为汽车投保人提供了介于高起赔额和高保险费之间的多种选择。解释为何这样的选择能够筛选发生事故概率不同的驾驶员。

10. 隧道在高峰时段往往变得很拥挤。从经济效率的角度来说,隧道服务应当分配给将时间看得很重要的驾驶员。解释为何对隧道收费可以达到经济效率。

11. 本题与拍卖的知识相关。某地区石油开采权的卖方对这个地区进行了地质学研究。在(a)还是(b)的情况下更可能发生赢者的诅咒?(a) 卖方将研究结论告知所有竞标者;(b) 卖方对研究结论保密。

12. 本题与拍卖的知识相关。在(a)和(b)中,竞标者该如何根据赢者的诅咒调整策略?(a) 拍卖出售;(b) 拍卖收购。

13. 举出一个发信号的例子。并解释:(a) 信息不对称;(b) 自我选择。

14. 一个金融管理软件生产商对不满意的买家提供完全退款服务。这种政策是否是产品质量的可信信号?

15. 收购者用现金加部分自身的股权收购目标公司的所有股权。这种协议如何有助于解决信息不对称?

讨论案例

1. 美国西南航空公司率先提出了低成本航线的概念,航班在二级机场稍作停留之后迅速回航。2010年,西南航空的净收入增长了4.6倍,达到了4.59亿美元。2008—2009年,由于油价大幅下跌,西南航空决定减少其燃油期货购买行为,并在2009—2013年挽回期货损失。表13-1列举了公司部分财务和运营信息。
   (a) 参见2010年西南航空公司的燃油消耗数据。解释油价上涨10美分将如何影响航空公司的成本和净收入。
   (b) 西南航空公司属于风险厌恶型。解释公司为什么购买原油期货以对冲燃油价格的风险。
   (c) 假设原油的价格要低于西南航空公司购买的期货价格。西南航空公司购买期货的行为是错误的吗?

表 13-1	西南航空公司		
	2010	2009	2008
营业收入（百万美元）	12 104	10 350	10 023
运营支出（百万美元）	11 116	10 088	10 574
运营收入（百万美元）	988	262	449
净收入（百万美元）	459	99	178
可用的座位英里数（百万）	98 437	98 001	103 271
平均燃油成本（美元/加仑）	2.51	2.12	2.44
消耗的燃油（百万加仑）	1 437	1 428	1 511

2. 有些中国内地的乳品制造商曾经收购添加了三聚氰胺的鲜牛奶，用于生产奶粉。三聚氰胺能够使牛奶在检测中呈现出更高的蛋白质含量。2008 年，三聚氰胺毒奶粉事件致使 6 名婴儿死亡，并影响了成千上万人的健康。由于内地家长们涌向香港地区购买婴儿奶粉，香港超市被迫实行限购政策。

   (a) 运用相关图表来表示以下市场的均衡价格和均衡产量。毒牛奶的供给曲线是一条直线，它从 0 产量和 0 边际成本出发，直到每月 100 万千克的产量和每千克 10 元的边际成本。纯牛奶的供给曲线也是一条直线，它从 0 产量和每千克 10 元的边际成本出发，直到每月 300 万千克和每千克 25 元的边际成本。消费者无法辨别纯牛奶和毒牛奶。消费者们对于纯牛奶的需求是：当价格为每千克 50 元时需求量为 0，当价格为 0 时需求量为 1 000 万千克；他们对于毒牛奶的需求在任何价格下都是 0。

   (b) 运用(a)中的图表，解释为何在农民大量增加毒牛奶生产时市场会失灵。

3. 香港科技大学与汇丰保险商签署合约为其职员提供医疗保险。医疗保险涵盖受保人所有的诊疗费用以及直至疾病康复的药品费用。

   (a) 解释在保险商和大学职员之间的信息不对称的问题。

   (b) 为何惠及一个机构所有雇员的群体保险降低了保险商的逆向选择概率？

   (c) 与生病和意外不同，很多女性将自动选择怀孕。解释为什么汇丰银行将怀孕保险列为基本保险项目而非选择保险项目。

4. 很多公司发行公司股票、公司债券和其他类型的公司债权凭证。债券发行者可以通过取得信用评级，并将其展示给投资者来解决信息不对称的问题。穆迪公司（Moody's）关于全球范围内公司债券发行者的评级很好地反映了实际违约情况。在 2005 年至 2010 年间，"投资级"（Baa 及以上）机构的 5 年平均违约率为 0.81%，"关注级"（Caa 及以下）则为 22.38%。（资料来源：Moody's Investors Service, "The performance of Moody's corporate debt ratings", March 2010 quarterly update。）

   (a) 解释债券发行者（借款者）与潜在投资者（贷款者）之间的信息不对称问题。

   (b) 为何往往是债券发行者而不是潜在投资者去申请信用评级？

   (c) 为什么信用评级能够很好地反映实际违约情况十分重要？

   (d) 通过发行更多的债务，公司将提高违约的概率。评级应该是固定的还是应该随着时间而调整？

5. 历史上，信用评级机构对债券发行者进行评级。一种增长极快的新兴业务是对诸如担保债券加金融衍生工具的结构型产品进行评级。穆迪公司首席执行官 Ray McDaniel 指出，结构型金融产品的发行者可能会通过谈判与重新设计产品使其符合一定的信用评分标准。他说："（他们）非常热衷于调整资本结构，使其符合相应评级标准……在结构型产品中出现这种情况的概率更高。"他同时指出,债券发行者可能会在多个信用评级机构中选择给其评级最高的一个。(资料来源:"Ray McDaniel, Moody's", *FT View from the Top*, 2007 年 10 月 11 日。)

(a) 解释结构型金融产品的发行者与投资者之间存在的信息不对称。

(b) 投资者相对于证券发行者及相对于结构型金融产品,哪个信息不对称的程度相对更大?

(c) 从 McDaniel 先生披露的信息来看,鉴定结构型金融产品在解决信息不对称问题上作用如何?

(d) 假设抵押贷款债券的发行者必须持有其发行债券的一部分。这将如何有助于解决信息不对称问题?

6. 2004 年 10 月,Tiger Woods 与 Elin Nordegren 女士在巴巴多斯结婚。他们达成的婚前协议指出,新娘将在婚姻持续 10 年后获得 2 000 万美元。(资料来源:"New details on Tiger's prenup", *Daily Beast*, 2009 年 12 月 3 日。)

(a) 解释一个富裕的男性(女性)与一个相对贫穷的伴侣的婚姻中的信息不对称。

(b) 以相机合同的相关知识解释婚前协议。

(c) 婚前协议将如何区分"淘金者"与终身伴侣?

(d) 贫穷的伴侣可以利用婚前协议来传递其自身品质的信息吗?

7. 本题与拍卖的知识相关。2001 年,新加坡土地交通局预选三个公司修建滨海线铁路。NLC 的报价为 2.75 亿新元,Impregilo SPA-Hua Kok 的合资报价为 3.43 亿新元,而三星工程建筑集团的报价为 3.45 亿新元。三年之后,在 2004 年 5 月,对环线地铁 855 号合同的竞价更为相近:NLC 的报价为 3.76 亿—3.89 亿新元,和合—上海隧道工程集团与 Alpine Mayreder 集团的报价为 3.90 亿—3.98 亿新元,而 Obayashi 的报价为 4.003 亿新元。

(a) 解释在滨海线地铁竞标案例中赢者的诅咒。

(b) 竞标者风险厌恶的程度将怎样影响其竞标价?

(c) 滨海线的竞标经验将怎样帮助 NLC 竞标 855 号合同?

(d) 解释为什么土地交通局应当把所有土壤相关信息都提供给竞标者?

(e) 在隧道开发工程中,土地交通局应当同意负担一部分的超预算成本费用吗?如果同意,这将如何影响投标者的报价?

8. 作为高性能电动汽车的先驱,特斯拉汽车公司 2008 年推出了运动型汽车 Roadster,随后 2012 年推出豪华型 Roadster S。在 2014 年年初,特斯拉宣布在电池和驱动单元方面给予不限里程的八年质保期。CEO Elon Musk 强调:"如果我们真正相信电动马达根本上比汽油发动机更可靠,使用少得多的活动部件和不存在容易引起麻烦的油状残留物以及燃烧副产物,那么我们的质量保障条款就应该体现这一点。"(资料来源:"Do warranty extensions make sense?" *The Star*(*Toronto*), 2014 年 11 月 21 日。)

(a) 解释特斯拉汽车与潜在消费者之间的信息不对称。

(b) 运用相机合约解释特斯拉公司为何延长其汽车的质保期。

(c) 在何种情况下,延长的产品质保期能够成为产品质量优良的可信信号?

(d) 特斯拉的财务情况将会如何影响质保期作为信号的可信度?

9. Genzyme 公司制造"孤儿药品"来对抗罕见的基因疾病。2010 年 7 月,Sanofi-aventis 公司想要以每股 69 美元收购 Genzyme 公司。Genzyme 公司董事会拒绝了这一收购要约,并希望以每股 75 美元被收购。Sanofi 公司和 Genzyme 公司对 Genzyme 治疗多种硬化症的新药 Lemtrada 的销售预期存在不同看法。最终,在 2011 年 2 月,Genzyme 公司同意了一个新的收购方案:每股 74 美元的现金收购,加上以 Lemtrada 和其他拳头药品未来销量为基础、上限为每股 14 美元的相机价值权利(CVR)。(资料来源:"Sanofi steps up Genzyme pursuit", *Financial Times*, 2010 年 8 月 29 日;Genzyme Corporation, media release:"Sanofi-aventis to acquire Genzyme for $74.00 in cash per share plus contingent value right", 2011 年 2 月 16 日。)

   (a) 解释存在于 Sanofi 公司和 Genzyme 公司之间的信息不对称情况。
   (b) CVR 如何解决了信息不对称问题?比较 Sanofi 公司与 Genzyme 公司对 CVR 的评估。
   (c) 如果 Sanofi 公司直接检查 Genzyme 公司的账户和设施状况,信息不对称问题能够得到完全解决吗?

第 14 章

激励与组织

> **学习目标**
>
> - 了解道德风险；
> - 运用监管和激励来解决道德风险问题；
> - 理解激励如何产生风险，以及如何影响多重职责的绩效；
> - 了解套牢及详细合同的应用；
> - 理解所有权及其结果；
> - 了解纵向整合；
> - 理解并学会运用组织架构。

14.1 引言

2004 年 4 月，波音公司启动了 787 梦想飞机的研发计划，并从全日空航空公司（All Nippon Airways）那里获得了 50 架飞机的订单。波音 787 是一种带有双发动机的中远程宽体喷气式飞机，乘客容量为 200—300 名。随着复合材料的广泛使用，波音 787 飞机预计可比同样大小的波音 767 飞机节省 20% 的燃料。[①]

传统上，波音公司负责设计和生产飞机的主要零部件，然后在 Everett 与 Renton 工厂进行

[①] 下面的讨论部分基于："787 delay could wind up costing Boeing $1 billion," *Seattle Times*，2007 年 10 月 25 日；"Boeing's buy of 787 plant will cost $1B," *Seattle Times*，2009 年 7 月 7 日；"A 'prescient' warning to Boeing on 787 trouble," *Seattle Times*，2011 年 2 月 5 日；"Boeing 787 Dreamliner," Wikipedia，2011 年 8 月 21 日。

组装。然而,波音公司 CEO Harry Stonecipher 和波音商用飞机公司总裁 Allen Mulally 决定将 787 飞机包括机翼、机身和尾部等主要部件的设计和生产外包出去。那么波音公司只需在 Everett 工厂保留相对较少的工人进行最后的组装。

波音公司致力于通过大量外包来增加净资产回报。通过减少大量的内部工作,它可以减少生产上的资产投入,因此可以增加净资产回报。1997 年,波音公司与一家军用飞机承包商 McDonnell Douglas 兼并,而后者的 CEO,Stonecipher 先生,就担任了兼并后公司的 CFO。外包是 McDonnell Douglas 的长久策略。

波音公司计划第一架 787 梦想飞机于 2007 年 8 月试飞,并于 2008 年年末实现对全日空航空公司的交付。然而,在 2007 年中,787 的制造进度落后了。波音公司 CEO James McNerney(Stonecipher 先生的继任者)承认分包商没有能够按照规定进行交付:"我们对于供应商交付的实货与合同规定相差之远感到惊讶。"

在多次延误之后,787 飞机的首次试飞实际上是在 2009 年 12 月。同时波音公司被迫花费了 10 亿美元向 Vought Aircraft Industries 购买了一家位于南卡罗来纳 Charleston 的工厂。Vought 曾经是机身后部设计和生产的承包商。然而,由于技术和资金问题,Vought 的所有者——一家名为 Carlyle 集团的私募投资者——不愿意再追加投资,而是想卖掉它。Vought 的 CEO,Elmer Doty 解释道:"该项目的资金需求的增长显然超过了像我们这种规模的公司所能承受的范围。"

波音公司的外包与分外包商的延误及它对分包商工作质量的惊讶有什么联系?为什么外包会使波音公司从 Vought 那里购买 Charleston 工厂?波音公司的购买将如何影响 Charleston 工厂的表现?

组织架构(organizational architecture)包含了所有权的归属、激励措施和监管体系。波音公司的这段关于梦想飞机生产的经历充分说明了组织架构的重要性。外包战略不仅没有增加公司的净资产回报,反而给公司带来超出原计划 50%—80% 的成本,预计为 80 亿—100 亿美元。

> **组织架构**:所有权的归属、激励措施和监管体系。

这一章提供了分析组织架构的框架。一个有效的组织架构应当解决四个内部管理问题——套牢、道德风险、垄断力、规模经济与范围经济。套牢是一方利用另一方对它的依赖而采取的行动。尽管 Vought 在生产机身后部方面存在问题,但它仍拒绝追加投资。Vought 的套牢迫使波音公司购买了 Charleston 工厂。

当一方的行为会影响到另一方,却并不为另一方所观察到时,就会引发道德风险。道德风险是由于行为的信息不对称所导致的。波音公司总裁 James McNerney 对分包商的工作质量表示惊讶。显然,波音公司遭受了其分包商带来的道德风险。道德风险还会进一步表现在梦想飞机项目的不断延迟上。

一家企业的组织架构,特别是纵向整合,会影响道德风险和潜在套牢的程度。纵向整合是外包的一项互补战略。当一个组织将特定的投入要素外包出去后,这是对该投入要素生产的纵向瓦解。通过获得 Charleston 工厂,波音扭转了它的外包策略,并且纵向整合了机身后部的生产从而避免了以后再被套牢。

除了道德风险和套牢,组织架构还会影响内部垄断力、规模经济与范围经济的程度。上述所有因素合起来决定了组织的经济效率。任何一个经济效率低下的情况,都给管理者提供了一个提高附加值与利润的机会。

14.2 道德风险

秋月是一个销售人员。由于工作性质,销售人员必须独立完成工作任务。这样,秋月的雇主就很难监管她的工作。秋月自己决定要拜访多少客户、要花费多少精力销售产品。秋月的雇主希望她能尽全力销售——有耐心、有说服力,同时又要坚韧。

> **道德风险**:当双方有利益冲突时,如果一方的行为会影响到另一方,却又不能被另一方观察到时,就会发生道德风险。

这个例子中,对于雇主而言,销售人员面临**道德风险**(moral hazard)。当双方有利益冲突时,如果一方的行为会影响到另一方,却又不能被另一方观察到时,就会发生道德风险。

■ 行为中的信息不对称

如果雇主能够随时随地对销售人员进行监管,那么就可以直接对其发出指令——拜访多少客户、怎样说服他们等等。这样,销售人员将不会面临道德风险问题。道德风险的起因是信息不对称。雇主依赖于销售人员的努力程度,但却无法观察到他们的努力程度。

在第 13 章中,我们讨论了市场中的信息不对称,比如:在人寿保险行业中,申请人对其自身健康状况掌握更多信息;在银行借贷中,借款者对于其还款能力掌握更多信息。在这些案例中,信息不对称针对的是信息更充分方的某个特性。

相反,在销售人员的例子中,秋月比老板更了解自己的努力程度。在这种情况下,信息不对称针对的是信息更充分方的行为,这是道德风险形成的一个必要条件。

■ 经济无效率

销售人员独立行事。她会选择能最大化她个人净收益的努力程度。销售人员的净收益为她的薪酬减去她努力的成本。使其净收益最大化的努力程度为她的边际薪酬等于边际成本时的努力程度。参照图 14-1,销售人员将选择 120 个单位的努力程度。在该努力程度上,销售人员的每单位努力的边际薪酬和边际成本均为 10 元。

如果销售人员增加一个单位的努力程度呢?图 14-1 也显示了雇主的边际利润贡献。销售人员的努力会增加其雇主的利润贡献。当销售人员的努力程度为 120 单位时,雇主的边际利润贡献为 25 元。因此,销售人员的额外单位的努力为雇主带来利润贡献的增加。增加的利润贡献略少于 25 元(略少一点是因为边际利润贡献曲线向下倾斜)。

销售人员额外单位的努力的成本会略高于 10 元(略高一点是因为边际成本曲线向上倾斜)。因此,额外单位的努力给雇主带来的边际利润贡献的增加大于销售人员的边际成本,因而能提升附加值。事实上,销售人员可以将努力程度提高到 250 单位,以实现持续的增值。带给雇主和销售人员的额外价值(利润贡献超过成本的部分)为阴影部分 *abc* 的面积。

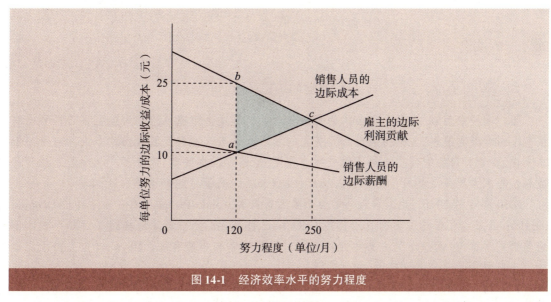

图 14-1 经济效率水平的努力程度

注:销售人员选择 120 单位的努力程度,此时她的边际薪酬和边际成本相等。在经济效率水平(250 单位的努力程度)上,雇主的边际利润贡献与销售人员的边际成本相等。

本质上来说,销售人员增加努力程度可为她的雇主带来正外部性。因此,与任何正外部性一样,如果得不到解决,就达不到经济效率水平。因此,存在一个通过解决外部性来提高附加值与利润的机会。

在上述销售的例子中,解决外部性就是要解决销售人员对其雇主的道德风险。阴影部分 abc 的面积代表解决道德风险所增加的利润额。因此,挑战就在于如何解决外部性。

■ 道德风险的程度

假设销售人员努力的边际薪酬恰好等于其雇主从其努力中所获得的边际利润贡献。那么,销售人员将会选择达到经济效率的努力程度。在这种情况下,道德风险也就不存在了。

参见图 14-1,相对于雇主的边际利润贡献,销售人员的边际薪酬越低,他们的努力程度就越低,并且与达到经济效率的程度相距越远。

这个例子告诉我们,通过比较达到经济效率水平的行为与面临道德风险一方选择的行为之间的差距,可以衡量出道德风险的程度。二者的差异越大,道德风险程度就越高,解决道德风险而获得的增值与利润就会越大。

进度检测 14A

假设销售人员努力的边际成本在图 14-1 中有所上升。请画出新的边际成本曲线,并回答这种变化将如何影响以下因素?(a)销售人员努力的经济效率水平;(b)销售人员实际选择的努力程度。

 小案例

高层的道德风险

相对于股东而言,大型上市公司的高层管理者容易发生道德风险。大型上市公司可能有很多不同类型的股东,包括持股数百万美元的养老基金与仅持有几百股份的个人。对于小股东来说,监管公司的管理层是得不偿失的。相反,他们可以搭便车,免费享受其他股东监管的成果。股东主要关心其股份的价值。相反,CEO和其他高管可能有不同的目标。

2010年4月20日,英国石油公司位于墨西哥湾Macondo Prospect的石油钻井机Deepwater Horizon发生了爆炸。英国石油公司CEO Tony Hayward轻描淡写地描述了这起事故。他将墨西哥湾称为"大海洋",并声称此次事故对环境的影响非常有限。Hayward先生由于在事故发生期间仍然乘坐游艇航行,受到广泛批评。

7月25日,有消息透露Hayward先生将辞职。英国石油公司的股票价格上涨了4.85%,公司市值上升了56亿美元。

资料来源:"BP chief Hayward 'negotiating exit deal,'" *BBC News*, 2010年7月25日;"BP oil spill: the rise and fall of Tony Hayward," *Telegraph*, 2010年7月27日。

 小案例

波音787:制造飞机的新方法

传统上,波音公司负责设计和生产飞机的主要零部件,然后在华盛顿州的Everett和Renton工厂进行组装。波音公司CEO Harry Stonecipher和波音商用飞机公司总裁Allen Mulally决定将787飞机包括机翼、机身和尾部等主要部件的设计与生产外包出去。因此波音公司只需在Everett工厂保留相对较少的工人进行最后的组装。波音希望能够减少生产上的资产投入,从而增加净资产回报。

波音计划第一架787梦想飞机于2007年8月试飞,并于2008年年末实现对全日空航空公司的交付。然而,在2007年中,787的制造进度落后了。波音公司总裁兼CEO James McNerney(Stonecipher先生的继任者)承认分包商没有能够按照规定进行交付:"我们对于供应商交付的实货与合同规定相差之远感到惊讶。"

外包战略使波音位于信息不对称的不利处境(相对于分包商而言)。其结果是严重的道德风险。波音不得不派数百名制造工程师和采购人员去协助主要分包商完成任务。波音仅仅为前6个月的生产延误就花费了近10亿美元。

资料来源:"787 delay could wind up costing Boeing $1 billion", *Seattle Times*, 2007年10月25日。

14.3 激励

我们已经知道,解决道德风险就可获得收益。一般来说,解决道德风险有两种互补的方式。一种方法是采取监管、监控或其他方式收集面临道德风险一方的行为信息。另一种方法是通过激励措施,使面临道德风险一方与信息较少一方的利益一致。

监管体系和激励措施是组织架构的两个主要要素。二者之间可以互为补充。这是因为所有的激励措施都是基于可以被观察到的行为。可获得的信息越充分,激励措施可供选择的范围也就越广。理想情况下,相关各方都愿意彻底解决道德风险问题,以便使信息更充分的一方的行为达到经济效率水平。我们下面讨论一下,怎样解决销售人员和雇主之间的道德风险问题。

■ 监管

最简单的监管体系是客观的绩效考评,比如规定工作时间。然而,工作时间与努力程度毕竟不同。一个每天早晨 8 点上班、晚上 5 点下班的工人,可以在 8 个小时中什么也不做。因而,雇主需要能提供更多信息的监管体系。

雇主们经常使用的另一种信息收集方法是督导。然而,督导全天候监管下属的这种做法并不经济。因此,督导只需采取随机检查的方法即可。在第 10 章中,我们已经讨论了随机行为的优势,同样的原理也适用于督导工作:督导应当采用随机而非有规律的方式对下属进行监督。

雇主也可以借助于顾客监管员工的行为。顾客监管销售人员具有先天的优势。比如,销售人员花在与顾客打交道上的时间,往往比待在其雇主那里的时间多。雇主可以鼓励顾客汇报销售人员的表现。

■ 绩效报酬

与监管体系相对应的是激励措施。激励措施通过绩效考评的方式来解决道德风险问题。该方法就是要在难以被观察的行为和可观察的绩效考评之间建立联系。一般来说,激励措施的实施范围取决于不可被观察的行为可以用哪些指标来考评。

雇主可以利用监管体系提供的信息为雇员设计激励措施。比如,秋月的雇主无法观察到秋月的努力程度,但却可以观察她所卖出产品的价值。这样,就产生了基于秋月销售收入的激励措施。

一个最常用的激励方法是**绩效报酬**(performance pay),它是根据销售人员绩效考评的结果来支付报酬的。让我们考虑销售人员的绩效报酬。假设在初始阶段,秋月每月的固定薪金为 4 000 元,她的雇

> **绩效报酬**:根据雇员绩效考评的结果来支付报酬。

主不对秋月进行任何监管,甚至不要求秋月做日销售量记录。

在固定薪金和没有监管的情况下,无论秋月多努力,都不能影响她的收入。她的个人努力的边际薪酬为零。在图14-2中,横轴代表固定薪金情形下销售人员的边际薪酬。在各个点上,销售人员的边际薪酬都低于她的边际成本。因此,固定每天薪金会使秋月最终选择零努力。

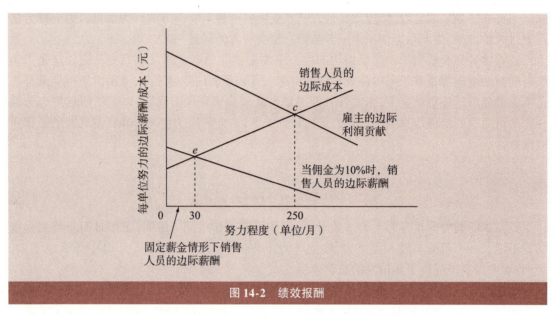

图 14-2 绩效报酬

注:在固定薪金的情况下,横轴表示销售人员的边际薪酬,她将选择零单位的努力程度。在10%佣金的情况下,她将选择30单位的努力程度。

现在,假设雇主给秋月销售额10%的佣金。这实际上就是一个绩效报酬的例子。秋月卖的产品越多,她赚的也就越多。在这种激励机制下,她的个人努力程度的边际薪酬将变为正的。销售人员的个人边际薪酬曲线的高度与斜率取决于她的努力程度如何影响销售额。

图14-2中还显示了在10%佣金下销售人员的边际薪酬曲线。在这条曲线与其边际成本曲线的交点上,努力程度为30单位。在10%的佣金激励下,销售人员会选择30单位的努力程度。这样,佣金解决了销售人员的道德风险问题。

如果一个激励措施能够对雇员的努力提供较高的边际薪酬,那么该激励措施便是相对有力的。假设雇主为强化激励措施,将佣金提高到15%,那么雇员的边际薪酬曲线也将上移,该曲线与边际成本曲线的交点会更高。这说明,激励措施越强,雇员的努力程度就越高。

> **进度检测 14B**
>
> 在图14-2中,做出一条个人边际薪酬曲线,以使销售人员能够选择经济效率水平的努力程度。

绩效配额

如果雇主支付100%的佣金,秋月的个人边际薪酬将与雇主的边际利润贡献一致。她就会选择经济效率水平下的努力程度,即250单位。但这样一来,她的雇主则将无利可图。

另外一种方法可以引导雇员选择达到经济效率水平的努力程度,那就是**绩效配额**(performance quota)。绩效配额是雇员绩效的最低标准,一旦低于此标准,雇员将受到惩罚。惩罚的方式可以是延缓升职、降低报酬,甚至是开除。

绩效配额:雇员绩效的最低标准,一旦低于此标准,雇员将受到惩罚。

为了实施绩效配额,雇主必须首先确定秋月在经济效率水平下的250单位努力程度时,相应的销售额。假设250单位的努力程度将产生30万元的销售额,那么雇主应将绩效限额设定为每月30万元。图14-3中显示了此绩效配额下销售人员的边际薪酬曲线。

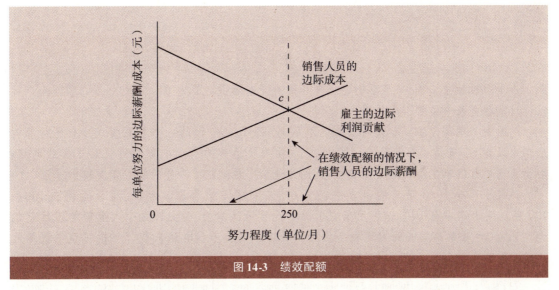

图 14-3 绩效配额

注:在绩效配额的情况下,销售人员选择250单位的努力程度,此时她的边际薪酬等于她的边际成本。

销售人员的边际薪酬曲线分为三部分。回想一下,如果销售人员达到了配额规定的标准,雇主将付给她固定的月薪,否则将被辞掉。即,在249单位以下的努力程度上,销售人员将被辞掉。而超过250单位额外的努力也不会增加销售人员的收入。因此,此时销售人员的边际薪酬是零。

在该激励措施中,当努力程度超过250单位时,销售人员不会因此得到更多报酬。因此,当努力程度为251单位及以上时,销售人员的边际薪酬为零。然而,销售人员的边际薪酬在250单位时是非常高的。只要从249单位的努力程度增加到250单位,就完全能够满足配额的规定了,此时,销售人员可以拿到月薪并保住工作。

因此,销售人员的个人边际薪酬曲线在努力程度为0至249单位时与横轴重合,在250单位时骤然升高,而在251单位及其以上时又重新与横轴重合。因此,销售人员的边际薪酬曲线与边际成本曲线相交于 250 单位的努力程度上。销售人员一定会选择 250 单位的努力程度。

绩效配额是一种引导销售人员选择达到经济效率水平的努力程度的一种较为经济的方法。之所以被认为是较为经济的方法，是因为这种方法对于高于或者低于经济效率水平的努力程度都不鼓励。它鼓励的是恰巧在经济效率水平上的努力程度。

> **进度检测 14C**
>
> 假如 200 单位的努力程度产生的销售额为 25 万元，在图 14-3 中，用图示说明如果这一销售额刚好是雇主要求的绩效限额，销售人员的边际薪酬将怎样变化。

 小案例

监管卡车司机：车载电脑

卡车司机独立工作，并且可能会将车开到离开基地很远的地方。货运业务的管理人员可以通过车载电脑来监管卡车司机。

美国的一项研究发现车载电脑的运用是美国货运业管理的一个重要模式。自己运营的卡车中只有 7% 安装了车载电脑。相比之下，由雇员运营的卡车中有 19% 安装了车载电脑。由于自己运营的车主没有必要监管自己，因此他从车载电脑中获得的收益相对较小。

运营距离小于 50 英里的卡车中仅有 6% 安装了车载电脑。相反，运营距离在 100—200 英里的卡车中有 19% 安装了车载电脑。运营距离越长，业主通过个人监管的困难就越大。因此，运营距离较长的货运业务管理人员通过安装车载电脑来监管司机可获得更多的收益。

资料来源：Thomas N. Hubbard, "The demand for monitoring technologies: the case of trucking," *Quarterly Journal of Economics*, Vol. 115, No. 2, May 2000, 533—560。

 小案例

当激励太弱时——地产代理商

通常，房地产的买卖双方都依赖房地产代理商，而房地产代理商会按销售价格收取一定百分比的佣金。房屋成交价格越高，买卖双方代理商获取的佣金越多。因此，买方代理商与买方本身产生利益冲突。买方代理商在寻找房屋时需要付出努力，但买方未必能够观察到代理商的努力程度。因此，买方代理商会面临道德风险。

假设房地产代理商为自己买房屋,那么道德风险就不存在。新加坡国立大学的三位教授研究了 1995—2012 年间超过 10 万笔房屋交易。他们发现房地产代理商为自己买的房屋比为他人买的房屋便宜 2%。

资料来源:Sumit Agarwal, "The information advantage of Singapore's real estate agents", *Straits Times*, 2015 年 10 月 15 日。

14.4 风险与多重职责

激励和监管结合在一起能解决道德风险问题。在这里我们对激励的分析进行拓展。讨论激励的两个严重的副作用。一个是风险,另一个是在其他职责上产生更差的绩效。

■ 风险

激励措施是将不可观察的行为用可观察的指标来衡量,并将其与薪酬挂钩,从而解决道德风险问题。但是,如果衡量指标不只受不可观察行为的影响,还受到其他因素的影响呢?这时,薪酬就会取决于其他因素。面临道德风险和不完全掌握其他因素信息的影响的一方将会面临风险。

举例来说,假设销售人员的佣金是按每月销售额计算的。除了销售人员的努力,实际的销售额可能还取决于整体经济形势、竞争和其他因素。销售人员不能决定其他因素。因此,佣金方案对她来说存在风险。如果面临道德风险的一方对她的薪酬存在不确定因素,风险就会产生。

为达到经济效率,激励措施必须要在努力的动机与风险的成本之间做出权衡。风险的成本取决于三个因素:

- 外部无关因素的影响:风险的程度取决于激励措施采用的衡量指标受无关因素的影响程度。如果衡量指标对无关因素敏感,并且无关因素的波动很大,那么风险也会相对较大。
- 风险厌恶:如果面临道德风险的一方是风险中立的,那么风险就没有成本。风险的成本随着风险厌恶程度的增加而增加。
- 激励措施的强度:更强的激励措施会促使销售人员更加努力。然而,更强的激励措施同样可能导致更大的风险。比如,在销售人员可以抽取更高佣金的情况下,销售人员收入中更大的比例将取决于销售额,同时也取决于其他不确定的因素。

通常来说,如果无关因素的影响较弱,面临道德风险一方风险厌恶的程度较低,那么激励措施就应较强。相反,如果无关因素的影响较强,面临道德风险一方风险厌恶的程度较高,那么激励措施就应较弱。

■ 相对绩效激励

道德风险问题可以通过一个没有风险的方法来解决。那就是相对绩效激励。在销售的案例中,秋月的雇主可以每月支付给每个销售人员一个固定的工资,再加上根据超过销售人员平均销售额的那部分销售额计算的佣金。

这种激励措施将不会因为外部无关因素(比如整体经济下滑)的影响而令秋月受损。如果整体经济不景气,将会影响到所有销售人员的业绩。如果秋月付出相对更多的努力,她的业绩仍将高于整体平均业绩,因而将得到更多佣金。

通过使用相对绩效来测评,激励措施消除了同等影响所有销售人员的外部无关因素的影响。这就减小了由于外部无关因素引起的风险。当外部无关因素的影响较为重要时,相对绩效激励机制就会非常有用。

■ 多重职责

在很多情况下,面临道德风险的一方负有多重职责。比如,销售代理不但负责销售产品,还负责售后服务。在一家工厂中,产品监管员不但负责使产量达到标准,还要保证其质量。

理想状态下,在这些情况下,激励措施应该平衡多重职责。这就是说,对每种不可观察的行为,都应进行监管,而对于每种可监管的指标,都要有相应的激励措施。

当某种职责的绩效考评比其他职责的绩效考评更为困难时,平衡多种职责就显得更为困难。一种激励措施可能只能针对某种职责,因为这些职责的绩效考评指标相对更容易监管。回忆前面的内容,激励措施的作用范围取决于可获得的有关不可观测的行为的考评指标。

假定激励措施只针对一项职责,那么,面临道德风险的一方在这项职责方面可能会有出色的表现。但是,它有可能引起一些负面的影响,即加重了其他职责方面的道德风险。

例如,某工厂希望产品监管员既保证产量又保证质量。产量很容易测量。然而,质量检测相比之下更为困难。如果工厂针对产量方面采取了很强的激励措施,那么,产品监管员就会集中监管产量,而质量将会有所下降。

激励措施集中于那些能够准确进行绩效考评的行为。然而,对于某些重要的职责来说,如何考评确实存在困难。在这种情况下,最好采取比较温和的激励措施。刻意地运用温和的激励措施,也是试图平衡多重职责的一种方法。

> **进度检测 14D**
>
> 假设百货公司对销售人员的薪金制度进行调整,将固定工资调整为基本薪水加上绩效奖金。这样的改进将如何影响销售人员处理退货的动机?

小案例

管理绩效评估：Medtronic 公司

Medtronic 公司是一家医疗器械生产商。Medtronic 公司生产的医疗器械适用面很广，包括心脏节律疾病、冠状动脉及外围血管疾病、糖尿病、神经系统疾病。2010—2011 年，Medtronic 公司的营业额为 159.3 亿美元，净收入 31 亿美元（每股净收入为 2.86 美元）。

衡量 Medtronic 公司绩效的一个指标是股东回报，其中包括分红和股票的溢价。2006—2011 年，Medtronic 的股东回报率为 −9.4%。如果那还不算太糟糕的话，比较一下同期标准普尔医疗设备指数前 500 公司的股东回报率，它们的平均回报率为 15%。

这个例子提供了一个评估公司绩效的合理的方法，那就是将它们的绩效指标与同行业的其他公司做比较。相对绩效评估排除了管理层不可控制的环境因素，为管理层的绩效考核提供了一个更准确的方法。

事实上，Medtronic 公司的薪酬激励措施与三项指标挂钩——每股盈利的增长、资本回报率以及与同类医药和医疗器械制造商相比的收入增长率。

资料来源：Medtronic, Inc.，股东委托书，2011 年 7 月 15 日；10K 表，2011。

14.5 套牢

当一方的行为会影响另一方却又不能被其观察到时，就会发生道德风险。与之相关的管理问题就是套牢。为了理解套牢的含义，我们假设月亮超市雇用了火星快递，让其负责日杂物品的送货服务。根据合同，火星快递每天中午 12 点和下午 4 点分别送两次货。然而，有一天月亮超市收到了很多送货订单，于是不得不要求火星快递第三次送货。火星快递趁机向月亮超市要求收取平时两倍的费用。

在这个例子中，火星快递利用了月亮超市的特殊需要，趁机向其谋取好处。**套牢**（holdup）是一方利用另一方对它的依赖而采取的相应行动。与道德风险不同的是，套牢并没有涉及信息不对称。比如，当月亮超市要求多配送一次时，火星快递公开要求收取两倍的费用。月亮超市能够清晰地观察到火星快递的行为，也就是这里没有涉及信息不对称。

> **套牢**：一方利用另一方对它的依赖而采取的相应行动。

火星快递的套牢行为产生的影响不仅仅是迫使月亮超市在这次配送中多付钱。未来潜在的套牢促使月亮采取预防性措施。比如，月亮超市可能限制每天的送货订单数量，或者干脆自己成立一个送货服务部门。这些预防措施将减少月亮超市的收入或增加其成本。

一般来说，只要有一方存在套牢的可能性，其他的相关方就会采取预防性措施来降低依赖度。这些措施不是减少收益，就是增加成本。也就是说，潜在的套牢减少了总价值，降低了经济效率。这就意味着可以通过解决套牢问题提高附加值与利润。

■ 专用投资

有一种应对套牢的特殊预防性措施值得在此强调。那就是减少专用投资。假设为了优化送货的时间和燃料成本,火星快递安装了一套电子路径规划配送系统。客户必须使用此配送系统软件准备送货订单。

在此案例中,购买、安装、学习如何使用这一配送系统对于月亮超市来说是它与火星快递合作关系的一项专用投资。**专用率**(specificity)是指专用投资移作他用时,造成的投资损失百分比。

> **专用率**:专用投资移作他用时,造成的投资损失百分比。

例如,假设月亮超市必须花费4 500元购买配送系统(包括软件和电脑),500元用于培训。如果月亮超市更换了送货商,能够再度使用的就只有价值1000元的电脑,软件和培训都没有用了。因此,配送系统的投资专用率为

$$(4\,500 + 500 - 1\,000) \div (4\,500 + 500) = 80\%$$

任何资产,无论是固定资产还是人力资产,都可能是专用的。组织向雇员提供的培训是一项专用投资。如果雇员辞职,该组织必须注销这笔投资。潜在的套牢会阻止任何形式的专用投资。如果能够防止套牢行为,相关方将会增加相关专用投资,由此可提高附加值与利润。

■ 不完善合同

假定月亮超市和火星快递之间的协议明确说明月亮超市有权要求火星快递额外送货并支付相应的报酬。这样,火星快递再也不能套牢月亮超市了。一般来说,套牢的可能性取决于合同的完善程度。

一份**完全合同**(complete contract)会详细说明在每种可能出现的情况下有关各方的行为。反之,如果没有说明在某些可能出现的情况下各方的行为,则该合同是不完全合同。合同说明的行为可能包括应支付的款项。

> **完全合同**:会详细说明在每种可能出现的情况下有关各方的行为的合同。

月亮超市和火星快递要想拟订一份完全合同,成本将会非常高。这是因为,每一种可能出现的情况都必须被考虑进去,如第四次送货的需要、火星快递车辆抛锚的可能性,甚至地震等情况。这些只是可能发生的情况中很小的一部分。合同双方很可能会选择一个不完全合同而不是考虑了每个细节的完全合同。

因此,在实践中,所有的合同都是不完全的,包括那些精心设计的合同。真正的问题在于,合同的不完全程度如何。一般说来,答案取决于两个因素:

- 潜在的收益和成本:投资数额越大,相关各方准备合同时投入的努力就越多。月亮超市出售乳制品和小文具。乳制品是月亮超市销售额的主要来源,比小文具更加重要。因此,相比小文具而言,月亮超市应该与乳制品的供应商签署一份更加详尽的合同。
- 潜在的意外情况:乳制品易腐烂,并且销售量大。因此月亮超市需要频繁供货。此外,乳制品的供应环节更容易受到诸如坏天气、运输状况、劳工纠纷等因素的影响。因此,月

亮超市更需要保证乳制品的供应。这就意味着它需要一份能涉及更多细节的合同。

> **进度检测 14E**
>
> 各方在确定合同的详细程度时,应该考虑哪些因素?

小案例

避免特定城市的电力专用投资:浮动电厂

受暴力和不稳定因素的困扰,伊拉克面临着许多挑战。其中一个挑战就是提供稳定的电力供应。许多伊拉克企业和家庭都买了发电机以备不时之需,但这种备用供电非常昂贵。

在2007年,土耳其能源集团 Karadeniz Holding AS 启动了"友谊船之电"项目。该项目可向伊拉克提供615兆瓦时的电力。Karadeniz 在中国和迪拜购买了53台二手发电装置。然后对这些发电装置进行检修,随后将它们安装在位于土耳其与新加坡港口的四艘船舶上。

Karadeniz 电船 Dogan Bey 的发电量为126.5兆瓦时,电船 Kaya Bey 的发电量为220兆瓦时。它们停泊在伊拉克东南部 Basra 附近的码头。这两个电船将改善该地区的电力供应。

资料来源:"Wärtsilä receives O&M agreement for Iraqi floating power plants", Wärtsilä Corporation, trade and technical press release, 2010年5月12日。

14.6 所有权

套牢可以通过改变相关资产的所有权来解决。**所有权**(ownership)是指剩余控制权(residual control),也就是那些没有出让的权利。

> **所有权**:指剩余控制权,也就是那些没有出让的权利。

为了解释剩余控制权的含义,我们假设土星房地产公司从银行借款500万元准备建一个超市,土星公司又与月亮公司签订了为期五年的超市租赁协议。银行得到了一幢建筑物的抵押。这意味着,一旦土星公司不能及时偿还贷款,银行将通过法律手段,成为抵押建筑物的所有人。这是土星公司通过签订合同出让给银行的一项权利。

土星公司和月亮公司还有一个为期五年的租赁合同。通过协议,月亮公司在未来五年中将获得资产使用权。它也是土星公司通过签订合同而出让的一项权利。

作为所有者,土星公司享有剩余控制权,这就是说,它仍然拥有去除合同出让权利后的一切权利。比如,它有权将建筑物再次抵押出去,与月亮公司的合同期满后,仍然拥有建筑物的使用权,等等。

所有权的转移意味着将剩余控制权转移给另一方。假如月亮公司从土星公司那里买下了超市建筑物的产权,则以前归土星公司所拥有的权利现在全部归月亮公司所有。

■ 剩余收入

> **剩余收入**:支付了所有开支后的剩余收入。

剩余控制权的一个方面需要特别强调。资产所有者有权从该项资产中获得**剩余收入**(residual income),也就是支付了所有开支后的剩余收入。

为了解释这一点,我们假定土星公司从月亮公司那里收取每月 10 万元的租金。土星公司每月的花销包括 5 万元的本金和利息支出、2 万美金的税和其他杂项支出。作为建筑物的所有者,土星公司的每月剩余收入为 10 − 5 − 2 = 3 万元。

这意味着,作为剩余收入的收取方,资产所有者获得了收入和成本变动的所有收益。比如,如果土星公司能将租金提高 5 000 元至 105 000 元,那么它的利润也将增加 5 000 元,从而达到 35 000 元。同理,如果土星公司能够减少 2 000 元的支出,那么它的利润也将增加 2 000 元,从而达到 32 000 元。

因此,资产所有者有充分的激励最大化资产价值。其他方则没有此动力。如果关于其他方的行为的信息是不对称的,则相对于资产所有者来说,它们将面临道德风险。即使不存在信息不对称,它们也可能会套牢资产所有者,利用资产所有者的依赖。

■ 纵向整合

> **纵向整合**:处于两个连续生产阶段的资产合并归属在同一所有权之下。

正如第 11 章介绍的那样,**纵向整合**(vertical integration)是指处于两个连续生产阶段的资产合并归属在同一所有权之下。在同一所有权下,所有者有充分的激励促使合并后的资产达到价值最大化。相反,在分开的所有权下,每个资产所有者只会最大化自己的资产价值,甚至可能给其他资产所有者带来损失。

纵向整合是由上至下整合还是由下至上整合,取决于所要整合的生产阶段离最终消费者的远近。例如,假设某食品生产商兼并了一个超市,因为超市按产品阶段划分离最终的消费者更近,因而这是一个由上至下的纵向整合的例子。相反,如果食品生产商兼并一个奶牛场,则这是一个由下至上的纵向整合的例子。

由下至上的纵向整合的决策通常牵涉到"制造还是购买"的决策。食品生产商既可以从奶牛场那儿买牛奶,也可以自己购买一个奶牛场从而自行提供所需的原料。

同理,由上至下的纵向整合的决定可能牵涉到"出售还是使用"的决策。奶牛场既可以将它的产品出售给食品生产商,也可以建立自己的工厂并将牛奶作为原料用于生产加工食品。

纵向整合或纵向瓦解(vertical disintegration)改变了资产所有权,从而改变了剩余控制权和剩余收入权的分配。正如我们将在下节中所要讨论的,这一改变又将进一步影响道德风险的程度和潜在的套牢。

进度检测 14F

解释由上至下的纵向整合与由下至上的纵向整合有什么区别。

合约和产权：北欧天然气管道

Gazprom 公司是全球最大的能源生产商之一。它首先提出建造一条用于输送俄罗斯天然气的北欧天然气管道。这条管道是一条始于俄罗斯中部的波罗的海到西欧的地下天然气管道。管道建造总投资为 46 亿欧元。当然，一旦管道建造完成，其建造投资即为沉没成本。因此 Gazprom 公司很容易被天然气消费者所套牢。

在管道建造前的 2005 年 12 月，Gazprom 公司与两家德国公司共同成立了北欧天然气管道公司 Nord Stream。这两家德国公司分别是 BASF 的下属公司 Wintershall 和 E. ON Ruhrgas。

此后不久，Gazprom 公司通过与主要德国顾客签订长期合同将其锁定。在 2006 年 1 月，Wintershall 签订了一份为期 20 年、购买 8 亿立方米天然气的合同，有效期从 2010 年到 2030 年。随后，在 2006 年 8 月，E. ON 公司签订了一份期限为 15 年、购买价值 40 亿美元天然气的合同，有效期从 2020 年到 2035 年。

资料来源：Nord Stream AG；"Like it or not, many countries are locked in to Gazprom," *New York Times*, 2006 年 1 月 5 日。

14.7 组织架构

在第 1 章中，我们讨论了企业的纵向和横向边界。如果一家石油公司生产原油、提炼原油，又销售汽油，那么它的纵向整合程度要比只生产原油的公司更高。一家传播机构如果既出版报纸，又提供有线电视和宽带服务，则该机构的横向边界就比那些只提供有线电视的机构要宽。

横向和纵向边界只是衡量组织架构的两个属性。组织架构还包括所有权的分配、激励措施与监管体系。从管理经济学的角度来说，组织架构取决于四个因素的平衡以及解决这四个问题的机制：

- 套牢
- 道德风险
- 内部市场力

> **组织架构取决于四个因素的平衡：**
> - 套牢
> - 道德风险
> - 内部市场力
> - 规模经济、范围经济和经验

- 规模经济、范围经济和经验

前面我们讨论了解决套牢和道德风险问题的具体方法。这里我们将考虑所有权将如何影响套牢、道德风险、内部市场力、规模经济、范围经济和经验。

■ 套牢

考虑一下怎样通过变更相关资产所有权来解决套牢问题。回忆一下,当月亮超市突然通知火星快递多配送一次时,火星快递索要双倍的酬劳。如果月亮超市有一个内部的配送部门,情况将会怎样?为了多送一次货,月亮超市可能会要求司机超时工作,司机可以通过罢工来争取超时工作的补偿。然而,一旦这么做了,他们将面临被月亮超市解雇的风险。

如果司机罢工,月亮超市承担的成本就是迅速找到替代司机的成本。而相比之下,如果火星快递拒绝提供服务,月亮超市的成本为迅速找到替代的卡车和司机的成本。与后者相比,前者的代价要低很多。

正如此例子所示,甚至一个雇员都能做出套牢行为。然而,与外部的供应商相比,一个雇员做出套牢行为的可能性很小,而且即便这种可能性真的出现,企业所需负担的成本也较低。这是因为,企业外部的供应商拥有为其提供服务所需的必要资产。而一项资产的剩余控制权包括拒绝以该资产提供服务的权利,因而,企业外部的供应商有权拒绝将该资产用于服务。

相反,雇员就没有这些权利,这是因为其工作所依赖的资产属于其雇主。由于权利小,雇员采取套牢的机会主义行为的可能性就会降低,并且给雇主带来的损失也会减小。因此,通过相关生产阶段的纵向整合,套牢行为的潜在可能性可以被削弱。

■ 道德风险

资产所有权的变更也会影响道德风险的程度。如果月亮超市纵向整合了配送业务,它必须专门雇用配送人员。月亮超市从与配送公司打交道改为与雇员打交道。如上所述,雇员会面临道德风险。

一般来说,雇主的边际利润贡献比雇员个人的边际薪酬高。由于雇员根据自己的边际薪酬做出相应的选择,她所选择的努力程度通常都低于达到经济效率的努力程度。

相反,假设雇员自己持有企业所有权。在这种情况下,雇员将获得企业的剩余收入。只要雇员多付出一份努力,她就能得到全部的边际利润贡献。如果雇员少付出一份努力,她就要承担边际利润贡献下降带来的全部损失。因而,雇员权衡了边际利润贡献和边际成本后,将会选择达到经济效率的努力程度。将所有权给予雇员之后,可以解决道德风险问题。

这就解释了为什么很多企业给予其资深管理者的薪酬包括股票或股票期权。当管理者拥有了部分企业所有权时,他们的利益与企业的利益将更加紧密地结合,从而降低了道德风险的程度。

纵向整合改变了所有权。相对于雇主来说,雇员面临道德风险的程度更高。因而,纵向整合将加剧道德风险的程度。

■ 内部市场力

所有权的变更将影响内部资源生产部门的卖方市场力和内部产出使用部门的买方市场力。如果月亮超市建立了自己的运输部,它一定倾向于用企业内部的服务而非外部供应商。考虑到部分内部运输服务成本是沉没成本,这种政策是合理的。

然而,对内部供应商的偏好却可能导致内部垄断的出现。在第8章中,我们曾经指出,拥有市场力的卖方会限制产量并提高价格。内部供应商同样可能利用它的市场力来提高价格。这样一来,整个组织作为一个整体,将会发现内部供应商的成本可能会高于外部供应商,而这一高成本必须由组织来承担。

解决内部垄断问题的一个有效办法是:当内部供应商的成本超过了外部供应商时,企业立即采取外包政策。外包是指从外部购买产品或服务的行为。它使得企业内部的供应商必须遵守市场竞争规律,从而限制了内部供应商的成本偏离市场竞争水平的程度。

类似地,如果在一个组织内部,上游的某个生产实体仅仅为下游的产品服务,那么下游的生产实体就有了买方垄断力。如第8章所述,如果一个买方有市场垄断力,它将会通过限制购买量来降低价格。如果制定一项政策,规定一旦外部市场价高于内部转让价,就可以向外部销售,就可以避免组织内部买方垄断力的产生。

■ 规模经济、范围经济和经验曲线

最后,所有权变更还会影响规模经济、范围经济和经验曲线。回忆一下第7章的内容,一旦出现规模经济,生产规模更大时的平均成本会更低。一般来说,内部供应商要比外部供应商的生产规模小。这样,就有必要考虑平均成本将如何根据生产规模的变化而变化。

例如,在月亮超市的例子中,超市的送货任务可能每日只需占用司机和卡车4小时的时间。如果月亮超市设立自己的运输队伍,对于资产和人力资源的利用率将会相当低。相反,外部的送货商却可以让工人和设备整日运作。因此,外部供应商的利用率更高,从而平均成本更低。在某种程度上而言,向外部供应商购买服务的做法可能会降低成本。

为了更好地说明规模经济的作用,我们可以比较一下超市的配送服务和运钞车的服务。尽管有些超市可能有自己的配送服务部门,但它们几乎都不配备运钞车。超市如果为了每天去银行存款一次而购买运钞车,这将很不合算。

对所有权和经验曲线的分析与对规模经济的分析相类似。如果企业预计累积生产量相对较低,其将处于经验曲线较高之处。相比之下,一个专业供应商可以从多个使用者那里获得足够的订单,可进一步位于经验曲线较低之处,从而降低平均成本。

从第7章中,我们还了解到,如果范围经济涉及两种产品,那么这两种产品在一起生产时,总成本一定低于单独生产的成本之和。范围经济解释了为什么传统的商店都渐渐转换为大型超市。超市要比那些专营店(如面包房、杂货铺、报刊亭等)以更低的成本供货。

范围经济是支持组织横向边界扩展的一个重要因素。然而,对于一个独立的企业来说,范围经济也有相反的作用。如果企业已经生产一种产品,那么它可以通过生产另一种产品来降低总成本。然而,如果企业并不生产任何一种产品,那么范围经济意味着,企业最好将两种产品的生产都进行外包。

■ 均衡

组织架构取决于四个因素——套牢的程度、道德风险的程度、内部市场力、规模经济与范围经济的程度以及经验曲线——之间的平衡,以及解决这些问题的方式。具体来说,签订更为详尽的合同可以解决套牢问题,激励和监管可以解决道德风险问题,外包与外卖行为可以解决内部市场力问题。通常来说,达到经济效率水平的解决方案涉及所有这些策略的组合。

让我们用两个例子来说明这一理论框架的意义。一个例子涉及组织架构的纵向边界,另一个例子涉及组织架构的横向边界。这两个例子说明同样的理论框架既适用于组织架构的横向边界,又适用于它的纵向边界。

很多企业都会考虑是该"购买还是制造"信息技术服务。正如图14-4所示,这一决策取决于五个方面因素的平衡。两个因素倾向于"制造":一个是,在某些情况下,潜在的套牢并不会因为签订了更详细的合同而有效减少。另一个是,在某些情况下,内部供应商在提供信息技术服务方面会实现范围经济。

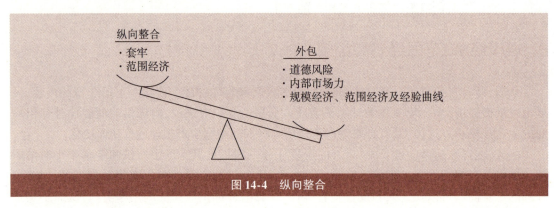

图14-4 纵向整合

有三个方面的因素都倾向于"购买":首先,有时激励措施和监管体系并不能有效地解决企业内部信息技术队伍所面临的道德风险问题;其次,有时外包政策也不能有效地减少内部市场力;最后,有时组织内部在提供信息技术服务方面不能实现规模经济、范围经济或者缺少经验。

关于购买还是制造的决策,涉及组织的纵向边界问题。一个组织也必须考虑它的横向边界。例如,做客车业务的组织是否应该同时涉足卡车业务?由于这两项业务不是纵向相关的,套牢与内部垄断势力不是主要的决定因素。有利于兼营的因素是范围经济,但不利因素是有时激励措施和监管体系并不能有效地解决卡车运输小组的道德风险问题。

> **进度检测14G**
>
> 在制定"购买还是制造"的决策时,需要考虑哪五个因素?

 小案例

日产:电池的第二个来源

日产预测到电动汽车的需求会有一个很大的增长,它在日本的座间(Zama)、英国的Sunderland和美国的田纳西州的Smyrna设立了具有每年生产50万电池能力的工厂。

在2014年年末,日产根据报告回顾了它对电池的策略。电动汽车需求的增长比预期的要低得多。在2013年,日产的战略伙伴Renault仅卖出了67 000台电动汽车。

另一个问题是日产生产电池的成本。公司的一位高管指出:"我们将自己定为电池生产行业的领导者,但事实上我们的竞争力要比希望的水平低。……在价格表现方面,我们仍然落后LG公司半年到一年之间。"

在策略回顾中,日产的一个选择是集中在日本生产并将英国和美国的生产设备出售给韩国的LG Chem。Renault也施加压力让日产采取双来源并向LG Chem购买电池。

资料来源:"Nissan faces battery plant cuts as electric car hopes fade",*Reuters*,2014年9月15日。

 小案例

波音公司的Charleston工厂:计划之外的购买

波音公司开始实施一项与原有计划有较大偏离的方案,波音公司CEO Harry Stonecipher和波音商用飞机公司总裁Alan Mulally决定将787飞机绝大部分的设计和建造外包出去。波音公司只专注于最后的组装部分。这一新战略将减少生产方面的资产需求,从而提高波音公司的净资产回报率。

波音公司与Vought Aircraft Industries签订了合同。Vought将在南卡罗来纳州的Charleston工厂进行787机身两部分的设计与建造。波音公司还与Vought及意大利Alenia的合资公司签订了合同,让它们参与机身各部分的设计和建造。Vought建造后面两部分,Alenia在意大利建造中间两部分,而川崎在日本建造一部分。随后它们将把机身部件送到Everett做最后的组装。

Vought为一家叫Carlyle集团的私募投资者所拥有。然而,由于技术和资金问题,Carlyle集团不愿意再追加投资,而是想卖掉它。Vought的CEO Elmer Doty解释说:"该项目的资金需求的增长显然超过了像我们这种规模的公司所能承受的范围。"

2008年,波音公司购买了Vought与Alenia的合资的股份。最终,在2009年7月,为了解决套牢问题,波音公司再次采取纵向整合,耗费10亿美元从Vought收购了Charleston工厂。

资料来源:"Boeing's buy of 787 plant will cost $1B",*Seattle Times*,2009年7月7日。

知识要点

- 当双方有利益冲突时，如果一方的行为会影响另一方却又不能被其观察到，就会发生道德风险。
- 可通过监管和激励解决道德风险问题。
- 激励会产生风险，风险成本的高低取决于外部无关因素、风险厌恶以及激励措施的强度等三个因素。
- 为了获得更好的绩效，当对多重职责进行绩效考评的难易程度不同时，应采取温和的激励措施。
- 套牢是一方利用另一方对它的依赖而采取的相应行动。
- 通过详细的合同可解决套牢问题。如果潜在的收益和成本都较大，并且偶然事件会造成较大的影响，那么合同应该制定得更详细。
- 所有权是指剩余控制权，也就是那些没有出让的权利。
- 纵向整合是指处于两个连续生产阶段的资产合并归属在同一所有权之下。
- 运用组织架构来平衡套牢、道德风险、内部市场力、规模经济、范围经济及经验曲线。

复习题

1. 以你所处的企业或组织为例，解释组织架构的含义。
2. 解释以下案例中的道德风险问题：秋月刚刚给她的车买了汽车保险。保险包括由任何原因导致的损失，包括失窃。秋月的保险商担心秋月是否会因此而减少汽车的防窃措施。
3. 考虑各方的收益与成本，解释为什么消除道德风险可以获取更多的利润。
4. 对于房地产经纪人而言，为什么支付佣金，即按照房屋售价百分比提成，比按小时支付更好？
5. 你的薪酬方案包括公司的股份，这部分股份三年后才能兑现。分析你所要承担的风险。
6. 出租车公司怎样根据出租车司机的行为建立相对绩效激励机制，鼓励司机仔细保养车辆、避免故障。
7. 秘书的工作包括打印信件和其他任务。评价一下根据秘书打印信件的数量来向其支付报酬的建议是否可行。
8. 飞燕是一个飞行员，下面的哪项投资是更为专用化的投资？（a）为管理者设置的MBA培训项目；（b）航空公司飞行管理系统培训。
9. 为什么企业家会故意签订一些不完全的合同？
10. 以一家上市集团公司的实例，解释剩余控制权与剩余收入权。
11. 举一个套牢的例子，解释套牢如何影响相关方规避专用投资。
12. 潜在的套牢将如何降低交易和业务关系的价值？
13. 一家汽车制造商曾经受到来自电子产品供应商的套牢。该汽车制造商应该自己生产电子产品吗？
14. 外包如何解决内部供应商的市场力问题？
15. 解释范围经济在横向整合决策上扮演的角色。

讨论案例

1. 新加坡国立大学为大学雇员提供门诊医疗保险。最初,该保险计划包括经全科医生批准的整个治疗和药品的账单,个人只需要支付 5 新加坡元的共付费用(copayment)。
   (a) 构建一个图形,横轴表示医疗保健(包括治疗和药品)的数量,纵轴表示医疗保健的边际收益及边际成本。画出病人的边际收益和边际成本曲线,以及保险公司的边际成本曲线。
   (b) 比较病人所选择的医疗水平及当病人利益与保险公司的成本的差值最大时的医疗水平。
   (c) 5 新加坡元的共付费用将如何影响病人选择下列两种方案?(i) 治疗和一种价值 25 元的普通药品;(ii) 治疗和一种价值 50 元的品牌药品。
   (d) 假设新加坡国立大学将 5 新加坡元的共付费用改为 10% 的共付费用。用图形阐释这将如何影响病人对医疗方案的选择。

2. Mapletree Commercial Trust 拥有新加坡最大的商场——怡丰城。它与 Mapletree Investments 签订合约共同管理这个商场。经理负责停车场以及清洁、安全和其他常规服务。商场的零售租户支付三部分的租金:在 2010 年,86% 为固定租金,13% 为基于零售租户销售额的可变租金,其余的部分是服务费用和广告促销费用。(资料来源:Mapletree Commercial Trust,招募说明书,2011 年 4 月 18 日。)
   (a) 怡丰城的经理相对于租户如何面临道德风险?
   (b) 可变租金如何将业主和租户的利益一致化?
   (c) 理想情况下,可变租金应该以租户的总收入还是净收入(总收入减去出售产品的成本)为基础?
   (d) Mapletree Investments 是商业和工业房地产开发商。它将已完成的项目出售给 Mapletree Commercial Trust。讨论在这两个机构之间的信息不对称。

3. 养老基金信托可能被规定只能投资于特定信用评级的证券,例如 AAA 级。为了吸引这些投资者,发行结构性金融产品的投资银行必须满足信用评级的要求。信用评级机构,如惠誉评级、穆迪投资者服务、标普评级服务等将对一个证券做出评级,并且在该证券发行后的整个生命周期中持续更新评级。评级机构收取发行商评级费用和更新评级费用。
   (a) 考虑一个要发行结构性金融产品的投资银行的经理们,他们会更关注初始评级还是更新评级?
   (b) 如果投资银行经理的任期均较短,你在(a)中的答案如何改变?
   (c) 信用评级机构对结构性金融产品评 AAA 级的激励措施是什么?
   (d) 哪一方将更多地受到不准确更新评级的影响?发行商还是评级机构?

4. 梅奥诊所(Mayo Clinic)是一个提供医疗服务的非营利性诊所。它的座右铭是"病人的需求排在第一位"。它付给医生工资而不是服务费用。美国心脏病学院首席执行官 John C. Lewin 医生认为收工资的医生会提供较佳的医疗服务,并且感慨美国的医疗服务一般由"没有合作护理激励的且互不相关的小型诊所以及社区医院提供"。（资料来源："A New Way to Pay Physicians"，*NYTimes.com*，2009年9月23日。）

(a) 考虑根据提供治疗服务的数量而向医生支付报酬的传统方式。运用相关图形（利用假设的需求和边际成本），解释说明医生将会如何对病人过度治疗。

(b) 如果向医生支付一个固定的工资，那么这将会如何影响他们过度治疗的激励？

(c) Lewin 医生认为纵向整合的系统会提供更好的医疗服务。假设一家医院纵向整合一群心脏专家。解释相对于医院而言，医生将如何面临道德风险。

(d) 在 (c) 中的纵向整合后，医院将如何激励医生？

5. 阿里巴巴运营着淘宝和天猫，它是世界上最大的在线市场。在其首次公开募股前的 15 个月，它奖励了员工 6 850 万股的限制性股票和 21.8 万股的期权，总值超过 50 亿美元。（资料来源："Alibaba and the kingdom of sumptuous stock grants"，*Fortune*，2014年9月12日。）

(a) 运用图形说明公司的边际利润贡献，以及高级管理人员的边际薪酬和边际成本与他们努力程度的函数关系。

(b) 运用图形解释股票期权将如何激励阿里巴巴的高级管理人员。

(c) 阿里巴巴的高管同时从公司获得工资。股票期权将如何影响他们面对的风险？

(d) 解释说明为什么阿里巴巴应该将薪酬激励基于阿里巴巴相对于竞争对手的绩效。

6. 波音与 Vought 飞机工业公司签订了合同。Vought 将在南卡罗来纳州的 Charleston 工厂进行 787 机身两部分的设计和建造。它还与 Vought 和意大利的 Alenia 的合资公司签订了合同，让它们参与机身各部分的设计和建造。当 Vought 遇到技术和资金困难时，Vought 的拥有者 Carlyle 集团不愿意追加投资，而是设法卖掉它。2008 年，波音购买了 Vought 与 Alenia 的合资公司的股份。随后，在 2009 年 6 月，波音耗费 10 亿美元从 Vought 处收购了 Charleston 工厂。（资料来源："Boeing's buy of 787 plant will cost ＄1B"，*Seattle Times*，2009年7月7日。）

(a) 解释波音对 Vought 的依赖以及 Vought 对波音的依赖。

(b) 从套牢的角度解释 Carlyle 集团拒绝追加投资的原因。

(c) 外包商潜在的套牢可能导致制造商与两个外包商签订合同。实践上称为"两位供应商"。解释从经验曲线角度来看，为什么两位供应商可能是低效的？

(d) 假设 Carlyle 集团有着比 Alenia 更高的贴现率。这能解释为什么是 Carlyle Group 而不是 Alenia 试图退出波音计划吗？

(e) Carlyle 集团接触了多个潜在买方。为什么波音愿意比其他潜在买方支付更多？

7. 总投资 46 亿欧元的北欧天然气管道将俄罗斯中部的天然气输送到德国。Gazprom 公司首先于 1994 年构思这个项目。2006 年 1 月，Gazprom 公司与 BASF 下属的 Wintershall 公司签订了一份为期 20 年、向其出售 8 亿立方米天然气的合同，有效期从 2010 年到 2030 年。随后，在 2006 年 8 月，Gazprom 公司与 E.ON 公司签订了一份 15 年、向其出售价值 40 亿美元天然气的合同,有效期从 2020 年到 2035 年。
  - (a) 为什么对于 Gazprom 来说,在正式开工之前签订这些合同非常重要?
  - (b) 对于 Gazprom 来说,与德国顾客签订一份初始期 5 年、随后再续签的合同,和签订一份长期合同一样好吗?
  - (c) 这些合同需要明确规定天然气价格还是留到以后再来协商价格?
  - (d) 德国公司同样购买了管道的一部分股票。这将如何有助于解决潜在的套牢问题?

8. 总部设于芬兰赫尔辛基的 Wärtsilä 公司宣传其发电厂的运营非常灵活:"发电厂的设计使您可以根据需要变换工厂的大小。如果你需要更换地点,标准件组装的配置使得您的移动更为简便。或者您可以选取移动发电厂,实现真正的流动。"
  - (a) 专用投资与沉没成本之间有什么关系?
  - (b) 以修建发电设施为例解释专用投资的概念。
  - (c) 在投资回报时间更长的情况下,套牢的情况会更严重吗?
  - (d) 在政治风险较高的国家中,对于移动发电厂的需求较高还是较低?请说明原因。

9. 日产和 NEC 共同成立了汽车能源供应公司(AESC)来制造高性能的锂离子电池。AESC 投资超过 10 亿美元在日本座间、英国 Sunderland 和美国田纳西州的 Smyrna 设立了具有每年生产 50 万电池能力的工厂。Sunderland 和 Smyrna 工厂均位于日产汽车制造厂附近。日产和 NEC 签订了每年购买 220 000 个 24 千瓦时电池的合约。然而,电动汽车的需求增长低于估计值。在 2013 年,日产的战略伙伴 Renault 仅卖出了 67 000 台电动汽车。而 AESC 的生产成本高于外部竞争者——韩国的 LG Chem。(资料来源:"Nissan faces battery plant cuts as electric car hopes fade", *Reuters*, 2014 年 9 月 15 日。)
  - (a) 评价 AESC 在 Sunderland 和 Smyrna 工厂的专用投资。
  - (b) NEC 面临着怎样的套牢问题?
  - (c) 为什么日产会签订每年从 NEC 购买一个最低数量的电池的合约?
  - (d) 请说明以下概念如何解释 AESC 不能够和 LG Chem 的生产成本同样低。(i) 规模经济;(ii) 经验曲线。
  - (e) 根据(d)问题,解释纵向整合的收益与成本。

第 15 章
管 制

学习目标

- 理解自然垄断的条件,以及政府应该如何对垄断进行管制;
- 理解潜在竞争市场的条件,以及政府应该如何鼓励竞争;
- 理解政府应该如何管制信息不对称的市场;
- 理解政府应该如何管制外部性。

15.1 引言

North Delhi Power Limited(NDPL)是 Tata 电力公司(占 51% 股份)和新德里政府(占 49% 股份)的合资企业。NDPL 拥有印度首都北部和西北部地区配送电力的垄断专营权。印度首都拥有 5 亿人口,其中有 1.2 亿人是 NDPL 的客户。NDPL 在 2010 年的营业额为 340 亿印度币,税后净利润为 35 亿印度币。①

在 2002 年至 2011 年期间,NDPL 将因盗窃和技术原因而发生的电力损耗从 74% 降低到了 14%。在专营权的条款下,NDPL 将因损耗减少而提高了的营业收入分配给其股东和客户。

历史上,NDPL 是一家专业从事电力配送的公司。它与 Pragati 电力公司和其他电力供应

---

① 该讨论部分基于:Delhi Electricity Regulatory Commission, Petition for Approval of Aggregate Revenue Requirement and Multi Year Generation Tariff for Pragati Power Corporation Limited for the FY 2007—2008 to FY 2010—2011, Petition No. 39/2007; North Delhi Power Limited, 2009—2010 年年报。

商签订了超过1100兆瓦时电力的长期购买合同。在迈向纵向整合的新举措中，NDPL正在新德里的Rithala建设一个108兆瓦时的循环燃气发电厂。NDPL认为新发电厂"避免了建造一个昂贵的等功率双边发电厂的需要"。

新德里电力监管委员会对电力行业进行了管制，将其股本回报率上限设定为利润不超过14%或16%。2007年Pragati向委员会提出了增加其核准资产净值的请求。然而NDPL对Pragati的请求提出了质疑，并且委员会也驳回了Pragati的请求。

为什么新德里政府授予NDPL配送电力的垄断专营权？政府应该同意NDPL纵向整合的举措吗？为什么新德里电力监管委员会对电力供应商股本回报率设置上限？为什么NDPL质疑Pragati增加已核准资产净值的请求？

本章将阐述在买方与卖方各自独立、自私地行动而边际收益与边际成本不相等时，政府的作用。因为"看不见的手"失灵了，某些资源配置没有达到经济效率水平。

如果个体行动无法解决经济无效率这个问题，那么政府就应该考虑发挥作用。如果政府可以解决边际收益与边际成本之间的差额，那么社会价值就会增加。

为了理解政府管制的作用，我们将研究导致经济无效率的多种原因：市场力、信息不对称与外部性。在每一种经济无效率的情况下，我们将分析政府干预的条件以及适当的管制形式。

具有明显规模经济或范围经济的企业，可能是为了提高经济效率而被授予垄断专营权。此后政府必须对垄断市场力的行使进行管制。新德里政府选择通过设置股本回报率上限来对NDPL的利润进行管制。

在股本回报率的监管下，受管制的业务将寻求增加其核准资产净值。核准资产净值越大，所批准的利润则越高。这就解释了为什么Pragati申请增加其核准资产净值，以及为什么从Pragati购买电力的NDPL反对Pragati的申请。

除了市场力，信息不对称和外部性同样可能会导致"看不见的手"失灵。在本章中，我们会讨论政府如何通过信息披露、行为规范与业务结构的管制来解决信息不对称问题，以及如何通过制定标准、收取用户使用费来解决外部性问题。

受管制的行业同时服务企业和消费者。因此，NDPL反对Pragati申请的行为显示出，不管是对企业还是对消费者而言，了解政府管制的原则和方法都是重要的。

15.2　自然垄断

如果某产品市场上在只有一个供应商时，该产品的平均成本达到最小化，那么该市场则是一个**自然垄断市场**（**natural monopoly**）。从本质上来讲，相对于需求而言，自然垄断市场的规模经济或范围经济较为显著。举例来说，电力是通过电网输送的。假设一座城市中有两家竞争的电力供电商，它们拥有独立的设备。这样，就会有两套电网铺进每一个家庭、每一间办公室以及每一家工厂。在供电行业中，允许行业竞争的存在就可能意味着重复建设的浪费。

自然垄断市场：只有一个供应商时，该产品的平均成本达到最小化的市场。

其他自然垄断的例子包括宽带业务、水与燃气的配送以及污水收集。在上述市场中，相对需求而言，规模经济都很显著，因此供应的平均成本在只有一个供应商的情况下最小。

如果一个市场是自然垄断的，政府则需要限制竞争，并将专营权授予单一供应商。这将保证达到生产平均成本最小化的条件。

然而，垄断者可能利用其独占权来提高价格，损害顾客的利益。价格上升可使边际收益大于边际成本。因此，为了确保经济效率，政府必须控制垄断。政府可以通过两种方法控制垄断：

> **垄断控制：**
> - 政府所有并运营。
> - 对商业企业进行管制。

- 政府可以自行拥有并经营该企业，并使其在经济效率水平下运行。
- 政府可以将垄断专营权授予一家商业企业，并对该企业进行管制。

■ 政府所有制

原则上，政府拥有企业所有权和专营权似乎是确保经济效率最简单、最直接的方式。然而，在实践中，所有的政府企业都比较容易产生经济无效率的现象。因此，通过政府所有制实现经济效率的目标就会失败。

经济无效率的一个原因是政府所有制企业更易于受到雇员的控制，以至于企业更多的是为雇员服务而不是为消费者服务。受雇员控制的一些现象包括高薪和冗员，这两种情况都会提高生产成本。

经济无效率的另一个原因是政府所有制企业的投资基金依赖于政府。政府预算必须为从社会福利到军备开支等各项服务提供资金。政府所有制企业必须与其他公共需要就预算的分配展开竞争。这就有可能无法确保投资在经济效率水平上运行。

> **私有化：** 将企业所有权从政府转向私人企业。

由于政府所有制的局限性，全球掀起了政府所有制企业私有化的浪潮。**私有化**（privatization）意味着将所有权从政府转向私人企业。但这并不一定意味着允许竞争。事实上，许多私有化企业在它们所在的市场上是垄断者。

■ 价格管制

由第6章我们可知，任何产品和服务的供给将在边际收益等于边际成本的水平上达到经济效率水平。假设政府将电力供应的独家专营权授予木星燃料公司。木星公司的成本包括固定成本和每兆瓦时40元的不变边际成本。图15-1显示了电力的供应成本和需求。

> **边际成本定价：** 供应商必须将价格设定为等于边际成本的水平，并按照市场需求量进行供给。

假设政府要求供应商将价格设定为等于边际成本的水平，并按照市场需求量进行供给。参见图15-1，在每个可能的需求量上，价格都等于边际成本。事实上，该政策迫使供应商如同完全竞争的供应商一样进行经营。该政策被称作**边际成本定价**（marginal cost pricing）。

需求曲线与边际成本曲线相交于点 a。如果木星公司将价格设定为每兆瓦时 40 元,市场需求量为 10 000 兆瓦时。在边际成本定价的管制下,木星公司必须满足需求量。也就是说,它必须供应 10 000 兆瓦时的电力。此时,顾客的购买量使得价格等于边际收益。这样,边际收益就等于边际成本,即满足了经济效率水平的条件。

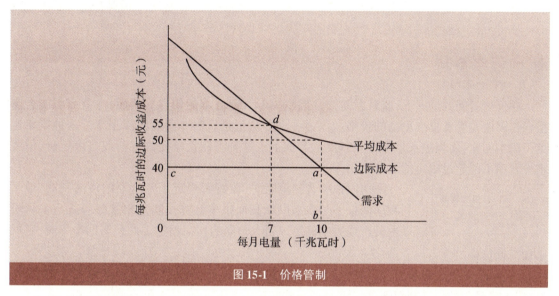

图 15-1　价格管制

注:需求曲线与边际成本曲线相交于点 a。在边际成本定价策略下,供应商将每兆瓦时电力的价格设定在 40 元,市场需求量为每月 10 000 兆瓦时。需求曲线与平均成本曲线相交于点 d。在平均成本定价策略下,供应商将每兆瓦时电力的价格设定在 55 元,市场需求量为每月 7 000 兆瓦时。

边际成本定价在实施上存在两个挑战。一个是,在边际成本定价下,供应商可能面临损失。木星公司的收入由 $0bac$ 的面积表示,也就是每月 40 元 × 10 000 = 40 万元。电力产量为 10 000 兆瓦时的平均成本是每兆瓦时 50 元,也就是说,总成本为每月 50 元 × 10 000 = 50 万元。在边际成本定价管制下,供应商遭受的损失为每月 50 万 − 40 万 = 10 万元。

因此,政府必须每月提供 10 万元的补贴,以保证供应商财务的正常运转。在这种情况下,补贴是实现经济效率水平的必要条件。然而,监管者必须为提供该补贴筹集资金。

如果政府不愿意提供补贴,那么又应该如何管制木星公司呢?在允许供应商实现收支平衡的情况下,最接近达到经济效率水平的政策是**平均成本定价**(average cost pricing)。在平均成本定价政策下,供应商必须将价格设定为等于平均成本的水平,并按照市场需求量进行供给。此时,供应商恰好能达到收支平衡。将平均成本定价运用于木星公司,电价就为每兆瓦时 55 元,木星公司每月需提供 7 000 兆瓦时电力。

平均成本定价:供应商必须将价格设定为等于平均成本的水平,并按照市场需求量进行供给。

价格管制的另一个挑战是获得有关供应商成本的信息。专营商有很强烈的高报其生产成本的意愿。这样监管者会允许一个较高的价格,从而供应商能够增加其利润。事实上,监管者与专营商的信息是不对称的。正如第 12 章介绍的那样,如果不及时解决信息不对称的问题,将导致经济效率低下。

进度检测 15A

如图 15-1 所示,假设需求增加,这将如何影响最优价格?

■ 回报率管制

在价格管制的情况下,监管者需要掌握有关专营商成本的信息。然而,专营商可能会高报成本以使监管者批准更高的价格。而另一个办法就是管制专营商的回报率。这种策略避免了成本问题,而将焦点集中在专营商的利润上。这种管制策略允许专营商自由定价,但要求专营商不能超过限定的最高利润。

采用回报率管制策略时,监管者规定了专营商的最高利润,最高利润用回报率基数乘以最高回报率计算。**回报率基数**(rate base)可以由资产或股本确定。当专营商的利润超过了此最高回报率时,它就必须降低价格。

> **回报率基数:** 用以计算专营商回报率上限的资产或股本。

举例来说,假设木星受回报率管制,限定其最高回报率为 12% 而基数为 500 万元的资产。这样,木星受限的最高利润则是每年 12% × 500 万 = 60 万元。

回报率管制在实施上存在三个挑战:

- 回报率:第一个挑战是设定合理的回报率。一般来说,回报率基数通常是较大的数额,因此回报率的细微差异将会导致很大的利润差异。由于专营商为垄断经营,市场上几乎不存在可参照的企业。因此如何设定合理的回报率是个难题。
- 回报率基数:第二个挑战是确定什么样的资产是提供管制服务所需要的资产,因而需被纳入回报率基数之中。专营商会想方设法列出最多的资产以提高自己的利润。
- 过度投资:最后,专营商有动力在超过经济效率水平的水平上进行投资。通过扩大它的回报率基数,限定的回报率则会乘以一个更大的基数。这样,专营商就可以获得更高的利润。

小案例

澳大利亚:对主要通信服务的价格管制

澳大利亚竞争与消费者委员会(ACCC)宣布传输能力在每秒 200 万兆字节或更高带宽的通信服务需要服从管制。ACCC 决定通过总服务的长期边际成本(total service long-run incremental cost,TSLRIC)来管制通信传输价格。TSLRIC 实质上是考虑了规模经济和范围经济之后,在现有商业条件下可提供的有效技术的服务的边际成本。

ACCC 为 TSLRIC 价格管制提出以下四点解释:

- 如果服务提供商面临有效的竞争,其价格应近似等于 TSLRIC 价格;

- TSLRIC 提供了风险调整的投资回报率,因此,也就鼓励在基础设施方面的有效投资;
- TSLRIC 鼓励现有基础设施的有效利用;
- TSLRIC 允许服务提供商全部回收提供服务的有效成本。

资料来源:Australian Competition and Consumer Commission, *Domestic Transmission Capacity Service: Final Report*, March 2009, 36—37。

15.3 潜在竞争市场

与自然竞争市场不同,**潜在竞争市场(potentially competitive market)**是指相对于需求来说,规模经济与范围经济的作用并不明显的市场。因此,存在两个或更多竞争供应商不会导致平均成本的提高。在一个潜在竞争市场中,在完全竞争情况下,"看不见的手"将确保经济效率。因此,在任何潜在竞争市场,政府应该促进竞争。

> **潜在竞争市场**:相对于需求来说,规模经济和范围经济作用并不明显的市场。

竞争法案

政府促进竞争的基本途径是通过制定竞争法案(也称为"反垄断法"或"反托拉斯法")。然而,受特定监管的行业也可能被要求遵守竞争法。

表 15-1 列出了几个国家(地区)司法部门设定的关键竞争法案。除了这些法案,欧盟之内的各国家与美国各州都有它们自己的竞争法案。表 15-1 还列出了在这些司法部门中负责执行这些竞争法案的机构。

表 15-1 竞争法案

司法管辖权	法案	执行机构
澳大利亚	《竞争与消费法》(2010)	澳大利亚竞争与消费委员会
加拿大	《竞争法》(1985)	竞争局
欧盟	《欧盟运作条约》(2009):第101—106章	欧盟委员会竞争总局
日本	《反垄断法》(1947)	公平贸易委员会
韩国	《垄断管制及公平贸易法》(1980)	公平贸易委员会
新西兰	《商务法》(1986)	商务委员会
英国	《竞争法》(1998);《企业法》(2002)	竞争与市场委员会
美国	《谢尔曼法》(1890);《克雷顿法》(1914);《联邦贸易委员会法》(1914);《罗宾逊—帕特曼法》(1938);《哈特—斯科特—罗迪诺反托拉斯法》(1976)	司法部;美国联邦贸易委员会

(续表)

司法管辖权	法案	执行机构
中国内地	《反垄断法》(2007)	国家发展和改革委员会;国家工商行政管理总局;商务部
中国香港	《竞争条例》(2012)	竞争事务委员会
中国台湾	《公平贸易法》(1991)	公平贸易委员会

一般而言,竞争法案禁止以下一些行为:
- 竞争者在购买或销售价格等方面勾结设定价格;
- 拥有市场力的企业滥用市场力;
- 将产生巨大市场垄断力的兼并或收购。

此外,法律还禁止或者限制一些反竞争的商业行为,例如,控制零售价格、签独家合同等。然而,每个国家所禁止的行为各不相同。

竞争执行机构的任务是实施竞争法。一方面是对那些相互勾结及滥用市场力的企业进行起诉。另一方面是审核收购或购买预案。竞争执行机构必须确保所有的预案都符合法律。竞争执行机构会批准符合条件的预案。例如,竞争执行机构有可能要求一些企业对一些业务撤资以减弱合并或并购带来的反竞争影响。

除了政府监控,竞争法案也可能允许受到反竞争行为影响的个人提出诉讼。例如,美国反托拉斯法律规定,原告可以通过诉讼取得三倍的赔偿。此外,原告可以要求法庭下令终止反竞争的行为。

■ 结构管制

一个市场是自然垄断市场并不意味着其上游及下游市场也同样是自然垄断市场。以电力为例,虽然输送和配送市场是自然垄断市场,但电力的生产却可能属于潜在竞争市场。同样,自来水配送属于自然垄断市场,然而其生产却属于潜在竞争市场。

在这样的情况下,政府需要考虑如何保护一个市场上垄断者的利益,同时又要鼓励另一个市场上的竞争。当垄断专营商同时加入潜在竞争市场时,就会给监管者带来很大的难题。

为了阐述这个问题,假设政府将配送电力专营权授予木星公司,同时又允许电力生产商自由竞争。由于木星公司在配送电力市场上占有垄断地位,在电力生产市场中也占有买方垄断地位,因此,政府就必须同时对木星公司的配送电垄断和买方垄断进行规范。

现在,假设木星公司对电力的生产进行纵向整合。也就是说,木星公司有动力重视其内部电力生产商而歧视电力生产竞争者。监管者应该介入以确保公平竞争。然而,木星公司可能利用其在技术或其他环节上的信息优势来干扰监管者的判断。因此,电力生产竞争者可能在供电与配送垄断市场上处于劣势地位。

一个解决方案是将自然垄断市场与潜在竞争市场用结构管制的手段进行分离。在**结构管制**(structural regulation)下,监管者规定了企业可以生产垂直相关产品和服务的条件。

> **结构管制**:在结构管制下,监管者规定了企业可以生产垂直相关产品和服务的条件。

在电力案例中,监管者可以要求木星公司分离其配送电和发电业务。在极端的情况下,甚至可以禁止木星公司发电。木星公司只负责配送电力,就没有动力不公平对待任何发电企业。

> **进度检测 15B**
>
> 解释通过结构管制推动竞争的方法。

 小案例

执行全球兼并

2011 年 5 月,德国大众汽车集团拥有瑞典卡车制造商 Scania 72% 的股权,拥有德国卡车制造商 MAN 30% 的股权。大众监事会主席和 MAN 董事长 Ferdinand Peich 旨在加强 Scania 与 MAN 之间的合作。

大众以普通股每股 95 欧元和优先股每股 59.90 欧元开始对 MAN 进行要约收购。然而,大众预期,"反托拉斯限制给更深入的合作制造了障碍。因为一方面是 MAN,另一方面是 Scania 和大众,它们被视为竞争对手"。

为完成对 MAN 的收购,大众必须获得欧洲委员会,以及澳大利亚、巴西、加拿大、法国、德国、意大利、日本、墨西哥、土耳其、美国等国家的司法监管局的批准。

资料来源: Volkswagen AG, offer document, 2011 年 5 月 30 日; "Volkswagen submits merger control application to EU Commission," Press Release 282/2011, 2011 年 8 月 23 日。

 小案例

新德里的电力

在电力行业中,电力的传输和配送显示出强大的规模经济,而发电可能没有。在 2001 年,印度首都新德里政府重组与私有化了七家公司——两家发电公司、一家电力传输公司、四家电力配送公司。

新德里政府对四家电力配送公司在指定的区域内授予电力配送的垄断专营权。North Delhi Power Limited(NDPL)拥有北部和西北部地区的专营权。它与发电企业通过长期合同购买了超过 1 100 兆瓦时的电力。

在迈向纵向整合的新举措中,NDPL 正在新德里的 Rithala 建设一个 108 兆瓦时的循环燃气发电厂。NDPL 认为新发电厂是"避免了建造一个昂贵的等功率双边发电站的需要"。但这对于发电市场的竞争来说到底预示着什么？

资料来源：North Delhi Power Limited, 2009—2010 年年报。

15.4 信息不对称

"看不见的手"失灵的另一种情况是有关一些特性或未来行动的信息不对称。第 13 章与 14 章提到过，如果信息不对称问题得不到解决，边际收益就会偏离边际成本，从而资源的配置达不到经济效率水平。

现以医疗服务市场为例。病人依靠外科医生提供诊断与治疗。由于外科医生与病人之间存在信息不对称，外科医生就会面临道德风险。例如，有些外科医生可以通过让病人接受不必要的治疗来增加他们的收入。

图 15-2 显示了市场均衡的情况。正确需求反映了病人在与外科医生拥有同样信息情形下的边际收益。需求膨胀是由于信息不对称所导致的。外科医生诱导患者接受过度的治疗使得需求超过了正确需求的程度。

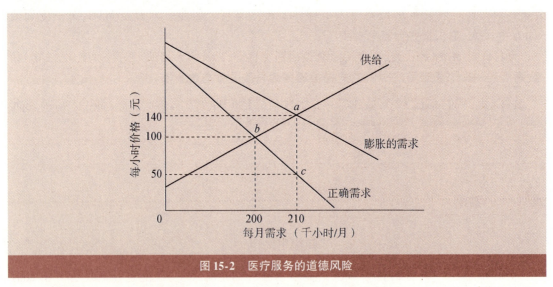

图 15-2 医疗服务的道德风险

注：膨胀的需求比正确需求要大。市场均衡点为膨胀的需求与供给相交的点 a。此时，医疗服务价格为每小时 140 元，医疗服务需求量为每月 210 000 小时。如果道德风险问题能得到解决，膨胀的需求会下降到正确需求的高度，那么正确需求(边际收益)与供给(边际成本)相交的点 b 就为均衡点。

膨胀的需求曲线与医疗服务供给曲线相交在点 a。在市场均衡点上，价格每小时 140 元，医疗服务需求量为每月 210 000 小时。在这一数量上，医疗服务的正确边际收益为每小时 50 元，也就是正确需求曲线的高度。而医疗服务的边际成本为 140 元，即市场均衡点下的供给曲线的高度。在市场均衡的条件下，边际成本超过正确边际收益 90 元。这个经济无效率是外科医生与病人之间信息不对称的结果。

在信息不对称的情况下，监管者可以通过对信息优势方进行以下管制来解决信息不对称的问题：

- 信息披露
- 行为规范管制
- 业务结构管制

> **管制信息不对称：**
> - 信息披露
> - 行为规范管制
> - 业务结构管制

在医疗服务中，管制有效时，在图 15-2 中膨胀的需求将向下往正确需求的方向移动。此时，均衡点将更接近于正确边际收益等于边际成本的点 b。

■ 信息披露

解决信息不对称问题最显而易见的方法就是，要求信息优势方真实地公开其信息。然而，只有当信息能够被客观地证实时，信息的披露才可以解决信息不对称问题。例如对于外科手术，病人需要较为专业的判断，因此，信息披露可能无法解决信息不对称问题。

考虑另一个信息不对称的情形：金融顾问强行推销风险投资。监管者可以要求金融顾问披露投资的风险性。如果顾客理解所披露的信息，那么这就有可能解决信息不对称问题。

> 如果信息能够被客观地证实，那信息披露就能解决信息不对称问题。

■ 行为规范管制

除了直接解决信息不对称问题，另一个选择则是规范信息优势方的行为，限制该方从信息优势中所能攫取的利益。如果信息优势方不能从信息优势中攫取利益，那么结果会趋向于经济效率水平。

例如，金融服务的监管者可以规定所有风险投资需要以书面形式购买，并由一个独立的机构见证。这样可以有效限制金融服务机构的高压销售策略。监管者还可以制定一个最短"冷却期"。在此期间，投资者可以取消任何投资而不支付罚金。这些行为规范管制可以限制金融顾问向投资者施加购买不恰当投资的压力。

■ 结构管制

限制信息优势方从信息优势中攫取利益的另一个途径是业务结构管制。通过对不同业务进行强制分离，监管者可以降低一方从信息优势中攫取利益的可能性。

我们可以用医疗服务市场来说明结构管制。在一些国家，医生提供咨询和治疗是受到限制的，并被禁止销售药品与医疗用品。这一管制有效地防止医生开出过量的处方药物。

我们同样可以用金融服务市场来说明结构管制。次贷金融危机之后，各监管机构已提出，从零售客户获得存款的商业银行，不应该从事衍生产品和其他证券的交易。这种结构管制将限制商业银行所面临的风险。

> **进度检测 15C**
>
> 政府如何对信息不对称进行管制？

房地产经纪行业的结构管制

在房地产经纪行业，双重经纪人既代表买方也代表卖方。双重经纪人本质上是矛盾的。经纪人可能会告诉卖方买方愿意购买的价格，或者告诉买方卖方愿意接受的价格。

双重经纪人偏向买方还是卖方？经验证据是混合的。在一项关于 2000—2009 年弗吉尼亚州中部的超过 21 000 个住宅交易的研究中，与双重经纪人有关的交易的价格比其他交易低 1.7%。相反，在 2000—2010 年印第安纳州 Johnson 镇的超过 18 000 个住宅交易中，在销售经纪人拥有的业务时，与双重经纪人有关的交易的价格比其他交易高于 4.8%。然而，在销售无关个体拥有的业务时，交易价格没有显著差异。

新加坡政府禁止双重经纪人，要求买方和卖方由不同的经纪人代理。

资料来源：Raymond T. Brastow and Bennie D. Waller, "Dual agency representation: incentive conflicts or efficiencies", *Journal of Real Estate Research*, Vol. 35, No. 2, 2013, 199—222; Ken Johnson, Zhenguo Lin, and Jia Xie, "Dual agent distortions in real estate transactions", *Real Estate Economics*, Vol. 43, No. 2, 2015, 507—536.

15.5 外部性

在存在外部性的情况下，也就是说，当某些利益和成本直接从生产方传递给接受方，而不是通过市场传递时，"看不见的手"可能失灵。如果市场不存在，"看不见的手"就无法发挥作用。不存在一个汽车和工厂排放以及污染水排放的市场。此外，污染影响太多的实体以至于私人行为可能无法解决外部性问题。政府监管可能是唯一的解决办法。

第 12 章表明，外部性达到经济效率水平的条件是：边际收益之和等于边际成本之和。排放的收益是允许排放方免却清洁处理污染的费用。排放的成本是受害者的健康受到威胁。

> **外部性管制：**
> - 使用费或使用税；
> - 制定标准或配额。

如图 15-3 所示，在经济效率水平的排放量均衡点上，排放量为每年 80 万吨。在该点上，社会边际成本等于社会边际收益。怎样才能达到这一平衡点呢？一般来说，有两种管制外部性的方式：

- 使用费或使用税；
- 制定标准或配额。

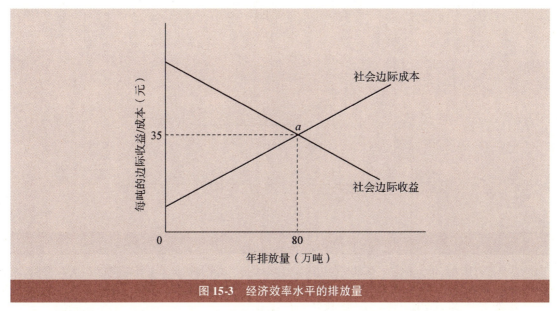

图 15-3 经济效率水平的排放量

注：经济效率水平的排放量为每年 80 万吨。在该点，社会边际成本等于社会边际收益，均为每吨 35 元。

■ 使用费或使用税

管制的一种方式是模拟亚当·斯密那只"看不见的手"，所有的排放方只要愿意缴纳使用费或使用税，就可以任意排放。参见图 15-3，在经济效率水平排放量下，社会的边际成本为每吨 35 元。假设监管者设定排放一吨废气的使用费为 35 元，排放方只要购买了排放量就可以排放废气。

让我们来考虑一家需要排放废气的炼油厂的情况。为了实现利润最大化，炼油厂应当买入排放量，直至排放废气的边际收益为 35 元。假设当排放量为每年 5 万吨时，炼油厂的边际收益为 35 元（如图 15-4 所示）。

为了理解为何排放量为每年 5 万吨时使利润最大化，我们讨论排放量少于每年 5 万吨的情况。假设排放量为 4 万吨，炼油厂从更多排放中获得的边际收益为 45 元，超过了 35 元的使用费。因此，通过增大排放量能够增加利润。如果排放量多于每年 5 万吨，那么它的边际收益将会小于 35 元的使用费。因此，它会降低排放量。

所有排放方均会在边际收益等于 35 元的水平上排放。由于监管方对所有的排放方收取相同的 35 元使用费，因此所有排放方的边际效益将是相等的。

此外，由于监管者是依据废气排放的社会边际成本制定用户排放使用费（此例中为 35 元），所以此使用费使废气排放的社会边际收益等于社会边际成本。因此，排放使用费实现了经济效率水平的废气排放量。

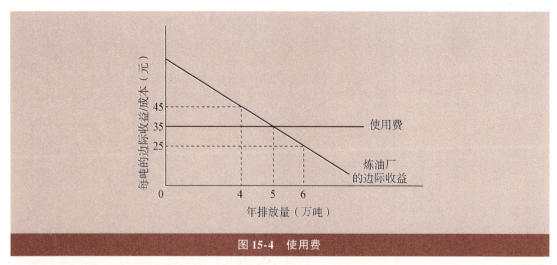

图 15-4　使用费

注：当排放量为每年 5 万吨时，炼油厂的边际收益为 35 元。如果排放量为 4 万吨，炼油厂从更多排放获得的边际收益为 45 元，因此，通过增大排放量能够增加利润。但如果排放量为每年 6 万吨，它的边际收益将为 25 元，小于 35 元的费用，因此，它会降低排放量。

■ 标准或配额

管制的另一种方式是直接通过制定标准或发放配额进行。参见图 15-3，经济效率水平的排放量为每年 80 万吨。因此，监管者可以简单地规定最大排放量为每年 80 万吨。然而，废气排放生产方却有很多。监管者如何将每年 80 万吨的份额分配给各个排放方呢？

监管者可以签发每年 80 万吨的排放许可证，然后通过公开拍卖将其出售。每一个排放方对许可证的需求等于其从废气排放获取的边际收益。在图 15-3 中，市场需求曲线就是社会边际收益曲线。

许可证的供给在每年 80 万吨的排放水平上完全缺乏弹性。如图 15-3 所示，第 80 万吨废气排放的边际收益为 35 元。这样，在均衡点上，每个许可证的均衡价格为 35 元。排放需求与供给在此价格上相等。

每个排放方将购买许可证，直到其边际收益等于许可证价格，即 35 元。因此，排放量将是具有经济效率的。通过出售排放许可证，监管者有效地收取了由竞争市场决定的排放使用费。

> **进度检测 15D**
>
> 参见图 15-3，比较用户使用费为每吨 25 元和每吨 45 元的条件下的社会收益和社会成本。

■ 拥堵

对如桥梁和隧道等基础设施的需求会随着时间的变化而变化。在非高峰时段，基础设施提供的是非竞争性使用。相比之下，在高峰时段，每增加一个用户都会产生拥堵。拥堵成本包括延误和更多的意外事故。显然，拥堵是一种负外部性。

假设一条隧道在保证顺畅通行时的通行车辆为每分钟 30 辆。从经济效率的角度来看，应该对隧道交通进行相应管理，使得每个驾驶者的边际收益等于边际成本。当隧道每分钟通行车辆数少于 30 辆时，通过隧道的边际成本为零。此时，隧道没有必要禁止任何驾驶者。

然而，当隧道每分钟通行车辆数为 30 辆时，边际成本变为正值。为达到经济效率，隧道需要收取一个与边际成本相等的通行费。这能确保只有收益大于边际成本的驾驶者才会进入隧道。

如果隧道没有收取通行费，情况会是怎样呢？考虑一个边际驾驶者（第 31 个驾驶者）如何决定是现在进入隧道还是等到交通量小一点的时候再进。如果驾驶者现在进入隧道，她能节省一些时间。在做决定时，驾驶者将她立刻进入隧道的私人利益和私人成本做比较，而忽略其他驾驶者的额外成本。由于这种负外部性，超过经济效率水平的驾驶者会进入隧道，以至于进入隧道的驾驶者数量太多。

一般来说，为达到经济效率，拥堵的基础设施应征收一份等于边际成本的使用费。这里的边际成本包括强加给其他驾驶者的负外部性。由于边际成本随着时间的变化而变化，因此使用费也就随成本而变化。这一定价政策将确保基础设施（如桥梁、隧道、公路及铁路）的使用处于经济效率水平上。

拥堵显示了随时间而变化的外部性。类似的规则也适用于随地区而变化的外部性。由于边际收益和边际成本的变动，外部性的经济效率水平也会有所不同。因此，适当的使用费或使用税也会有所不同。

■ 意外事故

意外事故是外部性的一个特别种类，它的发生是一个概率事件。例如，可能发生的汽车事故意味着，每个驾驶者都有可能对他人产生负外部性。外部性的可能性和严重程度取决于驾驶者开车的小心程度。

如图 15-5 所示，驾驶者所选择的小心程度是使她自身的边际收益（用意外事故所带来的预期伤害的降低来衡量）等于边际成本。然而，经济效率的小心程度是社会的边际收益等于驾驶者的边际成本。社会的边际收益包括对其他驾驶者造成的预期伤害的降低。因此，社会边际收益大于驾驶者自身的边际收益。

意外事故可能会涉及很多人，以至于个人行为无法解决外部性问题。因此，政府干预是必然之举。然而，政府一般不会直接进行干预。相反，政府为相关各方建立一套准则，根据准则来分配权利，从而解决外部性问题。具体来说，法规明确了各方对意外事故应负的责任。**责任**（liability）是指在一系列条件下，一方必须为另一方的损失进行赔偿。

> **责任**：在一系列条件下，一方必须为另一方的损失进行赔偿。

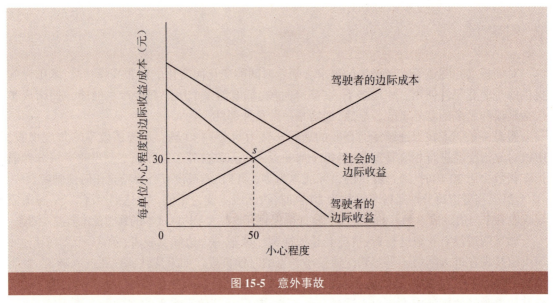

图 15-5　意外事故

注：驾驶者所选择的小心程度位于她自身的边际收益等于边际成本之处。此时的小心程度比经济效率水平的小心程度要低。经济效率水平下的小心程度位于社会的边际收益等于驾驶者的边际成本之处。

实际上，通过明确规定责任和赔偿，法规以隐性的方式为意外事故的造成设定了价格，换句话说，为当事人没有对自身行为小心设定了价格。与传统市场价格不同，意外事故的价格只在事件发生之后支付。

因此，在规定责任和赔偿的前提下，每个驾驶者都会使其自身边际收益（意外事故所带来的预期损害及赔偿责任的减少）与边际成本相等。通过适当的责任及赔偿，驾驶者会选择具有经济效率的小心程度。参照图 15-5，在经济效率水平上，驾驶者小心程度的社会边际收益等于其边际成本。

进度检测 15E

与图 15-5 相比，假设法院将肇事者需要赔偿给意外事故受害者的损失费翻倍。这对车主开车时的小心程度将有何影响？

小案例

澳大利亚：减少碳排放

澳大利亚约有 80% 的电力来自煤炭发电。在所有发达国家中，澳大利亚的人均温室气体排放量最大。在总理 Kevin Rudd 减少碳排放的法案被驳回后，他的副手 Julia Gillard 将其扳倒，接任总理。

2011年7月，以总理Julia Gillard为代表的新政府承诺在2050年时将澳大利亚的碳排放量在2000年的基础上削减80%。从2012年7月起，政府将向碳排放量前500位的污染者征收每吨23澳元的碳排放税。从2015年起，这项税收将被市场化的排放量交易方案所取代。同时，政府将提供财政激励措施，以鼓励关闭本国污染最严重的发电厂。

资料来源："Breaching the brick wall"，*Economist*，2011年7月11日。

知识要点

- 如果某产品市场上在只有一个供应商时，该产品的平均成本达到最小化，那么该市场就是一个自然垄断市场。
- 政府可以通过回报率或价格进行垄断管制。
- 在潜在竞争市场中，相对于需求而言，规模经济或范围经济的作用并不明显。
- 政府可以通过竞争法或结构管制促进竞争。
- 政府可以通过披露、行为规范或业务结构对信息不对称市场进行管制。
- 政府可以通过制定使用费或使用税，或者通过制定标准或配额来对外部性进行管制。
- 政府可以通过制定法规来对意外事故进行管制。

复习题

1. 解释自然垄断的概念。
2. 政府所有并运营的企业在效率方面的挑战是什么？
3. 解释边际成本定价法。
4. 价格管制会引发什么样的问题？
5. 解释回报率管制。
6. 回报率管制会引发什么样的问题？
7. 私有化必然会增加竞争吗？解释原因。
8. 一般来说，竞争法案要禁止什么行为？
9. 判断正误：强制披露通常是解决信息不对称问题的最好办法。
10. 请解释行为规范管制与业务结构管制如何解决信息不对称问题。
11. 请解释如何通过制定使用费来控制由建筑设备产生的噪音。
12. 请解释如何通过制定标准来控制汽车污染物的排放。
13. 为什么政府应该向隧道使用者收取通行费？
14. 为什么一座桥梁的使用费随着一天里时间的改变而改变？
15. 政府应该如何对意外事故进行管制？

讨论案例

1. 新德里电力行业被垂直分割为发电、电力传输和电力配送。政府将电力传输和电力配送的垄断专营权授予不同的公司。新德里电力监管委员会对该垄断进行管制——将产权回报率上限设为14%。从2005年到2011年,尽管有两家供电公司存在亏损,但委员会仍然拒绝提高电力价格。(资料来源:"Delhiites to pay 22% more for power as regulator clears hike," *Financial Express*, 2011年8月27日。)

    (a) 为什么新德里政府将电力行业分割为发电、电力传输和电力配送?为什么将垄断权授予电力传输和电力配送公司?

    (b) 在进行回报率管制时委员会将面临什么挑战?

    (c) 运用套牢,解释委员会拒绝提高电力价格的原因。

    (d) 三家电力配送公司是私人企业和新德里政府的合资企业。政府持股如何影响政府套牢的潜力?

2. 澳大利亚独立定价和监管审理会对水利厅进行价格管制。水利厅是澳大利亚新南威尔士州垄断供水商。2010年,水利厅由于成本增加了1.86亿澳元而希望提高水的价格。审理会认可了其中41%的成本增加,由此向使用者实施了两段定价。固定价格将提供70%的收入,其余30%的收入来源于使用费。(资料来源:Independent Pricing and Regulatory Tribunal, *Review of Prices for the Water Administration Ministerial Corporation*, 2010年10月。)

    (a) 解释供水中的自然垄断。

    (b) 使用相关图表,解释水的平均成本定价法。

    (c) 如果垄断的成本增加,用(b)题中的图解释审理会应该如何调整价格。

    (d) 为什么水利厅要高估上报的成本?

    (e) 解释为什么两段定价能鼓励使用者节约用水。

3. 在中国香港地区,电力供应是由两个纵向整合的公司所垄断的。香港电灯有限公司供电给香港岛,而"中华电力有限公司"供电给九龙及新界。香港特区政府规定了每家公司的最大固定净资产回报率为9.99%。虽然两家公司的供电网络仅相距几千米,但它们没有相互连接。

    (a) 讨论香港电力行业的纵向整合是否具有经济效率。

    (b) 假设香港岛、九龙和新界对电力的需求不同,两家公司的供电网络相互连接能如何提高经济效率?

    (c) 为什么两家电力公司都反对相互连接?

4. 在美国,所有的股票经纪人必须依据证券投资者保护公司(SIPC)的要求为顾客账户进行500 000美元的最低赔付金额投保。这项投保可以在经纪人失职时弥补顾客的现金、股票和债券的损失。SIPC保险并不涵盖其他投资(例如期货)的损失。

    (a) 你能用经纪人和投资者之间的信息不对称来解释政府对SIPC保险的要求吗?

    (b) 很多经纪人购买私人保险以补偿超过SIPC提供的最低限度补偿的损失。请解释为何经纪人的这一行为可以看作是其理财能力的信号。
(c) 期货产品要比股票和债券更加复杂。为什么 SIPC 保险不涵盖期货的损失是合理的？

5. 随着人口的快速增长，如果年轻人得到了充分的教育，那么印度的经济就会繁荣。很多父母重视教育并送自己的孩子去上学。然而，一些私立学校并没有对学生进行良好的教育并且许多家长是文盲，并不了解他们实际上被欺骗了。
(a) 使用相关图形，解释教育市场上信息不对称的影响。
(b) 解释披露、行为规范和业务结构管制如何解决信息不对称问题。
(c) 慈善机构和社会企业会如何有助于解决这一问题？

6. 在印度，很多贫穷的父母宁愿让自己的孩子辍学去工作。在 2014 年，Akshaya Patra 为跨越 10 个州的、总共超过 10 600 家政府和政府资助学校的 140 万个儿童提供了免费午餐，以鼓励儿童去学校上学。
(a) 假设一些父母有着很高的贴现率。这将如何影响他们送孩子去上学还是工作的选择？
(b) 儿童的教育是否产生了外部性？这是否证明了教育补贴的必要性？
(c) 相比小学教育和中学教育，你在(b)中的分析在何种程度上适用于高等教育？
(d) 一般而言，经济学家认为在帮助穷人方面，给现金比给实物更有效。讨论 Akshaya Patral 是否应该用与免费午餐等值的现金代替免费午餐。

7. 美国联邦航空局(FAA)根据噪音水平对所有民用飞机进行了分级。分级表从噪音最大的 1 级，到噪音最小的 3 级。在 2013 年，FAA 禁止了噪音级别为 2 级、重量低于 75 000 磅的喷气式飞机运营。其中一些飞机可以被改装加工到 3 级水准。（资料来源："FAA Stage 2 Noise Ban Rule Bars Older Jets In U. S."，*ainoline. com*，2013 年 8 月 4 日。）
(a) 谁应该对飞机噪音进行管制：联邦政府还是地方机场当局？
(b) 假设某机场对飞机噪音有明确的标准。机场应该允许飞机制造噪音还是允许各航空公司交易它们的噪音许可权？
(c) 使用相关图表，解释机场应该如何确定允许噪音的等级。确定的等级在每天不同时段应该是不同的吗？

8. 在发达国家中，澳大利亚人均温室气体排放量最大。2011 年 7 月，以总理 Julia Gillard 为代表的澳大利亚政府承诺减少澳大利亚的碳排放量。从 2012 年 7 月开始，政府对碳排放量最大的 500 位污染者征收每吨为 23 澳元的碳排放税。从 2015 年起，这项税收将被市场化的排放量交易方案所取代。
(a) 使用相关图形，解释政府应怎样确定碳排放税率。
(b) 使用(a)中的图形，解释政府应怎样确定碳排放量的总配额。
(c) 排放量的交易会如何建立一个排放的价格？

9. 中国香港铜锣湾的零售区域是世界上租金最贵的区域之一，每年每平方英尺租金超过了 3 000 美元。在 2011 年，城市规划委员会将该地区未来的建筑物高度限制在 130 米到 200 米之间。房地产开发商希慎集团(Hysan Group)拥有在该地区的九处房产，它要求城市规划委员会放宽限制，但城市规划委员会拒绝了这项申请。（资料来源："Long hours didn't cloud our judgment on Causeway Bay

building restrictions, town planners say," *South China Morning Post*, 2014年12月1日。)

(a) 对建筑物的高度限制解决了哪种外部性?
(b) 希慎集团会如何从放宽的高度限制中获益?
(c) 使用相关图表,解释城市规划委员会应如何确定高度限制?
(d) 对建筑物的高度限制在整个香港地区都应该是一样的吗?

进度检测与复习题答案

第1章 管理经济学简介

进度检测

1A. 附加值 = 买方收益 − 卖方成本 = 买方剩余 + 卖方经济利润。

1B. 0,0,⋯,0,300 元。

1C. 千奕从读 MBA 中获得的净现值(NPV)是

$$-50\,000\ \text{元} - \frac{50\,000\ \text{元}}{1.10} + \frac{95\,000\ \text{元}}{1.10^2} + \frac{95\,000\ \text{元}}{1.10^3} + \frac{95\,000\ \text{元}}{1.10^4} = 119\,319\ \text{元}$$

他应该继续现有的工作,因为这样会有较大的净现值。

1D. 略。

1E. 管理经济学的三大分支是:(i) 竞争市场;(ii) 市场力;(iii) 不完美市场。竞争市场拥有大量的卖方和买方,没有谁可以影响市场状况。相反,拥有市场力的卖方或买方可以影响市场状况。如果市场中的一方能够直接向其他人传递收益或是成本,或者其中一方所掌握的信息比其他人更精确,则市场是不完美的。

复习题

1. 附加值是买方收益和卖方成本之间的差值。经济利润是卖方收入减去卖方成本。
2. 附加值是买方收益和卖方成本之间的差值。所以,即使慈善组织没有收入,但也未必摧毁附加值。要使免费蚊帐产生附加值,买方的收益必须大于卖方成本。
3. 略。
4. 略。
5. 人们不会总是理性地行动,因他们往往认知能力有限且缺乏自我控制。
6. 如果雇主今天投资100万元,未来该投资能够得到正的回报;所以,养老金在未来支出100万元将绰绰有余。
7. 在考虑了时间因素之后,若净流入仍然大于净流出,则净现值为正。
8. 根据纵向边界的相关知识,一个自己生产电视节目的电视台比一个从其他方购买电视节目的电视台更好地实现了纵向整合。
9. 兼并一所医院的一所大学拓展了其横向边界。一所裁减部分学科的大学实现了其横向边界的收缩。
10. 当苹果将 iPhone 的生产外包给一个中国的承包商时,这是纵向瓦解。
11. (a) 电力市场包括买方和卖方;(b) 电力行业仅仅包含卖方。
12. (a) 错误;(b) 错误。
13. 供求模型。
14. 一个拥有市场力的制造商可以影响需求和(或)供给状况。
15. (b)。

第2章 需 求

进度检测

2A. 电影院必须将票价降低 3 元,即从 11 元降到 8 元。

2B. (a) 向下倾斜的原因是边际收益递减;(b) 假设电风扇是低档产品,那么消费者收入的降低将会扩大需求且使需求曲线向右移动。

2C. 网络电影是影院电影的替代品。网络电影价格的降低将会使影院电影的需求曲线向左移动。

2D. 如果电影的价格为 8 元,那么志和的买方剩余将会是价格为 8 元时需求曲线之下、横轴之上的部分。

复习题

1. 略。
2. 略。
3. 略。
4. 略。
5. 新避孕产品的引进将会:(a) 使对男用避孕套的需求降低或不变;(b) 降低对避孕药的需求。
6. 百事可乐公司所做的广告将会:(a) 增加对百事可乐的需求;(b) 降低对可口可乐的需求。
7. 消费者收入的变化将会影响其对苹果 iPhone 的需求,从而影响苹果对于微处理器的需求。
8. 自动取款机(ATM)是银行柜员的替代品。高昂的劳动力成本将会增加对自动提款机的需求。
9. 买方剩余是买方从消费行为中获得的总收益与其实际支出的差值。
10. 错误。无论买方是消费者还是企业,买方剩余都是买方从消费行为中获得的总收益与其实际支出的差值。
11. 每个人从此次飞行中获得的边际收益不同。市场需求曲线表现了不同消费者的边际收益,并将边际收益从高到低进行排列。
12. 任意画出穿过(200 分钟,0.1 元)点的直线。秋泓的买方剩余是需求曲线与 0.1 元直线之间的区域。
13. 错误。每个新增加的物品提供的边际收益将会变低。实际节省的部分是总收益与所支付价格的差值。
14. 套餐的价格方案包括了一次性付清费用的固定使用量。宽带服务供应商可以设计这样一个套餐方案,使其包含的固定使用量价格略低于消费者的总收益。
15. 两段定价法是包含一部分固定费用和一部分由用量决定的变动费用的定价方法。宽带服务供应商可以设计一个两段定价策略,通过固定费用部分获取消费者的买方剩余。

第3章 弹 性

进度检测

3A. 需求量变化的比率是$(1.5-1.44)/1.44=0.06/1.44=0.042$。价格变化的比率是$(1-1.10)/1.10=-0.10/1.10=-0.091$。自身价格弹性是$0.042/(-0.091)=-0.46$。

3B. 影响需求的自身价格弹性的直观因素有:(a) 直接或间接替代品的可用性;(b) 买方先前的承诺;(c) 由节省所获得的收益与付出的成本。

3C. 需求量变化的比率将是$-2.5\times7\%=-17.5\%$。支出变化的比率将是$7\%-17.5\%=-10.5\%$。

3D. 自身价格弹性永远是一个负值。收入弹性则可能为正也可能为负,这取决于物品是正常产品还是低档产品。

3E. 对于一个非耐用品,买方需要的调整时间越长,则买方对于价格变动的反应将会越大。

复习题

1. 略。
2. 需求量和价格变化的比率将会是纯数值,所以自身价格弹性是一个与计量单位无关的纯数值。
3. 如果价格增加1%导致需求量降低1%或更少,则需求是价格刚性的。如果价格增加1%导致需求量降低超过1%,则需求是价格弹性的。
4. 行政人员用雇主的钱进行旅行的需求往往是较不具弹性的。节省的成本将由他们付出,但收益却属于雇主的。
5. 增加。支出变化的比率是$10\%\times(1-0.7)=3\%$。
6. 销售量的变化是$-1.5\times(-5\%)=7.5\%$。
7. 略。
8. 正确。
9. 互补品。
10. 对某个品牌啤酒的广告将会吸引其他品牌的消费者前来购买此品牌,同时也会在整体上提高对啤酒的需求。对啤酒进行整体的广告只能提高市场需求。
11. 需求量的变化将是$1.3\times5\%=6.5\%$。
12. 长期内弹性更大。

13. 需求量在短期内将增加 2.85%，长期内将增加 3.91%。
14. 如果消费者们受到沉没成本的影响，他们对价格变化的反应将会更温和，从而使需求变得更不具弹性。
15. (a) 更具弹性；(b) 更不具弹性。

第 4 章 供 给

进度检测

4A. 固定成本增加，可变成本曲线将不会受到影响，而总成本曲线将向上移动，幅度为固定成本上涨的幅度。
4B. 固定成本增加，平均可变成本曲线和边际成本曲线将不会受到影响，而平均成本曲线将会向上移动。
4C. 略。
4D. 它应该每周生产 6 000 块。
4E. 新的卖方剩余为 9 元的价格水平线和星星木材的供给曲线之间的区域。卖方剩余的增加值为 9 元的价格线和 7 元的价格线之间的区域。
4F. 如果生产规模趋于饱和而且调整时间较短，则供给将会趋于刚性。

复习题

1. 在短期内，卖方无法调整至少一项投入；相反，在长期内，卖方可以调整所有投入。假设所有的固定成本都是沉没成本，而所有的可变成本均不是沉没成本。则短期内只有固定成本，长期内只有可变成本。
2. 固定成本在短期内是无可避免的。5 元的平均成本包括平均固定成本。只要衬衫的价格超出平均可变成本，工厂就应该接受订单。
3. 没有区别。边际成本与固定成本之间没有必然的关联。
4. 对于洗发水制造商来说，广告的边际产量是每多投入 1 元广告费带来的产出增加。随着广告投入的增加，边际产量趋于下降。
5. 如果卖方足够小，则它可以以市场价格销售任何数量的产品。
6. 由于价格低于边际成本，生产者可以通过减少产量来提高利润。
7. 该分析低估了利润的增长。它仅仅考虑了现有生产的利润增长而忽略了由产量增加带来的利润增长。
8. 价格等于收入除以销量(产量)，平均可变成本等于可变成本除以销量(产量)。
9. 不一定。在短期内，收支平衡取决于收入是否超过了可变成本；如果没有，则应该停止生产。在长期内，收支平衡取决于收入是否超过了平均成本。
10. 价格等于收入除以销量(产量)，平均成本等于总成本除以销量(产量)。
11. 在短期内，企业应该在收入大于可变成本时继续生产。在长期内，企业应该在收入大于总成本时继续生产。
12. (a) 家具的供给将会降低(向左移动)；(b) 家具的供给将会增加(向右移动)。

13. 对于给定的价格增长,如果供给曲线更具弹性,则卖方剩余的增加将会更大。
14. 正确。
15. 长期内供给将会更具弹性。

第5章 市场均衡

进度检测

5A. (i) 产品是同质的;(ii) 市场上有很多买方,没有人具有市场力;(iii) 市场上有很多卖方,没有人具有市场力;(iv) 新的买方和卖方可以自由进入,市场上的买方和卖方可以自由退出;(v) 所有的卖方和买方对市场状况拥有对称信息。
5B. 见图5-1,如果价格降低至每吨英里160元,则需求量将会超过供给量。
5C. (a) 错误;(b) 正确。
5D. 在图5-4中,总需求曲线将会向左移动20亿吨英里。供给曲线将不会移动,均衡价格将会低于200元/吨英里,产量将会下降至每年100亿吨英里以下。
5E. 短期价格将会上升,长期价格将会降低,因此,短期与长期之间的价格差异将会更大。

复习题

1. (i) 服务近似同质;(ii) 市场上有很多消费者,每个消费者只购买很小的数量;(iii) 根据人口密度情况,干洗店的数量会相应较多或较少;(iv) 进入和退出市场相对自由;(v) 消费者与干洗店可能对市场状况有着对称的信息。
2. (a) 商品近似同质;(b) 市场上有很多买方,每个买方只购买很小的数量;(c) 制造商的数量可能较少;(d) 进入和退出市场相对自由;(e) 买方和制造商可能对市场状况有着对称的信息。
3. 这些监管措施形成了进入市场的壁垒,从而降低了竞争水平。
4. 价格将会趋于下降。
5. 价格将会趋于上升。
6. 消费者收入的增加会将服装需求曲线向右移动(在每一个价格上,消费者希望购买更多)。对市场价格的影响取决于供给的价格弹性。如果供给是完全无弹性的,价格提高的幅度最大。如果供给为完全弹性的,则价格不会提高。
7. 需求向上移动的影响取决于需求和供给的价格弹性。如果需求是更富弹性的,而供给是更具刚性的,则对价格的影响将会更大。
8. 需求向上移动的影响取决于需求和供给的价格弹性。如果需求是更富弹性的,而供给是更具弹性的,则对产量的影响将会更大。
9. 如果需求是完全刚性的,消费者会为额外的车辆支付更多,而产量增长最大。然而,如果需求是完全弹性的,消费者将不愿对额外车辆支付更多,因而产量不会增长。
10. 供给变动的影响取决于需求和供给的价格弹性。如果需求更不具弹性,且供给更不具弹性,则对价格的影响将会更大。
11. 供给变动的影响取决于需求和供给的价格弹性。如果需求更具弹性,且供给更不具弹性,则对产量的影响将会更大。
12. 工资的增长将会使饭店餐饮的供给曲线向上移动。供给的任何变化产生的影响部分取决于需求的价格弹性。例如，如果需求极具弹性，供给的减少将不会影响价格；相反，如果需求为刚性的，供给的减少将会使价格大大降低。
13. 供给曲线在长期内比短期内更具弹性。相应地，短期内价格的增长幅度比长期内要大。
14. 供给曲线在长期内比短期内更具弹性。相应地，长期内产量的增长幅度比短期内要大。
15. 需求增加产生的影响取决于需求和供给的价格弹性。因此，在短期内和长期内需求增加产生的影响的差异取决于长期和短期内价格弹性的差异。

第6章 经济效率

进度检测

6A. 经济效率的概念是技术效率概念之上的拓展。要达到经济效率，物品的生产必须达到边际收益等于边际成本的水平。技术效率意味着以最小可能成本提供一件物品；这并不意味稀缺的资源得到了很好的利用。

6B. 市场中的价格起着两个作用。第一，价格传递着必需的信息。它告诉了买方购买多少，同时也告诉了卖方供给多少。第二，价格为买方和卖方均提供了有形的激励，它激励每个买方按照一定数量进行购买并实现买方剩余最大化，同时激励每个卖方按照一定数量进行供给并实现利润最大化。

6C. 在分散化管理的情况下，天王星电子公司应当将转移定价设定为半导体的市场价。这样，公司的电子产品部门将会持续使用半导体产品，直至边际收益等于转移定价。这可以确保实现经济效率。

6D. 这并不影响含运费价和离岸价之间的差异。

6E. 见图6-3，买方价格上升幅度相对较大，因此，征税给乘客带来的税收归宿将会更大。

复习题

1. 孩子们将会持续(在运动中)使用面包，直到边际收益等于其极低的售价。售价是低于边际成本的，因此，使用面包的边际收益低于边际成本，未实现经济效率。
2. 违背了所有使用者获得相同的边际收益这一条件。
3. 每个战俘均免费获得了此包裹。而战俘们对于香烟和巧克力的偏好存在区别。如果每个战俘都获得了数量均等的每样物品，那么其边际收益将会不同。
4. 自我雇用的工人将会获得更高的工资(因为他们不需要缴税)，所以，他们会继续工作直至他们的边际成本比被雇用的工人高。因此，劳动力的分配不具有经济效率。
5. 在一个竞争的金融市场中，所有的买方(投资者)将持续购买，直到边际收益等于基金的市场价格；而所有的卖方(银行)将会持续供给，直到边际成本等于基金的市场价格。买方与卖方面对相同的市场价格；因此，投资基金的分配是符合经济效率的。
6. 假设价格管制致使价格低于边际成本。消费者们会持续购买至其边际收益等于价格的水平。这将会低于边际成本，造成大米分配的经济无效率。

7. 外包是指从外部购买服务或者耗材。外包的反义词是纵向整合。
8. 转移定价是原油部门向炼油部门售卖原油时收取的价格。
9. 这样可以使百货商店符合经济效率地运用物业。
10. 包含运费的价格给买方的是包含运费的报价。离岸价并不包含运费。
11. 款项本身指的是向中介机构支付的费用。而归宿指的是对买卖双方价格产生的影响。
12. 在免费送货的条件下,零售供给曲线将会向下移动,需求曲线将向上移动。如果商家收取运费,零售供给曲线将向上移动,需求曲线将向下移动。总价格(商品价格加上运费)在两种情况下将是相同的。
13. 如果需求极其富有弹性,则税收将会完全由供给方承担,消费者将不会受到任何影响。
14. 需求和供给都会增加。给航空公司和消费者带来的归宿的区别取决于供需的价格弹性。
15. 如果需求相对于供给更具刚性,则税收将大部分由需求方承担。机场商店和市区商店的税前价格的差异将会增大。

第7章 成　本

进度检测

7A. 研发工作的机会成本为800万元。所以,若月亮生物开始研发工作,它的利润为利润贡献减去研发成本再减去机会成本,即2 000 – 1 000 – 800 = 200万元。因此,正确的决定是开始研发工作。

7B. (i) 将转移定价设定为与市场价格相同;(ii) 将转移定价设定为等于投入的机会成本(即购用部门从这批产品中获得的边际收益)。

7C. 研发工作的可避免成本为1 000 – 100 = 900万元。所以,若月亮生物开始研发工作,成本为900万元,而它的利润为利润贡献减去可避免成本,800 – 900 = – 100万元,也就是损失了100万元。因此,正确的决定是放弃研发工作。

7D. 略。

7E. 总成本等于26 900元 + 3 500元 = 30 400元。不存在范围经济和范围不经济。

7F. 略。

复习题

1. 客户可以将花在与销售人员在一起的时间用于其他活动。另外,销售人员为客户购买午餐,目的是为了增加销售。
2. 附加值 = 买方收益 – 卖方成本 = 买方剩余 + 经济利润。这家公益性企业并没有取得任何收入。但是,由于其(来自教育的)收益超过了成本,因此创造了附加值。然而,由于它没有收入,其EBITDA为其成本的负数。
3. 住宅建设团队应向建筑材料部门支付木材的市场价格。
4. 月亮生物的生产部门应将转移定价设定在等于生产过程的机会成本的水平上。
5. 水星运输公司(通过贷款支持)看上去会比木星货运公司(一个完全相同但是由股权支持的企业)盈利更差,这是因为传统会计方法要求将利息支出计入费用支出,但却不包括股东分红。EBITDA 的概念不减去利息支出,因此依据 EBITDA,两家公司的绩效大致相似。

6. 错误。退休员工的养老金是沉没成本。一旦企业决定雇用这些员工,它就必须支付其退休后的退休金。退休金是已经承诺且不可避免的。从长远发展的商业决策来看,管理层应当只考虑可避免成本。

7. 沉没成本在(a)情形中更加显著。企业更依赖于长期工而不是临时工,长期工是一个长时间承诺。

8. 不。虽然平均固定成本将会随着生产规模的扩大而下降,但可变成本将可能随着生产规模的扩大而上升,因为这可能使护士们的工作更不具效率(例如太多的护士可能会造成相互阻碍的情况)。由于固定成本并非十分巨大,平均可变成本的增加将会超出平均固定成本的减少。

9. 固定成本可以是沉没的,也可以是非沉没的。沉没的固定成本是一旦发生就无法挽回的固定成本。非沉没的固定成本可以由于计划变动而避免。固定成本可以支持任何生产规模,沉没成本不一定是固定成本。

10. 在具备规模经济的行业中,规模较大的企业将可以达到一个较低的平均成本。因此,企业应当努力实现大规模生产,这也意味着大规模的营销和较低的价格。

11. 规模经济适用于单种的产品。范围经济适用于多种产品。在规模经济环境下,提高生产规模可以实现更低的平均成本。在范围经济环境下,扩大生产范围将可以实现更低的平均成本。

12. 如果两种产品间存在范围经济,那么同时生产这两种产品将会更加便宜。因此,相对于专注生产其中一种产品的竞争者,企业应当同时生产两种产品,以实现更低的总成本。

13. 学习比率为 100% 的经验曲线是水平的(这代表即使累计产品增加,平均成本也不会减少)。

14. 在存在经验曲线的情况下,平均成本会随着累计产量的增加而下降。所以,准确预测累积产量至关重要。累积产量的预测对于投资计划和定价策略都重要。

15. 报纸的生产涉及大量的固定成本。决策者会受到固定成本谬误的影响,将一部分固定成本纳入可变成本中。因此,他们会高估平均可变(与边际)成本。

第8章 垄 断

进度检测

8A. 竞争壁垒与需求或供给弹性。

8B. 如果需求极具弹性,则边际收入将会与价格相近。

8C. 它应该提高价格,通过降低生产量达到边际成本等于边际收入的生产量。

8D. 新的边际成本曲线将和(不变的)边际收入曲线相交在一个更少的生产量上。因此,金星制药应该设定一个更高的价格从而达到这个生产量。

8E. 广告支出 = (135 − 71) × 0.14 × 130 = 1 165 万元。

8F. 如果边际成本较低而价格较高,则边际利润率将会较高,这样研发费用也将会较高。

8G. 金星制药的总支出可以表示为边际支出曲线下数量为 0 至 6 000 吨的区域 $u0vx$ 的面积,或者矩形 $t0vz$ 的面积。

复习题

1. 略。
2. 专利、版权、商标和商业秘密。
3. 在规模经济下,大规模生产的生产商将会具备成本优势。这样,它可以实现更低的价格并主导市场。
4. 要销售额外的产品,卖方必须降低价格。每当销售增加一个单位,卖方获得的是此边际单位的售价,但损失了边际内单位的部分收入。因此,边际收入将会低于或等于价格。
5. 正确。
6. 出版商应该降低价格,售出额外单位的产品。对这些单位,边际收入将大于边际成本,从而增加总利润。它应当进行降价,直到边际收入等于边际成本。
7. 利润最大化的生产量是边际收入等于边际成本时的数量。因此,当成本发生变化后,卖方应当寻求新的边际收入等于边际成本的生产量。所以,它必须考虑边际收入和边际成本两个因素。
8. 利润最大化的生产量是边际收入等于边际成本时的数量。因此,当需求发生变化后,卖方应当寻求新的边际收入等于边际成本的生产量。所以,它必须考虑边际收入和边际成本两个因素。
9. 广告支出 = (100 − 40) × 0.1 × 50 万 = 300 万元。
10. 降低广告支出,直到广告销售比率等于边际利润率乘以广告需求弹性。
11. 需求的研发弹性取决于两个因素:一个是研发在发明新产品或改进现存产品上的有效性,另一个是新产品或改进产品对需求的影响。
12. 提高研发支出,直到研发销售比率等于边际利润率乘以需求的研发弹性。直观来说,边际利润率越高,需求对研发支出越敏感,则企业就应当在研发上投入更多。
13. 错误。
14. 正确。
15. 在完全竞争市场中,每个买方将会购买使边际支出等于市场价格的数量;所以,边际利润率为 0。相反,一个垄断买方通过限制购买来获得更低的价格,从而将其净收益提高到竞争水平以上。市场支出越不具弹性,买方将价格降低到边际支出以下的幅度就越大。

第 9 章 定 价 策 略

进度检测

9A. $(P−70)/P = −1/2$,所以价格为 140 元。
9B. (i) 它没有获取所有的买方剩余;(ii) 它未能提供达到经济效率的销量。
9C. adb 面积 = 0.5 × 2 500 × (400 − 240) = 200 000 元;bec 面积 = 0.5 × 2 500 × (240 − 80) = 200 000 元。

9D. 成年人：边际成本是100元，边际成本在较小销售量下等于边际收入。在新的销售量上，价格将会提高。老年人：边际成本是100元，边际成本在较小销售量下等于边际收入。在新的销售量上，价格将会提高。

9E. 日本的CF价格：$p - \dfrac{300}{p} = \dfrac{1}{-2.5}$ 而 $p = 50\,000$ 日元；国内价格 $= 350$ 美元 $= 35\,000$ 日元；差价为 15 000 日元。

9F. 商务旅客的买方剩余：不受限机票 $= 501 - 500 = 1$ 元；受限机票 $= 401 - 180 = 221$ 元。休闲旅客：不受限机票 $= 201 - 500 = -299$ 元；受限机票 $= 101 - 180 = -79$ 元。商务旅客会购买受限机票，而休闲旅客将不会购买任何机票。所以，间接细分市场价格歧视策略不起作用。

9G. 间接细分市场价格歧视比直接细分市场价格歧视获利较低，这有两个原因：(a) 买方收益：要吸引具有不同要素的买方从不同的产品中做出选择，卖方可能会主动设计并不那么受欢迎的低端产品；(b) 成本：间接价格歧视可能会面临较高的施行成本。

复习题

1. 在统一定价策略下，产品的价格取决于需求的价格弹性及边际成本。是否要给自家品牌产品设定一个较高的价格取决于两个因素：(a) 由于自家品牌商品的需求比名牌商品的需求更不具弹性，自家品牌的边际利润率将会较高；(b) 但是，自家品牌商品的边际成本将比名牌商品低。

2. 根据统一定价策略公式：$\dfrac{p-2}{p} = -\dfrac{1}{-1.25}$，所以，价格等于10元。

3. 不。它应该调整价格从而使边际利润率 $(P-40)/P$ 等于需求的价格弹性倒数的绝对值。

4. 出版商的定价策略为成本加利润定价法。这种定价策略忽略了需求的价格弹性。

5. 完全价格歧视通过解决统一定价策略的两个缺点提高了利润。完全价格歧视对每一个单位产品定价在买方收益水平，从而提取了所有的买方剩余。另外，它提供了经济效率销售量，在这个销售量下边际收益等于边际成本。

6. 实施完全价格歧视的必要条件包括：(a) 卖方必须知道每个潜在买方的个人需求曲线；(b) 卖方必须能阻止买方先以较低价格购买而后再以较高价格转售（套利）。

7. 略。

8. FOB定价策略只考虑到不同市场的运输费用差别，它忽视了需求价格弹性的差别。另一方面，CF价格考虑到了不同的价格弹性与不同的边际成本。

9. 报纸。要按照买方的地理位置实行价格歧视，那么就必须阻止买方通过调整地理位置来获取差价。消费者不可能为了节约购买报纸的成本而搬迁。此外，报纸内容贬值很快，没有消费者会等待更便宜地区价格的报纸转售。

10. 略。

11. 公费租车的人对于租车公司高昂的汽油费用并不那么敏感，他们也不会努力寻找更加便宜的汽油。做购买选择决定的人并不是实际埋单的人。

12. 优惠券可以用来实行价格歧视，因为要兑现优惠券必须花费时间和精力。对那些需求具备较高价格弹性和时间并不那么珍贵的消费者来说,他们会选择兑现优惠券从而争取较低的价格。

13. 利润从高到低排列为:完全价格歧视、直接细分市场价格歧视、间接细分市场价格歧视、统一定价。
14. 信息技术的发展对卖方实施价格歧视既有促进作用也有阻碍作用。在互联网上,营销人员可以收集关于买方喜好的详细信息;另外,科技发展使存储、分析和运用信息的成本降低;这些措施都使卖方能够提供更符合买方需求的产品。然而,科技也促进了搜索服务的发展;这样买方能够更加轻易地比较产品及其价格。
15. 当买方从高边际利润率的产品转向购买低边际利润率的产品时,就产生了市场侵蚀。首先,卖方可能通过升级高边际利润率产品或者降级低边际利润率产品使两者之间的差别更加明显;其次,可以设计一些具备多种歧视性的产品;最后,市场侵蚀可以通过控制低边际利润率产品的生产量来缓解。

第 10 章　策略性思考

进度检测

10A. 在完全竞争环境中,由于有众多卖方,所以某个卖方做出的决策并不会影响其他人。钢钉(本公司产品)产量的增加并不会影响到市场价格。因此,这个决策并不具备策略性。

10B. 对于木星公司和月亮公司来说,纳什均衡促使两家公司降低价格。

10C. 对于月亮公司来说:(a) 如果它保持原价,预期利润将是:

$$\frac{2}{5} \times 900 + \frac{3}{5} \times 500 = 660$$

(b) 如果它进行降价,预期利润将是:

$$\frac{2}{5} \times 800 + \frac{3}{5} \times 600 = 680$$

10D. (a) 正和博弈。根据策略形式的博弈中不同的元素,博弈各方结果的总和将不同,范围为 −3 到 2。(b) 正和博弈。根据策略形式的博弈中不同的元素,博弈各方结果的总和将不同,范围为 1 200 到 1 800。

10E. 不论是木星公司还是月亮公司先降价,均衡点都是相同的,就是两家公司都降低售价,所以这里不存在先发优势。

10F. 新的扩展形式的博弈开始于 Delta 电视台选择是否和快餐连锁签订合约这个节点。每一个可能的行动都会引出 Z 频道在晚 7:30 时段或者晚 8:00 时段之间做选择的节点。反之,Z 频道的每一个行动都会引出 Delta 电视台在晚 7:30 时段或者晚 8:00 时段之间做选择的节点。在均衡时,Delta 电视台选择进行广告,Z 频道选择晚 7:30 时段,Delta 电视台选择晚 8:00 时段。

10G. 我们用 R 来表示雇主提高工资的最小可能性,那么罢工预期的收入增加为 $(-4 + 12) \times R + (-4) \times (1 - R)$。要是罢工的威胁具备可信度,则预期收入增加应该至少为 0。通

过算式 $(-4+12) \times R + (-4) \times (1-R) \geq 0$ 得出 $8R - 4 + 4R \geq 0$，进而得出 $R \geq 1/3$，所以，最小可能性为 $1/3$。

复习题

1. (a) 在完全竞争情况下，由于具有众多卖方，所以某个卖方做出的决策并不会影响其他人。卖方是否进行策略性思考无关紧要。(b) 在垄断市场中，只有一个卖方。然而，它必须考虑可能进入市场的潜在竞争者，所以它必须采取策略性行动。

2. 无论其他各方的选择如何，劣策略都会产生比其他策略更坏的结果。因此，我们不应当施行一个劣策略。

3. 只有(c)。

4. 即使其他人不采取策略性行动，我也应当选择最佳的策略，即使它可能不是一个达到纳什均衡的策略。但是，我绝不应该使用一个劣策略。

5. 在一个随机策略中，一方将对每种可选择的纯策略的概率进行细分，然后通过概率进行随机选择。所有概率之和必须等于1。

6. (b) 策略更加有效。它具备随机性和不可预测性，所以拳击手的对手将不能预测拳击手的下一步行动然后做出反击。

7. 在一个零和博弈中，策略形式的博弈中，每个格子中的各方行动结果的总和将是相同的。因此，一方想要变得更好，就必须使另一方的处境变得更坏，这就是竞争的精髓。相反，在正和博弈中，策略形式的博弈中，不同的格子内的各方行动结果的总和将不同。因此，一方可以在不使另一方处境变坏的情况下让自己的处境变得更好。协调即是一种在不使另一方处境变坏的情况下让自己的处境变得更好的情形。

8. 是。策略形式的博弈中，每个格子中的各方行动结果的总和都是相同的。

9. 通过由初始节点向前推理，一方将不能预见其他方的反应，从而无法做出调整使其预期结果最大化。

10. 不论美国还是日本先行动，纳什均衡将是相同的。所以不存在先发优势。

11. 如果条件策略性行动(承诺或者受威胁行动)并不需要被实际执行，则此行动是没有成本的。另一方面，一个无条件策略性行动在所有情况下都会产生成本。因此，条件策略性行动更具有成本—有效性。

12. 存款保险在银行无法偿债的情况下将给予存款者赔偿。由银行自身支持的存款保险并不可信，这是因为如果银行变得无法偿债，它将不会有资金来支付补偿金。

13. "离场"策略只有在一个人在别处有更好的选择，通过离开能够使自己的处境变得更好的情况下才是可信的。所以"离场"策略的可信度取决于此人在别处有更好选择的可能性。

14. 法律和暴力都是催促借款者还款的威胁。由于大耳隆并不能通过合法途径来催促偿还，那么他们往往采用暴力威胁来催促借款者还款。

15. 不断重复的互动情形将会比只发生一次的情形产生更多的策略选择。具体而言，一方可选择一个根据其他各方的行为而调整自身行为的策略。

第11章 寡头市场

进度检测

11A. 太阳的剩余需求曲线将更具弹性,所以达到最大化利润的价格将会更低。水星的最优反应函数将向左进一步移动。相似的,水星的最优反应函数将会更低。均衡价格将会降低。

11B. 平均成本将会升高(可是固定成本并不影响边际成本)。而限价政策价格(即水星设立的、旨在阻止太阳进入市场的最低价)将会升高。

11C. 在图 11-6 中,如果太阳的边际成本降低,则其利润最大化价格将会降低,产量则会提高。所以,在图 11-7 中,太阳的最优反应函数将会进一步向右移动。

11D. 略。

11E. 如果水星将数量设定在每月 2 100 万用户,则太阳的最优反应为 0 产量。这个策略对水星是不利的,因为它压制了市场价格,从而降低了其利润。

11F. 横向整合是两个经营相同或者相似业务的企业合并为一个企业。纵向整合是对产品生产不同阶段的资产所有权进行整合。

复习题

1. 错误。在伯特兰寡头市场中,价格等于边际成本。
2. (ⅰ) 一个卖方的剩余需求曲线是在其他竞争卖方价格给定情况下的需求。(ⅱ) 一个卖方的剩余需求曲线是在其他竞争卖方数量给定情况下的需求。
3. (ⅰ) 一个卖方的最优反应函数是其以其他竞争卖方价格为自变量的利润最大化的价格。(ⅱ) 一个卖方的最优反应函数是其以其他竞争卖方生产规模为自变量的利润最大化的生产规模。
4. 我应当跟随我的竞争对手作一样的调整,提高广告支出。
5. 在产品不同质的情况下,如果一个卖方降低价格至竞争者价格以下,它只能拿走竞争者的部分(而不是全部)需求。所以,不同质化因素缓和了竞争。
6. 策略形式的博弈论展示了各方的策略及相应的结果。
7. 固定成本的增加不影响均衡(只要它没有巨大到使制造商终止生产)。
8. 如果一方的行动调整促使其他人向相反方向调整,则此行动为替代性策略。
9. 略。
10. 在没有固定成本的情况下,平均成本曲线和边际成本曲线将是重合的。潜在竞争者可以通过生产很小产量来实现收支平衡。因此,价格带头者要阻止潜在竞争者进入市场,其定价必须低于自身的平均成本,因而造成亏损。
11. 如果我的生产规模成本是沉没的,它将有助于促使我实施限价政策。向前看,由于我的非沉没成本会降低,所以维持低价的策略是可信的。
12. 相对更高。所做出的大规模生产的承诺将会促使竞争者降低生产规模。
13. 由于承诺的生产规模将影响其他卖方设定的生产规模,所以,这反过来将会影响价格和利润。

14. (1) 卖方的数目;(2) 超额供给;(3) 沉没成本;(4) 进出市场的壁垒;(5) 产品的同质性。
15. 不确定。如果产量较同质化,则每个卖方将会面临一个相对弹性的需求,所以,它能够轻易地卖出超出其配额的数量。然而,如果产品趋于同质化,则卡特尔联盟将可以更轻易地监控每个卖方的行为。

第12章 外 部 性

进度检测

12A. 新的边际利润贡献之和下降了3.20元。新的经济效率水平的客流量为每月60 000人次。

12B. (a) 餐厅的边际成本曲线将会更高;(b) 实现总利润最大化所需的客流量将会更低。

12C. 解决外部性可能遇到的困难是权利的分配。是投注站拥有吸引顾客的权利还是餐厅拥有不被赌徒打扰的权利呢?(这种情况只考虑到了两方,即投注站和餐厅,所以不存在搭便车的问题。)

12D. 四个区别在于:(a) 临界点:在用户数量超过临界点之前,需求可能为零;(b) 预期:用户的预期在决定需求过程中很重要;(c) 需求倾斜:需求可能对竞争者之间极小的差别也会极度敏感;(d) 价格弹性:根据需求是否达到临界点的不同情况,价格弹性可能会不同。

12E. 一条额外的边际收益曲线将会增加边际收益的垂直加总量,从而可能提高烟花的经济效率产量。

12F. 作曲家谱写的音乐是一种公共品。然而,它可以通过著作权以一种私人物品的形式被提供。这种将公共品以私人物品形式提供的能力开启了公共品的商业化进程。

复习题

1. 正外部性可以直接给其他人带来收益。负外部性能够直接给他人施加成本。
2. 月亮广告支出的经济效率水平处于边际利润贡献之和等于广告边际成本之和时。
3. 对于所有零售商来说,来自所有额外消费者的边际收益曲线之和是所有零售商个人边际收益曲线的垂直加总。
4. 当由负外部性引起的边际成本数值大于其对于产生方的边际收益时,它们就可通过削减外部性来提高利润。受害者愿意为降低外部性支出的金额将会超过产生者为降低外部性所索取的金额。
5. 由于人们从便捷的交通中获益,所以新的铁路将会为车站周围的房地产带来正外部性。因此,通过购买新车站附近的地产,铁路公司将可以保证其能够获取新地铁线路的修建带来的收益。
6. 一旦高速公路的出口建设完成,要将任何特定企业排除在交通条件改善的受益范围之外非常困难。搭便车的问题集中体现在:每个企业都会尽量避免支付高速路出口建设的成本(尽管他们知道自己能够从中获益)。

7. 一个人从使用一种特定的电子表格软件中获得的收益将会随着使用者数量的增加而增加。这个软件的使用范围越广,用户共享其数据和作品将会更加容易。
8. 略。
9. 这取决于需求是低于还是高于临界点。如果需求低于临界点,需求将会是0,价格将会极具刚性。另一方面,如果需求高于临界点,当价格降低时,需求将会增加,所以需求将是弹性的。如果需求远远超出了临界点,任何需求的增加将会通过网络效应的反馈进一步增加需求;这时,需求将不具备价格弹性。
10. 技术标准在存在网络效应的市场中更加重要。不同供给者拥有共同的技术标准能够促使他们联合起来达到需求的临界点。
11. 略。
12. 只有(c)才是公共品。
13. 公共品对每个使用者的可用数量并不会随着使用者的增加而减少。
14. 专利和著作权法将不愿意支付使用费的人排除在科学配方、艺术、文学或音乐等(公共品的范例)的使用范围之外。技术发展可能会使公共品的提供形式变得具有排他性。
15. 如果公共品已提供给一个人,将该公共品提供给更多使用者的边际成本将是0。不论使用者的数量是多是少,供给的成本将是固定的,同时提供服务给更多使用者的边际成本是0。

第13章　信息不对称

进度检测

13A. 秋月拥有不完全信息,但她并未面临风险。保险公司拥有不完全信息,同时面临风险。

13B. 相对于市场上有10万瓶劣质红酒,组合供给曲线将会更接近优质红酒的供给曲线,并且市场价格将会升高。

13C. 如果预期需求曲线与组合供给曲线相交于点c,在市场均衡时,所有的红酒将是劣质的。因此,预期需求将会降至0,市场将失灵。

13D. 在高价红酒市场,鉴定往往会更加平常。高价红酒价格往往高于所需的鉴定费用。

13E. 更愿意还钱的借款人将会更愿意抵押物品。

13F. 这个信息将会降低所有竞标者对于葡萄园生产的不确定性。因此,它将在某种程度上降低赢者的诅咒发生的概率。

13G. 筛选是信息劣势方采取的行动,而发信号是信息优势方采取的行动。

复习题

1. 不完全信息是因为缺乏特定的知识。风险则是对于收益或成本的不确定性。一个人能够对某种可能性拥有不完全信息,但是如果这种可能性并不影响其收益或成本,这将不会给他带来任何风险。
2. (a) 不存在信息不对称;(b) 收购者的管理者将比普通投资者拥有更精确的信息。
3. 大明提出支付一个更高的利息率说明了他更不可能还款。

4. 两个原因:(a) 更低的风险。如果借款者对于抵押贷款产生违约,贷款者可以获取并卖出抵押品来弥补损失。(b) 更少的逆向选择。抵押能够筛选出信誉良好的借款者。
5. 相对于计件工资,固定工资将会吸引较懒惰的工人。
6. 隐藏汽车的负面信息符合卖方的利益。
7. 由于关于年轻驾驶员的信息较少,保险公司不那么容易筛选好的和坏的年轻驾驶员。所以,保险公司在面对逆向选择时显得更加弱势。
8. 略。
9. 那些事故概率更高的驾驶者将会偏好低起赔额的保险,他们也往往更可能为损失申请赔付。
10. 那些时间价值低于隧道费的驾驶者将不会愿意支付隧道费。因此他们将从时间价值超过收费的驾驶者中被筛选出来。
11. 赢者的诅咒在(b)中更加严重。相反,在(a)中,这项研究将减少每位竞标者的不确定性,从而减少赢者的诅咒。
12. 在所有的拍卖中,竞标者应该更保守地竞标。则意味着:(a) 在拍卖出售中应竞标更高;(b) 在拍卖购买中应竞标更低。
13. 略。
14. 是的。对于劣质软件生产商来说,要提供全额退款成本更高,因为它们的顾客更可能要求进行全额退款。
15. 通过接受收购方的部分股份作为支付方式,被收购方收到的实际金额取决于被收购方的真实价值(被收购方对此有清楚的了解,但收购方不了解)。

第14章 激励与组织

进度检测

14A. (a) 销售人员努力的经济效率水平将会降低;(b) 销售人员实际选择的努力程度将会降低。

14B. 画出销售人员的边际薪酬曲线,使其在250单位努力程度上与销售人员的边际成本曲线相交。

14C. 销售人员的边际薪酬曲线为:在每月低于200单位的努力程度时为0;在200单位努力程度时是垂直线,在200单位努力程度以上时为0。

14D. 销售佣金将会降低销售人员处理退货的积极性。

14E. 潜在的收益和成本,以及潜在的意外情况。

14F. 由下而上的纵向整合是对向远离最终消费者的上一生产阶段资产进行的整合。由上而下的纵向整合是向接近最终消费者的下一生产阶段资产进行的整合。

14G. 通过详尽的合同减少套牢的可能性;通过激励和监控减少道德风险的可能性;通过外包减少内部市场力的可能性;规模经济、范围经济和经验曲线的程度。

复习题

1. 略。
2. 存在信息不对称,因为保险商需要花费成本在监控秋月的预防措施。秋月承担了预防措施的成本,但仅仅得到了其中的部分收益。
3. 当道德风险存在时,一方将会选择使其自身边际收益等于自身边际成本的行动水平。在这个水平上,各方的总边际收益将不同于总边际成本。所以通过调整行动水平使得总边际收益等于总边际成本可以产生利润。
4. 通过实现收入与一些工作绩效的关联,道德风险的问题得到了有效的化解。
5. 我的收入将会受到我工作表现之外的某些因素的影响,例如外部整体经济情况和竞争。
6. 在司机的修理费低于所有司机平均水平时对其进行奖励,在超过平均水平时对其进行处罚。
7. 这个方案将会降低秘书对于其他任务的积极性。
8. (b)航空公司航班管理系统的培训更加专用化。
9. 因为准备一份完全合同的额外成本超过了避免套牢的潜在收益。
10. (a)股东拥有剩余控制权(未经合同出让的权利)。例如,他们可以要求解散当前的董事会和管理层。(b)股东同时拥有剩余收入权(支付了所有费用后剩余的收入)。他们在所有其他费用(例如利息和应收账款)支付之后得到分红。
11. 略。
12. 一方对于未来潜在的套牢将会采取预防措施,诸如制订更为细致的合同和避免专用投资。这些预防措施将增加成本、降低收益。
13. 它应当考虑内部生产的一些劣势,例如道德风险,内部市场力,不具效率的规模经济、范围经济和经验曲线。
14. 允许内部买方从外部购买,可以限制内部供应商的垄断力。
15. 范围经济是横向整合的一个原因;相对于单独生产,组织能够以一个更低的成本同时生产这些产品。然而,如果组织生产的产品均不具备范围经济,那么它应当将其全部外包生产。

第15章 管 制

进度检测

15A. 最优价格将会是相同的(等同于边际成本)。然而,消费量将会更大。
15B. 在结构管制下,企业若生产垂直相关的商品或服务,其将受规定的条件约束(将自然垄断者从潜在完全竞争市场中分离出来)。
15C. 在信息不对称的情况下,政府可能对信息披露、行为规范或信息优势方的业务实行结构管制。
15D. 如果使用费为每吨25元,则排污者排污的边际收益将小于边际成本;如果使用费为每吨45元,则排污者排污的边际收益将超出边际成本。

15E. 驾驶者将会选择一个新的小心程度来使边际收益等于边际成本。新的小心程度比原注意力水平更高。

复习题

1. 如果市场在只有单个供给者时平均成本最低,则市场是自然垄断市场。
2. 未达到效率的一个原因是,政府所有的企业更容易受到雇员的控制,从而使企业为雇员而不是为消费者服务。另一个原因是,政府所有的企业可能没有获得最优的投资数额。
3. 边际成本定价法意味着供应商必须将价格设定为等于边际成本的水平,并且供给量等于需求量。
4. 价格管制向被监管者提供了激励,它们往往通过虚报成本来提高所管制的价格与实际利润。
5. 在回报率管制下,政府限定最高投资回报率,并通过回报率基数计算专营商的最大利润。
6. 在回报率管制下,被监管者对于降低成本毫无兴趣,它们往往会夸大需要的回报率和回报率基数。
7. 私有化意味着将公有财产转让给私人所有。允许竞争意味着移除排他性权利(垄断权利)。一个政府所有的垄断企业可能在免却竞争的情况下实现私有化。
8. 为了提高经济效率,竞争法规往往禁止:(a) 勾结;(b) 滥用市场力;(c) 将产生巨大市场力的兼并或收购。
9. 错误。如果信息不能被客观证实,则信息披露不能解决信息不对称问题。
10. 行为规范管制和业务结构管制将可能避免信息优势方利用信息优势获利,从而解决信息不对称问题。
11. (a) 政府可以向建筑设备的生产商就产生的噪音收取使用费;(b) 政府可以设定一个噪音标准,规定建筑设备产生的噪音如果超过该标准就是违法的。
12. 政府应将排放标准(每小时的排放量)制定在社会边际收益等于社会边际成本的水平上。
13. 收费可以诱使使用者们在交通拥堵的边际成本与她的边际收益之间取得平衡,从而达到经济效率,解决拥堵问题。
14. 因为交通拥堵的边际成本在一天当中的不同时段会有所不同。
15. 政府可以通过法律来分清事故中各方的责任。责任即在对他人产生侵害时需要进行赔偿的一系列标准。侵害的潜在生产者将小心行动以降低责任。

术语索引

A

安装基数(installed base) 262

B

版权(copyright) 268
边际产量(marginal product) 63
边际成本(marginal cost) 62
边际成本定价(marginal cost pricing) 322
边际利润(incremental margin) 159
边际利润率(incremental margin percentage) 159
边际内单位(inframarginal units) 157
边际收入(marginal revenue) 67
边际收益(marginal benefit) 20
边际收益递减(diminishing marginal benefit) 21
边际支出(marginal expenditure) 169
边际值(marginal value) 7
伯特兰寡头(Bertrand oligopoly)模型 225
不完美市场(imperfect market) 14
不完全信息(imperfect information) 276

C

策略(strategy) 197
策略形式的博弈(game in strategic form) 198
策略性互补(strategic complements) 230
策略性局势(strategic situation) 197
策略性替代(strategic substitutes) 235
策略性行动(strategic move) 210
长期(long run) 50,60
长期收支平衡条件(long-run break even condition) 74
超额供给(excess supply) 91
超额需求(excess demand) 92
沉没成本(sunk cost) 68,132
成本加运费价(cost including freight, CF) 114,186
承诺(promise) 211
纯策略(pure strategy) 202

D

搭便车(free riding) 260
道德风险(moral hazard) 298
低档产品(inferior product) 23
底价(reserve price) 286
短期(short run) 50,59
短期的收支平衡条件(short-run break-even condition) 68

F

发信号(signaling) 288
范围不经济(diseconomies of scope) 141
范围经济(economies of scope) 141
非竞争性消费(non-rival consumption) 264
非耐用品(non-durable good) 51
非歧视性价格拍卖(non-discriminatory auction) 287
风险(risk) 277
风险厌恶(risk averse) 277
风险中立(risk neutral) 277
负外部性(negative externality) 252
附加值(value added) 5

G

个人供给曲线(individual supply curve) 69
公共品(public good) 252

供给弹性(elasticity of supply) 77
供给的价格弹性(price elasticity of supply) 77
古诺寡头(Cournot oligopoly)模型 232
固定成本(fixed cost) 60
寡头市场(oligopoly) 224
管理经济学(managerial economics) 5
广告弹性(advertising elasticity) 49
广告销售率(advertising-sales ratio) 163
归宿(incidence) 116
规模报酬递减(decreasing returns to scale) 138
规模报酬递增(increasing returns to scale) 137
规模不经济(diseconomies of scale) 138
规模经济(economies of scale) 137

H

行业(industry) 12
横向边界(horizontal boundaries) 11
横向整合(horizontal integration) 240
互补品(complements) 25
回报率基数(rate base) 324
霍特林寡头(Hotelling oligopoly)模型 226

J

机会成本(opportunity cost) 128
绩效报酬(performance pay) 301
绩效配额(performance quota) 303
技术效率(technical efficiency) 109
价格弹性(price elastic) 43
价格刚性(price inelastic) 43
价格歧视(price discrimination) 181
价格体制(price system) 111
间接细分市场价格歧视(indirect segment price discrimination) 189
鉴定(appraisal) 283
交叉价格弹性(cross-price elasticity) 48
结构管制(structural regulation) 326
解决外部性(externality is resolved) 257
经济效率(economic efficiency) 108
经验曲线(experience curve) 143
净收益最大化(net benefit maximum) 170
净现值(net present value, NPV) 10
竞争性消费(rival consumption) 264
均衡策略(equilibrium strategy) 206

K

卡特尔(cartel) 238
"看不见的手"(invisible hand) 110
可变成本(variable cost) 60
扩展形式的博弈(game in extensive form) 205

L

离岸价(free on board, FOB) 115,186
利润贡献(profit contribution) 159
利润最大化(profit maximum) 159
利润最大化的生产规模(profit-maximizing scale of production) 67,158
联合成本(joint cost) 141
两段定价法(two-part pricing) 30
劣策略(dominated strategy) 198
临界用户人数(critical mass) 262
零和博弈(zero-sum game) 204

M

买方垄断(monopsony) 152
买方剩余(buyer surplus) 28
卖方垄断(monopoly) 152
卖方剩余(seller surplus) 76

N

纳什均衡(Nash equilibrium) 199
耐用品(durables) 52
逆向选择(adverse selection) 280
逆序归纳法(backward induction) 206

P

排他性消费(excludable consumption) 267
平均成本(average cost) 63
平均成本定价(average cost pricing) 323
平均值(average value) 7

Q

歧视性价格拍卖(discriminatory auction) 287
潜在竞争市场(potentially competitive market) 325

S

筛选(screening) 284

剩余收入（residual income） 310
剩余需求曲线（residual demand curve） 227
市场（market） 12
市场供给曲线（market supply curve） 78
市场均衡（market equilibrium） 90
市场力（market power） 14,152
市场侵蚀（cannibalization） 191
市场体制（market system） 111
市场需求曲线（market demand curve） 32,227
收入弹性（income elasticity） 48
双寡头市场（duopoly） 225
私有化（privatization） 322
斯塔克尔伯格模型（Stackelberg model） 236
随机策略（randomized strategy） 202
所有权（ownership） 309

T

套餐（package deal） 30
套牢（holdup） 307
替代品（substitutes） 25
条件策略性行动（conditional strategic move） 211
贴现（discount） 9
统一定价（uniform pricing） 177

W

外包（outsourcing） 11,113
外部性（externality） 252
完全合同（complete contract） 308
完全价格歧视（complete price discrimination） 181
完全可竞争市场（perfectly contestable market） 167
网络外部性（network externality） 261
网络效应（network effect） 261
威胁（threat） 213

X

细分市场（segment） 183

先发优势（first mover advantage） 207
限价政策（limit pricing） 232
相机合同（contingent contract） 290
信息不对称（asymmetric information） 275
需求的自身价格弹性（own-price elasticity of demand） 41
需求倾斜（tipping） 263

Y

研发弹性（R&D elasticity） 164
研发销售率（R&D-sales ratio） 165
赢者的诅咒（winner's curse） 287
拥挤性消费（congestible consumption） 265

Z

责任（liability） 333
正常产品（normal product） 23
正和博弈（positive-sum game） 204
正外部性（positive externality） 252
直接细分市场价格歧视（direct segment price discrimination） 183
专利（patent） 268
专用率（specificity） 308
转移定价（transfer price） 113,130
自然垄断市场（natural monopoly） 321
自我选择（self-selection） 284
纵向边界（vertical boundaries） 11
纵向整合（vertical integration） 240,310
总成本（total cost） 61
总收入（total revenue） 65
总收益（total benefit） 28
组织架构（organizational architecture） 297
最优反应函数（best response function） 228

教师反馈及教辅申请表

　　北京大学出版社本着"教材优先、学术为本"的出版宗旨,竭诚为广大高等院校师生服务。为更有针对性地提供服务,请您按照以下步骤在微信后台提交教辅申请,我们会在 1~2 个工作日内将配套教辅资料,发送到您的邮箱。

◎手机扫描下方二维码,或直接微信搜索公众号"北京大学经管书苑",进行关注;

◎点击菜单栏"在线申请"—"教辅申请",出现如右下界面:

◎将表格上的信息填写准确、完整后,点击提交;

◎信息核对无误后,教辅资源会及时发送给您;如果填写有问题,工作人员会同您联系。

温馨提示:如果您不使用微信,您可以通过下方的联系方式(任选其一),将您的姓名、院校、邮箱及教材使用信息反馈给我们,工作人员会同您进一步联系。

我们的联系方式:

通信地址:北京大学出版社经济与管理图书事业部北京市海淀区成府路 205 号,100871
联 系 人: 周莹
电　　话: 010-62767312 /62757146
电子邮件: em@pup.cn
Q Q: 5520 63295(推荐使用)

微信:北京大学经管书苑(pupembook)
网址:www.pup.cn